现代服务管理

——价值共创的典范

◎主编 张立中

电子工业出版社

Publishing House of Electronics Industry

北京·BEIJING

内 容 简 介

全书共六篇、十七章，内容丰富、案例新颖、信息量充足。主要内容包括：现代服务管理与环境、社群管理与服务设计、一站式协同平台、实体环境、接触点——前台、生活融入与售后服务。本书依据完整价值共创体系进行内容的编排，每章中都附带重点汇整、重点回顾与练习，可以帮助读者条理性地学习本书内容。

本书可作为高等院校的教材，也可作为广大服务管理人员的有益读本。

未经许可，不得以任何方式复制或抄袭本书之部分或全部内容。
版权所有，侵权必究。

图书在版编目（CIP）数据

现代服务管理：价值共创的典范 / 张立中主编. —北京：电子工业出版社，2018.5
ISBN 978-7-121-33502-0

Ⅰ. ①现… Ⅱ. ①张… Ⅲ. ①服务业—企业管理 Ⅳ. ①F719

中国版本图书馆 CIP 数据核字（2018）第 010962 号

策划编辑：朱怀永
责任编辑：裴 杰
印　　刷：北京虎彩文化传播有限公司
装　　订：北京虎彩文化传播有限公司
出版发行：电子工业出版社
　　　　　北京市海淀区万寿路 173 信箱　邮编　100036
开　　本：787×1 092　1/16　印张：18.5　字数：473 千字
版　　次：2018 年 5 月第 1 版
印　　次：2024 年 6 月第 9 次印刷
定　　价：46.80 元

凡所购买电子工业出版社图书有缺损问题，请向购买书店调换。若书店售缺，请与本社发行部联系，联系及邮购电话：（010）88254888，88258888。

质量投诉请发邮件至 zlts@phei.com.cn，盗版侵权举报请发邮件至 dbqq@phei.com.cn。
本书咨询联系方式：（010）88254561，zhy@phei.com.cn。

编 委 会

主　　编　张立中
副 主 编　李　艳　　郑灿雷　　赵晷湘　　覃艳华
　　　　　陈　泉　　李志嘉　　王正光　　徐兆丰
　　　　　蔡尚斌　　徐耀璘
参　　编　吴家辉　　吴依妍

前　言

观察发达国家的服务业占 GDP 的比例，德国已经达到 78%，美国、英国也都已经达到 70% 以上，中国近几年服务业的比例也大幅度地增加到 50% 以上，BAT（百度、阿里巴巴、腾讯）可以说是这些年崛起的现代服务业的代表。

我国的产业正在由制造业向服务业转型，过去根据管理学的原理进行目标设定、组织资源与实现组织目标的管理方式已经产生了很大的改变。有许多例子已经告诉我们，技术领先的产业领导者也有可能因为不重视消费者的价值而土崩瓦解。Nokia 曾经占有 80% 的市场占有率，但当安装安卓系统的智能手机出现后，图像式、触摸式的智能手机，明显要比按键电话更方便使用、更人性化，但 Nokia 仍然坚持使用塞班系统而倒闭。Kodak 是胶卷相机的发明者，Kodak 的破产也是由于技术为本而非价值为本的僵化思维，在它破产前所推出的产品都是以胶卷为本的方式来获利的（如用户拍完相片后要到店内冲洗才能看到相片）。除了企业界之外，2008 年的金融海啸也给全世界带来重大的伤害，而产生金融风暴的原因，也是华尔街这些银行家将股东报酬放在首位而不断鼓吹消费者进行虚假投资与过度消费。这些失败与灾难之所以产生，都是因为他们忘记了企业或组织之所以存在，是因为它能创造价值，当企业或组织无法创造价值时，离失败就不远了。

现代服务管理是将"人"放在核心（相对于管理学的绩效目标）的位置，消费者的体验与价值共创才是产生绩效的来源（相对于机器设备）。在体验为王的服务业时代，价值创造的方式更加多样了，价值共创（企业与消费者、大学与企业、政府与大学、政府与企业等多种形式）的类型越来越多元并形成了一种主流典范。

在产业快速成长与转型之际，企业界对人才也有较高与较强的需求，相关课程的开发与教材的编写也变成当务之急。然而，搜寻《服务管理》的教材可以发现，以价值共创为典范，适用于大专、大学与自学者的教材较少，其中有几本国外版的，且是以"资源基础观点（Resource-based View）"为典范进行编撰的。这些教材大多从企业运作效率、成本的方向着手进行编写[如目前最广泛使用的《服务管理——供应链管理与运营管理整合方法》（美）森吉兹·哈克塞弗（Cengiz Haksever）、（美）巴里·伦德尔（Barry Render）著，陈丽华、王江等译]，而非以价值共创为基础所编写的，因此我们产生了编写本书的想法。

在历经两年的筹备与教学上的尝试后，本书终于要面市了。本书是以"价值共创（value Co-creation）的典范"为基础进行编撰的，理论与案例内容也都已经更新到2018年的版本，是最新也是较符合我国国情的书籍。

全书共六篇、十七章，内容丰富、案例新颖、信息量充足。本书依据完整价值共创体系进行内容编排，自学者可以循序阅读并进行实际操作。若是作为教材，教师可以根据课时数与学生的特征，完整或是挑选重要的章节进行模组化授课。另外，本书每章都有重点汇整，能够帮助备考的学生厘清相关的观念。读者如能融会贯通这些理论与案例，相信在学习或是实务应用方面，都会受益颇多。

本书能得以出版要感谢广东省自然科学基金（2016A030313017-416N07）、广东省教育厅创新强校（417YCQ09）、电子科技大学中山学院高层次人才引进（415YKQ08）项目的经费支持。本人才疏学浅，书中若有不尽完善之处，欢迎读者批评指教！

编　者
2018年4月

目　录

第一篇　现代服务管理与环境

第一章　现代服务管理概论 ... 2
- 第一节　产业的演进 ... 3
- 第二节　现代服务管理 ... 6
- 第三节　现代服务管理的新挑战 ... 13
- 重点回顾与练习 ... 15

第二章　服务管理理论与典范 ... 17
- 第一节　服务管理理论的演进 ... 18
- 第二节　价值共创的典范 ... 22
- 重点回顾与练习 ... 36

第三章　服务管理战略 ... 38
- 第一节　服务的战略 ... 39
- 第二节　服务的阶段与层次 ... 45
- 重点回顾与练习 ... 49

第四章　服务成长战略 ... 51
- 第一节　国内成长和成长战略 ... 52
- 第二节　国际化成长战略 ... 56
- 第三节　服务全球化战略 ... 61
- 重点回顾与练习 ... 64

第二篇　社群管理与服务设计

第五章　聚焦客户群体——服务设计与创新 ... 68
- 第一节　服务开发 ... 70
- 第二节　服务设计 ... 73
- 第三节　服务创新 ... 86
- 重点回顾与练习 ... 92

第六章　服务需求预测 ... 94
- 第一节　导论 ... 95

第二节　预测技术 ··· 97
　　重点回顾与练习 ·· 107

第七章　生产能力与需求管理 ·· 109
　　第一节　服务能力的一般战略 ··· 110
　　第二节　标准化产能——需求管理的战略 ································· 111
　　第三节　追逐需求——管理产能的战略 ····································· 112
　　第四节　收益管理 ·· 116
　　重点回顾与练习 ·· 121

第三篇　一站式协同平台

第八章　服务中的科技 ··· 124
　　第一节　服务与信息科技 ··· 125
　　第二节　服务中科技的采用 ··· 131
　　第三节　价值传递与信息科技 ··· 134
　　重点回顾与练习 ·· 138

第九章　服务组织与供应关系 ·· 140
　　第一节　供应链管理 ·· 141
　　第二节　管理服务关系 ·· 143
　　第三节　专业服务公司 ·· 144
　　第四节　外包服务 ·· 146
　　重点回顾与练习 ·· 149

第十章　服务项目管理 ··· 151
　　第一节　项目管理的特性 ··· 152
　　第二节　计划 ·· 154
　　第三节　安排 ·· 155
　　第四节　监控项目 ·· 160
　　重点回顾与练习 ·· 168

第四篇　实体环境

第十一章　服务设施位置 ··· 171
　　第一节　战术性的选址考虑 ··· 173
　　第二节　选址的模型 ·· 175
　　第三节　位置需求量分析 ··· 178
　　重点回顾与练习 ·· 181

第十二章　支援设施与服务流程 · 183
　　第一节　定向与服务场景 · 184
　　第二节　设施设计 · 187
　　第三节　流程选取 · 189
　　第四节　流程优化与设施配置 · 192
　　重点回顾与练习 · 198

第十三章　服务库存管理 · 200
　　第一节　库存理论 · 201
　　第二节　订货量模型 · 204
　　第三节　库存控制（盘点）系统 · 208
　　重点回顾与练习 · 213

第五篇　接触点——前台

第十四章　服务接触 · 216
　　第一节　服务接触三角模型 · 217
　　第二节　服务利润链 · 226
　　重点回顾与练习 · 233

第十五章　管理等候线 · 235
　　第一节　等候与排队系统 · 236
　　第二节　管理等候的战略 · 243
　　重点回顾与练习 · 247

第六篇　生活融入与售后服务

第十六章　服务质量与控制 · 250
　　第一节　质量方法 · 251
　　第二节　服务传递系统 · 255
　　第三节　服务补救与控制 · 260
　　重点回顾与练习 · 265

第十七章　流程完善 · 268
　　第一节　质量和生产力的持续完善基础 · 269
　　第二节　完善的方法 · 278
　　重点回顾与练习 · 285

第一篇

现代服务管理与环境

第一章
现代服务管理概论

◎ 本章知识点

1. 产业是如何演进的。
2. 服务产业的现况及未来。
3. 服务业的本质。
4. 服务管理的内涵。
5. 服务管理的类型与挑战。

导入案例

退单服务

在某陶瓷品牌的终端店面，一位客户交了订金，由于他的妻子又看上了另外一家品牌的产品，于是他来到店面要求退还订金。店长并不急躁，而是再次强调了本品牌和产品的优越性，但对方仍然坚持退单，并主动提出承担20%的违约金。店长看对方退单的决心已定，同意全额退还订金，不收取任何违约金，客户感动不已，表示一定会把身边的朋友介绍过来。

在这位客户新居入伙宴的那一天，店长又提着礼物登门道贺。这位客户再次被感动了，内心觉得亏欠店长，于是在当天的宴席上，他把这个店长逐一介绍给各位亲朋好友，并一再称赞这个店长。在他的带动与介绍下，当场就有潜在客户与店长相约个去看产品，后来店长在这些宴席上做成5笔生意。

一位客户3天前交了1000元订金，因为后来他看到其他品牌的产品性价比更高，于是要求退单、退钱，导购员不同意，于是乎双方僵持起来，引来很多人围观，客户甚至要报警。在别无它法的情况下，店面的经理最终退还了订金。

思考与训练：

1. 在退单服务的案例中，当客户决定要退定金时，主动退订有何优缺点？
2. 在服务过程中，什么才是最重要的？

第一节 产业的演进

一、产业

产业（Industry，或称行业）是指"具有某种同类属性的经济活动的集合或系统"。在传统经济学理论中，产业主要指经济社会的物质生产部门。一般而言，每个部门都专门生产和制造某种独立的产品，在某种意义上每个部门也就成为一个相对独立的产业部门，如"农业""工业""交通运输业"等。

目前，世界各国普遍将产业分为3~5个大类。在工业革命后，世界上约1/3的经济都是由制造业而来的。许多发达国家及发展中国家的发展及经济基础都和制造业有关。产业所在的国家与该国的经济之间有着复杂且相互影响的关系。石油、金融和观光为全球前三大规模的产业。信息业成长得也相当快，物流业也是经久不衰。许多产值大的产业来自第二产业、第三产业。

国家标准 GB/T4754－2017《国民经济行业分类》将中华人民共和国的经济行业分为3个产业。第一产业，是指直接从自然界获取产品的产业，包括农业、采矿业、制盐业等。第二产业，又称次级产业或二级产业，是对第一产业生产出来的原料或其他半制成品进行加工的行业，主要指工业，包括建筑业、制造业、印刷业等。第二产业通常包括属于第一产业的采矿业和制盐业，共分 B、C、D 和 E 四个门类，共计 45 个大类。其中，B 类为采矿业，有 6 个大类；C 类属于传统制造业，有 32 个大类；D 类为电力、燃气及水的生产和供应业，有 3 个大类；E 类为建筑业，有 4 个大类。第三产业，指不生产物质产品，主要通过行为或行为提供生产力并获得报酬的行业，即俗称的服务业。

二、产业的演进

随着产业的不断演进，经济的改变也对社会造成了一定的影响。学者丹尼尔·贝尔（Daniel Bell）把人类经济社会的发展划分为 3 个阶段（见表1-1），即前工业社会（Preindustrial Society）、工业社会（Industrial Society）、后工业社会（Postindustrial Society）。

表1-1 前工业、工业及后工业经济发展阶段的特征

特征 社会	竞争	主导的活动	人力的使用	社交生活单位	生活水平的衡量	结构	技术
前工业社会	对抗自然	农业、采矿	原始身体力量	家庭延伸	生产能力	例行服务、传统、权威	简单的手工具
工业社会	对抗人造自然	商品生产	配合机器	个人	商品数量	官僚阶级	机器
后工业社会	人际关系	服务	艺术的、创意的、智慧的	社群	保健、教育、娱乐的生活质量	相互依赖性、全球性	信息

前工业社会以传统主义为轴心，意图同自然界竞争，土地是人们赖以生存和发展的重要

资源。这个时期的人们主要以家庭为社交生活单位，通过制作简单的手工具来进行农业和采集等活动。这个时期主要以第一产业为主。

工业社会的主导活动是商品生产，意图同人造自然竞争。着重以较少的材料得到大量的产出。能源与机器的结合提升了劳动效率，并建构了工作的本质。分工是当时经营的"法则"，于是出现了所谓的例行作业与半熟练的劳工（在数周的训练之后，便能够执行例行作业）。这个时期的人们主要以个人为社交生活单位，通过配合机器来进行商品生产等活动。以轻工业为主的产业层次是从能源革命开始的。蒸汽机的发明促进了手工业工具的机械化。初期发展的轻工业大都是以农牧业产品为原材料的，如棉纺、毛纺、粮食加工、食品、酿酒、制糖、卷烟、造纸、木材加工等。由于轻工业的刺激作用，农业向提供轻工业原材料方面发展，这促进了农、林、牧、渔的全面发展，如发展了棉花、烟草、甘蔗、花生等多种作物的种植；毛纺业的需要促进了牧羊业的大发展等。轻工业发展的刺激为轻工业提供了原材料。农、林、牧、渔全面发展的农业称为第二层次的农业。在国际上，英国最先进入以轻工业为主的产业层次。18世纪30年代，英国的工业革命首先从棉纺织业开始，至19世纪30年代末，机器棉纺织代替手工棉纺织的过程基本完成。在棉纺织业的带动和刺激下，毛纺、麻纺、丝织及其他轻工业部门，如造纸、印刷等也从工厂手工业逐步向机器大工业过渡。其他工业国家的工业发展也大都如此，如美国、法国最先普遍使用机器的部门也是纺织工业。这个时期，第二产业是主要的生产力来源。

后工业社会则是由卫生保健、教育及娱乐等服务来衡量生活质量的。这个时期的人们主要以社群为社交生活单位，通过艺术地、智慧地、创意地结合各种信息，来进行服务等活动。工业和第三产业是相辅相成、互相促进、共同发展的。

自工业革命以来，我们见证了巨大的劳动力转变，并在广大的世界范围内开始了从农业和制造业转向服务业的转变。全球通信、商业及技术的发展，城市化和廉价劳动力促成了这种转变。服务产业成为经济命脉。它创造的新工作潜在地提升了每个人的生活质量。其中，许多专业化和商业化的服务工作需要高技能的工人。

其实，我们现在已经逐步进入了后工业社会，服务业所占的比例也越来越大。以美国为例（见图1-1），从19世纪至今，美国服务业的雇用比率大幅提升，这项增量反映在农业劳动力的大量减少上；预估2050年服务从业人口占80%，大部分工作都被机器所取代。除了美国之外，其他发达国家的服务业占比也达到了70%，生产性服务业占比近6成。

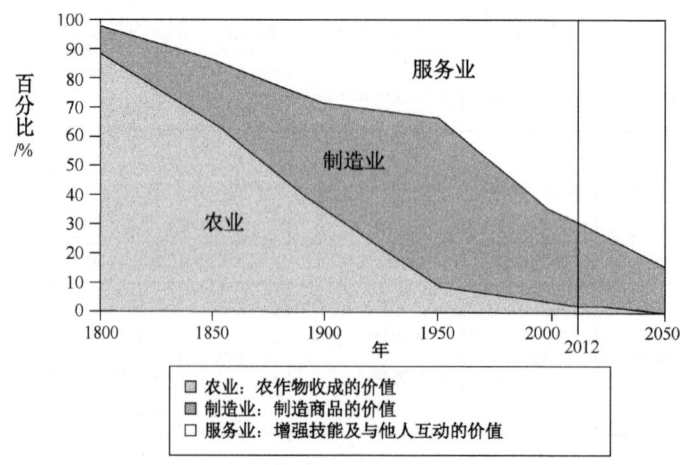

图1-1　1800～2050年美国各部门的就业趋势（预计）

在中国，第三产业逐步成为产业主体。2015年，第三产业占GDP的比例逐步攀升至51.4%。在2015年"双十一"期间，零售和餐饮支出达到1700亿美元，与2014年相比增长了11%，电影票房收入增长了3/5，旅游营收达到2014年同期的3倍，日本、韩国、泰国的中国游客"爆棚"。如图1-2所示，如果以主要一线城市来看，北京、广州、上海、深圳、南京、杭州、成都在2017年的服务业占比都已经超过50%。

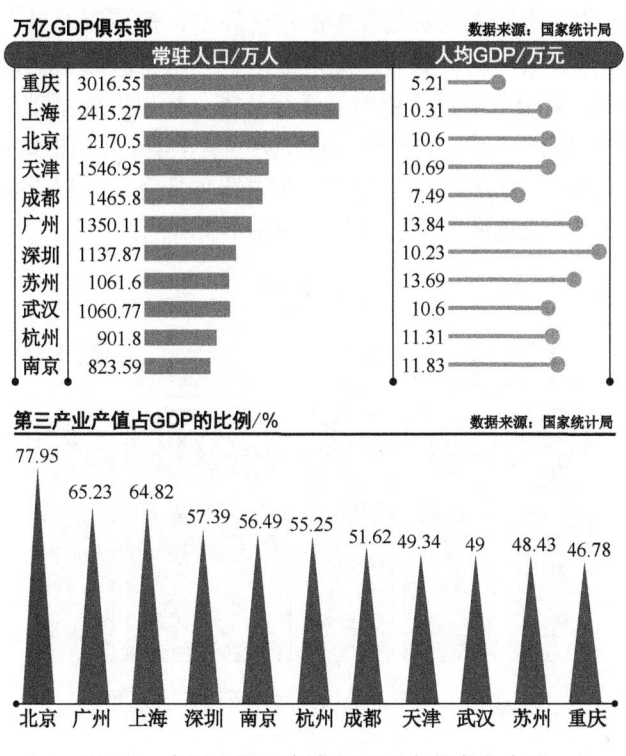

图1-2 中国主要一线城市GDP与服务业占比

服务业增长的同时，制造业的产值也不断在收缩，制造业向服务业的转型迫在眉睫。制造业的活动收缩，服务业的繁荣有助于减少制造业下滑对经济增长的拖累；未来传统产能过剩行业的过剩产能将继续去化，而服务业吸收劳动力的能力强，发展服务业有助于实现劳动力从工业向服务业的转移，缓解就业压力。重视过程的、以人的感受为主的服务思维比重视结果的、以物质资源为主的制作思维更灵活、更人性化。此外，相比于农业、制造业，服务业的工作方式更具有弹性；人们也将有更多的机会在工作中展现自我、发展自我；也能通过配合自身的价值观与兴趣，来调整、改造自己的工作和生活；甚至能够自己创造一种情境，去满足某种尚未被满足的需求。

三、现代服务业

现代服务业大体相当于现代第三产业。世界贸易组织的服务业分类标准界定了现代服务业的九大分类：商业服务，电信服务，建筑及有关工程服务，教育服务，环境服务，金融服务，健康与社会服务，与旅游有关的服务，娱乐、文化与体育服务。国家统计局在1985年《关于建立第三产业统计的报告》中，将第三产业分为4个层次：第一层次是流通部门，包括交通运输业、邮电通信业、商业饮食业、物资供销和仓储业；第二层次是为生产和生活服务的部门，包括金融业、保险业、公用事业、居民服务业、旅游业、咨询信息服务业和各类技术服务业等；第三层次是为提高科学文化水平和居民素质服务的部门，包括教育、文化、广播电视事业，科研事业，生活福利事业等；第四层次是为社会公共需要服务的部门，包括国家机关、社会团体，以及军队和警察等。

在企业层面，诺特博姆（Nooteboom）用价值链的概念，对所有服务业进行了调研。他的研究发现，从企业到消费者消费过程中的每个环节，都可以通过专业化来进行服务。例如，制造业可以提供零组件制造服务，知识工作者可以提供信息服务。

托马斯（Thomas）将服务业以人或物来进行分类。如以人为基础的服务，又以知识及能力的深度区分为未熟练的劳动者（如警卫等）、熟练劳动者（如电器维修、餐饮等从业者）、专业人士（如顾问、律师、会计师等）。以设备为基础的服务，又以设备操作的能力区分为不熟练、熟练与自动化的设施所产生的服务，如图1-3所示。

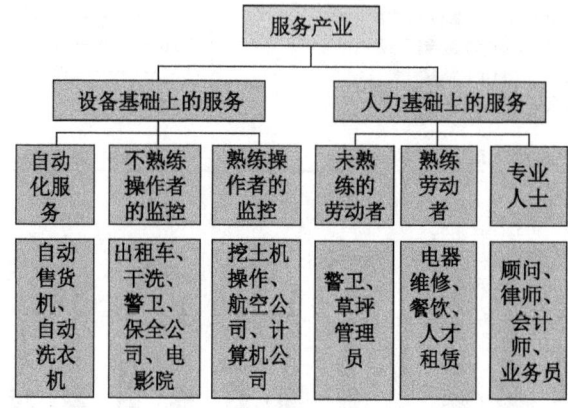

图1-3 服务产业以人或物所进行的分类

第二节 现代服务管理

一、服务及现代服务管理的概念

1．服务的概念

服务业（Service Business）已经成为经济结构中的主力。那什么是服务？服务管理又是什么？服务是"履行某一项任务（义务）或是任职某种工作"，也有为了公众做事、替他人劳动之意。例如，服兵役在英文中就是军事服务（Military Service）的意思。自古以来"服务"这个词在中文里就是指为其他人提供的劳动，如《论语·为政》篇中说"有事，弟子服其劳，有酒食，先生馔"。这种服务的定义，较偏重于售后的义务服务。

《牛津词典》中对服务的定义是，某人做某些事（The action of helping or doing work for someone）。服务是做对客户有益的事情（Deeds）、流程或结果。美国市场营销学会（AMA）将服务定义为：可被区分界定，主要为不可感知，却可使欲望得到满足的活动。这种活动并不需要与其他产品或服务的出售联系在一起。生产服务时可能会也可能不会需要利用实物，而且若需要借助某些实物协助生产服务，将不涉及这些实物所有权的转移。现代营销学之父菲利普·科特勒（Philip Kotler）对服务的定义是："服务是指交换的一方向另外一方提供的任何活动或者利益，而这些活动主要是不可感知的，且不涉及所有权的转移。它们有生产可能，但也可能不与实物产品紧密地联系在一起。"

由上述服务的相关定义可以发现，这些定义都有一个共同的特质，就是服务具有"无形性"（Intangibility）与"同时消费"（Simultaneous Consumption）的特性。

除了无形性与同时消费的特征之外，"现代服务"的概念更强调"价值共创"（Value Co-creation、Value Co-production、Value Co-creation system）。也就是说，服务是为了解决客户的问题（Solution Provider）而产生的雇员与客户间一系列的活动。服务系统是人、科技、其他内外部服务系统及分享的信息（如语言、流程、优点、价格、政策、及法规）价值共创（Value-co-production Configuration）的形态。

2．现代服务管理的概念

在"现代服务"的概念之下，本书对"现代服务管理"的定义如下。

现代服务管理是以客户为中心而产生的一系列的管理活动，其目的是通过人、科技及其他内外部服务系统（信息及实体环境）的协同互动来产生更好体验（价值）的共创。

这个定义包含了6个要素：企业环境（本书第一篇的核心内容）、人-社群网络（本书第二篇的核心内容）、信息平台（本书第三篇的核心内容）、实体体验环境（本书第四篇的核心内容）、接触点（本书第五篇的核心内容）、生活融入与售后（本书第六篇的核心内容）。同时，这个定义中的6个要素也构成了本书的概念架构。

二、现代服务管理的内涵

（一）前提假定

如果我们掌握了服务管理的特征，我们将能更好地进行服务管理。首先应了解服务导向逻辑的基本前提。

（1）服务是交换的根本基础。操作型资源（知识与技能）的应用——服务是所有种类交换的基础，服务是用来交换服务的。

（2）间接的交换掩盖了交换的基础本质。商品、金钱与机器的存在掩盖了服务换服务的本质。

（3）商品是服务提供的分配机制。商品的价值来自使用其所提供的服务。

（4）操作型资源是竞争优势的基础来源。导致渴望改变的比较能力引发了竞争。

（5）所有的经济体都是服务经济体。服务（单向）直到现在才明显增加专业化及外包的特色。

（6）顾客永远都是价值的共同创造者。意味着价值的创造是交互式的。

（7）企业无法传送价值，只能够提出价值的主张。厂商能提供其资源，并合作地（互动地）通过承诺创造价值，但无法单独建立/传送价值。

（8）服务中心的观点本质就是顾客导向且与顾客有关。服务是顾客感知与共同创造的，因此其本质上即为顾客导向且与顾客有关的。

（9）所有的经济与社会角色都是资源集合者。这意味着价值创造的脉络是网络间的关系（资源-集合者）。

（10）价值永远是独特的，且从现象学上来看是由受惠者所决定的。价值是有个性的、经验性的、脉络性的，且充满了意义。

（二）服务思维与制造思维

如图 1-4 所示，大量制造思维是从工业革命之后产生的，这种制造思维以物质资源为主，重视的是如何将有限的、有形的物质资源发挥出最大的功用。这种效率最大化的做法通常是在一个封闭的系统中进行（如封闭的工厂）的，然后通过软硬件的设备，在封闭系统中进行优化，以达到成本最低的结果。

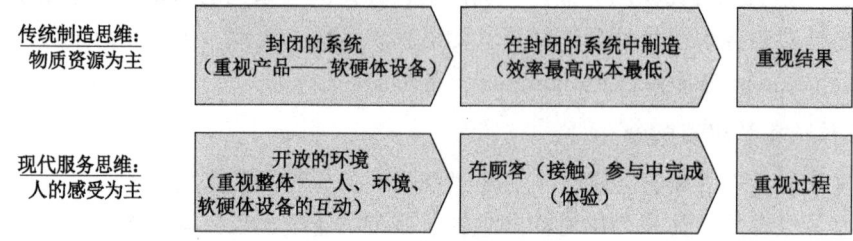

图 1-4　服务思维与制造思维

（资料来源：杨坤、张金城，服务业的质量管理，天津：南开大学出版社，2006.）

20 世纪进入信息时代，人们需要的不只是成本低、效率高、价格低的产品，人们也开始重视使用产品时及使用产品后的体验感受，以及这种体验在生活中产生的影响。这种服务主导的思维（Service Dominate Logic，SDL）是在开放的环境中，通过人与人、人与机器、人与环境之间的互动而产生的，这种体验带来人们想要的价值（如便利），这种思维更重视体验的过程。相对于制造思维在封闭系统中进行优化，服务主导的思维则是在动态系统中进行优化。

（三）服务的本质：体验

1. 服务经济

在服务业为主流的时代，服务也成为主要的获利来源与方式。服务经济（Service Economy）是以人力资本为基本生产要素所形成的经济结构、增长方式和社会形态。在服务经济时代，人力资本成为基本要素，土地和机器的重要性都大大下降了，人力资本成为经济增长的主要来源。因此，服务经济增长主要取决于人口数量和教育水平。美国是人口数量较大、教育水平较高的国家，自然成为服务经济时代的大国，其发展水平远远高于世界其他国家。

政府及企业在服务经济体中扮演的角色如图 1-5 所示，具体来看，服务经济的范畴包括以企业为主发挥职能的社会服务，如物流、金融、邮政、电信、运输、旅游、体育、商贸、餐饮、物业、信息、文化等行业服务，以及以政府事业单位等为主发挥职能的公共服务，如教育、医疗卫生、人口和计划生育、社会保障。服务在经济体中扮演着促进发展的角色。服务在社会经济活动中居于核心位置。

2. 体验经济

现在越来越多研究显示，消费者在消费时希望获得的是独特的经验而不只是产品，如果企业只是提供质量好的产品或是服务，并不足以让消费者满意。所以，许多公司将特定的"价值"融入产品之中，使客户有一个难忘的体验，而这也产生了体验经济。表 1-2 展示农业经济、工业经济、服务业经济和体验经济的比较。

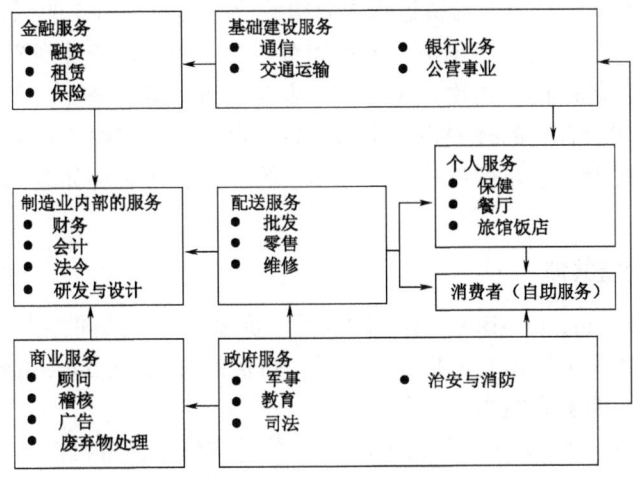

图 1-5　政府及企业在服务经济体中扮演的角色

体验经济包括顾客服务体验（B2C）、企业服务体验（B2B），现在甚至出现了 C2B（如拼多多的拼单服务）。从农业经济、工业经济到服务业经济，再到体验经济，虽路途曲折，但社会是不断向前发展的。

表 1-2　农业经济、工业经济、服务业经济和体验经济的比较

比较项目	农业经济	工业经济	服务业经济	体验经济	
经济贡献	食物	包装产品	商品服务	顾客服务（B2C）	企业服务（B2B）
功能	汲取	制造	递送	场景	共创
本质	可取代的	有形的	无形的	令人难忘的	有效果的
属性	天然的	标准化	客制化	个人化	成长
供应方法	大量储存	存货	依照需求提供服务	随着时间显露	持续提供
卖方	商人	制造者	提供者	经验丰富者	合作者
买方	市场	顾客	客户	宾客	合作者
期待	数量	特色	利益	知觉感受	能力

体验经济（Experience Economy）又被称为 4E［娱乐（Entertainment）、教育（Education）、美学（Esthetics）和逃避主义（Escaptism）］。4E 这个概念包括两个主要的方面：投入程度和与特殊事件或结果的联结。在投入程度方面，包括积极与消极参与；在特殊事件或结果的联结方面，包括吸收与沉溺。因此，顾客体验可以区分为 4 种类型：娱乐、教育、美学与逃避主义，如图 1-6 所示。而后来许多的实证研究也支持这种分类。

	沉溺	美学	逃避主义
与环境互动的程度	吸收	娱乐	教育
		被动	主动

顾客参与

图 1-6　体验的 4 种类型

首先，许多顾客希望在消费过程中获得知识、增进技巧及能力。而知识吸收的多寡，则取决于顾客的态度。许多活动体验都可以增加消费者的知识及能力。其次，娱乐是最古老的一种体验。许多顾客希望在消费过程中获得愉快（Enjoyment）的感觉。它是一种吸收，因为娱乐是一种内在的感觉；它也是一种被动参与，因为它是一种观察。通过服务产生娱乐的经验而形成难忘的回忆。再次，美学是顾客对实体环境的诠释。当顾客感受到消费环境中高质量的美，便会有美的体验而产生幸福感。最后，许多顾客希望逃避现实中有压力的环境，而能够通过消费来获得精神上及身体上的放松。这4种体验都能够带给顾客难忘的回忆。

（四）方法：价值共创

企业对企业（Business-to-Business）的服务，价值是通过共同协作（Collaboration）所产生。这样的协作所产生的体验包括3个方面：价值的共创（Co-creation of Value）、企业与顾客的关系、企业的服务能力。

21世纪顾客与企业服务的体验见表1-3，这些都依赖于具备技能和知识的劳动力。

表1-3 21世纪顾客与企业服务的体验

核心体验	基本特色	范例
创造	概念呈现	广告、剧场
授权	作为中介者	运输、通信
经验	顾客的存在	按摩、主题乐园
延伸	延伸并维持	保证、健康检查
委任	契约性协定	服务/维修、投资管理
信息	接触信息	网络搜索引擎
创新	促发新概念	研发服务、产品测试
问题解决	寻求专业人员	顾问业、咨询业
生活质量	改善福利	保健、休闲、旅游
规范	建立制度与规章	环境、法律、专利

首先，价值的共创可解释为顾客是服务过程中的一项投入，顾客本身也是他自己所获得价值的共同创造者。其次，企业与顾客建立长期的关系，能让企业具备客制化的能力。企业与顾客的关系是关键，是创新与差异化的来源。最后，企业的服务能力是指企业有能力随着需求的波动提供服务，且能维持服务的质量。服务质量主要应从顾客的观点来衡量。

21世纪，根据核心体验的不同，可将服务分为以概念呈现的创造体验、作为中介者的授权体验、需要顾客存在的经验体验、延伸并维持的延伸体验、要有契约性协议的委任体验、接触信息的信息体验、促发新概念的创新体验、寻求专业人员的问题解决体验、改善福利的生活质量体验和建立制度与规章的规范体验等。

（五）服务是配套的一组产品

一般的产品在进行销售时，可以进行单一产品的买卖。如图1-7所示，服务是通过一整套的产品来产生体验的。服务配套，即服务是整体的感受与体验，包括信息、支持设施、辅助商品、外部服务和内部服务等。评估服务整体配套是否标准，就要从服务配套的这几个方面入手。

（1）从信息方面评价，要看信息的精确性，如及时更新顾客的住址、做出正确的信用报告；要看信息的及时性，如暴风雨警报；要看信息的实用性，如利用 X 光判定骨折、存货现况等。

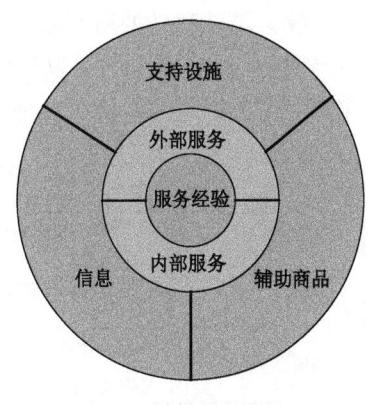

图 1-7　服务是一整套的

（2）从支持设施评价，要看其建设地点，如大众运输工具可否到达、地点是否集中等；要看其内部装潢，如是否建立了适当的气氛、家具的质量与协调度如何等；要看支持设备，如牙医使用机械设备、使用哪种机型和飞机机龄等；要看其建筑适当性，如大学校园的文艺复兴式建筑、独特的蓝瓦屋顶、商业区银行的大型花岗岩外观等；要看其设施布局，如行进路线是否自然流畅、是否提供充足的等候区、是否有不必要的行程或折返等。

（3）从辅助商品评价，要看商品的一致性，如薯条的酥脆程度、分量控制等；要看商品的数量，如小、中、大杯饮料；要看商品的选择，如各类替换用品、菜单项目的数量、可租用的滑雪板等。

（4）从外部服务评价，要看服务人员的训练，如汽车技工是否取得国家认证、专业人员助手的利用程度如何、治疗团队是否取得专业资格等；要看综合性，如商业折扣与完整服务的比较、综合医院与诊所的比较等；要看一致性，如航空公司的准时记录、医师经过专业认证审查等；要看可得性，如 24 小时自动柜员机服务、是否有网站、是否有免付费电话等。

（5）从内部服务评价，要看服务态度，如愉悦的空服员、机智的交通警察、态度不佳的餐饮服务生等；要看气氛，如餐厅装潢、酒吧音乐等；要看等候，如银行提供免下车服务、暂时停车服务、在餐厅酒吧享受一杯鸡尾酒等；要看地位，如飞机头等舱、体育活动的包厢等；要看幸福感，如照明良好的停车场；要看隐私与安全，如医院病房的磁卡；要看便利性，如免费停车。

（六）特征

服务只有使用权而不具有所有权，举例见表 1-4。在这样的前提之下，像农业、制造业一样，服务运作（Operation）具有以下几个特征。

（1）顾客参与。服务流程中，顾客也是参与者之一，因此设施的设计相当重要，这是传统制造业中前所未见的情况。

（2）同时性。服务在创造的同时被消耗，形成了服务管理关键特征的无法储存性，服务的无法储存性造成应用传统制造业策略上的困难，即无法依赖存货来缓冲需求的波动。

（3）无法储存性。服务是无法储存的。班机空位、医院空床、饭店空房、一个小时没有病患的牙医诊所，都是一种机会的丧失。

（4）无形性。服务是一种构想和概念，因此创新服务无法像产品一样申请专利，为了确保新奇服务的利益，企业必须迅速地拓展，抢在竞争者之前出招。

（5）异质性。服务业的无形性，加上顾客参与服务递送系统，导致服务可能因顾客的不同而有所变动。

（6）不能移转的所有权。从营销的观点来看，服务不像商品，不涉及所有权的移转。根据服务的非所有权，可以将服务形态分为商品租用、场域或空间租用、劳工与专业知识、实体设施使用、网络使用5种。

表1-4 5种非所有权的服务与例子

服务态度	顾客价值	范例	管理挑战
商品租用	得到短暂而完整的使用权	车辆、工具、家具、设备	地点选择与维护
场域或空间租用	一个大型空间中特定部分的完整使用权	饭店房间、飞机座位、仓库单位	内务管理与达到规模经济
劳工与专业知识	雇用他人代为完成工作	汽车维修、手术、管理顾问	专业知识是可更新资源，但时间是无法停止的
实体设施使用	一定时间内得到某项实体设施的使用权	主题乐园、营地、健身房	等待与人数控制
网络使用	得到参与的权力	民生用电、移动电话、网线网络	可得性与定价决策

（七）类型

服务类型可以根据互动与客制化程度和劳动力密集程度来划分类，形成服务流程矩阵（Service Process Matrix），如图1-8所示。在此矩阵中，服务根据两个面向分类，垂直面向是衡量劳动力密集程度，也就是劳动力成本相对于资本成本的比率；另一个面向是依照客户参与程度来分类。因此，可以界定出4种类型的服务业：服务工厂、服务商店、大量服务与专业服务。

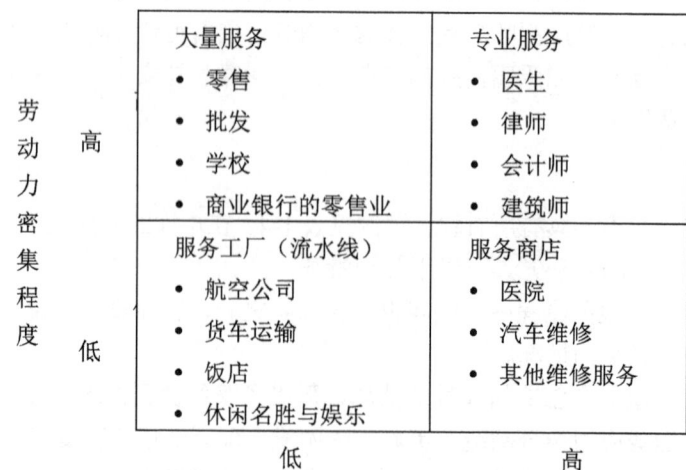

图1-8 以价值共创进行的服务流程矩阵与类型

第三节 现代服务管理的新挑战

虽说服务业有着非常强大的需求,但服务管理者仍面临着各种各样的挑战。以服务管理流程矩阵来看(见图1-9),服务工厂、大量服务、专业服务与服务商店都面临着一些挑战,若采用高互动、高客制化流程,将面临成本不断地增加,质量、速度要求的提升及客户忠诚度等挑战;若采用高劳动力密集流程,在雇用、训练、员工福利、劳动力安排、管理成长等方面将面临新的问题;若采用低互动、低客制化流程,则将面临营销、互动加温、实体环境与标准作业流程的挑战;若采用低劳动力密集流程,则将面临资本决策、技术演进、管理需求等挑战。

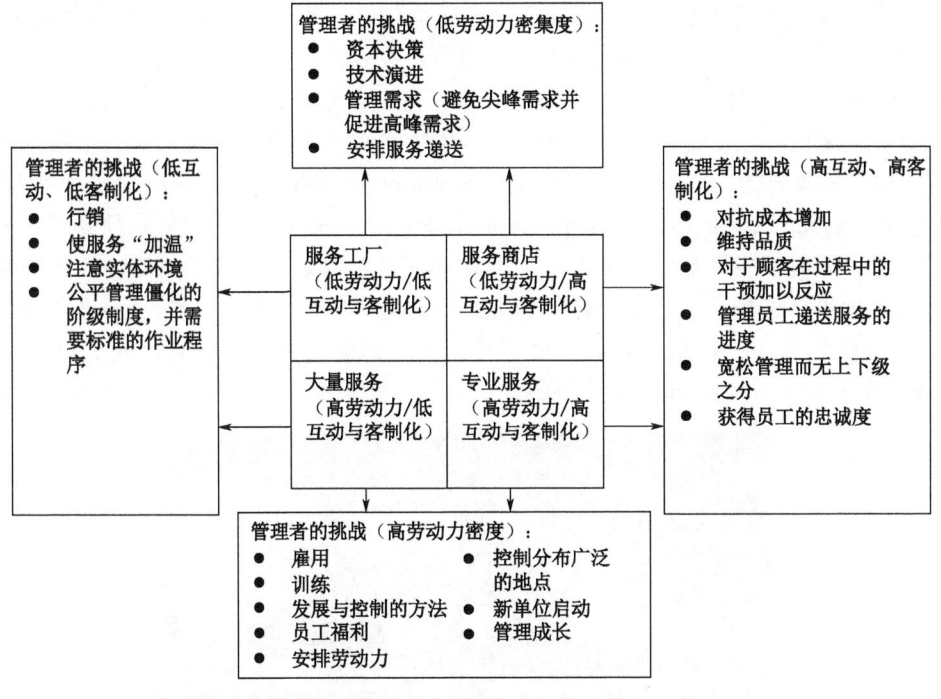

图1-9 服务管理流程矩阵与新挑战

本章重点汇整

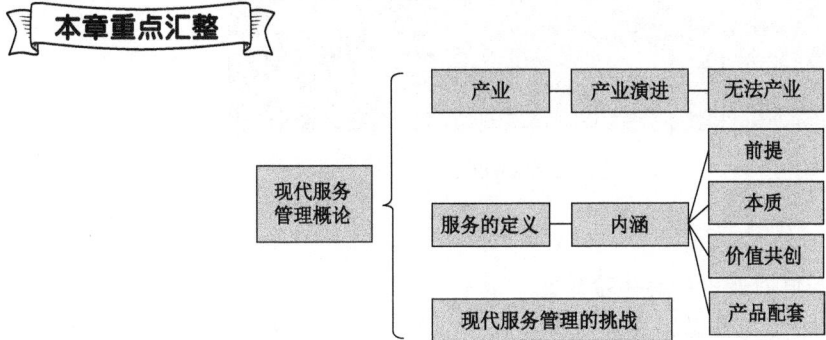

> **案例分析**

体验经济——超市里的厨房

在 2010 年，city'super 首次进驻上海浦东 IFC 购物中心，拥有了其在中国内地的首家门店。city'super 看上去不像一个传统的精品超市（见图 1-10）。"city'super 不是一个精品超市的概念那么简单，我们都不说自己是超市，而定位成一个生活品位专门店。消费者的购物体验才最重要。"city'super 集团总裁邬嘉华告诉记者。当一家公司企图以服务为舞台、以商品为道具，让消费者完全投入体验，其就开始理解商品有形、服务无形，而体验是难忘的道理。但是，这还远远不够，当你需要向顾客营销一款产品时，意味着你有两个观念需要转变：一是零售业过去一直强调坪效，以面积衡量运营效率，现在需要转变为客效，即单个顾客到底愿意消费多少钱；二是"成本观念"的转变，用顶级厨师创造体验式环境，不再是销售产品的营销成本，还是销售产品的生产成本。

city'super 因其食材种类和数量庞大而闻名，有一万余种，而仅仅奶酪的品项就有几百种。美食家蔡澜也曾经在专栏中将其推荐为经常搜罗食材的超市："单单是鱼子酱就有好几种选择，国产的单价为 50 克 450 元，伊朗的 Sevru-ga 是 780 元，Oscietra 就要卖到 800 元。最贵的伊朗 Iranian Caviar Volga Beluga，净重 100 克则要 3500 元。"如何让顾客对这些特别昂贵且陌生的食材产生兴趣？答案当然是亲自试一遍。例如，报名 Culture Club 的课程，跟着大厨学做菜。该超市认为体验的实质是互动，关键在于舍得"成本"。邬嘉华将其视为销售产品的软件投入，是生产成本，而不再是传统的营销成本。因此，邀请知名大厨来 city'super 教课成为 city'super 必须的事情。

图 1-10　city'super 超市

问题：

1. city'super 是如何创造出好的体验的？
2. 你认为创造独特难忘体验的要素有哪些？

重点回顾与练习

关键术语

产业（Industry）　　　　　　　　　　服务业（Service Industry）
前工业社会（Preindustrial Society）　　工业社会（Industrial Society）
后工业社会（Postindustrial Society）　　价值共创（Co-creation of Value）
服务管理（Service Management）　　　农业经济（Agrarian Economy）
工业经济（Industrial Economy）　　　服务经济（Service Economy）
体验经济（Experience Economy）　　　产品配套（Service Package）
显性服务（Explicit Services）　　　　隐性服务（Implicit Services）
支持性设施（Supporting Facility）　　辅助物品（Facilitating Goods）
服务流程矩阵（Service Process Matrix）

选择题

1. 患者必须回答医生的提问并遵循医嘱，这是因为服务绩效的好坏与顾客的行为密切相关，即服务具有（　　）。
   A. 无形性　　　B. 顾客参与性　　　C. 不可储存性　　　D. 差异性

2. 顾客看牙医多次之后，牙齿疼痛的病症彻底消除了，这种构成服务基本或本质特性的利益是（　　）。
   A. 显性服务　　B. 隐性服务　　C. 支持性设施　　D. 辅助物品

3. （　　）是指顾客能模糊感到服务带来的精神上的收获，如顾客到达的便利性、服务环境的舒适性等。
   A. 显性服务　　B. 隐性服务　　C. 支持性设施　　D. 辅助物品

4. 在服务过程矩阵中，劳动力密集程度低但交互与订制程度高的是（　　）。
   A. 服务工厂　　B. 服务作坊　　C. 大众化服务　　D. 专业化服务

5. 下列选项中，为顾客提供资本密集型的标准化服务的是（　　）。
   A. 航空公司　　B. 零售批发　　C. 汽车维修　　D. 医疗服务

6. 根据顾客参与以及环境互动的程度，体验可分成4种类型：美学、娱乐、教育与（　　）。
   A. 乐观主义　　B. 浪漫主义　　C. 逃避主义　　D. 现实主义

判断题

1. 第二产业主要指工业，包括建筑业、制造业、交通运输业等。（　　）
2. 前工业社会是农业社会，大多数人的生活状态就是与自然抗争，以维持生存。（　　）
3. 服务包含的要素中，隐性服务是顾客消费的主要目的。（　　）
4. 支持性设施是在提供服务前必须到位的物质资源，一般指服务发生的场所、设备等。（　　）
5. 服务需求与服务企业生产能力难以匹配主要是由服务的异质性造成的。（　　）

6. 大众化服务（如零售业）的顾客是在劳动力密集的环境中得到无差别的服务。

（　　）

简答题

1. 哈佛大学社会学教授丹尼尔·贝尔将经济发展分为哪 3 个阶段？每个阶段有何特征？
2. 简述服务业在经济中的作用。
3. 顾客服务体验根据顾客参与及与环境互动的程度可分为哪 4 种类型的体验？
4. 服务的基本特征有哪些？
5. 服务的过程不涉及所有权的转移，请列举 5 类非所有权转移的服务的例子。
6. 绘制服务流程矩阵。

第二章
服务管理理论与典范

◎ 本章知识点

1. 现代服务管理理论与典范。
2. 价值共创典范的概念。
3. 价值共创典范的内涵。

导入案例

我们需要工会吗？

到一家餐厅吃饭，点了一碗500元的顶级牛肉面，发现里面只有两块牛肉，你会如何处理？去跟老板抱怨，一碗这么贵的牛肉面，为什么只有两块牛肉？还是什么都不讲，直接将其列为"地雷"餐厅？另一个类似的状况，你在一家公司上班，你和同事都认为工资很低，你会去跟老板谈加薪？还是另谋一份工资较高的工作？

闷不作声还是提出建言？

这两个例子的共同点是：当你对公司不满时，会跟老板提出你的想法，还是默不作声，想办法远离呢？让我们用经济学理论来解释。牛肉面不好吃，当所有客人什么都不说而只是不再光顾时，这家店就难逃倒闭的命运。同样的，当企业工资太低，员工都默默找其他工作时，在自由竞争市场，这家企业找不到好的员工，营运必然不佳，最终倒闭。这就是经济学自由竞争的原理。

相反的，如果每个人都觉得牛肉面卖得太贵，都去跟老板建言（Voice），老板也依据客户的意见加以改进。公司也是如此，员工觉得工资过低去跟老板反应，老板也认识到这样会导致员工士气低、离职率高，而给员工加薪，公司可能就会发展得更好。

建言提升员工忠诚度

但是,你会"自己"去说:"老板,你给的工资太低了,应该要加薪!"我想大部分员工都不会这样做,因为如果你这么做,倘若老板给员工加薪了,一定不只你一人受惠,而是全部员工都受惠。你不免会问,为什么是"我"而不是"别人"去说?因为谁都会担心老板报复,担心听到的回应是:"你不喜欢就离职。"

有一种方法就是组织工会。工会是员工代表,主要的功能就是去跟老板协商,为员工争取更好的劳动条件,包括薪资与福利等,也可以避免个别员工不敢提出加薪的要求。

德国经济学家艾伯特·赫希曼(Albert Hirshman)在1970年发表的名著《退出、建言和忠诚》(Exit,Voice,and Loyalty)中指出,当你不满时若选择默不作声,不再光顾或离开,就是"退出"(Exit)。相反的,你也可以扮演"建言"的角色,如果企业的员工都能够建言,会让这家企业更好,员工忠诚度(Loyalty)自然提高。

靠集体力量,而不是单兵作战

员工建言可以提升公司绩效,但为什么需要集体组织的工会来做?因为工会的作用是提供"公共财",即不论你是否付费都可以享受到的财物。下面举例阐述公共财的意义。在一间办公室有40个人在工作,天气很热却没有空调,你会自己跟老板请求装一台空调吗?答案应该是否定的,因为你一个人去请求,老板可能会认为只是你一个人怕热;如果老板给办公室装上空调,也不会只有你一个人受惠,而是40个人都能受惠。同样的问题又来了:为什么是"我"去向老板提请求,而不是"别人"?

在员工担忧老板报复、自己力量不够的时候,工会就可以出面与公司协商,达到提升劳工薪资、福利的目标。因为工会提供公共的服务,这就是我们需要工会的原因。员工独立作战,通常效果不太好,依靠工会的团体力量,可能会是比较有效的方法。

(资料来源:陈世哲. 我们需要工会吗. 天下杂志,2017-04-28.)

思考与训练:

1. 从企业的角度来看,有工会比较有利吗?
2. 以员工是内部顾客的视角来看,用什么方法收集消费者的信息较有效?
3. 有什么方法能让消费者参与设计、研发与消费?

第一节 服务管理理论的演进

服务管理学的基础是源自战略管理的理论。20世纪80年代,迈克·波特(Michael Porter)的"定位(Positioning)理论"给予了战略管理实质的内涵,进而开启了战略管理的理论。定位理论强调竞争优势是源自外部的产业环境,通过在外产业中寻找独占地位来产生优势。在早期物资缺乏的时代,一家企业在产业链中选择一个该企业能做的最好的部分,然后在专业分工的一个环节中,产生经济规模的效益,就能创造出优势。而由于定位理论较为静态，一个成功的定位很容易被模仿，因此优势无法持续。

到了20世纪90年代，受到日本企业全球化的影响，许多学者开始研究日本企业成功的原因。普拉哈拉德（Prahalad）与哈默尔（Hamel）提出的"资源基础（Resource Based View）观点"诠释了日本企业成功的原因，随着日本企业全球的扩张，资源基础观点也渐渐变成主流。资源基础观点认为，企业的优势是源自企业内部资源的杠杆运用。资源杠杆运用得恰当，是优势的来源；若过于专注于现有资源的运用，而忽略外部环境的变化，而使得资源无法有效地发挥，则会变成资源僵固（Rigid）。20世纪90年代互联网（Internet）的出现改变了整个产业的规则。而在此时，日本仍然坚持延续旧有的资源与优势（电子、机械、家电）而轻视了互联网的冲击，这造成了日本失落的20年。

第二次世界大战后物质匮乏，只要有商品供应企业就能存活。一直到了2000年左右，物美价廉质优的产品充斥于市场，在供给过甚的情形之下，提供符合消费者个人偏好的产品变成企业主要优势的来源。这时，价值（Value）取向相关的观点变成战略的主流理论，价值取向的观点强调竞争优势主要源自消费者（Consumer）的偏好。在这个取向之下，蓝海战略（Blue Ocean Strategy）与价值共创理论（Value Co-creation）逐渐变成两个主流的理论。蓝海战略是由W.钱·金（W.Chan Kim）和莫博涅（Mauborgne）提出的。蓝海战略认为，若企业将焦点放在外部的产业（也就是他们所谓的红海）上，等于接受了商战的限制性因素，即是在有限的土地上求胜，却否认了商业世界开创新市场的可能。运用蓝海战略，视线将超越竞争对手移向买方需求，跨越现有竞争边界，将不同市场的买方价值元素筛选并重新排序，从给定结构下的定位选择向改变市场结构本身转变。蓝海以战略行动（Strategic Move）作为分析单位，战略行动包含开辟市场的主要业务项目所涉及的一整套管理动作和决定，他们在研究了1880～2000年30多个产业150次战略行动的基础上，发现价值创新（Value Innovation）是蓝海战略的基石。价值创新挑战了基于竞争的传统教条，即价值和成本的权衡取舍关系，让企业将创新与效用、价格与成本整合为一体，不是比照现有产业的最佳实践去赶超对手，而是改变产业景框重新设定游戏规则；不是瞄准现有市场的"高端"或"低端"顾客，而是面向潜在需求的买方大众；不是一味地细分市场满足顾客偏好，而是合并细分市场，整合需求。蓝海战略强调，企业在价值创造的过程中，要通过观察消费者的偏好，来进行商业活动的设计，进而创造价值。

一、服务主导逻辑的价值共创

在第一章中介绍了服务主导逻辑（SDL），服务主导逻辑与信息科技相互融合的快速发展，加速了服务提供者与消费者的价值共创。在这个信息科技时代，消费者不仅是消费者，也会成为共同设计者、共同销售者与共同生产者。这种现象，可以从以下几个方面的趋势变化来了解。

1. 信息获取

通过获取前所未有的大量信息，有学识的消费者可以做出更明智的决策。数以百万计相互联结在一起的消费者，现在正在共同挑战产业的传统规则，从娱乐业到金融业和健康护理业，无一幸免。例如，积极主动的健康护理消费者（不再是被动的治疗接受者，又称患者）正在使用互联网来学习有关疾病预防与治疗的知识，他们追踪医生、医院与诊所的医疗记录，并跟他人分享个人的体验及最新的临床药品测试结果。现在的消费者可以大胆地质疑为其施加治疗的医生，可以更完全地参与到自己的治疗方案与过程之中。这种信息普及化的现象所造成的冲击，对于那些会对消费者进行信息封锁的服务提供者而言，是很激烈的。

2. 全球观

消费者可以从世界各地获取有关企业、产品、技术、绩效、价格和消费者行动与反应的信息。在20年以前，某汽车公司出产了一款新车，消费者通过传统区域性的媒体（报纸、电视）获知了他们感兴趣的新产品的消息之后，便产生了购车的欲望。他们一般只能在区域的经销商处了解新产品的状况，如果各方面的条件都符合他们的要求，他们就会购买产品。

而在全球化的今天，在购车网站上列示了上千种汽车车型的清单，在全球任何地方的年轻人通过互联网都可以梦想拥有其中的一款。虽然信息的地域限制依然存在，但这种限制正在逐渐消失，从而进一步改变了企业竞争的规则。

3. 网络（社群化）

人往往具有一种天生的期望，那就是希望具有共同价值观、共同需求的人能聚在一起进行信息与经验的分享。互联网的突飞猛进促进了这种渴望的实现。过去，电话是最主要的沟通工具；现在，QQ与微信变成最主要的沟通工具。通过这些沟通工具，具有共同价值观与需求的人群集合起来形成"主题消费者社群（Community）"。这种主题社群可以不受地域或社会障碍的制约，共享某些思想和感受，或者是解决某些共同关心的问题。

这种主题社群不仅影响了一般人的生活方式，对市场的冲击也是十分巨大的。例如，"微商"就是以社交社群为基础所产生的市场行为。最近兴起的拼多多，也是以社交社群拼单为主的一种新服务，它们对传统的营销方式产生了很大的冲击。而主题社群的力量来自于其"独立性"。例如，某人在拼多多上购买了某些产品，就会根据实际的体验给予评价，这种评价就变成了"口碑"，这种由消费者对消费者（C2C）点对点关系所建立与传播的口碑，完全颠覆了以往由企业对消费者（B2C）广告宣传的传播方式。

4. 试验（共同开发与完善）

消费者也可以通过互联网进行试验和开发产品，特别是科技产品。以MP3为例，它是由一位当时仍就读于大学的学生卡尔海因茨·勃兰登堡（Karlheinz Brandenburg）所开发的用于数字音频编码的压缩标准，这个标准后来由德国弗朗霍夫学会（Fraunhofer）推向市场。这个新的数字音频技术，完全颠覆了旧有的类比技术，提供了更完美与不会损坏的音质。而当一群音乐玩家接触到这种新技术标准以后，他们就会迅速地进行共享，并对传统的类比技术形成了严峻的挑战。

同样的，世界各地的软件用户也会通过网络平台进行信息的分享与新技术的协同开发，如Linux操作系统。当然，互联网也使园艺爱好者分享种植有机蔬菜的窍门，当一个社群成员分享了一种更好的方法能使蔬菜长得更好时，他就会在社群中传播。若有其他社群成员发现了新方法的限制，也会着手进行完善，这样就对旧有的产业形成了重大的影响。

5. 行动主义

伴随着学习的相关活动，消费者可以在决策时形成更强的辨别能力。网络社群化后，消费者可以相互鼓励采取行动和发表见解。消费者正对企业和社群提供着越来越多的自发性的回馈。实际上，已经有成百上千的网站在推动和维持消费者行动主义，而且许多都以特定企业和品牌为目标，如美国在线（America Online）的网络管理员会把消费者的抱怨张贴出来，然后社群成员可以共同构想解决的方案。

网络博客（Blog）也是一种行动主义的工具，博客主人可以通过文本、图像和网络链接等方式展现个人的世界观，它有利于公众表达意见和进行争论。同时，网络也成为某一个主题成员共同行动的强大工具。例如，关注童工问题和环境保护等问题的一些群体，可以通过网络活动集体行动与集体努力来引起政府和企业的注意，并最终推动改革。

二、价值共创的要素：DART

普拉哈拉德与拉瓦斯瓦米（Ramaswamy）在《消费者王朝：与顾客共创价值》一书中首先提出了价值共创的观点（Value Co-creation，VCC），之后许多学者在这个观点之下发展并延伸到许多领域。任何理论的构成都包括理论内涵与过程。在内涵方面，价值共创的理论有4个基本要素：对话（Dialogue）、获取（Access）、风险评估（Risk Assessment）和透明性（Transparency）。

1. 对话

对话不仅仅是倾听消费者的心声，它还包括围绕体验展开的对消费者的体验设身处地的理解、认识消费者体验的情感、社会和文化背景。同时，它也意味着平等解决问题双方之间的沟通与知识共享。此外，对话还有利于创造和维持忠诚的社群，共同创造之中的对话还具有以下几个典型特征：①它关注的是消费者和企业双方都感兴趣的问题；②它要求设立论坛，以便使对话能够在论坛中持续进行；③它要求投入规则（显性的与隐性的），以便确保有序的、富有效率的互动。对话也包括构建主题社群，以美国在线公司为例，该公司在很久以前就认识到了培育由消费者构成的对话社群的重要性，虽然许多电信公司都努力成为互联网服务提供商，但通过聊天、留言板和新闻组等途径，美国在线公司允许其订购人在线与其他消费者进行互动。后来，这种互动是通过密友列表和实时信息传送功能实现的，而提供这种功能的就是美国在线公司的实时信息传送协议和ICQ软件（类似中国的QQ软件）。美国在线公司认识到：个体喜欢彼此之间建立起联系并属于某个网络社群，有了密友清单之后，个体可以有选择性地邀请其他个体，从而赋予特定群体更多的隐私权和安全感。实际上，具有独特性的愿望和与某种社会网络建立起独特联系的愿望是相当普遍的。

2. 获取

传统企业的关注焦点和企业对价值链的关注，是创造和向消费者转移产品所有权。但是，消费者的目标越来越表现为获取他们想要的体验，而未必一定是产品的所有权，为了获取某种体验，个体未必非要拥有所有权，我们必须把获取与所有权这两个概念区别开来。获取开始于信息和工具。以中国台湾积体电路制造股份有限公司（简称台积电）为例，该公司是世界上最大的、最具创造力的半导体公司，台积电允许其顾客获取有关制造过程、设计、装配库和质量过程的数据。这样，随着半导体业务变得越来越以软件为导向，即使是小型软件公司也可以获取台积电等大型制造企业的信息和相关知识，从而降低了对有效参与半导体业务所要求的投资。

3. 风险评估

这里所说的风险是指对消费者造成损坏的可能性。从传统的角度来讲，管理者常常认为企业能够比消费者更好地评估和管理风险。因此，当与消费者进行沟通的时候，营销人员几乎总是关注收益的阐述，而往往忽视存在的风险。然而，时至今日，有关风险和风险与收益平衡的争论越来越多，不少人认为共同创造价值将成为时代发展的主流。在共同创造价值的环境里，企业能够单方面管理风险吗？如果消费者是积极的共同创造价值者，他们也应该承担起风险责任吗？以激素替代治疗为例。这种业务从产生至今已经有60年了，2000年的销售收入已经增长到27.5亿美元，在服用了激素之后，上百万名妇女发现诸如失眠和潮热等更年期症状得到了缓解，但最新的研究揭示出这种治疗方式存在着以前没有被发现的风险。一项来自妇女健康倡导组织的研究表明，运用激素替代治疗的方法，患心脏病、乳腺癌和高黏稠血症的风险会增大。当今的消费者越来越想了解更多知识，越来越想就风险问题展开争论。

4. 透明性

以前，企业往往可以在企业与消费者之间的信息不对称中受益。但是，这种不对称性目前正快速消失，企业不再能够保持价格、成本和毛利的不透明性。由于消费者可以获得越来越多的有关产品、技术和经营系统的消息，提高更高水平的透明性正日益成为一种最佳的理想境界。

把透明性、风险评估、获取及对话基本构成要素组合在一起，往往可以使企业能够更好地把消费者视作合作者。透明性促进了企业与消费者的合作对话，持续地尝试将合作双方（企业与消费者）的获取与风险评估联系在一起，可以导致新的经营模式和设计功能，从而使形成引人注目的共同创造体验成为可能。整体而言，对话可以促使企业和消费者之间的理解达到一个更高的水平，它也使消费者可以将其价值观融入到价值创造过程之中。获取对以下观念形成了挑战：消费者只有通过所有权才可能体验价值，通过关注在多个互动点上的体验获取与积累，而不是仅仅关注产品的所有权。另外，风险评估的假设是：如果消费者与企业一起成为价值的共同创造者，那么他会要求获取更多的有关产品与服务的潜在信息，但是他们也会因为面对这些风险而承担更多责任。而信息的透明性则是在机构与个体之间形成信任所必需的，当企业以不同方式把上述4项基本构成要素组合在一起的时候，他们可以创造出一些新的、十分重要的能力。

把获取与透明性整合在一起，可以强化消费者在信息比较充分的条件下做出选择的能力。把对话与风险评估结合起来，有助于强化争论的能力和共同确定公共的与个体的政策选择的能力。把获取与对话联系起来，可以强化开发与维持主题社群的能力。把透明性与风险评估整合在一起，可以强化构建共同开发信任的能力。

第二节 价值共创的典范

在 DART 的基础上，许多相关的研究也陆续出现。根据 JCR（Journal Citation Report）的统计，以"价值共创"为标题的论文，在 2016 年达到了一个新的高点，并形成了一个典范——一个学术社群里大多数人共同实践一种理论到实务当中。这个典范如图 2-1 所示。

这个价值共创的典范强调了客户的参与及共同体验（Experience）的创造。

一、网络与社群 —— Who

基于价值共创的网络或社群一直被广泛讨论，特别是线上或移动端的虚拟社区。越来越多的使用者彼此依赖互联网获取有用的信息，而不是采用脱机的方式。他们通过网络或虚拟社区彼此联系，分享利益，进行点对点的信息共享，解决问题，寻找全球信息，进行社会互动并且在线聊天。然而，虚拟社区的成功很大程度上取决于其成员的贡献。

成员对社群做出贡献的原因主要是成员对虚拟社区的特别感受，这种感受使得成员对社群有依附感、归属感，彼此互信互爱，因此会产生动机与情感性的联结，这种联结使得成员愿意参与交换信息、邀请朋友加入社群，并对社群贡献知识与看法。在虚拟社区中，人们的正义观念及虚拟社区的意识也会积极地影响他们对知识贡献和网络社群公民行为的意愿。除此之外，在共同价值观或是有共同需求所产生的网络社群，若是在一些交流中能产生共鸣，也会增加参与感。这种参与的行为包括增加投入、共同发展、接受影响和动员。

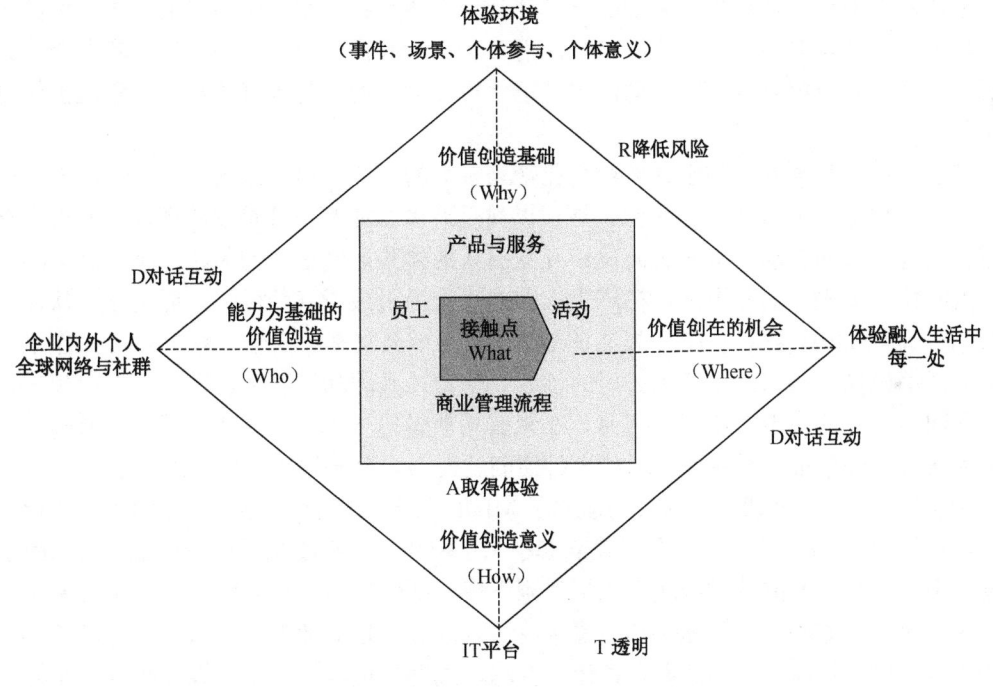

图 2-1　价值共创的典范

（资料来源：Ramaswamy,V. Co-Creation of Value: Toward an Expanded Paradigm of Value Creation. Marketing Review St. Gallen，2009，26（6）：11-17.）

除了通过情感性的联结增加参与感外，相关的研究发现，共创机制的设计也会促进参与感。例如，一家新创公司设立了一个COCBs（公司赞助的在线联合创作头脑风暴）的分类平台（框架），通过这个平台，社群成员回应的水平和赞助公司回应的速度对成员的贡献水平及他们积极参与的持续时间都有重要影响。

在这些所有参与的行为当中，基本上有两种价值共创行为：角色内与角色外行为。角色内行为一般是扮演好自己分内的角色，像是要完成组织分派的任务。相对的，角色外行为是指除了完成自己分内的工作之外，还会有自发性的助人行为，这种行为又被称为"社群公民行为"。这种自发性的助人行为正是价值共创过程中主要的参与者的行为。角色外行为（或是社群公民行为）在价值共创的过程中主要进行了知识的贡献。另外，角色外行为指的是在虚拟社区中帮助、回馈、倡导和容忍的自由裁量行为。知识贡献行为和在线社群公民行为都是至关重要的，并且经常被用来描述客户的在线社群参与。

从新产品开发价值共创的过程来看，它可以包括3个阶段：新项目开发、创造性解决方案及最终解决方案。在这3个阶段中，新项目开发（产品定义的第一阶段）及在解决方案的最后阶段，消费者的参与都非常重要；相对的，反而是在中间阶段（创造性解决方案的中期）企业研发部门要单独做更多的事情。

简而言之，一个基于价值共创的网络社群，是以归属感、互信、互爱等元素来吸引人们的参与，并通过角色扮演与机制的设计以对社群做出贡献的。这些促进价值共创的机制包括了以下几项。

1. 论坛与主题社群

现在的企业已经认识到：它们必须建立起让消费者在网络社群中扮演积极角色的网络环境以产生互动与对话。在这个网络中，消费者作为共同开发者、服务提供者、合伙人、投资者、竞争者及谈判者进行互动，通过对话与互动，他们与社群成员共同创造价值与提取价值。

消费者共同参与开发与设计能给企业带来多大的效益？以小米公司为例，小米公司成立仅仅5年估值就突破450亿美元，这在以前是许多企业都不敢想象的事情，而小米就是通过消费者社群的互动、参与进而设计开发出新的体验而创造出的品牌。小米公司刚开始发展的时候，最先做的并不是现在广为人知的小米手机或者其他硬件，而是它的软件——MIUI和米聊。2010年8月16日发布的MIUI是小米公司基于安卓（Android）操作系统开发的智能手机操作接口，是小米公司的核心竞争力，其因功能齐全、适配机型广和版本更新快而闻名。之后，于2010年12月，小米公司研发出一款实时通信软件——米聊，并相继上架在安卓和苹果的系统平台上，米聊的创新使小米公司站在了风口浪尖上。

为了推广MIUI系统，小米公司建立了MIUI论坛，在论坛上和MIUI的粉丝进行着深入交流。而到了2011年，小米公司建立起小米手机论坛。在小米手机论坛上，互动的主题主要集中在几个核心的技术板块，包括资源下载、新手入门、小米学院，以及后来相继加入的生活板块，如酷玩帮、随手拍、爆米花等。通过论坛的建立，小米也创造出了一群忠实的粉丝。这群粉丝户主动地参与讨论、互动、拉朋友进群，小米的媒体影响力和粉丝群体也因此不断地扩大。与小米手机论坛同一时期成立的小米官方微博，在最初只是作为客服，但随着小米在微博上所尝试的以图片和视频为主题的事件营销效果的逐渐体现，微博作为一个运营平台的威力被逐渐挖掘，通过微博和论坛的宣传，小米公司的品牌逐渐变成了一个在三、四线城市都被人耳熟能详的大众品牌。

通过论坛的建立与经营，小米粉丝群形成了一股强大的宣传力量。例如，在小米手机发布前的一个月里，小米公司的宣传就已经开始了，而其中最有效的宣传方式就是涨粉丝。通过事件营销与有奖利的转发来提升粉丝量和关注度的方式屡试不爽。通过这样的方式，小米公司也建立了一个粉丝矩阵，如小米论坛拥有700多万名粉丝，手机和公司的微博拥有550万名粉丝，小米合伙人加员工的微博粉丝有770万名，微信有100万名粉丝，这几千万名粉丝可进行更精细化的运营,通过粉丝的运营,小米的营销神话一直延续到现在。

除了强大的粉丝宣传效果外,从成本来看,小米手机采用的粉丝营销、网络直销的方式也极大地降低了小米手机的成本,所以小米的商品可以以接近出厂价的方式进行销售,而深获价格敏感者的追捧。在产品上市初期,由于手机产能并不充足,小米公司采用了饥饿营销——通过每个星期限量抢购的方式创造热潮,饥饿营销一方面缓解了产能压力,另一方面也减少了库存的堆积,更重要的是维持了品牌的曝光度,增加了收益。

2. 创造集体智慧

在社群中,互动是具有异质性的,这种异质性主要发生在4个维度。第一个维度是消费者的成熟程度,也就是知识水平的程度。高成熟度的消费者,对产品的知识较为了解,能够比较深度地使用新产品;相对的,低成熟度的消费者则可能只会使用其中一小部分功能。第二个维度是参与对话的热情。许多消费者一听说有某种新科技的发明能解决消费者的某种痛点,就会很热情地想要询问开发的状况,这会增加消费者与企业之间的互动。第三个维度是共同完善。虽然测试版大多是有缺陷的,但是对许多科技迷或是工程师而言,他们会愿意甚至付费使用测试版。对他们来说,寻找小故障或者成为为开放型创新而努力的一部分,并共同致力于产品的改进是一种充满乐趣的体验。第四个维度是更换供货商和产品的意向。当消费者习惯使用一个产品之后,若要进行更换,便要进行新的适应,这种适应就会产生转换成本。若更换新产品所创造出的价值高于适应成本,消费者就会尝试更换新的产品。

消费者的社群加入、对话互动、渐进式的完善与试用新产品,都是集体智慧所创造出来的成果。例如,在我国台湾地区推行了医病共享决策项目,以推广医疗过程中的决策共享(Shared Decision Making,SDM),这是一种医疗决策的理想模式。这种共享模式是让医疗人员和患者在进行医疗决策前,能分享现有的实证结果,提供给患者所有可考虑的选择,并支持患者做出符合其偏好的医疗决策。以实证为基础,通过书面卫生教育、影音或交互式网页等多元辅助工具,提供给患者疾病信息、所有可考虑的治疗方案选择,以及提出自己关心的因素及期待(如术后疼痛指数、住院天数、后续用药及复健等情形),让病患可以了解医病共享决策,主动参与自己的医疗决策,营造良好的医病沟通。

3. 共同塑造期望和体验

当产品进入试用与完善阶段之后,共同塑造期望与体验(见图2-2)就显得至关重要。在共同塑造期望与体验方面,会历经几个层次。第一阶段是初始阶段,在这个阶段企业无法积极地回应顾客的期望。这一阶段的特点是"没有焦点"。紧接着的就是"被动回应"阶段,在这一阶段,管理者已经学会清晰地表达客户的需要并做出回应,尤其是对他们能够清楚识别出来的问题做出回应。在第三个阶段,管理者变得更富有"主动回应性"。一个具有主动回应能力的组织,不仅能够对顾客的回馈做出回应,还能持续地、毫无怨言地通过自觉、自愿的行为证明自己对顾客满意的关注。在第四个阶段,也就是主动"预测需求"阶段。许多研究指出,很少有企业愿意努力地去预测顾客的需要。例如,统计数据显示,中国的老龄人口数目相当庞大,而且正在快速地增长当中。这种趋势引起许多企业的关注,一些企业已经预先开发出特定的老人专用产品来满足这个群体的需要,如老年公寓。但是,为什么没有食品公司能提供一系列老人专用食品,让老人们能够更容易地咀嚼、消化和吸收呢?为什么没有能够让老人乘坐起来更方便的汽车?为什么没有特地为老年驾驶者设计的、更方便的仪表盘和指示器呢？为什么没有适合老人的，既时髦、漂亮又容易脱穿的衣服呢？主动回应这些需求，才会创造出令人惊奇的体验。

超越预测的另外一个阶段是共同塑造期望，也就是通过互动与对话来教育顾客（包括现有的顾客和潜在的顾客）或者是向顾客学习，从企业技术的角度来告诉他们未来的世界会是什么样子的，并同时从消费者的角度来了解他们预想的世界会是什么样子的。许多研究显示，能够达到共同塑造期望的企业少之又少。由于没能就企业的技术、产品、服务和未来的机会对顾客进行成功的教育与宣导，顾客也很难对未来进行设想。要做到共同塑造期望，企业就要是一个开放的系统，通过这个系统顾客可以更新产品知识，提出对产品的建议与未来的期望。通过企业与顾客的深度融合，顾客不再仅仅只是产品和服务的顾客，而是企业的积极倡导者和行动主义者。例如，亚马逊公司同时为不同成熟程度的顾客提供服务，通过不断演化的消费者社群所进行的异质互动，可以确保任何一个顾客的体验质量都不会受到损害。

总体来说，在管理顾客异质体验或是共同塑造个人体验方面，第一阶段也是最初始的阶段，在这一阶段里，企业倾向于提供无差别的产品，我们可以把这个阶段简称为"无焦点"。第二个阶段是"内部导向"阶段，在这一阶段，企业开始实施产品差异化。但是，对消费者需要和产品功能的思考，仍然是基于以企业为中心的视角。当前，有许多内嵌软件的电子产品（如便携式电话和电视）仍处于这一阶段。虽然不少企业吹嘘自己的产品有大量的特色功能包，但事实上，这些功能包都是根据企业的内部需要而设计和组织起来的，并不是根据消费者的真正偏好来设计的。第三个阶段是以"无可置疑（Hassle-free）"的绩效水平为特征的。在这一阶段，产品绩效开始向外部导向转变，并以可靠性和持久性为重要的衡量标准。第四个阶段是"用户友好"阶段。今天，许多企业正在以开发方便易用的产品和服务为目标。虽然产品和服务本身可能是复杂的，但企业仍倾向于开发简单易用的产品与服务。关于这一点，最经典的就是苹果电脑的例子。该公司率先开发出"直观按钮"和"下拉式菜单"，并因而引发了个人计算机的革命，让个人计算机不再充满神秘特色、不再复杂、不再远离消费者。超越用户友好阶段的另一个阶段是"投入和惊喜"，在这一阶段，企业在其提供的产品周围还布置了一系列的体验，让消费者能够沉浸在体验之中。最后，管理者需要跨过原本的限制，力争实现"共同塑造个人体验"，并使消费者参与到积极的对话中来，允许他们共同塑造自己的独特体验，这样，焦点就从企业转移到个性化体验上来。

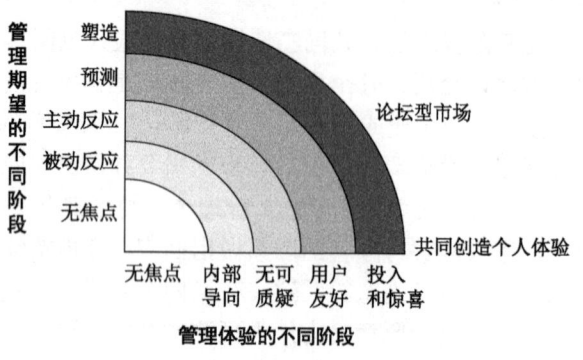

图 2-2　共同塑造期望和体验

（资料来源：Ramaswamy, V. Co-Creation of Value: Toward an Expanded Paradigm of Value Creation. Marketing Review St. Gallen，2009，26（6）：11-17.）

二、信息平台——How

1. 平台

"平台"一词最早使用在火车站的月台（Platform）上，通过这个月台（平台），交通工具（火车）和乘客可以进行连接与互动，并共同达到彼此的目的。后来，平台被使用在信息系统中，意味着一个可以联结不同使用者、开发者的共享工具。现在，平台被用来描述成单个产品、产品系统、产业供应链、市场、产业，甚至产业群聚的共同联结与协协同作业的工具。

托马斯（Thomas）等人对平台文献进行了系统的回顾，并认为有4种主要的类型：组织平台、产品家族平台、市场中介平台和平台生态系统（Platform Ecosystem，PE）。首先，组织平台是一个存储组织资源和能力的架构，它联结并管理了组织内部的资源，是属于管理层的平台。其次，产品家族平台支持有效开发产品的不同版本类型来解决不同细分市场的需求。它联结了组织内部资源与外部需求。通过产品的灵活运用可以支持大规模订制和运营效率，因此可以同时追求规模和范畴经济。再次，对市场中介平台则满足了在双边市场中造成市场缺陷的缺口。它联结了外部两端的资源（如供给端与需求端），并进行缺口的填补。例如，淘宝就是一个市场中介平台，这个平台填补了偏远小农产品销售困难、消费者不信任供货商的市场缺口。市场中介平台提供了联结供求关系的设备，建立并运用了市场力量。

近年来，平台生态系统已受到越来越多的关注，这个生态平台将所有的供应商联结在了一起，共同开发零组件与发现新的商机。它是最广泛而异质的一个流派（类型），这个理论运用了多种理论视角，包括产业组织、经济外部性和资源依赖的观点进行理论建构。在一个支持价值共同创造的组织领域中，通过专门化和互补的产品，以提供一套共享的核心技术和技术标准。平台生态系统的发展日新月异，目前已经进入"人工智能时代""智能商业时代"，它的基础设施包括终端、网络和云技术。终端是与业务场景的交互点；网络是一个商业网络，它将不同的技术模块作为一个生态系统来提供价值；云端通过处理存储、计算和终端与网络之间的优化来提供虚拟解决方案。

促进平台生态系统新增长的因素来自社会变革的机会。卡玛（Kramer）等人指出，企业必须与政府和非政府组织甚至竞争对手合作，以获取社会进步的经济效益。此外，罗拉（Laurie）等人也指出，新的机遇正处于趋势的交叉点，使市场能够更快或更大，以满足未服务或潜在的客户需求。此外，使用者还需要一个启动策略，一般会通过快速吸引一大群用户来启动一个平台，提供这个平台注册的机构很少，但可以通过建立信誉、确保平台与其他系统合作的正常协同运作来逐步完善。

外部阻碍因素主要来自于法规，以及与现任市场领导者之间的诉讼。内部阻碍的因素包括：未能优化开放、未能吸引开发者、未能分享盈余、未能开始项目于正确的一方、未能将关键的质量置于金钱前面，以及缺乏想象力。此外，在全球化的阶段，限制平台发展的因素还包括：资产过轻、全球网络经济、转换成本有助于维持网络优势、跨国差异可能有利于当地竞争对手、社会政治约束或市场主导地位。

2. 价值共创平台

基于价值共创的平台系统是一个将生产者和消费者聚集在一起的联结工具，这个平台提供了基础设施和规则。平台中的参与者都可以被视为玩家，这些玩家主要扮演4个角色——生产者、消费者、提供者和所有者。而平台参与者可能会在这个系统中迅速地从一个角色转换到另一个角色，如生产者也会购买产品而变成消费者；而消费者也有可能因为使用后体验良好，变为代销者（提供者）；也有些消费者在使用产品后发觉新产品可以变得更好而着手进行改良，这时，消费者又变成生产者（这种生产者又被称为创客）；而这种创客所创造出来的产品达到一定的数量与规模后，又发展出新的平台，这时消费者又转变为所有者。

价值共创平台的进化过程主要包括需求或供应两个方面。需求侧的进化包括构建一个外部产品的粉丝（爱用群体），将粉丝转化为平台早期的使用者，并利用早期使用者来加速平台的使用。供给侧进化包括3种主要模式：内部产品研发+外部互补，内部平台研发+混合互补+社群管理，混合商业模式管理。为了避免运输途中的风险，朱某等人提供了4个步骤来说明如何确保平台进化成功：①从一个可靠的产品建立大量的用户；②应用混合商业模式来专注于创造和分享新的价值；③推动快速转换到新的平台；④识别和身体力行的机会阻止竞争模仿。此外，伊里格（Ihrig）等人也提供了一套工具，用于评估平台创新对每个利益相关者的影响。

目前，被广泛应用的共享经济，便是基于这样一个价值共创的平台，将闲置的资源进行再运用的。

三、实体环境——Why

许多服务管理的论文都把研究的重点放在了影响体验环境的因素上，其中，"场景的氛围"的影响最为重要。例如，哈伯（Horbel）等人以观赏球赛的观众为对象进行体验的研究，他们发现真正影响体验好与坏的因素主要是观赏球赛时的欢乐氛围、社会交往与互动，而球队的输赢对体验的影响并不大。此外，另外一项研究调查了505名游客后发现，旅游资源、个人服务、旅游环境和其他游客的水平会显著提高旅行的体验值。"场景的布置"也会影响体验所创造出的价值。有一项研究发现，通过5个共同创造活动（客户参与、自助服务、客户投入、解决问题和共同设计）会逐渐使得消费者变为价值的共同创造者，从而丰富了对价值共同创造体验环境的理解。

在实体环境中，"信息科技的辅助"也扮演着重要的角色。例如，陈等人以航空业为对象，调查了客户参与、共同创造的价值（享受、经济和关系）和客户忠诚度之间的关系。他们发现运用新科技促进的客户参与，融入的程度越高，价值共创的价值越高。这种价值主要来自于3个方面：享受值、经济价值和关系值。另一项实证结果也表明，用户参与使用在线签到系统与这3种价值观（享受、经济和关系）也有正向的关系。同时，使用者对信息系统的满意度也会正向影响服务提供者的满意度，而服务提供者的满意度对顾客忠诚度有正面积极的影响。另外一项研究也发现，在价值共创方面表现卓越的运营商，它们对于价值共同创造的目标、网络其他成员的协同作用，以及电子科技辅助产品的运用，也具有优越的战略契合度。

四、价值扩大——What

通过网络社群的参与互动、平台上信息的获取、场景环境的体验所创造出来的价值水平将会产生阶段性的提高。价值共创典范不只是"跳出框框思考",而是将盒子转变为价值创造的整个钻石。从图 2-1 所示的价值共创的角度来看,从本质上来说,这意味着我们不再认为消费者仅仅是公司传统意义上的"被动价值接受者",而是将他们作为价值的积极的共同创造者。以这种方式,会开启一个全新的价值扩张的世界。

通过体验层次的提升,共同创造出的体验就是品牌,一旦企业能够持续地创造出吸引人的体验层次,品牌就能够维持下去。而提升体验层次,可以从 4 个方面着手:多渠道、个人化的产品、更便利的交易方式、依需定价。

1. 多渠道

传统商业的模式以线下为主要的购物及体验渠道,而在互联网的时代,线上购物与移动支付的普及,正在改变销售渠道的结构,并且创造出更好的体验。

淘宝网的崛起,使得在网络上就可以购买来自全世界的商品。同时,支付宝与微信支付的普及,也降低了交易的风险。现在,线上或是手机终端购物成为一种新的渠道,这种渠道比传统的渠道更加便利、快速与节约,因此迅速地崛起。调查资料显示,目前线上购物已经占到全部零售交易额的 50%以上。调查的结果也显示,线上交易达到了一个新的临界点,若要吸引一个新的客户到线上交易,成本会超过实体渠道所花费的成本。

就如同线上购物一般,任何渠道的类型都有独特的优点来吸引一批具有相同价值主张的客户。但当这群客户的需求被满足了以后,服务提供者就要扩大服务的群体以创造更高的价值。在线上渠道饱和了以后,马云正在推出线上与线下相结合的新零售。这种零售模式是在线上购物,然后线下体验。

另外,微信、拼多多等手机终端应用,也以社群为基础来进行销售渠道的建立。例如,微信通过小程序可以向用户发送产品优惠信息,而当终端用户收到这个信息之后,除了自己通过微信小程序购买外,也可以通过分享这则信息来获得奖励。

除了企业与个人之间的渠道外,现在通过区块链技术也可以实现点对点、个人对个人(无中间商)的直接交易。例如,在我国台湾地区由 KKBOX 成立,成立半年的投资公司 KKFARM(科科农场)首先发表了首个结合区块链的音乐发行平台"Soundscape"在田。通过这个平台,音乐人可 100%掌握音乐版权,并通过区块链技术缩短版税结账流程。这个平台目前仅开放给音乐厂家登记,发展成熟后,独立音乐人也可以将创作在这个平台上直接对个人销售而无须经过中间商(如支付宝)。

2. 个人化的产品

从企业的角度来说,大批量标准化的制造能够用最低的成本将产品销售给消费者,福特汽车便是最早采用这种方法创造价值的汽车公司。现在,消费趋势已经从产品与服务的标准化向大规模个人订制化的方向转变。

由于供应链(或是生态系统)能与服务提供者进行高效同步的运作,因此产品与服务创新周期也大幅缩短了。而新技术的发展,如 3D 打印、精实生产系统、无人化工厂,都可以依照订单少量客制化的订制而不会增加成本。戴尔电脑(Dell)就是最早采用订制化服务而成功的公司。在戴尔的网站,客户可以依照自己所需的规格下单,工厂接单后,再将每一笔订单放进流水线中进行依需生产。它所采用的订制化方法为其竞争对手所模仿。在汽车产业,宝马汽车公司(BMW)也实施了顾客订制化的精实生产,并且可以在 12 天内交付订制化的产品。例如，BMW 的 Z3 跑车，仅轮胎就有 26 种选择，其他的零部件也有多达 123 种选择。

3. 更便利的交易方式

由于互联网与新兴信息技术的快速发展，交易的方式也比以往更加便利，这样可以扩大价值。以淘宝网为例，2003 年淘宝网上线，国内电子商户开始发力，但在传统的商业思维中，"一手交钱一手交货"的这种交易方式，一旦搬到互联网上就遇到了难题。当时团队充满了活力和率性，大家干劲十足，整个网站也很活跃，有很多用户在论坛上发帖，用户咨询业务也很热情，但就是没有交易，这当中有一个重要的问题，即买卖双方之间缺乏信任。卖家担心货发出后收不到钱，买家担心付钱之后收不到货。用户对于全程在线交易这种模式很谨慎，而当时也确实出现了一些骗子收了钱不发货并逃之夭夭的现象。

受此影响，淘宝网早期的很多交易是在同城进行的。例如，杭州的买家在网上拍下了同城卖家的货，之后双方约定线下见面成交，这时沿用的依然是"一手交钱，一手交货"的传统交易模式。为了降低用户上当受骗的风险，淘宝网当时也鼓励这种"在线下单，线下成交"的方式，但这种交易方式的局限性很大，如一个广州的买家和一个杭州的卖家之间很难实现交易。因此，淘宝网若想进一步发展，就必须先在买家和卖家之间建立互相信任的关系。为了解决淘宝网消费者与商家间的信任危机，马云四处找银行充当淘宝网的第三方担保交易机构，结果没有银行愿意担任第三方保证人。在马云焦急之际，他发现美国的 eBay（成立于 1994 年一家电子商务公司）已经把整套的电子商务体系做得非常完善了。eBay 旗下的 PayPal 允许通过电子邮件来标识身份（绑定 E-mail 来当作互联网上的身份证明），在身份能够证明的情况下，使用者之间转移资金就有保障了（若其中一方未履行合约，可以通过实名认证的 E-mail 找到本人），这样可以避免传统的邮寄支票或者汇款的方法。马云当时心想：没人愿意做第三方担保，我何不学习 eBay 自己在线上建立一套担保交易支付系统。后来，马云开发出了支付宝。第三方支付的成功，使得线上交易的价值大为增加。

4. 依需定价

传统企业的定价方法，是从企业的角度出发，先估算企业所花费的成本，再根据成本来加成定价。若要扩大价值，就要从消费者的角度来定价，也就是说，先决定价值，再来决定价格。

例如，当消费者要考虑购买数码相机的时候，到底是什么决定了该产品对消费者的价值呢？是产品的生产成本吗？绝对不是。从消费者的角度来看，他不会关心产品有什么功能，每项功能的成本是多少。他们关心的是，我想要的东西（价值），要花多少钱可以买到。所以，Nikon 最近关闭了在中国的工厂，而打败 Nikon 这个世界名牌相机的人正是具有相同照相功能的智能手机。当消费者可以用较少的代价得到他想要的东西的时候，谁会愿意付出更高的代价呢？

所以，在定价时，企业首先要厘清消费者要的是什么。以 Nikon 相机为例，消费者要的是漂亮的照片，而不会在乎是用什么东西拍出来的；然后，企业要厘清消费者要的这个东西对消费者有何重要性，有无替代商品。在考虑过这些因素之后再根据消费者的体验价值来依需定价。

另一个常见的依需定价的例子是宽带的租用。假设某家公司想推出一项重要的商业项目，而该项目需要与世界上许多的专业社群进行互动。因此，这家公司需要的宽带可能是市场上一般用量的5倍之多，但这种高用量很可能只需要使用两个月就足够了。在这种情况下，这家公司的独特价值就变得十分明显。如果宽带提供商要求一年签一次合约，而这一年的宽带量是一般用量的5倍，这样这家公司在使用了两个月之后，另外10个月的宽带费用就因为没有使用而浪费了。这样客户就会因为损失了10个月的宽带用量而对服务提供者产生抱怨。相反的，如果是依需定价，宽带提供商可以按照一般用量的合约跟这家企业签约，而在这家公司需要高用量期间，可以依照多增加的用量来单独收费，这样就可以减少客户的损失，并提升客户的使用价值。

五、生活中的互动（售后）——Where

一项研究发现，可以通过5种互动的方式在消费者使用商品或服务的过程中创造价值，即通知、问候、交付、收费、帮助。第一，通知是一个最基本的共同活动。第二是问候语，通过问候语员工和客户彼此可以变得更为接近，问候语是一种强化服务提供者与客户之间固有的、偶然的关怀方式。第三个核心服务是交付，这可能涉及广泛的交互，特别是在涉及服务故障的情况下。收费第四个共同创造和共同毁灭的中心实践。收费包括支付、检查和发放（如机票）的互动过程。第五个交互价值是帮助，帮助是指员工为客户提供的说明，不管是在产品方面还是服务的过程方面的说明。这5种交互价值的做法与体验的层次有明显的联系。

例如，Nike提供了Nike+的体验套件，它由一组具有传感器的装备（Nike跑鞋或者是特殊腕带），同步传送速度和距离的信息回Nike的网站（nikeplus.com），然后通过Nike网站，跑步者可以跟踪自己的进度，设定个人目标，并且了解朋友的跑步信息。截至2009年6月，Nike+的使用者已经超过了100万人，跑步的距离超过了2.1亿千米，Nike+这个交互价值的体验系统已经取得了巨大的成功。而通过这套系统的运用，Nike的市场份额已经增加了1%，更不用说通过Nike+生态系统增加收入，以及与苹果和其他公司合作所带来的附加价值了。

在过去，产品是消费者体验的终点，而现在基于价值共创的参与平台支持和大规模的"双边"互动，它是起点。

实战案例

号称最懂消费者的星巴克，用了哪些数字工具经营社群？

为什么星巴克的官方媒体几乎用上了所有的主流工具？

星巴克有着许多人熟悉的主流工具，包括微信、QQ、微博、Facebook、Twitter、Google+、Youku……不是因为它财大气粗，而是它深知现在的消费者，会用他们最便利的方式，寻找他们想要的信息。因为你不知道特定的消费者，在什么时候，现在处于考虑、评估、购买、享用或推荐的哪一个阶段，习惯用什么平台、媒体接触到你。所以，不如事先准备好，一旦消费者需要的时候，就能让他们便利地找到你。

使用更多的工具，就需要更多的人力与预算。如果你的预算有限，又没有太多的人力，你至少要有以下5种信息，也就是消费者决策旅程5个阶段的信息。

(1) 考虑阶段：让消费者知道你的存在。
(2) 评估阶段：让消费者找得到产品的相关规格、信息、评论、使用经验。
(3) 购买阶段：促使消费者采取购买行动的诱因信息。
(4) 享用阶段：教导消费者更好地使用你的产品的信息。
(5) 推荐阶段：引导消费者愿意推荐你的产品。

考虑阶段的信息是品牌营销最常做的事，广告、公关等都属于这一类，星巴克非常善于此道。星巴克的社群媒体服务于其他4个阶段。如图2-3所示，星巴克使用了市场上所有主要的社群媒体，微网志用微博，社交平台用Facebook粉丝专页，在线影片用YouTube频道，照片分享用Pinterest。星巴克在经营社群上有清楚的分工。

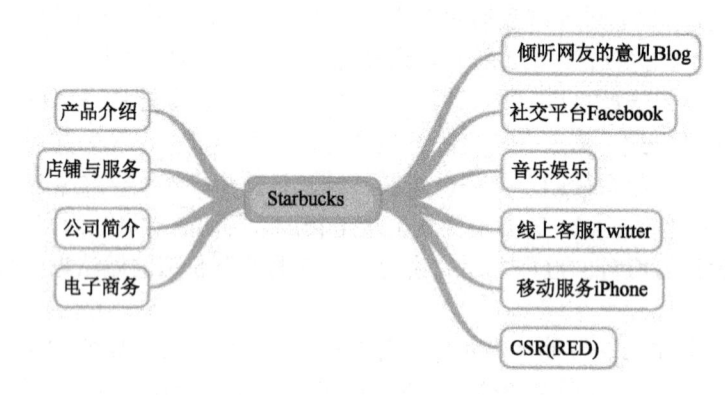

图2-3　星巴克官网与社群媒体分进合击

(1) Facebook作为与网友交谊、营造轻松互动、交换信息、告知活动、让网友聊天的场所。

(2) Twitter是在线客服，快速响应网友的意见，引导和解决网友的困惑，发布活动信息。

(3) Pinterest用于营造品牌性格，让网友一次就能一览Starbucks想要传递给消费者的品牌精神是什么。

星巴克的Facebook就像一个交谊厅，在这里你可以遇到全球3600万个跟你一样喜欢星巴克的朋友，你们可以一起看影片、看最新的活动信息、讨论问题。由于机制的设计，Facebook比较适合社交，不适合回答问题。

而Twitter，相较之下则是以文字为主的设计，如果你对星巴克有任何疑问，来这里很快就能得到响应，或是从这里得知"你的问题可以找谁解决"。

另外，在星巴克的Pinterest上一共有16个分类的广告牌（Board），除了有与商品直接相关的介绍之外，还有文化、创意、生活有关的信息。Pinterest相较于Facebook，较适合经营品牌性格，它可以分类、搜寻、有系统地传递信息，弥补Facebook"只适合让消费者参与你的现在，而无法了解你的过去"的缺陷。

问题：

星巴克经营社群成功的原因（要素）是什么？

本章重点汇整

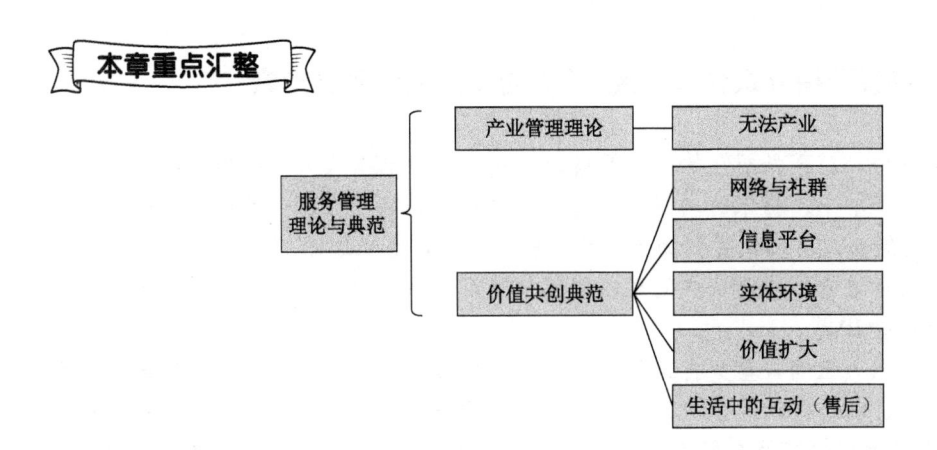

- 服务管理理论与典范
  - 产业管理理论 —— 无法产业
  - 价值共创典范
    - 网络与社群
    - 信息平台
    - 实体环境
    - 价值扩大
    - 生活中的互动（售后）

案例分析

用户、王老吉、腾讯三方何以共赢？

一切的风向和态势都在表明，在互联网+全面赋能产业格局的当下，通过泛娱乐战略的落地，基于场景营销理念和粉丝互动参与升级，我们的互联网平台和终端品牌的合作正在日益加深，并探索出全新的价值链条和合作体系。日前，我赶赴北京一处录制棚，全程观摩了由王老吉独家冠名、腾讯视频出品的网络综艺《明日之子》的直播现场，通过现场粉丝参与互动的感受、节目的展现形式，以及王老吉和腾讯等合作伙伴的深度协作，我感受颇深。

随后我在朋友圈发了一条信息：今晚现场围观由腾讯视频出品的《明日之子》，几点感受：①用户由受众变成参与者，除了常规的社交互动外，还参与到选手的晋级决策中；②赞助者成为共建、共制者，王老吉是活动总冠名，但合作形式超越赞助者，和腾讯一道成为共建者（社交互动、粉丝参与、营销传播）；③消费升级，不仅仅实物需要消费升级，精神文化产品也需要消费升级，这档参与性强、制作精良的节目，就是给年轻人消费升级时代的产品。

事实上，《明日之子》这样的活动除了品牌和用户价值的提升以外，也带来了实实在在的销量增长。在场景营销革命的价值助力下，王老吉和《明日之子》的深度融合，让3亿瓶《明日之子》王老吉订制款销售一空，还让王老吉以超行业3倍销售量的成绩开启了全新的战略阶段。二者的合作，对中国饮品大健康，也对中国网络综艺的未来走势提供了积极的借鉴意义。

时至今日，《明日之子》总决赛也已经落下帷幕，但这场由王老吉和腾讯合作的综艺节目所带来的市场发酵效应才刚刚开始。冠军毛不易马上会和《王者荣耀》有深度合作，赵天宇、孟子坤则在接洽快速消费品品牌代言，而在《明日之子》整个节目播出期间，除了王老吉的销量增长了20%以外，和京东合作的毛不易订制款音箱也早已在北京地区售罄。除此之外，《明日之子》人气选手的巡回演唱会也将很快在全国各大城市展开，这些巡回活动是否会和王老吉接下来的各省市的市场营销进行联动合作，也都让外界充满了无限的期待。

场景营销升级合作广度 王老吉从冠名者到共建者

王老吉既是一个"凉茶始祖"的百年品牌，又是一个不断探索升级的年轻品牌。这一次夏日营销的系列环节中，腾讯的网络综艺《明日之子》是重要一环，然而通过节目的表现来看，王老吉已经由冠名商或者赞助方，升级成参与者。也就是说，《明日之子》是一档由腾讯和王老吉及背后的制作团队共同推出的一档节目，而这档节目也成为今年夏天中国娱乐产业的一个超级IP。

在节目中，腾讯为王老吉量身打造了订制环节等内容共生的形式，并且通过选手的表演展现、环节穿插、理念植入等方式，进行内容层面的进一步贴合。而同时，王老吉也为《明日之子》订制了数亿罐装及瓶装凉茶，将小程序入口打印于产品拉环和瓶盖上，消费者可以通过扫码为自己喜爱的偶像增加人气，进而参与到选手晋级的决策中去。

由于我们没有线下营销渠道的数据，单就以京东为代表的电商平台数据来看，通过《明日之子》的节目共建，王老吉和腾讯双方实现了让人瞩目的共赢。腾讯方面，在《明日之子》已经播出的十几期节目中，同名话题阅读量接近70亿次，全网狂揽超36亿流量，单期直播3900万人的观看人数也刷新了纪录，为腾讯视频的转型升级带来巨大信心。

同时，《明日之子》节目产生的内容，又回馈给腾讯旗下的QQ音乐等平台，丰富了腾讯音乐娱乐体系的板块构建。而且因为王老吉在各地多年的耕耘和渠道覆盖，又帮助腾讯娱乐业务在三、四线城市和乡镇获取到了全新的用户群体，这一点对腾讯来说远比一档节目的成功更为重要，相信腾讯后期会把这些王老吉带来的用户群体，转化成全方位的腾讯娱乐各个节目链条上的忠实受众。

同样对于王老吉来说，上文已经提到3亿瓶凉茶已经销售一空，供应商在《明日之子》疯狂霸占头条和微博热搜之后已经供不应求，笔者通过京东下单的王老吉黑色凉茶（备注：王老吉黑凉茶是采用古老配方研发新口味，正宗黑凉茶，萃取好品质的黑糖糖浆，在《明日之子》播出期间这款凉茶走进我们视野），至今仍然还在等待到货中的状态。可以说，《明日之子》作为一档网络综艺，其影响力借助社交网络和王老吉等合作伙伴的助力，早已经成为一股新的文化潮流，同时王老吉也实现了营销品牌提升和销量增量的有机结合。

消费升级新时代 社交网络驱动用户价值觉醒

随着移动互联网和社交网络的发展，用户意识开始全面觉醒，再也没有哪一家或者哪一种类型的服务可以满足所有用户的需求。腾讯的泛娱乐战略和王老吉从产品到营销体系的构建，都是从年轻人的全新需求和价值出发，进行一系列的落地展开的。

整个消费产业都在谈拥抱年轻人，然而要想拥抱今天的年轻人，在消费升级时代，除了要升级产品（饮料本身）外，更要在精神文化层次进行消费升级。而用户的参与和互动是文化消费升级的关键所在。显然王老吉深谙此道，纵观王老吉2017年以来的一系列活动，都有一个非常典型的特点：让用户参与进来。这样用户就不是营销活动被动的受众，而是变革的参与者。

据了解，腾讯视频《明日之子》携手王老吉开展了形式多样的线上线下营销活动，选手参与线下的10场路演与观众互动，也实现了营销品类创新，正在显现未来品牌植入形态。

我在参与节目录制后和前来为选手呐喊的粉丝交流，探讨他们与该档节目的参与性。在很多90后乃至95后用户群体来看，拉开拉环或打开瓶盖就能看到二维码，对准二维码用微信扫一扫就能和节目互动起来，这种形式从技术上来说虽然很简单，但很符合当下年轻一族的消费习惯，通过饮品消费+扫码互动，给喜欢的选手投票，能够让他们全面参与到节目中。

最高明的营销其实就是用简单、最便捷的方式，在消费升级的时代，让消费者变成参与者，共同来打造一档节目、一款产品。如此能够极大地激发用户口碑和自主传播效应，降低运维成本，用最迅速的节奏来完成一个个新品的推出。

王老吉+腾讯探索新发现 给中国网络综艺未来带来了什么？

王老吉和腾讯，一个是中国最大的凉茶品牌，一个是中国最大的综合互联网品牌，如果不是因为《明日之子》这档综艺节目，业界所能想象到二者最大的合作莫过于流量互助、赞助营销等层面。

然而综上所述，王老吉和腾讯的这一次合作，不管从合作深度还是粉丝互动参与，乃至实际的效果来看（备注：和《明日之子》联合的夏季档活动自上线一个月后，王老吉"超吉+"平台互动访问次数相比2016年同比增长750%，扫码人数相比2016年同比增长614%），都已经创造了多项行业纪录，那么王老吉+腾讯到底给中国的网络综艺带来了什么？我们可以从哪些方面进行展望呢？

我认为是至少3个方面。

（1）探索出一条可持续运行的网络综艺联动终端合作品牌的新路线。以前，网络视频平台更多的是播放电视台的综艺节目，很少有平台敢于大手笔投入来进行专业化的网络视频综艺。2017年因为王老吉合作伙伴的支持和腾讯的战略落地，不仅在制作费用上有了保证，王老吉强大的线上线下资源，如大量的地铁、机场等户外广告，各类型的路演活动，也为腾讯弥补了传统渠道及受众面的不足，才有了这样一档卫视级水准的网络综艺。《明日之子》之后，2017年出现的《中国有嘻哈》等网络综艺，也朝着专业化的运营模式开展，因此2017年被誉为中国网络视频综艺元年，王老吉、腾讯、爱奇艺、京东等是第一批吃螃蟹的人。未来，这种规格的网络综艺，在中国会成为主流。

（2）通过大数据的收集、反馈、分析，又可以反过来进行精准的用户画像和营销。通过目前的网络数据来看，几十亿的播放量和话题讨论量无疑是一个巨大的数据样本，这些数据包含了不同用户的喜好和行为数据，这些数据能够反映当下年轻消费群体的状况。未来，通过腾讯这种巨头对这些数据的分析利用，能够得出用户画像和图谱，这些维度的结论又反过来为王老吉的产品推出和营销推广提供参考和借鉴。

（3）觉醒年轻用户，让用户和节目进行全面融合。相信这一点是大众最直观的感受，前文已经提到多次，对于《明日之子》的成功，专业化的制作只是一方面，更重要的是这是一档以用户意志打造的超级网络综艺。数以千万计的用户共同成为这档节目的参与者乃至改进者、传播者，最终这些用户当然也会是几大合作伙伴忠实的消费者。如果说商业需要一个闭环，那么用户是最不可或缺的一个环节，尊敬用户、全面拥抱用户，是一切消费产业所必须要做的工作。

写在最后：从《爸爸去哪儿》到《奔跑吧兄弟》，国内几乎每一款综艺节目火爆之后，都会导致赞助、冠名费用的飙升，大量的资本和玩家将进入市场。这很显然不是健康合理的发展迹象，而且会出现新的市场泡沫。这一次王老吉和《明日之子》的合作，突破了原本的赞助形式，升级成参与者，也将给行业带来借鉴：我们与其简单地在资金层面进行合作，不如以用户为本出发，让用户共同参与到节目的构建中去，从更高的层次进行深度融合。这样，我们的市场才会有活力和创造力，产业合作也将真正进入可持续发展时代。

（资料来源：http://www.sohu.com/a/195459354_262742.）

问题：

1. 用价值共创的典范分析用户、王老吉、腾讯三方何以共赢。
2. 这种合作模式与旧的模式的差别在哪？
3. 价值共创的典范为何是可持续的？

重点回顾与练习

关键术语

蓝海战略（Blue Ocean Strategy）　　价值创新（Value Innovation）
战略行动（Strategic Move）　　消费者行动主义（Consumer Activism）
对话（Dialogue）　　获取（Access）
风险评估（Risk Assessment）　　透明性（Transparency）
虚拟社群（Virtual Community）　　平台生态系统（Platform Ecosystems）

选择题

1. （　　）认为，企业竞争优势主要源自对消费者的理解，并满足其价值而产生的优势。
   A．定位理论　　B．资源基础观点　　C．价值观点　　D．质量观点
2. 下列关于红海与蓝海战略的表述，不正确的是（　　）。
   A．红海战略针对现有市场，蓝海战略拓展非竞争性市场空间
   B．红海战略满足现有需求，蓝海战略创造新需求
   C．红海战略遵循价值与成本互替定律，蓝海战略打破价值与成本互替定律
   D．红海战略基于价值创新，蓝海战略基于竞争
3. 价值共创理论的4个要素指的是对话、获取、风险评估和（　　）。
   A．透明性　　B．公平性　　C．公正性　　D．规范性
4. 价值扩大的4种方式为多渠道、个人化产品、更便利的交易方式与（　　）。
   A．依成本定价　　B．依需求定价　　C．依竞争定价　　D．依质量定价
5. 托马斯等人认为平台主要有4种类型：组织平台、产品家族平台、市场中介平台和（　　）。
   A．平台生态系统　　B．电子商务平台　　C．科技创新平台　　D．信息系统平台

判断题

1. 资源基础观点认为企业竞争优势源自外部的产业环境，通过在外部产业中寻找独占地位来产生优势。（　）
2. 蓝海战略需要企业重新构筑市场的边界，从而打破现有竞争局面。（　）
3. 蓝海战略是采取常规的竞争方式与同行业中的企业展开针锋相对的竞争。（　）
4. 价值共创观点认为，价值是由企业创造并通过交换传递给大众消费者的，消费者不是价值的创造者，而是价值的使用者或消费者。（　）
5. 在虚拟社群中，知识贡献行为是顺利运作的基础，而网络社群公民行为则是促进网络社群有效性的关键手段。（　）

简答题

1. 简述价值共创理论的4个要素DART。
2. 简述价值共创典范。
3. 社群中的互动异质性主要体现在哪些方面？
4. 从共同塑造期望和体验角度分析企业发展经历的阶段。
5. 企业价值扩大有哪4种方式？

第三章
服务管理战略

◆ **本章知识点**

1. 如何制定出服务战略愿景。
2. 如何应对竞争。
3. 如何拟定策略。
4. 如何建构优势。
5. 服务竞争的成长阶段。

导入案例

海澜之家:"背道而驰"的发展之路

2002年9月,海澜之家的第一家连锁店在南京开业(见图3-1),销售男装全品类的产品。截至2015年10月18日,其市值为660.4亿元人民币。在整个服装业正处于水深火热,关店、转型、库存的压力已是家常时,海澜之家却"背道而驰",店铺越开越多。这是为什么呢?

图3-1 海澜之家的门店

在经营方式上，海澜之家实行将产品的生产和分销环节通过包工包料的方式外包出去，留下产品设计、品牌运营和供应链管理3个部分由公司重点把控的"轻资产"模式。这样一方面能够在一定程度上减少库存的形成；另一方面能够专心地做他认为重要的事情。同时，海澜之家实行全国连锁店统一管理，即统一配货、统一招聘、统一价格、统一形象等。

在营销方式上，海澜之家明确其品牌定位。海澜之家上市之初就采用了"男人的衣柜"的品牌口号和"一年逛两次海澜之家"的广告语，并且邀请年轻的影视明星担任代言人，将其经营方式和市场定位打出。同时，海澜之家也加大其宣传力度。2014年海澜之家赞助国内综艺真人秀节目《奔跑吧兄弟》，2015年又继续赞助其第二季节目的播出，通过赞助节目嘉宾的衣服宣传其品牌。在节目中，衣服快速被撕烂将海澜之家的服装品质推上了微博热搜；在之后的节目中又持续推出风格各异的服饰和撕不烂的衣服又将其口碑挽回，这"一推一拉"的方式迅速将品牌知名度打开。此外，海澜之家还紧跟时代的步伐，同时入驻天猫、京东、亚马逊等电商平台，采用在线下同款同价的方式布局O2O模式，形成了全管道的销售模式。

（资料来源：http://www.sohu.com/a/3639589_185919）

思考与训练：

海澜之家的逆向思维战略为何会成功？

第一节 服务的战略

一、战略性服务愿景框架

市场上服务性企业的目的（使命）和定位首先源于企业家的概念（理念）和未被满足的需求，只有当这两者（供给端与需求端）能相互搭配一致（Fit）时，战略服务愿景才有可能实现。战略性服务愿景的框架（Framework）可以用图3-2来表示。战略性服务愿景包括了4个方面：市场细分（Segment）、新服务概念（Concept）、运营战略（Strategy）、服务传递系统（Delivery），这4个方面可以简称为S-C-S-D框架。

在形成服务愿景之前，企业家要能从需求面，也就是大的整体环境中去洞察并界定（定义）出企业（服务提供者）所在的产业，现在及未来的消费者是谁？这些消费者会形成哪些区隔群体？这些区隔群体所形成的目标市场中消费者的需求或主流价值是什么？然后，通过这些主流价值来形成服务的新概念。

在界定出新的概念之后，企业家要从供给面，也就是企业的角度去分析，企业要如何通过实体与信息科技等服务要素来传递这个价值？价值传递的流程要如何设计？只有当需求面（主流价值）与供给面（服务）相互契合，战略性服务愿景才有可能实现。图3-2便是关于设计战略性服务规划问题所形成的基础框架。这个框架从右到左包括了市场细分、服务概念、运营战略及服务传递系统。本章主要介绍了前面3个部分，服务传递系统将在第5章介绍，在第6～17章将详细介绍服务传递系统中的各个重要元素。

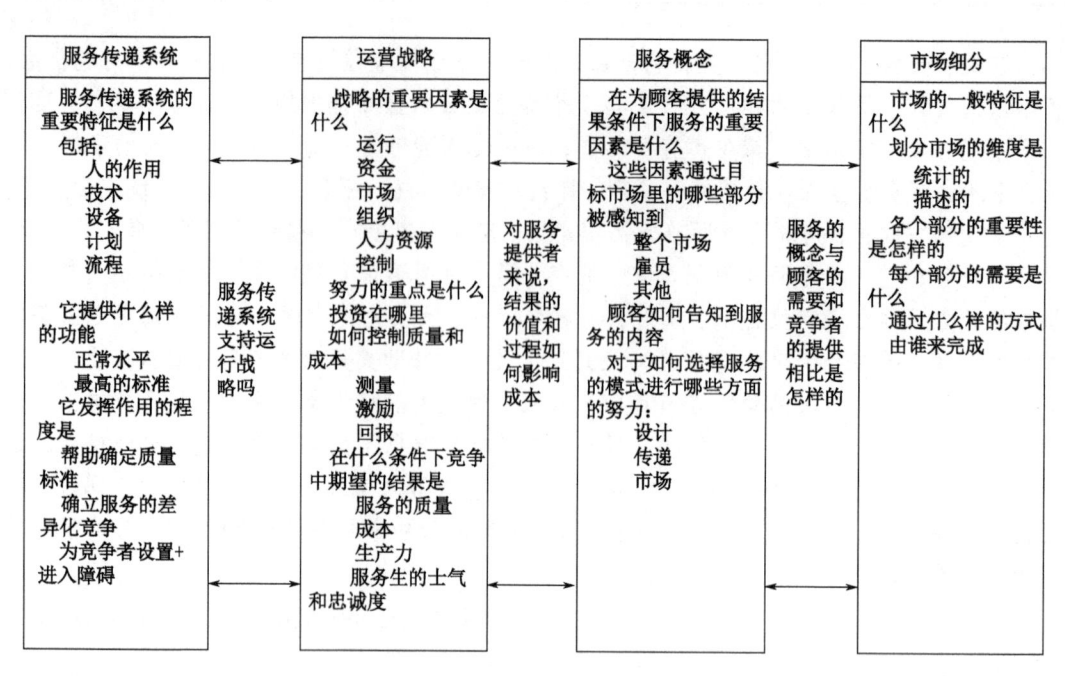

服务传递系统	运营战略	服务概念	市场细分
服务传递系统的重要特征是什么包括： 人的作用 技术 设备 计划 流程 它提供什么样的功能 正常水平 最高的标准 它发挥作用的程度是 帮助确定质量标准 确立服务的差异化竞争 为竞争者设置+进入障碍	战略的重要因素是什么 运行 资金 市场 组织 人力资源 控制 努力的重点是什么 投资在哪里 如何控制质量和成本 测量 激励 回报 在什么条件下竞争中期望的结果是 服务的质量 成本 生产力 服务生的士气和忠诚度	在为顾客提供的结果条件下服务的重要因素是什么 这些因素通过目标市场里的哪些部分被感知到 整个市场 雇员 其他 顾客如何告知到服务的内容 对于如何选择服务的模式进行哪些方面的努力： 设计 传递 市场	市场的一般特征是什么 划分市场的维度是 统计的 描述的 各个部分的重要性是怎样的 每个部分的需要是什么 通过什么样的方式由谁来完成

服务传递系统支持运行战略吗 / 对服务提供者来说，结果的价值和过程如何影响成本 / 服务的概念与顾客的需要和竞争者的提供相比是怎样的

图 3-2 战略性服务愿景的框架

二、市场细分

市场细分（Market Segmentation）是指服务提供者通过市场调研，依据消费者的需要和欲望（购买行为和购买习惯等）方面的差异，把某一产品的市场整体划分为若干消费者群体的市场分类过程。每一个消费者群就是一个细分市场，每一个细分市场都具有类似的需求倾向。

细分消费者市场的基础有以下几种。

（1）地理细分：国家、地区、城市、农村、气候、地形。

（2）人口细分：年龄、性别、职业、收入、教育、家庭人口、家庭类型、家庭生命周期、国籍、民族、宗教、社会阶层。

（3）心理细分：社会阶层、生活方式、个性。

（4）行为（偏好）细分：时机、追求利益、用户地位、产品使用率、忠诚程度、购买准备阶段、态度。

（5）受益细分：追求的具体利益、产品带来的益处，如质量、价格、品位等。

通过市场细分，服务提供者可以去观察与发现，是什么样的价值观将这样一群人聚在一起？而其主流价值观又是什么？知道了这样的主要价值观之后，就可以根据这个价值观来提出一些新的概念。

三、新服务概念

当市场细分中消费群的主要价值确定之后，新的服务概念就会逐渐浮现。服务概念的形成源自客户未被满足的需求（如智能手机用户最大的最大痛点是卡机）或是潜在的"嗨点"（渴望、想要也可以不要的东西）。然后，服务提供商根据这个痛点或是嗨点发展出新的服务概念。

用两个例子来描述新服务概念的形成。优衣库现任董事长兼总经理柳井正去美国参访时看到美国大学生都喜欢到服装公司的仓库自己挑选衣服，而不喜欢有服务人员一直跟在后面介绍推销产品。当他观察并发现到学生群体有这种渴望（想要）之后，因此产生了"仓储"的概念，并将这个概念带回日本。通过"仓储"这个新概念的提出，新的运营战略与服务传递系统（独特的商品策划、开发和销售体系来实现店铺运作的低成本化）也由此展开并引发了优衣库的热卖潮。另外，许多人看到 Channel 或是国际知名时尚品牌的服装非常喜欢，但是对其高昂的价格却步。Zara 的创办人阿曼西奥（Amancio）发现一般消费者也有这个痛点，于是提出"快时尚"的概念，在第一时间快速模仿 Channel 等国际顶尖时尚产品，然后用全球弹性分工作业的方式，快速平价地在全球销售。时至 2006 年，国际时尚趋势研究中心发布"快速、时尚"将成为未来 10 年服装行业的发展趋势。快时尚提供了当下流行的款式和元素，以低价、款多、量少为特点，激发消费者的兴趣，最大限度地满足消费者的需求。可以说，快时尚是全球化、民主化、年轻化和网络化这四大社会潮流共同影响下的产物。这种"快时尚"的概念，已经从服装延伸到智能手机、家具、文化创意产业等行业。我们可以观察到，当 iPhone 推出一款新的时尚手机（如全面屏）之后，OPPO、VIVO、华为、小米就会在很短的时间也推出一款外观看来十分相似的平价产品模式。这些模仿的厂商能够从市场领先者的新产品身上快速地捕捉到当季的流行元素，然后快速地将这些元素融入到新产品当中。

同样是购物中心，沃尔玛提出的是"一站购足（One-stop-shop）"的概念，相对的，Costco 提出的是"会员（Club）专享特价"的概念，以满足不同客户群体。现在中国大陆的消费者在大卖场购物后会希望购物中心能送货到家。因此，沃尔玛与京东合作，提出"最后一里路（Last One Mile）"的概念，也就是在沃尔玛购物后，可以由京东的物流配送系统送货到家。

在餐饮方面，除了早餐、午餐、晚餐之外，为了给晚睡晚起的族群提供用餐服务，Brunch "早午餐（Breakfast＋Lunch）"的新概念也形成了，并创造出了新的服务。在各个行业都不断地有新概念的推出，以提供更佳的服务体验。

四、服务运营战略

（一）新价值定位

如图 3-3 所示，价值定位的新服务的特征是：自己能做得好的、消费者尚未被满足的、竞争者尚未做或是做不到的。也就是说，目标市场细分之后，首先要在所有的细分群中选择其中一个能够服务得最好的群，分析、描述这个群的消费特征与偏好；其次，根据这些偏好与特征给予这个群一个特定的名字，这时就产生了新的概念；再次，在确立新概念之后，企业要将自己所拥有的资源进行盘点，并从中选择出最能够实现这个服务概念的资源组合；最后，要考虑到竞争的部分，也就是要分析竞争者的竞争区域，要知道目前竞争者占领的是哪些地方，哪些地方是消费者想要（需要）但尚未被竞争者满足的。

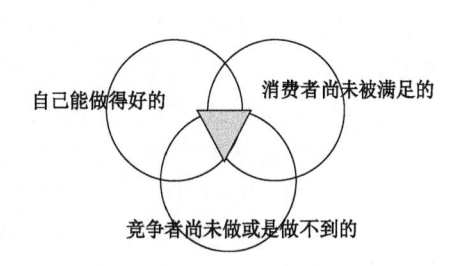

图 3-3　价值定位

例如，OPPO 与 VIVO 的定位就是一个非常成功的例子，OPPO 的母公司是步步高，原本就非常擅长做电子计算机、平板电脑这类的产品，它们在进入手机市场时，分析消费者最想要的是 iPhone，但是消费者觉得 iPhone 的价钱太高，这形成了消费者的一个痛点。除了这些追求高质量的消费群外，另一个群体追求的是性价比，而这个群体的人数众多，且多集中于千元机这个区隔市场。这群购买千元机的消费者认为，千元机虽然质量不好（使用一年之后就开始卡顿），但是也能使用一两年，其实这群消费者更希望手机能用得更久一些。分析完消费者的心理与偏好之后，接着进行竞争分析。OPPO 发现在 2000～3000 元这个价格区间的手机并没有竞争者。最后，步步高分析自己的优势与资源，发现由现有产品线延伸到手机是非常节省资源并且能够发挥规模经济、低学习取现等优势的。

最后，OPPO 将服务定位在 2000～3000 元这个价格区间的产品。在这个价格区间，OPPO 能够延伸步步高技术的优势，同时解决消费者买不起 iPhone 的痛点及千元机不耐用的缺点。通过"快时尚"这个概念的运用，OPPO 和 VIVO 分析竞争者的设计，掌握当季的流行元素，使消费者用低于 iPhone 的价格就能得到相似的产品与服务。因为在这个价格区间没有竞争者，所以 OPPO 和 VIVO 一推出商品，就吸引了许多消费者的注意，并在中国大陆市场成为领先者（OPPO 加上 VIVO 的智能手机的市场占有率在 2016 年是第一名）。

（二）运营战略

当新的服务概念提出并找到价值定位后，便要找出适当的运营战略，以及设计服务传递系统（第五章详述）。基本上有 4 种运营战略，并对应着 4 种基本服务类型（服务工厂、专业服务、大量服务、服务商店）。

迈克尔·波特（Michael Porter）在《竞争优势》一书中提出了企业的竞争策略，它们分别是成本领先、差别化和集中，企业要在战略愿景之下，分析自己适合采用的战略之一。我们将结合服务企业成功的例子对这 3 种战略逐一进行介绍。

1. 成本领先

成本领先战略要求企业具有能规模化大量生产的设备、严格的成本和费用控制，以及不断创新的技术。如果服务提供者对消费者的基本假定是服务工厂，就可以采用成本领先战略。

采用低成本进行竞争的服务提供者能够用低价格将竞争者排除在市场外。若要实施低成本战略，服务提供者需要在先进的设备上投入大量的资本、采用主动持续降价的攻击性价格、在经营初期为抢占市场份额而能承受损失。有些服务提供者就是运用这种战略彻底改变一个行业的，这一点已经被麦当劳、沃尔玛、淘宝的成功经验所证实。

服务企业可以通过多种方式达到成本领先地位。

（1）寻求低成本顾客。寻找对价格敏感的客户群，他们做购物决策时首先考虑的是价格。那么，他们就可以成为服务企业的目标顾客。

（2）顾客服务的标准化。以低价格为主轴进行服务的设计。这样的服务一般会采取标准化的作业流程、自助化的服务。

（3）减少服务传递中人的因素。为了降低成本，将所有的服务流程标准化、程序化、信息化、自助化，这样可以降低成本并带来便利。

（4）降低网络费用。有些服务是连续不间断的服务，这种服务的成本主要来自于服务网络的铺设。最明显的例子就是电力公司，它们需要在输电线路上投入巨额的固定成本。

联邦快递公司通过使用独特的"中心辐射网"降低了网络费用。该公司在孟菲斯设立了装备有先进分拣设备的中心，这样，需要"隔夜送到"的包裹就可以通过这个中心送达美国任何一个城市，包括那些城市之间没有直接航线的地区。在网络中添加新的城市时，联邦快递公司只需要增加一条来往于中心的航线即可，而不必在所有城市间都增加航线。这种高效的辐射网络战略在航空客运业中亦被采用。

（5）非现场服务作业。许多服务不一定非要顾客在现场就可以进行服务，服务交易和服务作业是可以部分分离的。例如，修鞋店可以在很多分散的地点设置收取站，然后将鞋子集中到郊外某个修鞋厂甚至是国外的修鞋厂进行维修。这样可以从规模经济和减少成本设施场地（市区店面费用较高）来有效地降低成本。

2．差别化

有些服务提供者通过差别化战略的实施，创造出一种能被感知的独特服务。当消费者感受到自己被特殊对待时，便会对该服务产生一种特别的情感。如果服务提供者对消费者的基本假定是认为消费者需要被特殊对待，就可以采用个人专业化服务模式并采用差别化战略。

实现差别化有许多方式，包括品牌形象（如麦当劳的金拱门）、技术（如光纤网络的快速）、特性（如美国运通的全程旅行服务）、顾客服务（如百货商店业的名声）、经销商网络（如鼎泰丰的连锁餐饮）及其他方式。差别化战略并没有忽视成本，但其最主要的目的是通过创造独特体验进而培养顾客忠诚。

下面介绍了5种服务差异化的方法。

（1）使无形产品有形化。服务通常是无形的，如果顾客购买后并没有留下能够产生记忆的实体，就无法差异化。所以，为了使顾客能回忆起曾经在饭店住宿的美好经历，目前许多饭店提供了印有饭店名字的精美盥洗用具或纪念商品。

（2）提供订制化的关注。如果饭店能记住客人的名字及偏好，则会给客人留下很好的印象并带来回头客。例如，有些航空公司在订完票后会记录客人选座位的偏好（靠走道、靠窗、坐前面还是后面），这样，下次客人购买完机票后就可以自动配对适合客人的座位，这种贴心服务会给客人留下良好的印象。

（3）降低感知风险。缺乏服务购买信息会使许多顾客产生风险感。由于对服务缺乏了解，顾客会寻找那些愿意花时间解释其所做的工作、设施清洁有序、提供服务担保的服务企业，如汽车修理服务。当信赖关系建立起来后，顾客常常会觉得多花点钱也值得。

（4）重视员工培训。投资于全体员工的发展和培训所带来的服务质量的提高是竞争对手难以模仿的竞争优势。处于行业领导地位的企业，其高质量的培训项目在同行中常常也很有名。有些公司已建立了学院式的培训中心。

（5）控制质量。在劳动力密集型行业，多场所经营企业要做到质量稳定确非易事。许多服务提供者采取了一系列的措施来解决这个问题，包括人员培训、明确的标准化程序、技术、限制服务范围、直接指导、同事间的约束等。

3．集中

集中战略的基本思想是，通过深入了解顾客的具体需求来更好地为某特定目标市场服务。细分市场可以是一个特定的购买群体、服务或地理区域。实施集中战略的前提是，通过与那些目标市场广泛的其他公司相比，服务提供者可以更有效地服务于范围狭窄的目标市场。结果是，企业通过更好地满足顾客需求或降低成本，在狭小的目标市场内实现了差别化或低成本。因此，集中战略是成本领先战略或差别化战略在细分市场中的应用。

例如，统一超市的 7-11 就是锁定上班族群为服务对象，而这群上班族群有时间的压力（痛点），所以只要能快速便利地提供他们需要的商品，就能够创造出独特差异化的价值。像这种将资源集中于某一个特殊的市场，专门为这个特殊市场提供专业化的服务就倾向于采用"服务商店"的服务模式。相对的，如果服务提供者认为他适合服务的对象是"大量服务"这种类型的客户，则他们会专注于某一种专业技术，然后提供高质量、低价格的服务。例如，许多学校为了能提供高质量、低价格的教学服务，会聘请专精于某一领域的教师，然后通过标准化的课程设计与标准化的教材来降低成本并大量地传授知识。

五、服务标准

在明确了价值定位与战略之后，接着要明确服务标准水平，这种水平也被称为价值命题（Proposition）或是价值主张。通常，顾客会根据自己的情况，选择最符合自己需求的属性的商品。下面列出的基本服务标准并未涵盖所有方面，因为企业为了实现差别化，可以混合多种服务标准或增加新的标准做法。

（1）可获性。服务的可获性如何？银行采用自动柜员机后，可以 24 小时提供某些银行服务（超出传统的营业时间）。许多服务企业使用"800"免付费号码来支持正常营业时间外的信息和个人服务。

（2）便利性。服务场所位置的选择决定了顾客亲临现场的便利性。例如，加油站、快餐店、干洗店等服务，企业若想成功，其位置必须选在繁华街区。

（3）可靠性。服务的可靠性如何？汽车修理服务方面抱怨最多的是第一次维修时没有完全修好。对于航空公司来说，航班误点的情况是可靠性的重要判断。

（4）个性化。您是否得到个性化的关注？有些饭店发现，回头客对直接用名字问候反应良好。无论程度如何，个人订制可以看成更为个性化的服务。

（5）价格。价格竞争在服务业中并不像制造业那样有效，因为很难客观地比较服务的成本。比较日常服务（如加油）的成本相对容易一些，但对于专业服务，便不能依靠价格竞争，因为高价格经常被当成高质量的象征。

（6）质量。服务质量是接受服务前顾客的期望与服务过程中或结束后顾客对服务经历的感知两者之间关系的函数。与实体产品的质量不同，实体产品可以根据产品规格与耐用程度来衡量质量，但是服务质量是服务传递过程和服务结果两方面比较前后感知所衡量出来的。

（7）声誉。如果对希望选择的服务提供商有所疑问时，往往可以通过与有这方面经验的人交谈来进行了解。与实体产品不同，低劣的实体产品可以退换，但是服务经历不能退换，所以，良好的声誉与口头传播是最有效的广告形式。

（8）安全。安宁和安全是需要考虑的重要因素，因为在许多服务行业，如航空和医疗，顾客把他们的生命托付给了服务提供商。

（9）速度。接受服务要等候多长时间？对于紧急服务，如火警和抢匪，反应时间是主要的服务价值标准。在其他服务业中，等候有时会被看成得到更为个性化的服务所做出的牺牲。例如，米其林星级餐厅因为厨师人手有限，所以顾客要等待一段时间才能享用到美味的食物。

在这些价值标准中，有些标准可以被称为"**资格标准**"，因为要具备这些基本标准因素才能进入产业，所以这是产品进入市场的**起码条件**。如果服务提供者连一些基本资格标准都无法达到，很有可能会因为失去订单而退出市场。

我们将采用类似的逻辑和上面列出的服务价值标准来描述服务购买决策。购买决策首先要考虑合格的潜在服务企业，然后在这个范围内用服务优胜标准做出最后选择（如哪位医生的名望最高）。在有了第一次服务经历后，顾客将根据"服务失败标准"决定是否再来（如医生冷漠、没有人情味）。

1. 资格标准

服务企业要在市场中成为具有优势的竞争者，必须在由其他企业规定的每项服务竞争标准上都达到一定的水平。例如，在航空服务业，安全性是一个明显的资格标准，它由航空公司的管理水平、飞机的舒适性和飞行员的等级来决定。在成熟的市场中，如快餐市场，现有的竞争者可能已经建立起某一个质量水平的服务，如清洁。这样一来，新的进入者必须至少达到现有标准才能生存。在快餐业中，曾经属于服务优胜标准的因素，如为驾车顾客设置的订餐、取餐窗口，在一段时间被其他竞争者模仿之后就会成为一种资格标准。

2. 服务优胜标准

服务优胜标准是指其所提供的服务高于资格标准。例如，一个平价餐厅可能具备干净、清洁、美味这些资格标准就得以存活；但是，如果这家餐厅还做到快速、亲切、方便停车等其他标准，就会成为优胜标准。与资格标准相似的地方是，当一项服务优胜标准被众多的竞争者采用时，这个优胜标准也可能成为行业的资格标准。

3. 服务失败标准

若服务提供者提供的服务没有达到或超过期望的水平，会导致顾客不满，并永远失去顾客。由于种种原因，可靠性、个性化、速度等因素很容易成为服务失败标准。例如，汽车经销商没能修好机械故障（可靠性）、医生粗鲁地对待患者（个性化）或快递员不能及时递送包裹（速度）。

第二节 服务的阶段与层次

如果一家服务性企业要保持竞争优势，生产力和质量的持续改进必须成为企业战略和企业文化的一部分。表 3-1 列出了提升服务层次框架，这个框架中描述了服务性企业在战略发展中所扮演的运营角色。同时，这一框架也解释了生产力和质量要如何提高（如新技术是唯一的根源）。另外，它也为测量和评估一家企业在发展它的服务传递系统方面提供了一个方法。该框架根据企业在服务传递方面的竞争性，把服务性企业划分为 4 个不同的发展阶段（层次），并且在每一个阶段，企业的管理实践和态度都通过关键的操作层面进行了对比。

值得注意的是，服务并不一定从第一个阶段开始，也可能从它们的生命周期当中开始然后又回到第一阶段。

表 3-1　服务性企业提升服务层次框架

阶段 项目	提供服务	临时工	取得了显著竞争优势	世界级服务传递
声望	建立声誉。顾客光顾服务性企业的原因不只局限于企业过去的绩效	顾客既不选择企业也不回避企业	顾客根据企业能够满足顾客的需要的声誉选择企业	企业的名字和它的优质服务相互协调,它的服务不仅满足顾客需要,同时也使顾客高兴,因此把顾客的期望标准扩大到企业竞争对手不能实现的水平
运营	运营充其量是反应性的	运营的作用平庸,无独创性	通过人员管理和高强度的以顾客为中心的支出系统,运营得以连续优化和加强	运营成为快速学习器和创新器,它控制着服务传递过程的每一个步骤并且提供优于竞争者的能力
服务质量	由成本决定,高度的不确定性	在一个或两个关键方面满足顾客的某些期望	在多个方面超出顾客期望	提升顾客期望并寻求挑战,持续改进
后台支持部门	会计部门	有助于服务,并且在整个服务中扮演着重要角色,得到关注,但仍为独立的部分	与前台部门等价,扮演着内部角色	主动、活跃,拓展自己的能力并制造机会
顾客	未详细说明,以最小的成本满足他们	依据基本需求进行市场细分	对不同需要的个体加以综合	顾客成为可激励、有创意、充满机会的资源
新技术的引进	在生存压力下不得不为时	为节省成本不得不做出调整时	为加强服务承诺时	当技术成为先动者的优势资源,而竞争者所不具备的能力时
员工	缺乏约束	有效的资源,守纪律,依程序行事	允许从不同的流程中进行甄选	富有创新性,能创造流程
一线管理	控制员工	控制流程	倾听顾客意见,指导和协助员工	听命于最高管理层,产生新理念的资源,督促员工加强职业生涯发展

（资料来源：chase R B, Haues R H.Operations' Role in Service Firm Competitiveness. Sloan Management Review, 1991, 33（1）：17）

1. 提供服务

服务提供者刚开始提供服务的时候,通常是通过一个新的概念所产生的一个基本的服务。这个新服务对消费者来说很陌生,由于是一个小众市场,利润不高,因此也没有竞争者。对消费者而言,新奇、能解决消费者痛点的新服务会引起他们的注意,服务提供者因此能建立声誉。

新服务的运营通常只提供基本的服务,通过教育消费者以对消费者的反应有所了解,并因此被动式地回应消费者所遇到的问题。在质量方面,新产品因为使用量较少,所以成本通常很高,而新产品需要更多的使用者进行试用与回馈,所以通常会找早期使用者进行销售与购买。质量取决于这群早期使用者的体验。在新服务早期阶段,消费者在对产品还陌生的情形之下,服务提供者需要运用大量资金来推广新服务。这时,后台的财务与会计部门的角色最为重要。对员工而言,新服务是在边做边修正当中完成的,所以较缺乏规范与控制。

2. 临时工

在第一阶段生存下来以后，竞争者看到有利可图，也会采用这种新的概念提供新的服务，这时这家服务提供者就可能会面临竞争。为了降低竞争，服务提供者可能会重估并调整其传递系统，并避免市场份额的巨大流失。例如，如果所有成功的航空公司都使用同样的飞机机型，那么，一个刚刚进入市场的新航空公司也会倾向于使用同样的飞机机型。运营在这一阶段中会变得较有规范，而这些规范也会被竞争者所模仿。当产业中的企业在基本资格标准都达到了以后，它们通常会在其他维度创造出服务优胜标准（如增加服务的广度、增加辅助性服务和广告）。经过一段时间的运作，员工都受到了良好的训练以适应规范化程序，当异常情况发生时，员工也都能够依照标准作业程序来处理。

3. 取得了显著竞争优势

若服务提供者能够进入第三阶段，代表新服务已经进入成熟阶段。这时，客户已经能够熟悉并习惯性地使用该项服务。而由于竞争者数量的增加，持续改善与重视质量就变成最重要的工作。例如，斯堪的纳维亚航空公司（Scandinavian Airlines，SAS）的首席执行官就意识到了，若要收复已经为竞争者所占领的商务旅客市场，就要提高按时上岗离岗的绩效。为了实现这一目标，他必须扮演一个领导者的角色，推动运营革新和改善传递系统。

运营管理者是企业持续改进的典型倡导者，运营管理者要率先建立质量系统（六西格玛）、设立服务保证、给员工授权和提高服务中的技术。在员工部分，由于员工对工作流程与规范都已经很熟悉了，因此在这个阶段可以鼓励员工提出改良完善的意见。同时，员工专精于某一个流程之后，可以增加员工的工作幅度，进行交叉训练，并且在为实现既定运营目标而努力的过程中被鼓励发挥主动权。

4. 世界级服务传递

如果服务提供者能将服务标准提高到世界等级，就成为世界级的服务传递者。这种等级的服务传递者不仅仅满足于符合顾客的期望，而是将服务标准提高到世界最高的水平而使得其他竞争者难以企及。世界级服务提供者的管理是具有前瞻性的，他们通过听取顾客意见来提升到更高的绩效标准并以此来识别新的商业机会。许多世界级服务企业如迪士尼等都通过他人的评判来确定质量标准。

新技术已经不再单纯意味着减少成本，它被认为是一种难以复制的竞争优势。例如，联邦快递开发了 COSMOS（顾客运营服务在线控制系统），提供包裹从寄出到签收的全程跟踪系统。顾客通过使用互联网和手机终端设备，就可以在任何时间呼叫服务过程中的服务人员并获得包裹准确的位置信息。

用世界级的角度与使命感来看自己的工作，的确会使服务提供者与众不同。例如，一名迪士尼的清洁工会认为自己是在帮助观光者享受游玩体验的"指定演员"，而不单单只是一名清洁员。持续要求自己具有世界级标准的服务是一项巨大的挑战。而且，在不同的地方重复同一服务，是对世界级竞争者的严峻考验。

本章重点汇整

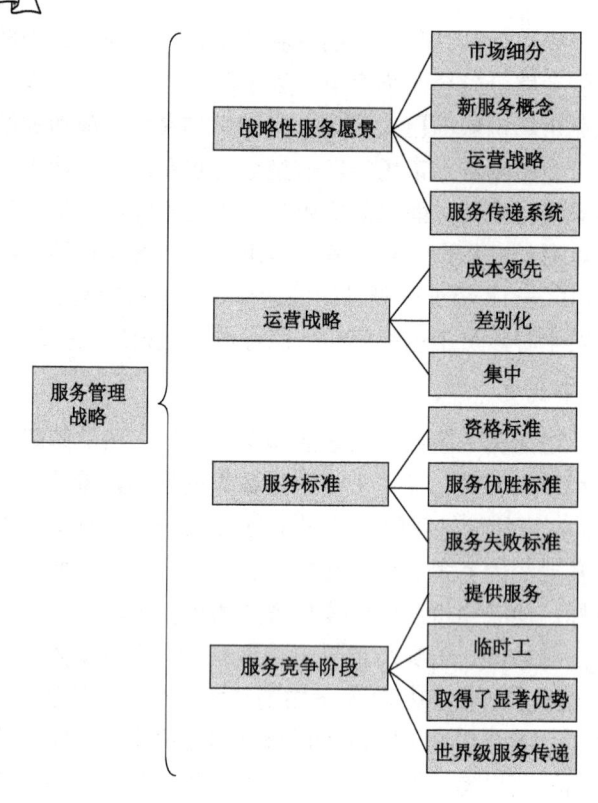

```
                                          ┌── 市场细分
                            战略性服务愿景 ─┼── 新服务概念
                                          ├── 运营战略
                                          └── 服务传递系统

                                          ┌── 成本领先
                            运营战略 ──────┼── 差别化
              服务管理                    └── 集中
              战略     ─┤
                                          ┌── 资格标准
                            服务标准 ──────┼── 服务优胜标准
                                          └── 服务失败标准

                                          ┌── 提供服务
                            服务竞争阶段 ──┼── 临时工
                                          ├── 取得了显著优势
                                          └── 世界级服务传递
```

案例分析

随着消费者购买力的持续提升，豪华品牌毫无疑问已经成为"兵家必争之地"，消费者关注的不仅仅是产品力层面的优势。今天的消费者与汽车品牌的共鸣趋于情感化，消费者希望与自己所钟爱的汽车品牌产生更多的情感互动。

一汽——大众奥迪在用户关怀建设方面及时调整思路，从过去被动等待使用者变为主动联系客户，了解客户需求，倾听客户心声，通过主动关怀客户来增强客户的品牌认同感。通过建立 CRM（客户关系管理系统），一汽——大众奥迪在全新的数字化领域和新业务模式领域的探索也取得了显著的成效。对于车主来说，奥迪不仅是"聆听者"，还是"生活好管家"，帮助用户周全地打理好覆盖衣、食、住、行、乐全方位的高端生活。目前，一汽——大众奥迪已实现出行、健康、亲子、旅游四大领域的"异业合作"，满足使用者生活中的不同需要，打造了"奥迪生活圈"。未来，它还会将数字化的手段用到购车、养车、用车、换车等全部场景之中，给使用者带来更多高附加值的服务体验。

同时，一汽——大众奥迪也不断将服务往"新"处拓展，提供数字化、移动出行、智能互联等新兴服务。它早在 2015 年就开始推广全管道数字化服务战略，大程度地为用户提供从预约到交车的全流程便捷服务体验。2016 年，奥迪与阿里巴巴、百度、腾讯三家互联网领军企业签署了战略合作意向，可谓汽车圈大佬与互联网巨头强强联手，共同布局数字化出行领域。

问题：

1. 如果你是汽车经营业者，你会如何描绘产业未来的变化？
2. 主要的市场区隔群有哪些？主要的价值是什么？企业要如何传递价值？

重点回顾与练习

关键术语

战略性服务愿景（Strategic Service Vision）　　服务传递系统（Service Delivery System）
运营战略（Operating Strategy）　　　　　　　服务概念（Service Concept）
市场细分（Market Segments）　　　　　　　　竞争战略（Competitive Strategy）
成本领先（Overall Cost Leadership）　　　　　差别化（Differentiation）
集中（Focus）　　　　　　　　　　　　　　　资格标准（Qualifiers）
服务优胜标准（Service Winners）　　　　　　服务失败标准（Service Losers）
提供服务（Available For Service）　　　　　　临时工（Journeyman）
取得了显著竞争优势（Distinctive Competence Achieved）
世界级服务传递（World-class Service Delivery）

选择题

1. 战略性服务规划的基础框架包括（　　）、运营战略、服务概念及市场细分。
   A．信息传递系统　　　　　　　　B．市场定位
   C．服务传递系统　　　　　　　　D．人力资源

2. 迈克尔·波特提出3种可供采用的一般竞争战略，分别是成本领先战略、差异化战略和集中化战略。其中，集中化战略又可分为集中成本领先和（　　）。
   A．集中细分市场　　　　　　　　B．集中产品线
   C．集中服务领先　　　　　　　　D．集中差异化

3. 不属于服务企业实施成本领先战略方法的是（　　）。
   A．顾客服务订制化　　　　　　　B．顾客服务标准化
   C．减少服务传递中人的因素　　　D．非现场服务作业

4. 蔡斯（Chase）和海斯（Hayes）根据企业在服务传递方面的竞争性，把服务性企业分为4个不同的发展阶段，即（　　）。
   A．创业期、成长期、成熟期、持续发展期
   B．导入期、成长期、成熟期、衰退期
   C．提供服务、临时工、取得了显著竞争优势、世界级服务传递
   D．接触期、谈判期、维持期、解散期

5. 研究发现，当两件商品相似时，顾客更愿意选择熟悉的人有正面评价的企业，这体现了顾客重视企业的（　　）。
   A．价格　　　　B．质量　　　　C．声誉　　　　D．个性化

判断题

1. 市场上服务性企业的目的和定位首先源于企业家的理念和未满足的需求。（ ）
2. 差别化战略的实质是创造一种能被感知的独特服务。（ ）
3. 集中战略的基本思想是通过深入了解顾客的具体需求来更好地为某特定目标市场服务。（ ）
4. 在航空服务业，安全性是一个明显的服务优胜标准。（ ）
5. 把运营看成不得已而为之的事情，且以最低的成本运营，培训投入少，一般不会在新技术上进行投资，这样的企业处于服务竞争的临时工阶段。（ ）

简答题

1. 简述战略性服务概念的要素。
2. 简述服务竞争战略的 3 种形式及每种战略的实施方法。
3. 顾客根据竞争情况和个人需求，采用哪些标准来选择服务提供者？
4. 简述服务性企业 4 个不同的发展阶段。

第四章
服务成长战略

◎ **本章知识点**

1. 国内内部成长战略的类型。
2. 国内外部成长战略的类型。
3. 服务全球化的现象。
4. 常见的国际成长战略。
5. 服务全球化战略。

导入案例

海尔集团的全球化

2014年海尔第六次蝉联全球零售第一,海尔冰箱、冷柜、酒柜、洗衣机继续蝉联全球品牌份额第一;在全球中高端市场上,海尔的品牌价值不断提升,已经进入美国前10大连锁管道与欧洲前15大连锁管道。海尔品牌全球化战略又是什么呢?

第一,质量至上是海尔品牌全球化战略推进的基点。海尔一直致力于产品质量,始终把质量至上作为企业一切活动的基本点,从职工的每个细节抓起,树立了"有缺陷产品就是废品"的企业管理理念。第二,加大创新驱动是海尔品牌全球化战略推进的内生动力。海尔实现了全方位的创新:管理模式创新、商业运营模式创新、流程再造创新、产品研发模式创新。第三,企业文化转移是海尔品牌多元化成长的主要手段。海尔凭借其无形资产的优势,依据相关紧密度逐步稳打稳扎展开品牌成长。为规避类似巨人集团这类中国企业成长中出现的大而不强现象,海尔的每一次品牌延展都秉承"要做就做最好的"这种可贵的市场理念。

在国内专注规模生产卖方市场时代,海尔专注质量创建品牌;国内企业出口专注创汇时,海尔专注创牌;海尔在激烈竞争中树立国际品牌形象,为用户提供差异化产品与服务;在互联网时代海尔又先行构建全球生产经营网络成为平台型企业。在海尔企业领导者全球化品牌经营理念的引领下，海尔坚定不移地锻造自身过硬优势，以超值的服务与产品换得国内外市场，成就全球化品牌。同时，海尔企业文化的向心力也大大降低了海尔海外市场跨文化管理整合的风险。植根于中国环境的企业自我文化管理哲学理念的形成不仅是对世界经济发展的贡献，也是企业品牌国际社会形象的折射。

（资料来源：康学芹．海尔推进全球化品牌战略的经验与启示．对外经贸实务，2016-02）

思考与训练：

海尔集团采用了何种成长策略？在成长过程中，面临了哪些机会与挑战？

第一节 国内成长和成长战略

本章首先从国内成长的活动"多场所"和"多服务"成长战略的角度分析服务成长战略。全球性服务活动包括4种类型：集中性服务、集中性网络、服务集和多角化网络。

对于一个界定得很好的服务概念来说，特许经营是一种有效的多场所成长战略。特许经营由合同规定的角度来探讨被特许者的利益和特许者的责任。在全球化浪潮之下，这个世界已变成"无国界的"商业环境。所以，服务成长不再局限于国内市场的单独开发。然而，海外成长要面临特有的挑战，如服务在文化上的可转移性，以及外国政府为保护其国内企业而采取的歧视行为。

一、内部成长战略

创新的服务概念最初被接受是因为它回应了特定群体的**需求**，而成功的、创新的服务的成长则往往来自服务提供者感受到回应潜在市场的压力。为了更好地理解企业成长的方式，在表4-1中列出了适合服务提供者的4种基本成长战略。这4个战略基本上有两个成长方向，一个是在地深耕（也就是单一场所的多种服务），另一个是跨领域扩张（也就是多场所的单一服务），或是同时朝这两个方向发展（多场所的多种服务）。我们将讨论这些战略涉及的风险，以及对管理者的意义。

表4-1 适合服务提供者的4种基本成长战略

	单一服务	多种服务
多场所	集中性网络： ● 联邦快递 ● 麦当劳 ● 旅馆	多角化网络： ● 国家银行 ● 美国运通 ● 石油公司
单一场所	集中性服务： ● 牙医 ● 零售店 ● 家庭餐馆	服务集： ● 区域型大学 ● 区域医院 ● 保险公司

1. 集中性服务

典型的情况是，伴随着某一新服务概念的出现，服务创新开始于某个单独场所，为某一个区域提供特定的服务。通常，新的服务概念是一种经过很好地界定的愿景，它集中于传递一项新的、独特的服务。最初的成功带来成长的需求，因而要求在该场所扩大服务能力。一般来说，这意味着添置设备和增加人员。

企业成功的同时，也会引来竞争者的加入，因而需要在当地尽可能多的顾客中建立优势地位。增加外围服务是进行市场渗透或巩固市场份额的一种途径。例如，对于餐馆来说，外围服务包括色拉吧台或者外卖窗口。然而，对于一家经营出色的餐馆，其核心服务通常是提供美味的食物。

同单一服务场所相联系的风险包括被本地区未来经济的成长所控制、易受竞争者进入的伤害，以及资本市场的波动。这些都是服务提供者要去掌控的风险。

集中性服务有很多成功的例子，特别是只有某些知名大厨专有的高档餐馆或全国知名的心外科医生。另外，如果服务场所是关键的成功因素，如九寨沟的风景，那么这种服务就不可能轻易地在其他地区复制。

2．集中性网络

集中性网络是一种复制的战略，这种成长方式是通过跨区域提供相同的服务来成长，如快餐店，在一个地区成功后，就可以复制相同的服务到其他地区来获得成长。像麦当劳这样的公司，集中性网络可使得所有分店提供一致性的服务。另外，有些新概念与新服务在某一地试验成功之后，也可以通过复制成功模式到不同地区，通过优先抢占有利而稀少的场所可以避免被竞争者模仿。

在进行区域性的扩张时，服务概念的传递与一致性必须得到密切关注。同时，服务活动可以通过严密的服务质量和成本控制加以复制。另外，在设施建设、作业手册和人员培训中也常常采用"切蛋糕"的方法来进行扩张。为了快速扩张，许多服务提供者会允许特许经营者加入经营，以实现快速成长的目标。通过特许经营的方式扩张，服务提供者可以利用被特许方的投资，调动独立经营者的积极性而成长。

对于单个场所，创建者可以亲自参与管理企业的各种资源、推销服务、员工培训和确保服务概念的完整。尤其是在开始阶段，成长是一步一步实现的。随着场所数目的增加，管理控制慢慢地走向规范化。这时，所有者在缺席的情况下，仍然能有效地对服务场所进行控制。

然而，管理服务场所网络需要不同的管理技巧，要面对复杂的沟通和控制的挑战。首先，服务概念必须合理化并与场所经理及员工沟通，以便在日常工作中得以一致地贯彻执行。大多数计划必须在实施多场所成长前进行，如准备培训和管理手册、品牌命名、全国性的营销努力。由于能够迅速扩大市场，运用多场所战略寻求成长颇具吸引力。但是，盲目成长和失控的风险已经导致了很多失败。

3．服务集

服务集这种成长方式是通过在地化深耕来成长，也就是将新的服务与当地的特点及元素相互融入。例如，有许多知名的大学，在大学本科层次办学获得成功之后，便会向上延伸到硕士、博士课程；同时，它也会向下延伸到附属中学、附属小学的在地服务而形成一种服务集。

服务多角化的主要风险是可能会因为深化的程度太高而丧失了原本应有的焦点和忽略了核心的服务。例如，某滑雪场在夏季可通过吸引商业会议来使用闲置的设施。然而，适合滑雪者的住宿、食物和饮料等设施用来接待这种会议可能就显得不够了。在这种情况下，一种解决办法是，可依据不同的季节来服务不同的细分市场。若同时服务两个或更多的细分市场，设施管理就变得太复杂了。想象一下，当滑雪场同时接待来滑雪的游客和商务顾客时，就会很难使得两个细分市场的顾客都满意。

为了避免失去焦点，人们提倡采用"同心多角化"战略。同心多角化将成长限制在与核心服务有协同效应的范围之内。便利商店的演变就是一个很明显的例子。起初这些店只提供人们可以很快购买的品种与有限的便利产品，后来增加了自助加油、缴费、代领快递、自动汽车清洗和自助微波午餐等服务。同心多角化产生了规模经济，因为附加的服务仅仅带来了变动成本的边际成长（如不需要额外的收银员）。

4．多角化网络

多角化网络这种成长方式是同时通过在地化深耕与跨地域扩张来成长，也就是将多场所服务和多角化服务战略相结合，通常是采用模块化的方式进行服务的组合。如果不同的服务由具有广泛营销形象的同一品牌来提供，往往更容易取得成功。例如，美国运通公司在管理全球服务网络方面非常成功，该网络提供真正具有协同效应的金融和旅行服务。

二、外部成长战略：特许经营

特许是一种通过外部资本市场筹集资金来成长的方式。然而，特许是一种在不同地区复制服务的常用手段，它可以吸引投资者，让他们成为由合同约束的独立所有者和经营者。对于多场所服务，将质量的一致性融入服务概念是特许协议的核心。

由于在设计、作业和价格上都是标准化的，因此特许经营可以保证服务的一致性。就像人们认为同一品牌的产品在各地区都是无区别的，顾客希望任何特许经营点的服务都是相同的。因为顾客建立了不受地域限制的品牌忠诚，所有经营点都可以从这种一致化的活动中获益。例如，一位在德国的美国游客，可买到与在旧金山、东京甚至莫斯科一样的麦当劳炸薯条、汉堡和可乐。

1．特许经营的性质

国际特许经营协会将特许经营定义为：通过一家企业（特许者）授予别的企业（被特许者）使用自己开发的业务系统，来销售一种产品或服务的权利和（特许）执照。

特许者拥有自己的企业，但要支付一定的特许费用并购买设备，而且要承担所有正常经营活动的责任，包括雇用员工、日常决策和刊登地方广告。初始投资的规模取决于资本的要求。为避免同一个品牌下不同经营点的竞争，被特许方通常被授予在某个特定市场内提供服务的独家经营权或执照。例如，某些快餐店承诺不在现有特许经营点1千米之内开设新店。

特许者保留支配权，标准的作业程序必须严格执行，原材料必须从特许者或经其同意的供货商处购买。不允许经营规定产品线之外的业务。同时，被特许经营者必须参加培训，必须持续支付特许费（如有些快餐店要交4%的营业额）。

2．被特许者的利益

作为被特许者，所有者放弃了某些自己的独立性和支配权，相应地得到了一些作为集团成员的"好处"。被特许者拥有自己的小企业，由于使用已有的品牌而降低了创业的风险。作为特许组织的成员还可获得很多额外利益。

（1）管理培训。在开办新的分店以前，特许者会提供一套培训计划。例如，麦当劳的被特许者必须花两周时间在芝加哥郊区的汉堡包大学学习麦当劳制作食物和服务顾客的方法。这种培训有两个目标：第一，为特许者经营企业的获利打下基础；第二，麦当劳要确保程序得到严格执行，以保证所有分店的一致性。之后的培训通常通过录像带和流动的咨询顾问进行。

（2）品牌名称。被特许者靠全国闻名的、具有广告效应的品牌而立即获得客户的认同，这种效果可以吸引更多和成长更快的顾客。与传统的新企业相比，可以更快达到损益平衡点。

（3）全国性广告。尽管被特许者通常必须贡献大约全部销售额的1%给特许者做全国性广告，但是所有被特许经营者都可受益。而且，对于快餐店和汽车旅馆这类的业务来说，来自其他地区的客户的消费占其销售额的比例很大。

（4）保证获利。传统上，独立的经营者面对较高的失败率，但被特许者则有望避免这种情况。特许者有选择适合场所的追踪记录，有可信赖的会计系统，但最重要的是，它可提供一种已经被公众所认可的服务概念，因此，获利性是可以获得保证的。

（5）规模经济。作为授权网络中的成员，被特许者可以因为集中采购原材料和设备而降低成本，如果是自行开店，这方面的成本与风险就相对较高。

3．特许者的问题

对于试图开发在地理上分散的集中性网络企业来说，特许是除了内生成长之外的另一种选择。通过向潜在的创业者出售业务的概念，特许可以使企业用最少的资金快速成长。所以，特许严重依赖于投资者的资金，它使企业可以不必花钱开发关键的管理人员就可获得成长。

当然，挑选潜在的被特许者不应简单地只看他们是否具有所需的资金。例如，东京的Benihana公司发现，许多早期的被特许者并不具备管理一家真正日本风格饭店的能力。其他的问题包括被特许者在多大程度上有自主性、特许合同的性质和解决冲突的过程。

（1）被特许者的自主权。

被特许者的自主权是指在特许店的经营中被允许的自由程度。自主程度取决于特许合同中规定的作业程序化的程度和全国性广告实现品牌成功的程度。作业程序化的程度非常重要，因为这样可以保证在整个连锁集团内具有统一的质量标准和服务。如果作业程序化被特许者按较低标准经营，那么，整个连锁集团可能都因为服务质量问题而受挫。高程序化的经营包括：①特许规范，如日常经营程序及场所的选择、设施的设计、会计系统、供应材料及其来源、价格和饭店的菜单；②设施的定期检查；③对不符合要求的被特许者，有权终止关系。品牌效应可以通过建立清晰的顾客期望来强化经营的程序，若所有被特许者都遵守一套标准作业程序，这会使得想单独改变作业方法的被特许者很难偏离。一致、清晰的高质量品牌形象可以创造更高的潜在利润并降低风险，并为日后发展创造广阔的空间。

（2）特许合同。

控制和权力趋向于集中在特许者手中，这导致人们担心特许者和被特许者之间的关系及滥用权力。特许合同是确立双方持续关系的基础。一般来说，这些合同应明确规定被特许者的义务，但是对特许者的责任含糊其辞，而且经常忽视被特许者的权利。例如，近年来有关合同条款的诉讼案已经增加,特别是涉及特许重新销售价值的确定及要求从活动特许者处采购的捆绑合同。

特许合同项目应避免将来发生诉讼,影响双方的合作关系并阻碍发展。特许合同应能保护合同当事人并维护整个特许组织的竞争力。

(3) 冲突的解决。

一项聪明和公正的特许合同可以有效地减少潜在冲突的发生。然而,随着消费者偏好的变迁,以及特许者和被特许者不同的目标,冲突还是会不时发生,这些冲突主要表现在以下几个方面:①应如何确定收费标准和分配利润?②被特许者的设施应何时改善?如何分摊此项费用?③特许者在一个已经有经营者的市场中可以授权的特许企业数为多少?

特许体系是需要跨组织管理的超级组织。因此,特许者的一项艰巨任务就是开发符合市场与特许者需要的政策和程序,以保证在可能会给整个体系带来损害和制造不和谐之前就化解冲突。

第二节 国际化成长战略

要成功地国际化,就要克服地主国保护、竞争者的快速模仿、文化差异,以及海外基础设施或供应链不足的问题。

联邦快递公司是最早提出区域中心(Hub)进行隔夜送达服务的公司。随着客户业务的扩大,送往欧洲和亚洲的包裹也越来越多,所以联邦快递公司于 1988 年决定将其服务延伸到海外,而这样的延伸导致整个公司在 1991 年第一季度出现亏损。探究亏损的原因,联邦快递发现它所提出的"隔夜送达"的概念已经被竞争者 DHL 和 TNT 应用到美国以外的地区了。这两家竞争者于 20 世纪 70 年代后期就开始仿效联邦快递的服务概念,并于大约 10 年前就已经在美国以外的地区提供这样的服务了。另外,联邦快递公司对于外国政府用来保护其国内企业的政策和烦琐程序也准备不足。例如,它花了 3 年时间才在日本得到孟斐斯中心到东京的直飞经营许可,而这条航线中的东京在海外经营体系中是一个关键的枢纽。然而,就在服务开始之前,联邦快递得到通知,超过 70 磅的包裹不允许途径东京。这显然是为了保护当地运输业的一项保护措施。

过于强调母国集中控制也是导致国际化成长受限的另一个原因。以联邦快递为例,直到最近,联邦快递的所有的发货单据还都是用英文打印的,收包裹的截止时间都是在下午 5 点,与美国的做法一致。如果采用与美国一致的做法,在西班牙就会遇到挫折。因为在西班牙有较长的午休时间,所以一般单位的下班时间是晚上 8 点。为了能顺利地进行国际化的作业,联邦快递现在已经放松了在美国获得成功的那套集中控制的方法。收货时间、称重标准和技术都会根据各国的情况而有所调整,并且通过与当地快递业者合作来更有效地处理递送和营销事宜。

除了地主国保护、竞争者的快速模仿、文化差异等这些问题之外,另外一个问题是海外基础设施或供应链的不足。在母国认为是理所当然的支持性基础设施,在海外的某些国家却时常缺乏。例如,麦当劳在莫斯科开设首家分店时,需要花很大的力气开发供货商。麦当劳的管理层不仅要建立一个为饭店所准备的补给库,还要教农民种植和收割麦当劳所需要的作物(如土豆、莴苣)。

一、常用的国际成长战略

巴雷特（Bartlett）和高啸（Goshal）开发了国际成长战略的分类框架（见图 4-1）。该框架根据全球整合能力和本土化程度两个维度将企业战略分成 4 类：非国际化战略、全球战略、多国战略与跨国战略。全球整合能力是指是否存在通过国际化来实现规模效益或者更加充分运用某一资产的机会。本土化程度是指为了适应当地文化和需要提供订制化服务的必要性，包括对服务进行调整以适应东道国政府的管理。图 4-1 显示，当企业处于双低象限时将很少采用国际化战略，而处于其他 3 个象限的企业则需要决定要向哪个国际市场来扩张。

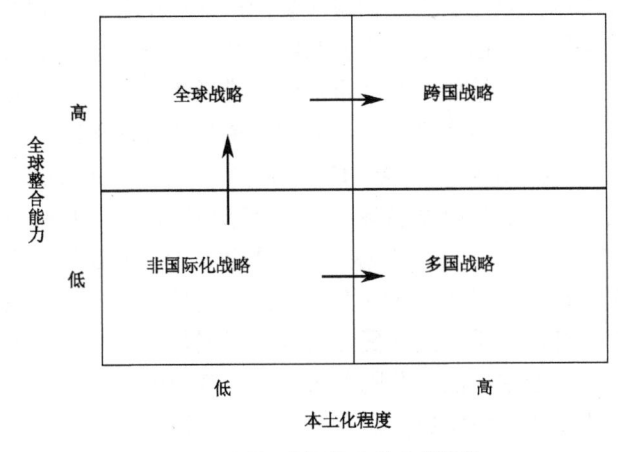

图 4-1 国际成长战略的分类框架

1. 全球战略

全球战略是一种复制的战略，采用全球战略的企业是将母国的服务进行海外的延伸与复制，它们沿用母公司的基本服务愿景、服务运营战略与作业。这类企业将全球市场看成一个单一市场，所以它们认为将服务复制到另一个地区也会获得成功。那些具有很强的品牌知名度或者独特性的企业（如宜家，一家瑞典的全球性家具连锁店），或者行业的领袖（如可口可乐）大多采用这种方式进入国际市场。联想电脑就将自己视为一家全球性的电脑公司，它们承诺消费者可以在全球任何地方的联想服务中心获得与在母国相同的维修服务。

2. 多国战略

多国战略这种成长方式是通过在地化深耕来成长的。也就是在母国服务的基础上，再将当地的特点及元素融入到服务当中，以适应当地的特殊需求。采用多国战略的服务提供商，将基础设施移至海外后，就采用地方自治的方式来进行全球化。它们保留母公司的基本服务愿景、服务运营战略，在服务系统与作业方式上则结合地方资源来提供服务。例如，肯德基在被马云并购之后就采用中国式的管理进行在地化的融合，餐饮也逐渐增加米饭的比例。亚马逊网络商店会依照消费者所在国家进行服务平台的选择，然后提供在地化的服务。另外，像许多咨询公司和麦格劳希尔出版社，这些提供专业服务的企业经常采用多国战略。海外分支机构的成员形成了独立自治权的联盟，各分支机构根据所在国的需要提供服务，各地分支机构也雇用当地员工，并主要由当地员工自行管理。

3. 跨国战略

采用跨国战略的服务提供者，在海外依照当地特性成立了许多服务中心，然后在进行国际扩张时，进行服务模块化的组合。富士康在全球有许多功能中心，富士康在中国大陆有制造中心，在中国台湾地区有研发中心，在欧洲有产品设计中心，然后它们会根据客户特定的需求，进行全球模块化的组合与分工。苹果公司在全球也设有许多中心，在美国加州进行设计，然后通过结盟协作的方式进行产品的模块化组合与分工。另外，许多企业如麦当劳都是通过调整活动实现从全球战略定位转向跨国战略的。

二、无国界世界的性质

在战略管理方面著述颇丰的大前研一认为，我们正生活在一个无国界的世界里。全世界的顾客最关心的其实是希望能买到他们最想要的产品和服务，而并不介意它们来自哪个国家。当所有的国家都依照自己特定的资源与能力从事最适合自己的服务并通过全球市场竞争来进行交易，这样通过专精化与全球市场的规模经济，就可以提升每个国家的经济水平与国民的生活水平。按照他的战略观点，所有的企业都必须平衡好 5C 战略规划：客户（Customer）、竞争者（Competitor）、公司（Company）、货币（Currency）和国家（Country）。

然而，只有真正的全球化公司才能够实现"全球当地化"（Global Localization）（索尼公司总裁盛田昭夫所提出的一个词）。全球当地化的意思是，要在维持世界范围经营的同时转变为本土公司。为达到这个层次，企业在国外必须更接近客户并满足他们独特的服务需要。例如，许多快餐店发现，所在国消费者的饮食习惯是成功与否的关键。因此，当他们知道德国人不喜欢吃"巨无霸"汉堡并喝着可乐时，麦当劳把啤酒加入了菜单。允许当地经理根据当地的口味适度地调整服务，尽管这样可能会破坏一致性。一个比较极端的例子是，Mr. Donut 在日本除了标志之外，几乎根据海外市场的特性完全改变了产品和服务。

1. 客户

当人们购买产品时，他们关心的是质量、价格、设计、价值和个人魅力。诸如金色拱门等国际知名品牌的品牌标志正在全世界扩散，传递着品牌独特的价值。信息的可获性，赋予了客户权利并刺激了竞争。

2. 竞争者

只要有利润的地方，就会吸引竞争者的加入。而在服务提供者向广大客户提供产品和服务时，技术也同步地很快扩散了，利润及技术的扩散同时也吸引了竞争者的加入。在全球化时代，单一企业不可能在所有技术领域都领先。所以，单一企业应该专精于自己最擅长的领域，并在其他领域与其他伙伴进行合作（如 iPhone）。而当企业扩张到某一种规模时，互补的合作伙伴也可能进入自己其他擅长的领域。这时，学习如何与竞争者合作就变成在全球化过程中一项很重要的能力。

3. 公司

由于信息技术的进步，自助服务能使公司的变动成本转为固定成本。例如，通过购置新的通信设备所产生的自助服务，可以减少聘用更多人力的成本。很多航空公司和通信企业都在通信设备方面进行大量投资。为了更加充分地运用这些设备，降低固定成本，这些服务提供者也在寻求更大的市场，这些公司也在迈向全球化。

4. 货币

汇率兑换也经常成为国际化时的一个重要议题。有些政治不稳定的地区（如非洲），货币贬值幅度是非常巨大的，如果是以当地货币计价，可能有些企业才刚收完款，货币就贬值到连原料都买不到。这种不稳定的货币环境，会给国际化的企业带来损失，所以许多国际级企业都要求用最稳定的货币来计价（如美金、瑞士法郎）。

若一家国际企业同时在多个地区展开业务，也要注意到当地的经济前景。若一个地方的经济前景不佳，可以将资源分配到政治环境稳定、经济成长性高的地方以补偿及维持收支平衡。另外，为了降低多个地区的汇率波动，服务提供者也会使用诸如期权交易等国际金融工具来维持货币的稳定性。

5. 国家

许多国家都会运用贸易政策来保护自己国家的产业，而当该产业具有国际竞争力之后，才会开放国外的企业进入地主国市场参与竞争。

除了自主产业的保护之外，许多国家也会因为国家安全理由拒绝国外商品。例如，2018 年华为在美国消费性电子展上发布了 Mate 10 系列新品，意在进军美国市场，并与苹果展开正面竞争。但在发布会前夕，美国国会因为担心所谓的国家机密被窃取，所以拒绝 AT&T 销售华为产品。AT&T 是美国第二大电信运营商，AT&T 的合作被否决意味着华为只能通过电商和其他渠道销售产品，而美国市场 90%以上的手机都是通过电信运营商渠道销售的。

三、跨国经营管理

在第三章中已经阐明了国内经营的战略服务。当母国将服务输出到一个文化不相同的地方时，大多会因为地主国的消费者不适应新的产品而需要将服务战略根据文化进行调整。表 4-2 列示了战略服务观的国际要素，其中文化转移、劳动力市场标准、东道国政府政策需要进一步明确。

表 4-2　战略服务观的国际要素

服务传递系统	运营战略	服务概念（理念）	市场细分
可提供的技术 基础设施 效用服务	适合的管理者行为 员工参与 独裁	顾客期望的是什么 感知价值 服务宗旨	细分市场是什么 国内 多国 旅行者
劳动力市场的规则和习俗	劳动力市场制度	服务接触 语言 自助服务的接受	重要的文化差异 语言 生活方式 可支配收入
可利用空间	政府规则工会		
与供货商的互动	东道国政府政策	使用的范式	
顾客受教育程度	语言 官方语言 非官方语言	文化转移	统计的劳动力状况 技能 年龄结构 态度 工作原则

1. 文化转移

由于文化的差异，服务全球化最大的困难来自平衡全球化标准和本土化。某些行业受到文化的影响较小，相较而言没有文化移转的问题。例如，商业银行的服务在全球的相似度很高，因为金融需求和有关的业务交易在世界范围内基本相同。然而，在餐饮服务业，人们却渴望尝试具有异国情调的文化体验。东京的Benihana餐馆在美国取得成功的部分原因可以归结为它提供的虽然是人们熟悉的食物，但是创造了一种日本式的用餐体验。类似的，对很多非美国人来说，在麦当劳就餐和喝可乐也是体验美国文化的经历。

2. 劳动力市场标准

每个地区的工作人员会因为文化的不同而有不同的工作标准，所以要成功地进行国际化管理，就要先了解当地的文化，才能对员工进行管理。霍夫斯泰德文化维度理论（Hofstede's Cultural Dimensions Theory）是用来衡量不同国家文化差异的一个框架。他认为文化是在一个环境下人们共同拥有的心理程序，能将一群人与其他人区分开来。通过研究，他将不同文化间的差异归纳为6个基本的文化价值观维度。

（1）权力距离（Power Distance）是指在某一社会群体中，地位低的人与地位高的人之间层级的差距。各个国家由于对权力的理解不同，在这个维度上存在着很大的差异。欧美人不是很看重权力反而更重视能力，所以权力距离较小。例如，Google将员工视为伙伴而不是雇员，员工与老板之间比较像是同事。相对的，亚洲一些国家的服务提供者就有很大的权力距离，从基层员工到最高阶的主管中间隔着五六个层级。

（2）不确定性的规避（Uncertainty Avoidance）是指一个社会受到不确定事件和非常规环境威胁时是否会通过正式的机制来避免和控制不确定性。回避程度高的文化（高不确定性规避）比较重视权威、地位、资历、年龄等，并试图以提供较大的职业安全，建立更正式的规则，不容忍偏激观点和行为，相信用绝对知识和专家评定等手段来避免不确定和危机的发生。相对的，回避程度低的文化（低不确定性规避）对于反常的行为和意见比较宽容，规章制度少，在哲学、宗教方面他们容许各种不同的主张同时存在。

（3）个人主义/集体主义（Individualism versus Collectivism）维度是衡量某一社会总体是关注个人的利益还是关注集体的利益。个人主义倾向的社会，人与人之间的关系是松散的，人们倾向于关心自己及小家庭；而具有集体主义倾向的社会则注重族群内关系，关心大家庭。集体主义者认为牢固的族群关系可以给人们持续的保护，而个人则必须对族群绝对忠诚。

（4）男性化与女性化（Masculinity versus Femininity）维度主要看某一社会代表男性的特质（如竞争性、独断性）更多，还是代表女性的特质（如谦虚、关爱他人）更多，以及对男性和女性职能的界定。男性度指数（Masculinity Dimension Index，MDI）的数值越大，说明该社会的男性化倾向越明显，男性特质越突出；反之，则说明该社会的女性特质突出。

（5）长期取向与短期取向（Long-term versus Short-term）维度指的是某一文化中的成员对延迟其物质、情感、社会需求的满足所能接受的程度。长期取向指数高的社会对道德的重视高于对短期物质的追求。长期取向指数与各国经济增长有着很紧密的关系。20世纪后期东亚经济突飞猛进，学者们认为这些国家的文化中所拥有的长期取向特质是促进发展的主要原因之一。

（6）自身放纵与约束（Indulgence versus Restraint）维度指的是某一社会对人的基本需求与享受生活、放纵欲望的允许程度。自身放纵的数值越大，说明该社会整体对自身约束力不大，社会对放纵的允许度越大，人们越不约束自身。

要国际化就要先凝聚出共同可接受的价值观与文化标准，如果强行输入文化，通常会导致国际化的失败。以迪士尼公司为例，迪士尼公司将美国的文化复制到法国巴黎，法国人的个人主义、放纵强度要比美国人更强，所以当迪士尼公司要求法国当地的雇员扮演迪士尼的卡通角色时，法国的员工都加以拒绝，因此产生了很大的文化冲突。另外，在迪士尼的餐饮方面，美国和日本的迪士尼乐园是不提供含有酒精的饮料的，所以在法国迪士尼餐厅是没有酒的。但是对法国人而言，在就餐时饮酒的习惯被当作国家的骄傲。这些文化上的冲突使得迪士尼公司所带给法国游客的体验感大打折扣，影响所及，法国迪士尼至今都在亏损。

3．东道国政府政策

出于对本国相关行业产业的保护，许多国家制定了限制国外企业进入或有条件进入的政策如禁止外国公司在其内销售保险、限制国外航空公司的着陆权等。然而，服务密集型企业是经常受欢迎的，因为它们能够给东道国带来就业机会。

第三节 服务全球化战略

企业和产业必须关注其服务的全球化竞争战略。服务经营全球化决策中最重要的因素是服务是否与企业全球化战略相适应（Fit）。服务公司对激烈竞争的反应与传统企业大相径庭，因为它们集中于战略，有高效的传递系统、高质量的产品和灵活的成本结构。

有5种基本的服务全球化战略：多国成长、进口顾客、跟随顾客、离岸服务、超越时空。然而，这些战略并非完全彼此排斥的，人们可以想出很多组合战略（如将超越时空同多国成长相结合）。

表4-3显示了每种服务全球化战略是如何受到跨国服务企业面临的全球化化因素的影响的。运用这张表，决策者可以考察在一个目标国家或地区中，这些因素会如何影响候选战略的实施及其成功的可能性。表4-3也概括了关键的机会和潜在的问题，也就是每个全球化因素对每种全球化服务战略的影响。下面来讨论服务战略和服务全球化的管理意义。

表4-3 选择全球化服务战略时应考虑的因素

全球化因素	全球化服务战略				
	多国成长战略	进口顾客战略	跟随顾客战略	离岸服务战略	超越时空战略
客户合同	培训当地员工	开发外语和文化敏感技能	开发外国客户	集中于前台或后台服务要素	提供超时服务
订制	通用服务标准	战略机会	本土化	质量和协调	更需要可靠性和协调

续表

全球化因素	全球化服务战略				
	多国成长战略	进口顾客战略	跟随顾客战略	离岸服务战略	超越时空战略
复杂性	通常路线	战略机会	修正业务	集中的机会	时间压缩
信息密集度	卫星网络	场所优势	指派有经验的管理者	培训投资	开发机会
文化适应	修正服务	接待外国客人	达到规模是必要的	文化融合	共同语言是必要的
劳动密集度	降低劳动成本	增加的劳动力成本	雇用当地人工	降低劳动成本	降低劳动成本
其他	政府限制	物流管理	基础设施不足	母公司员工的士气	资本投资

（资料来源：McLaughlin CP, Fitzsimmons JA. Strategies for Globalizing Service Operations. International Journal of Service Industry Management，1996，7（4）：45-59.）

1. 多国成长战略

多国成长通常是通过特许经营来吸引投资者和采用"完全照搬"的方式快速地在多个地点复制服务来实现的。然而，不加任何改动而成功地向其他国家输出一项服务，要着力于推销"一个国家的文化经历"。然而，文化上的适应常常需要对服务概念做一些调整，如在德国麦当劳餐厅中销售啤酒。

许多战略问题涉及将服务经营推向世界，或者说多国成长。若涉及的是日常重复性服务，那么可以很好地在全球范围内复制。然而，接触顾客或前台作业要求适应当地文化，最好的方式是雇用和培训当地人员处理服务过程中顾客接触的这部分。

例如，麦当劳的国家经理就像被派往偏远省份的罗马总督，他们仅拥有维护罗马帝国权力和荣誉的劝告权。这些国家经理几乎没有人有任何经营专长，他们很少会进行人事方面的决策，他们最关注的是地主国的麦当劳能否传递与维持母公司产品的理念与质量。但是，公司总部的员工除了要求外国的经营与美国的样板相符外，几乎没有提供什么帮助。

2. 进口顾客战略

单场所、多种服务的战略要获得成功，顾客必须愿意旅行很长距离并逗留较长时间，或者可以用电信替代亲自前往。很多服务机构，如有声望的大学、医疗中心和旅游性地（如九寨沟、迪士尼世界）都会碰到这些问题。如果某地有独特的旅游景点，那么，服务将会围绕它展开。例如，冬天接待滑雪者，夏天接待山地车爱好者。与多场所战略中出口服务不同的是，多服务战略涉及的是"进口顾客"。

一项维持原地、吸引全世界顾客前来的服务，需要对员工的外语技能和文化敏感性加以培训。另外，对于交通设施和后勤管理要以全球客户为对象进行适应。

3. 跟随顾客战略

很多服务公司在海外设立办事处，目的并不是服务于当地市场，而是跟随原来在国内的老客户，继续为他们提供服务。然而，如要吸引当地业务，需要对服务包的许多方面进行调整；同时，还需要聘用熟悉当地业务的人员。

为了贯彻这种战略，许多服务提供者组建了几乎遍及世界各地的伙伴关系，以为前往世界各地的客户提供服务。这些客户希望，无论他们到哪里都能得到与在母国相同的、良好的服务。就像律师事务所跟随企业客户扩展到全球许多城市一样，服务提供者也会跟着客户到客户所在的国家去经营。真正全球化的公司希望并要求旅行代理、审计师、咨询人员和其他服务企业能在世界各地提供全球化的服务。

当服务提供者跟随顾客到了地主国并因为业务扩大而带来成长时，接下来要面临的问题是：是继续跟随顾客及其需要设计服务，还是适应当地文化？或者在两者之间折中，以便同时满足他们的需要？以往的经验显示，一组服务同时成功地服务这两个市场是不太可能的。因此，与当地组织合作似乎是一种较好的选择。采用跟随顾客战略的服务提供者应该指派有经验、灵活的经理人，根据当地的基础设施和社会系统的复杂性，成功地嫁接服务作业。

4. 离岸服务

离岸服务是将服务外包的一种方式，它是指由国外地主国提供某些母国的服务。因此，离岸服务可以看成一种服务全球化战略。一些服务企业通过互联网将后台操作服务传递到其他国家，集中为当地消费者提供接触服务来节约劳动力成本。例如，折扣业务可以将一些日常的市场交易行为和消费者数据保存工作交由海外的工作者完成，而将专业的订制咨询服务留在国内完成。许多美国企业将呼叫中心转移到印度就是一个很好的例子，因为印度的劳动力低廉且是属于英语系国家，所以将非核心的呼叫服务放在印度可以降低成本，这就是离岸服务外包。然而，服务外包经常会出现人员缺乏培训的质量问题。以戴尔电脑为例，其呼叫中心是由一些缺乏训练的年轻人在印度值晚班（为了适应美国的白天工作）工作，而由于人员的训练不足，服务人员常与顾客发生言语上的冲突。由于顾客的抱怨，戴尔电脑不得不将呼叫中心重新移回美国。

由于外包服务可以以较低的成本取得相同质量的服务，因此许多服务提供者都采用服务外包的战略，如顾客服务、金融分析、纳税咨询、支付服务、管理和软件开发。但服务外包时应该要注意到外包公司人员的培训、文化灌输和员工的士气。

5. 超越时空战略

超越时空是指服务提供者能运用时区的差异，进行24小时全球性的服务。富士康最为人称道之处是其快速代工服务。当富士康接到订单之后，它会分派研发工作到美国的研发中心进行新产品的研发设计；而当美国研发人员下班后，中国台湾地区这边的研发人员则刚好上班，可以继续进行美国的研发工作。通过一个全球性的研发平台，富士康可以进行全球跨时区的工作衔接，这样会比竞争者更快地产出成果。微软的软件开发也充分运用了超越时空的全球性战略在提供服务。

若要采用超越时空的全球化战略，要有效协调不同地点和时区之间的经营以获得更高的可靠性，同时要求在培训、作业方式和信息科技方面增加额外的投资。

本章重点汇整

```
服务成长战略 ┬─ 国内成长与成长战略 ┬─ 国内成长
            │                    └─ 外部成长
            └─ 服务全球化 ┬─ 国际化成长战略
                         └─ 服务全球化战略 ┬─ 多国成长
                                          ├─ 进口顾客
                                          ├─ 跟随顾客
                                          ├─ 离岸服务
                                          └─ 超越时空
```

案例分析

中远全球化发展

1961年4月27日，中国远洋运输公司［后改名为中国远洋运输（集团）总公司，以下简称中远］正式成立，在近半个世纪的发展当中，中远目前经营的船队有800余艘，船队规模稳居世界第二，接近世界第一，在《财富》世界500强的排行榜中，中远首次以154.13亿美元的营业收入入选，成为中国中央企业16家入选世界财富500强的企业之一。中远能够发展到现在，实施全球化战略发挥了至关重要的作用。

中远的全球化最直接的表现就是经营服务全球化。目前，中远已经在50多个国家和地区设有公司和办事机构。在海外形成了中国香港、欧洲、美洲、新加坡、日本、澳洲、韩国、非洲和西亚9个区域公司。为了有效推进经营服务全球化，中远重新调整了海外的管理模式，引进了先进的IRIS2系统及SAP全球财务信息系统，采用以业务为主的矩阵式管理模式，对集装箱运输开始实施全球范围的垂直一体化管理。通过合理重组，中远的国际化经营程度迅速提高，经营服务的全球化水平突飞猛进，同时还为今后在海外的进一步拓展奠定了坚实的基础。

中远在国际化过程中，不仅在母国承担起社会责任，积极采取行动关注环境保护和气候变化，同时也十分注重合法经营。面对不同国家、地区的文化习惯、法律法规，中远尊重当地的文化习惯，严格遵守所在地的法律法规，依法诚信经营。

问题：

中远集团采用了何种成长策略？在成长过程中，面临了哪些机会与挑战？

重点回顾与练习

关键术语

集中性服务（Focused Service）　　　　服务集（Clustered Service）
集中性网络（Focused Network）　　　　多角化网络（Diversified Network）
特许（Franchising）　　　　　　　　　被特许者（Franchisee）

特许者（Franchiser）
非国际化战略（No International Strategy）
多国战略（Multidomestic Strategy）
多国扩张（Multicountry Expansion）
跟随顾客（Following Customers）
超越时空（Beating the Clock）
服务全球化（Globalization of Service）
全球战略（Global Strategy）
跨国战略（Transnational Strategy）
进口顾客（Importing Customers）
离岸服务（Service Offshoring）

选择题

1. 服务企业通过多场所、多种服务实现扩张的方法是（　　）。
   A．集中性服务　　B．集中性网络　　C．服务集　　D．多角化网络
2. 下列关于"特许"的相关解释，错误的是（　　）。
   A．特许是一种在不同地区复制服务的常用手段
   B．特许者不保留支配权
   C．被特许者拥有企业所有权，但要支付一定的特许费用并购买设施和设备
   D．特许合同是确立双方持续关系的基础
3. 作为授权网络中的成员，被特许者可因集中采购原材料和设备而降低成本，这体现了被特许者的（　　）利益。
   A．管理培训　　B．品牌名称　　C．全国性广告　　D．规模经济
4. 国际成长战略中，全球整合能力程度高，本土化程度也高的战略是（　　）。
   A．多国战略　　B．非国际化战略　　C．全球战略　　D．跨国战略
5. 中国的某家面馆老板，准备到新加坡开家分店，考虑到习俗、口味等的差异，又想保持中国的特色，便进行了相关的创新，创造出其店的招牌菜，顾客们都赞不绝口。这体现了跨国经营管理中的（　　）。
   A．文化转移　　　　　　B．劳动力市场标准
   C．东道国政府政策　　　D．可利用空间
6. 全球化服务战略中，当需要顾客亲临服务场所时，（　　）是必要的。
   A．多国成长战略　　　　B．进口顾客战略
   C．跟随顾客战略　　　　D．超越时空战略

判断题

1. 服务企业通过单一服务、多场所的方式成长属于服务集成长战略。（　　）
2. 被特许者的自主权取决于特许合同中规定的作业程序化的程度和品牌成功的程度。（　　）
3. 特许经营对于潜在的创业者来说颇具吸引力，因为它们买入的是已被证实的服务概念，降低了失败的风险。（　　）
4. 跨国战略将全球市场看成一个市场，采用同一种方式进入。（　　）
5. 权力距离指数高表明这个社会允许的权利和财富的增长权力不平等。（　　）
6. 不确定性的规避指数高说明该国对于不确定性和模糊行为的容忍程度低。（　　）

简答题

1. 简述适合服务企业的国内基本成长战略。
2. 作为被特许者可以从特许者那里获得的利益有哪些?
3. 根据全球整合能力和本土化程度两个维度,企业国际成长战略可以分成哪 4 种?
4. 霍夫斯泰德通过对 50 多个国家的人们对于工作价值的评价进行调查,发现人们对于工作价值的评价在哪些维度上存在差异?
5. 简述服务企业 5 种基本的全球化战略。

第二篇

社群管理与服务设计

第五章

聚焦客户群体——服务设计与创新

◎ 本章知识点

1. 服务开发的流程。
2. 服务设计的要素。
3. 价值传递系统的设计。
4. 服务流程如何定位，以及服务蓝图如何绘制。
5. 服务创新的流程及类型。

导入案例

张小龙是如何用互联网产品颠覆了世界的？

张小龙太善于以小搏大了！上一次，他做出来的微信，名"微"却颠覆了社交圈，这次，小程序开始内测邀请，却没人轻视，几乎所有人都认为小程序会带来巨大的蝴蝶效应。他的颠覆性真是太强了！16年前，张小龙的Foxmail拥有众多用户，却无法赢利。《人民日报》的记者撰文报道张小龙时，表示担心做免费软件的他"会饿死"，并称他是互联网大潮涌动下的悲剧人物。现在，他做出来的"小"产品，拥有8亿用户，估值超过5000亿元，他的一个小想法，甚至可以改变整个互联网圈的游戏规则。张小龙已然成为互联网界的"产品教父"。他的颠覆性，早就渗透在他的产品理念里。

1. 颠覆之一：我所说的，都是错的

张小龙颠覆的第一个人是自己，这件事发生在张小龙的QQ邮箱生涯。也是在这个阶段，张小龙发现了自己的错误，开始不再只是一个优秀的技术员。2005年，博大被腾讯收购，靠Foxmail一战成名的张小龙作为"陪嫁"进入腾讯，被委以重任，专心研发腾讯的短板——QQ邮箱。当时，国内社交软件战火纷飞，腾讯正面临MSN的威胁，作为QQ"生态圈"中的重要一环，邮箱一直是软肋，据说用户体验差到马化腾自己都不愿使用。

此时的张小龙还只是一个优秀的技术员，所以他才会在最开始时，沿用此前的客户端思维，将QQ邮箱继续做得笨重无比、速度极慢，被网友骂"又烂又差"。不失败，永远不知道自己犯了错。张小龙痛定思痛，开始转换思路：将快速、简洁确定为产品核心，带领团队将QQ邮箱的内核全部推倒重写，并要求所有人踏踏实实研究用户需求。踏实的结果是他们发现"邮箱发送不了超大附件"这个用户痛点，抓住这个痛点，QQ邮箱率先升级支持2GB超大附件的发送。这一改变彻底激活了大量休眠账户，用户量开始快速攀升。2008年，QQ邮箱获得腾讯公司七星级产品的称号，张小龙由此被称为七星产品经理。尝到了甜头，当然要更加重视用户需求。在研究用户需求期间，张小龙认定更强的社交属性是邮箱进一步发展的关键。此后他的团队尝试了阅读空间、邮箱广播等应用，但都没有成为爆品，直到推出漂流瓶。2010年9月，QQ漂流瓶正式上线，很快，每天的发送量就达到惊人的1亿次，这款直击大多数人内心深处孤独感的小应用，直接将QQ邮箱送上全国第一的宝座。漂流瓶的成功，让张小龙"颠覆"了自己的旧思维，让他不再唯技术论，而是注意到人性需求才是产品的核心。后来，他曾在那场著名的演讲中说："产品一定程度上是为了满足人性中的贪嗔痴，这是用户的痛点。能把握住之后，产品经理应该超越其上，用产品帮助人们得以解脱""我所说的，都是错的。"

2. 颠覆之二：少就是多

QQ邮箱之后，张小龙再次发力，不仅颠覆了腾讯内部的格局，也颠覆了社交软件圈。2010年年初，微信1.0发布。此后的时间里，微信从语音功能，到查看附近微信用户，再到摇一摇、朋友圈、微信红包等功能的增加，一步步地加强社交属性，用户数也迎来了爆发式的增长。2015年，微信的活跃用户数为6.97亿，估值为5000亿，彻底奠定了其国内社交软件霸主的地位。这个阶段的张小龙，比起技术大神，更像一位人性大师，有人调侃他的演讲更像布道，不厌其烦地聊人性，并且提出"少就是多"的这个违反产品经理常识的理论，而他本人，更是坚定不移地执行这个理论。当年微信的"摇一摇"很快引来对手抄袭。马化腾建议张小龙再细化一下，增加功能，以免被对手抢先。但张小龙对自己的作品很自信，他告诉马化腾："微信已经做到最简化，加任何东西都是减分。"他这样解释自己的理念："隐藏技术，永远展现简单的、人性化的、符合人类直觉的界面。""产品经理必然的选择是做减法，在诸多功能中选取最能解决实际问题的一个，在诸多特性中选取最符合直觉的一项，于是产品也就拥有了优雅和简洁，让人难以忘怀。极简和极自然，使得模仿无法存在，因为没有人可以创造出更好的体验来。"

3. 颠覆之三：连接一切，却没有特权

张小龙的第三个颠覆，体现在微信手握重权，连接了一切，却在商业上颠覆了以往社交产品最简单粗暴的做法——开特权。以个人为开端，以微信支付为基础，以服务号、公众号为拓展，微信通过"连接一切"，形成一个全新的"智能型"生活方式，也构建出了腾讯庞大的线上＋线下生态、闭环式移动互联网商业解决方案。"微信和QQ的差别从某种程度上来说正如实体经济对阵虚拟经济，而后者只是前者的不到7%"。这是业内的看法。所以，微信的商业化承载了整个腾讯转型的大理想，但微信的商业化很谨慎，不仅体现在广告方面，而且几乎感觉不到特权，红包只能发200元，好友无法超过5000人，不鼓励用户添加太多好友，大多订阅号的信息只能发一次……张小龙这样解释自己的逻辑："微信希望建造一个森林，培育一个环境，让所有的动植物在森林里面自由生长出来，而不是建造一座

自己的宫殿。""好的商业化应该是不骚扰用户,并且是只触达他需要触达的那一部分用户。"

4. 最新颠覆：好产品是让用户用完即走

而张小龙的最新颠覆性的表现就是小程序,这次,他连用户黏性都舍弃了：不需要下载,只需要搜索或扫描二维码就可以打开,用完即走。对于这个颠覆性的想法,张小龙曾这样解释："事实上我们认为任何产品都只是一个工具,对工具来说,好的工具就是应该最高效率地完成用户的目的,然后尽快离开。""如果一个用户要沉浸在里面,离不开,就像你买一辆汽车,你开完了,你到了目的地,你说汽车里面的空调特别好,所以要待在里面,那不是它应该做的事情。"用完即走,这么颠覆的想法,估计也只有七星产品经理张小龙敢做了。

（资料来源：http://www.chinaz.com/start/2016/1107/607404.shtml.）

思考与训练：
1. 张小龙是如何创造出价值,也就是如何找出痛点与嗨点的?
2. 价值点如何通过服务设计以传递价值?

第一节　服务开发

在"服务主导逻辑"下所进行的服务传递系统的设计与创新是一种由下而上的设计方法,也就是以使用者为中心的设计与创新。以宜家为例,宜家的设计师围绕日常生活中的痛点进行创新,然后将相似的作品归为一个系列的产品,再根据这些系列商品的应用场景进行布置,最后再贴上宜家的品牌进行全球性的营销。相对的,如果是"制造主导逻辑",则是一种由上而下的设计与创新。在制造主导的逻辑之下,企业会先设定营收成长目标,再将这个目标分解到各个部门。研发与设计部门会采用最尖端的技术来设计一系列的产品,最后将新技术驱动的一系列产品营销到全球。

以服务主导逻辑所驱动的设计与创新源自使用者的"价值"。

一、价值的源头

（一）痛点与嗨点

价值是什么?牛津词典对其所下的定义是：人们心中最重要、有用的事物。新华字典对其所下的定义是：体现在商品里的社会必要劳动,价值量的大小取决于生产这一商品所需的社会必要劳动时间的多少。整体而言,价值是事物在人们心中的重要程度,而程度的多寡取决于消费者愿意用多少劳动力或金钱来换取。

而服务的价值的创造,主要来自两个方面：未被满足的需求（Demand）与潜在的渴望（Desire）,也就是说,"痛点"与"嗨点"是两个主要价值产生的方向。痛点所创造的价值是在消费者对现有认知中,产生新的感受与领悟,进而提升体验的层次。嗨点所创造的价值是消费者对新服务产生全新的认知,进而改变旧有的消费习惯而产生全新的体验。以智能手机市场为例,低阶机种（千元机）的主要设计目标在于消除痛点（如卡顿问题）,而高阶机种除了解决痛点问题之外，还需要增加嗨点（如无边框、脸部识别等功能）才能吸引消费者购买。

"服务设计"便是针对这两方面（痛点与嗨点）进行整体的设计，并归纳出价值命题。就如同马斯洛（Maslow）的需求层级所描述的，当人在身体（或是物质）上的痛点被消除了以后，就会追求更高层次（精神上的嗨点）的需求。举例来看，茶是中国人的传统饮料，在咖啡引入中国时，许多人初次尝试喝咖啡都有心悸、入睡困难的问题。从销售咖啡的角度来讲，这种不佳的体验加深了对既有喝咖啡的不良认知。星巴克不采用（制造主导逻辑的）销售产品而是采用（服务主导逻辑的）体验店的方式进入中国市场。当消费者进入星巴克的门市以后，体验到全新的感受，刺激了消费者的味觉、听觉、视觉与触觉，进而创造出嗨点。这种价值的创造，改变了消费者对咖啡的认知，并使消费者对咖啡产生一种习惯与依赖。目前，每个中国人每年平均喝咖啡的数量已达 4 杯，北京、上海、广州等大城市平均每人每年的消费量有 20 杯。而国际咖啡组织的有关调查表明，与近邻的日本人年均消费 200 杯、韩国人年均消费 140 杯的数量相比，我国的咖啡消费市场有极大的成长潜力。另外，淘宝的"双十一"带给客户抢便宜的体验，因此已经融入到消费者的生活当中，而变成一种嘉年华节。

比较强势的文化，通过价值的创造而带给消费者全新而且更好的体验，因此改变了中国人的饮食文化、价值观及生活方式，这也是文化产业逐渐兴起的原因。

（二）幸福与可持续

以痛点与嗨点为核心的服务设计创造出了短期的价值。长期的价值主要来自服务提供者可持续、均衡的服务设计，以创造出幸福（Wellbeing）与美好的生活（Quality of Life）。

许多研究都表明，有幸福的员工才会产生幸福而忠诚的客户。所以，在专注于客户价值创造的同时，也要注重员工（内部客户）价值的创造。除了短期的价值之外，幸福企业（员工与客户都忠诚并满意的企业）重视长期价值的创造。首先，要成为幸福企业，要从改善工作环境开始，然后是增加员工福利，逐步解决员工在工作上的痛点。这样能让因为工作而苦不堪言的员工得到解放，有幸福感的员工也会传递正能量给客户，进而改善整个社会、国家幸福、安定指数。最终来看，社会的安定与幸福还是会再回馈到企业身上，形成企业、员工、社会三赢的局面。这也是世界领先的服务提供者希望建立幸福企业的原因。

例如，Google 为了让员工充满创意，将工作环境设计得充满美感，强调自由；其次，丰盛的的员工餐点和各式各样的员工保障，能让超过 97% 的员工认为自己拥有比别人多的福利、自己的才能能够展现、为自己在 Google 工作感到自豪。但这样的追求究竟让 Google 得到了什么呢？除进入 Google 能够获得爆炸性的成长外，无数年轻人把进入 Google 当作梦想，更有 96% 的员工出于归属感，自愿加班。

奇美董事长许文龙归结出他是怎样打造人人称羡的石化业企业帝国时说，道理很简单，"把员工当作家人疼"。奇美不仅给予员工较高的工资，它还早在 20 年前就执行双休制度，企业不鼓励加班，希望员工都能回归家庭，泳池、健身房的福利也提升了员工的满意度。当被问到为什么要做幸福企业时，许文龙的答案永远都是他赚的钱多，必须要负担更大的责任，回馈员工，也回馈社会。

Start Today 是日本最大的潮流服饰网站，其董事长前泽友作把企业的成功归功于"员工的幸福感"。年轻化、轻松的上班气氛、公司发出的住宿津贴，让员工能住在公司附近轻松上班,这都造就了公司接近零的离职率;鼓励员工做自己喜欢的事,更让公司创意无限。前泽友作说,日本有很多问题,但要从民间改变的很多,他要负担起责任,从幸福企业开始。

二、顾客价值等式

随着经济和科技快速的发展,人类社会中既有的价值认知与信仰已然产生质的变化。人们不再满足于那些能用或堪用的产品或服务,而更期待或追求在产品使用或服务体验过程(前、中、后)中特有的乐趣、感受或品味,且这些价值正是激励人类行为的重要动力。所以,为了确保新服务被接受,服务系统的价值传递与设计流程应该围绕客户体验来评估。价值的高低,一般根据顾客(或使用者)知觉获得和付出的差异来确定。这种评估可以用价值等式表示出来:

价值=(服务对客户产生的结果+过程质量)/(顾客支付的价格+顾客获得服务的成本)

1. 服务对顾客产生的结果

如同买一件商品一样,顾客不会无端地只是想要获得一项服务。购买一项服务一定是为了满足一项需求。虽然一家餐馆的环境可能令人愉快,服务人员也彬彬有礼(过程好),但是它的菜品也必须是令人满意的(结果好)。

2. 过程质量

服务传递系统的过程和服务对顾客产生的结果是一样重要的。顾客是服务传递过程的参与者,因而过程质量的改进十分重要。

3. 顾客支付的价格

顾客在购买一个商品时,会根据所付的价格来评估产品的质量进而产生期望。如果所支出的价格与服务质量保持一致,也就是说,顾客的实际体验的认知与期望一致时,会感觉更有价值。

4. 顾客获得服务的成本

除了服务的价格之外,获得服务的成本也同样重要。例如,一个消费者要在实体店购买商品并搜寻到与网店相同数量的商品,可能要花费巨额的成本,但是通过网店上关键字的搜索就可以瞬间搜索到全世界的商品并进行比价,这样大大地降低了消费者的搜寻成本。

顾客价值等式为竞争性服务投入了多样的因素和机会,当发展一项新服务的时候,顾客价值必须作为服务传递系统设计决策的起点。

三、服务开发与价值递送的流程

要了解消费者痛点与嗨点有多种方法。首先,要从使用者的角度来寻找价值的源头。例如,服务提供者可以转换角色为客户,自己去体验服务中还有哪些可以改进的地方或者还能创造出什么嗨点。餐饮知名品牌王品集团就要求所有员工必须要修一个"享受美食"的学分。要拿到这个学分,员工必须吃满100家知名餐厅或小吃,然后分析这些餐饮服务中有什么令人惊奇的地方,并将这些令人惊奇的地方带进新服务的设计当中,所以王品集团旗下的餐饮品牌经常能够创造出令人惊奇的服务。

除了亲自体验感受之外,服务提供者也可与消费者建立更好的联结来了解消费者。服务提供者可以通过虚拟社群或者在实体服务接触中鼓励消费者提供建议，或训练一线员工倾听消费者的意见，来理解消费者。或者，可以运用现代信息技术建立并分析消费者数据库以获得可能的服务扩展。最后，再分析与观察一些新技术的发展趋势，并运用这些新技术来更好地解决痛点或是创造嗨点。

从一个完整的过程来看，通过价值源头的厘清，便开始进入图 5-1 所示的新服务开发流程中的开发和投入阶段。这个流程是以价值创造为核心展开的，核心的部分包括人员、价值传递系统和技术。人员由雇员和顾客构成。雇员必须经过招聘、培训、授权，以传递产品中所包含的服务优势。顾客的角色需要用恰当的价值动机来定义，以促进期望的行为。信息系统一般放在后台办公室，以帮助雇员更好地服务顾客。新的技术则可以进行更多、更好的服务创新。

从外圈的过程来看，在以价值为中心的新服务开发阶段，许多新想法会被过滤掉，而市场潜力大、获利高的概念（Idea）较有机会进入开发和测试的阶段。通过开发和测试的概念则会进入分析阶段，而进入分析阶段的概念则是潜力，作为盈利性商业投机的一部分。在项目得到授权后，成功的概念就进入设计的阶段。在这个阶段要投入足够多的时间和金钱，才能创建一种新的服务产品和流程；然后，通过人员培训和在特定城市或地区中的市场竞争来进行测试。若测试结果良好，一种新服务就得以在全国或世界范围内全面展开。

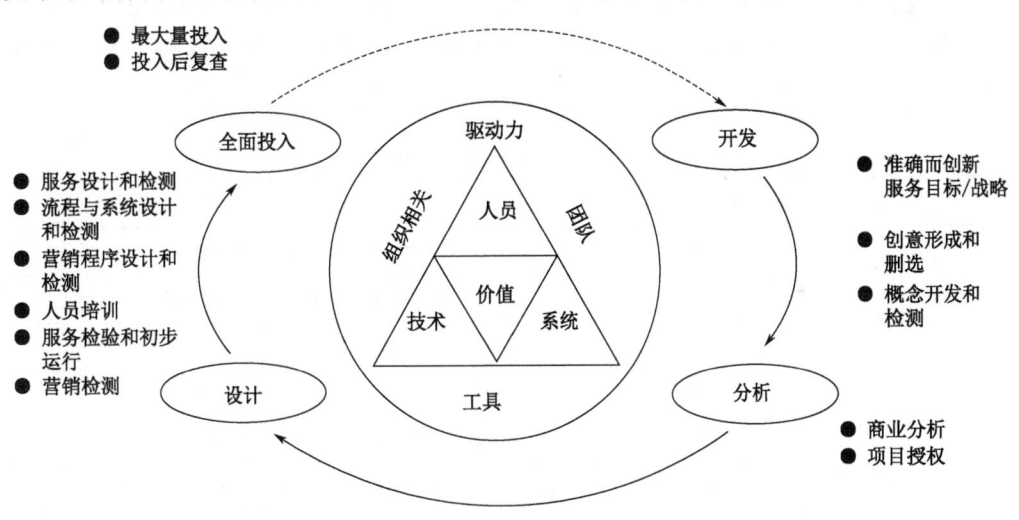

图 5-1 新服务开发流程

（资料来源：Iohnnson SP Menor LJ Roth A New Ssrvice Development, Sage Publications, Thousand Oaks, Calif，2000:18.）

第二节 服务设计

一、服务设计的要素

服务设计是从使用者的角度来整合人员、系统、技术以创造新的价值（或者说更好的体验），其特点是强调整体性（Holistic）、跨领域（Multidisciplinary）和兼容性（Integrative）。例如，一栋好的建筑物的设计要能与当地的景观相容（整体性）、跨越不同领域（如新科技的运用）、使居住者更好地融入在建筑物当中（兼容性）。

在确定了客户的价值（痛点与嗨点）之后，便要选择要素（哪些是必要的，哪些是可以忽略的要素），以对要素进行整体性的设计。服务管理的要素基本上包括管理（前台——与客户有接触的地方）与结构（后台——支持前台）两个部分。在管理方面包括信息（技术、可扩展性、网络使用）、质量（测量、设计质量、补救工具、六西格玛）、服务接触（接触三元组合、文化、供应关系、外购）、管理能力和需求（战略、收益管理、排队管理）。在结构方面包括传递系统（流程结构、服务蓝图、战略定位）、实体设施设计（服务场景、建筑、工艺流程、布局）、选址（地理需求、选址工作、选址策略）、能力规划（战略角色、排队模型、规划原则）。对这一设计流程的归纳展现在表 5-1 及相应章节的服务概念和系统要素中。

另外，服务设计也是一套整体的服务包（见图 1-7）的设计。我们将服务包定义为顾客所感知的一系列特性，这一系列特性中，服务经验、外部服务、内部服务属于前台的作业；外圈的部分，支持设施、辅助商品及信息则属于后台作业。

这些设计要素必须从战略服务愿景中延伸而来。找出设计的主轴（价值）之后，服务设计要素就围绕这个主轴向顾客和员工传达他们应该期望得到什么样有价值的服务蓝图。

表 5-1 服务设计元素

设计元素		主题
结构性的（后台）	传递系统	流程结构、服务蓝图、战略定位
	设施设计	服务场景、建筑、工艺流程、布局
	选址	地理需求、选址工作、选址策略
	能力规划	战略角色、排队模型、规划原则
管理或者运作性的（前台）	信息科技	技术、可扩展性、网络使用
	质量	测量、设计质量、补救、工具、六西格玛
	服务接触	接触三元组合、文化、供应关系、外购
	管理能力和需求	战略、收益管理、排队管理

我们将用加拿大多伦多的一家医院的腹股沟疝气手术成功案例来说明服务设计。在医院的认知中，复发率是所有患者的痛点，因此，它的价值是以复发率这个指标来衡量的。加拿大多伦多这家医院的复发率低于竞争对手 1/12。这家医院是以"降低复发率"为主轴来进行价值传递系统的设计的。在结构性因素（后台）方面，第一，这个传递系统的服务流程的各个方面都体现出顾客参与的特点。例如，患者在术前自己刮除体毛，自己在术后从手术台走回恢复区；同时，在术后的晚上医院鼓励患者与新患者讨论自己的经历以消除新患者的术前恐惧。第二，在设施设计方面，医院有意识地进行设施设计以鼓励患者锻炼，进而使患者能在 4 天内迅速恢复；它所提供的恢复到正常状态的活动锻炼时间是传统医院

的 1.5 倍。以降低复发率为主轴的设施设计，医院的病房里设有如电话和电视之类令人方便和享受之物，患者必须自己步行去休闲室、淋浴室和自助餐厅。第三，在地点选择方面，医院坐落于具有优良航空服务的大都市多伦多，这使得它能够与国际市场接轨。同时，当地的巨大人口也为该医院提供了患者的来源，患者能够在短期预约的时间表上做登记，这样就可以在有人取消预约时及时治疗。第四，在能力设计方面，由于疝气手术是选择性的程序，因此根据手术可以进行的时间将患者分批进行手术，这样一来就可以使得医院的治疗能力得到最大化的利用。这种手术时间安排上的便利性使得这家医院在经营上就像一个客满的酒店，这样就使得医院中如总务和食品服务的支持性活动也被充分地利用起来。

在管理系统（前台）方面，第一，在信息方面，医院服务的一个的特征是每年的院友联谊会，这表现出医院与其患者之间连续不断的联系，这种信息的回馈使得医院建立起一个忠诚的顾客基础，形成了一个有效的口碑传播。另外，每年免费的身体检查也使得医院与其治疗程序建立起一个独一无二的数据库。第二，在质量方面，为了准确地进行手术并确保不会复发，医院会安排经验丰富的医生来进行手术。由于手术的质量好，患者感知到的不像是在做手术住院，而更像是一个短暂的假期。第三，在服务接触方面，医院通过员工和患者共同就餐的形式来加强培养家庭氛围的服务文化。已经做完手术的患者被鼓励在早餐时与那些第二天才做手术的患者进行交流，以消除他们手术前的恐惧心理。第四，在能力和需求管理方面，医院通过与患者协调及预约来对患者进行安排，这样可以安排到对患者与医院而言都最适当的时间来为患者进行手术。因此，医院能力的全部利用便得到了保证。

实战案例

好的设计会为用户解决一个真正的问题

苹果并不是以其技术成为世界上最大的企业的。史蒂夫·乔布斯（Steve Jobs）也并不是一个工程师，他是一个设计师和富有创意的思想家。令苹果公司得以重生的 iPod（苹果公司设计和生产的数字多媒体播放器），并不是新技术的奇迹。当时在市场上已经有多款 MP3（音乐播放器）。推出 iPod 并不仅仅是为了做出一款更优秀的硬件。苹果公司知道它在硬件上的竞争永远也不会获胜，所以它的思路是重新思考用户在一件设备上播放音乐时的完整个人体验。托尼·法德尔（Tony Fadell）当时在为乔布斯工作，正是他让 iPod 的设计变得如此超前，而这也正是为什么他对于如何创造出更好的用户体验具有极其强烈的兴趣。

如果你把 iPod 和同时期其他的 MP3 进行比较，你就会明白这是一个设计上的奇迹。首先，苹果创造了一个完整的生态系统，使得获取、播放和购买音乐成为令人愉快的体验。这其中就包括 iTunes（数字媒体播放应用程序）在线商店及 iPod 独特的界面，正是这两者使得用户可以毫不费力地浏览大量的歌曲及播放清单。

有一项创新最能体现法德尔对于用户体验细节的关注和深刻理解。他注意到，无论是谁购买了一款新的电子产品带回家并打开包装盒后，一般是无法立即使用该产品的，原因是首先要对电池进行充电。这也使得用户在使用这款新产品前不得不等候一个小时或更长的时间。这不是太令人失望了吗？

因此，法德尔建议，在发货前必须确保产品包装中的每块电池都充满了电，这样用户只要打开包装就能立刻使用 iPod 了。这完全改变了用户的体验。在这之前，还没有任何其他的电子产品生产商对于产品在打开包装时的表现（用户在打开包装和第一次使用产品时会有怎样的体验）给予过多关注。但在今天，大多数高端消费类电子产品制造商在产品出厂时都会配上充满电的电池，并且对完整的开箱体验也给予了关注。

这就是设计创新的真正精髓，它要求你能完全站在用户的立场进行思考。你应该做这样的设想，当用户使用这件产品时他又会产生怎样的感受呢？毕竟，重要的是个人的体验，而不是功能。所以问题再小也不应该忽视，尤其是当这个问题影响到了用户对于产品的整体感受时，就应该马上对此加以改进。让我们来看一看苹果又是如何仔细地设计它的包装的，显然法德尔和他的团队想要用户在打开包装的每一步都能兴奋起来。

法德尔继续参与了 iPhone 的设计工作，但之后他离开了苹果公司并花了 18 个月的时间来周游全球，在这段时间里他在思考接下来他该做些什么。"我不得不把自己撤出来，这样才能离开硅谷并获得新的视野，并使我能以一种不同的方式来观察这个世界。"他说道。有太多人忘记了更新自己的头脑有多么重要，持续不断地工作只会让你的创造力死亡。所以法德尔需要在开始他的下一场设计旅程前再次体验生活。

这次休整显然为他带来了回报，因为他接下来推出的是 Nest 自动温控器，这是一件真正开创性的产品，而正是这件产品启动了物联网这一波浪潮。如图 5-2 所示，Nest 所做的正是重新思考把智能设备引进家庭后所带来的完整用户体验。自动温控器更多的是一项设计上的杰作而不是工程上的奇迹，其优美之处在于这款产品是如此简洁，你无须像在老式的数字温控器上那样进行编程，它已经能从你那里学习加热和制冷的习惯，然后会自动地进行调节来为你提供恰到好处的环境温度，并为你节省费用。

图 5-2　Nest 自动温控器

Nest 的外观令人震撼，它没有液晶显示器，它的形状是漂亮的半球形，温度显示被很大胆地放在了球心，周边还环绕着一圈优雅的色环。早期的使用者非常喜欢这件产品。

法德尔的设计哲学是，只是改善某件产品并令其变得更好并不那么重要，真正重要的是如何重建一个产品分类，而要做到这一点，你的出发点必须是为客户解决一个真正的问题。他把这称为生产止痛片而不是维生素。虽然维生素能让你变得越来越健康，但在生活中它对于你来讲是可有可无的。然而，如果你的身体某处出现了剧烈的疼痛，那么你需要止痛片来马上止痛。

但你又如何知道你是否有一个真正的问题需要解决呢？你可以询问其他人，他们是否也像你那样感到尴尬？你能消除他们的痛点吗？他们的痛苦和烦恼越多，那么创新的空间也就越大。确切地理解现有产品在哪些方面出现了问题是其中的关键，这就是你如何重建一个产品类别的契机。利用 Nest 的产品，法德尔想要去除的是为一件数字温控器进行编程的麻烦和痛苦。没人喜欢做这样的事。每当我住进一家新的酒店，我都会在房间温控上花一些时间，去琢磨那件东西是怎么工作的。

当法德尔向他的朋友和同事演示 Nest 自动温控器的早期版本时，他们中有很多人想要增加一些功能。有些人想要一个触摸屏，这样他们就有了更多的控制权限。但是法德尔拒绝了，他坚信简单本身就是最好的功能。简单地旋转一个圆环来调节温度是一种绝妙的体验，他绝不想因为添加了更多的复杂性而破坏了这种体验。

Google 用数十亿美元收购 Nest 的原因是它想要法德尔加入它的团队，因为只有法德尔明白如何才能将技术无缝地编织进人们的日常生活中。这是在这个世界上很少有人能掌握的艺术，也是所有正在向前发展的产品的未来，无论该产品是用于家庭、工作单位还是户外，都是如此。Google 把物联网视作下一波浪潮的前沿，而法德尔则为 Google 指明了道路。

随着技术的进步，设计上的新的可能性每天都在出现。设计思维已经延伸到这样一些领域，其中包括连接在一起的设备如何才能相互沟通，传感器应该搜集什么类型的数据，我们如何才能建立起与 AR 之间的交互界面，以及什么样的电子设备可以被我们戴在手腕上、植入我们的身体中、和我们的大脑相连接。当下有成千上万个不同的行业等待着被完全颠覆，新的市场可以轻而易举地通过设计思维被创造出来。

（资料来源：http://www.sohu.com/a/168363410_694623.）

问题：

你认为好的设计源自何处？好的设计的要素有哪些？

二、流程定位：大众标准化或是个人订制化

当价值主轴与系统设计要素确定之后，就要围绕这个主轴进行流程定位。流程定位是要决定要素的档次与类型，而基本上有两种流程定位（档次与类型）：大众化（低端标准——服务工厂）与个人化（高端订制——个人专业）化服务流程。若要再进一步细分，还包括服务商店与大量服务的流程定位。

以表 5-2 所列一个家庭餐馆的流程定位为例，如果是为了填补社区附近一日三餐的餐

馆，选择大众化（低复杂差异性）的定位流程会较符合消费者的价值。这样的餐馆不需要进行预订，只需要在用餐时自行选位与就座，然后自行点餐，点完餐后自行取酒水。若还有色拉、小菜、冰淇淋等服务，离开时自行到前台结账。

相对的，有些消费者想要去好的餐厅宴请重要的客户以使事情进展顺利，或者情侣约会想要到好的餐厅以增进情意。这样的餐厅就应该采用个人化、差异性的服务来提供更好的服务体验。例如，可以因个人偏好来选择及预订座位，菜单也可以因客人的偏好来调整或订制，上菜顺序也可以因个人偏好而不同，服务人员要受过专业的训练，对于食材、酒类的来源与餐厅的搭配要有较深的认识，用餐完后的结账也可以依照客户的偏好进行选择。

表 5-2　一个家庭餐馆的流程定位

大众化		现行流程	个人化
低复杂性/差异性		现行流程	高复杂性/差异性
无预订		预订	可挑选具体座位
自己就坐，自取菜单		入座，送菜单	背菜单，介绍特色菜
自取酒水		提供酒水甜点	热菜和开胃菜类
顾客自己填单		点菜	侍者站立一边记菜名
事先准备好，无挑选余地		沙拉	沙拉（4种）
限定 4 种小菜		小菜（6种）	10 种小菜可选择
圣代冰淇淋吧，自助		甜食（6种）	12 种选择
只有咖啡、茶、奶		饮料（6种）	进口的咖啡、酒水
沙拉和菜一起上，饮料和账单一起上		上菜顺序	分类上菜
离开时以现金结账		服务员来收款	多种结账方式，提供薄荷糖

（资料来源：Shostack GL. Service Positioning through Structural Change. Journal of Marketing, 1987, 51: 41.）

三、前台

在大众化与个人化服务流程定位确定之后，可以进一步深化这个定位到前台与后台的设计。服务工厂属于大众标准化服务，这种服务流程属于低客户接触的自助服务。相对的，专业服务属于个人订制化服务，这种服务流程属于高客户接触的订制服务。接下来就围绕这两个轴线来进行说明。

（一）服务流程中的技术

在服务流程定位确定之后，就要评估在整个服务流程中要采用多少高科技。如表 5-3 所示，在大众标准化服务与个人订制化服务定位之下，根据顾客参与的程度，来决定技术的选用。在横轴企业提供的服务部分，有产品、信息和人 3 种提供服务的客体，顾客参与的程度包括无参与、间接参与与直接参与（可进一步分为自助服务和与侍者人际交互）3个类型。根据这种分类，可以产生如无人咖啡厅、无人便利商店等多种服务的类型。

表 5-3 服务流程中的技术

顾客接触的程度		大众标准化服务（低差异性服务）			个人订制化服务（高差异性服务）		
		产品加工	信息处理	人员处理	产品加工	信息处理	人员加工
无顾客参与		无人服务（自动贩卖机）	检查流程、还信用卡		汽车维修、订制衣服	计算机程序设计、建筑设计	
间接的顾客参与			用家庭计算机订货、电话账号余额确认			航空管理员监督飞机着陆、电视拍卖会上出价	
直接的顾客参与	顾客与人员间无交互（自助）	自行组装家具、计算机	从自动柜员机中提取现金、在无人照相馆里拍照	操作电梯、乘坐自动扶梯	便餐车提供正餐样品、把货物装包	在医疗中心处理病历、在图书馆搜集信息	驾驶一辆租用的汽车、使用健康俱乐部设备
	顾客与人员间有交互	汽车自助清洗	召开讲座、处理银行交易	提供公共交通、为群众接种疫苗	家庭地毯清洗、景观美化服务	肖像绘画、提供顾问咨询	理发、做外科手术

（资料来源：Wemmerlov U. A Taxonomy for Service Process and Its Implication for System Design. International Journal of Service Industry Management，1990，1（3）：29.）

1. 差异性的程度

大众标准化服务（低差异性）是通过将服务范围集中在狭窄的一个区域，然后通过标准化的流程训练服务人员熟练服务的动作（降低学习曲线）来降低学习成本进而获得高销售量的。而这些标准化、程序化的动作可以通过自动化来代替人力。服务自动化以后可以减少服务的失败比率。但这可能会产生一些负面影响，如现在许多无人服务，如共享单车、无人超市发生了许多人为破坏的现象。

对个人订制服务（高差异性）来说，完成工作需要较多的灵活性和判断力；同时，在顾客和服务人员之间需要进行更多的信息沟通。此类服务过程无固定模式可循，服务范围也未被严格界定，因此需要高水平的技巧和分析技能。为了使顾客满意，服务人员应被授予一定的自主性和决断力的决策权。

2. 服务过程的客体

要了解服务的客体与技术。如果服务是通过产品加工来传递的，一定要分清楚它是属于顾客的还是由服务公司所提供的。例如，干洗或汽车修理，服务作用的客体是属于顾客的，因此工作人员一定要注意不要对顾客客体产生任何损坏。若在产品加工中的服务客体是公司，则要考虑这些辅助产品的库存和质量。

所有服务系统都要对信息进行处理（即接收、处理和操作数据）。若由顾客进行操作，这是前台的行为；相对的，若信息处理由企业来完成则是一种后台行为。若在人员处理过程中涉及实体形态或是地理位置的动态持续变化，这类服务的人员就不但要掌握技术方面的技巧，还要掌握人际沟通技巧。

3. 顾客参与的类型

要厘清顾客参与的类型与技术。顾客参与服务传递系统有3种基本的方式。第一，在服务创造的过程中，顾客实际参与并与服务提供者直接互动。在这种情况下，顾客会对服务环境有彻底的了解。第二，顾客在家中或办公室通过电子媒介间接参与。第三，有的服务可以在完全没有顾客参与的条件下完成。有的服务同时存在这3种顾客参与的类型。

直接顾客参与又可分为两类：与服务人员无互动（自助服务）和与服务人员有互动。自助服务很有吸引力，因为顾客可以在必要的时候以自己的特定消费偏好为自己提供服务，这样可以降低顾客的成本。若有些较复杂的服务流程顾客希望有人员提供服务时，人员处理的过程对于服务成功就变得十分重要。

顾客间接参与或没有参与的服务过程较不会因顾客的出现而产生限制。由于顾客与服务传递系统是隔离开来的，因此可以采取类似于制造业优化封闭系统的方法。关于场所选址、人员配置、工作安排、员工培训等的决策可以从活动效率的角度来考虑。事实上，没有顾客参与和产品加工的组合通常可以看成制造活动。

（二）顾客参与接触

大众标准化服务的思维与制造思维是十分接近的，服务是在受控的环境中生产的，其过程设计是在没有顾客参与的条件下建立一个连续、高效的生产系统。通过库存服务提供者可以将生产过程与顾客需求的变化分离开来，如此就可以在标准化大量生产的情形下提供平价的商品。

个人订制化的思维则是在顾客参与到服务过程中时，将顾客的需求安排到计划中，以达到高效率的生产。蔡斯（Chase）提出了这两种作业的特性，见表5-4。

表5-4　高度与低度接触作业主要的设计思想

领域	高度接触作业（个人订制化）	低度接触作业（大众标准化）
设施	接近顾客	接近供货点、运输点、港口
设施布局	考虑顾客的生理和心理需求及期望	提高生产能力
产品设计	环境和实体产品决定了服务的性质	顾客在服务环境之外
过程设计	生产环节对顾客有直接影响	顾客不参与大多数处理环节
进度表	顾客包括在生产进度表中且必须满足其需要	顾客主要关心完成时间
生产计划	订单不能被搁置，否则会丧失许多生意	出现障碍或顺利生产都是可能的
工人技能	直接人工构成了服务产品的大部分，因此工人必须能够很好地与公众接触	工人只需要一种技能
质量控制	质量标准取决于评价者，是可变的	质量标准是可测量的、固定的
时间标准	由顾客需要决定，时间标准不严格	时间标准严格
工资支付	易变的产出，要求按时计酬	固定的产出，要求按件计酬
能力规划	为避免销售损失，生产能力以满足最大需求为准设计	储存一定的产品以使生产能力保持在平均需求水平上
预测	短期的，时间导向的	长期的，产出导向的

（资料来源：Chase R B. Where Does the Customer Fit in a Service Operation ?.Harvard Business Review，1978：139.）

1. 顾客接触程度

顾客接触是指顾客亲自出现在服务系统中，顾客接触程度可以用顾客出现在服务活动中的时间与服务总时间的百分比来表示，而服务感知的质量在很大程度上由顾客的感知决定。相对的，在低接触系统中，顾客因不在过程中直接出现而不会对生产过程产生直接影响。即使在高度接触系统中，我们也有可能将一些像工厂一样运作的部门对闭起来，不让顾客接触，以提高作业的效率。

2. 作业的区别

将服务系统分成高度接触与低度接触之后，每一个领域都可以单独设计，进而形成像是服务商店或是大量服务的服务流程定位，以达到完善服务的目的。在高度接触的作业活动中，服务提供者会要求雇员具有较高的人际技能，在这些活动中，服务的水平和任务是不确定的，因为顾客决定了服务的需求并在一定程度上决定服务本身。相对的，低度接触的作业可以将前台与后台活动分离，后台活动可以按工厂方式安排作业，这样可以更充分地提高生产能力。

3. 信息授权

服务过程中，信息技术的重要性与日俱增，好的服务都需要利用信息技术来收集资料并做出正确的判断。而在信息技术融入整个服务的过程中，员工和顾客授权是最重要的。

（1）授权员工。

早期信息技术应用于服务的流程当中，是通过记录日常的交易来建立资料库，这个资料库可以保存顾客的基本资料与消费记录。后来，服务提供者也应用信息技术建立了包含供应商姓名和地址的数据库。运用这些数据库，企业、股东和税务机关能够更有效地收集到他们需要的信息。例如，一位生产经理可以通过信息技术系统看到销售额并立即知道下一个工作期间预计要生产多少商品；一位前台工作人员可以通过信息技术系统知道这家商店的顾客较偏好的产品类型。而要搜集到顾客的这些信息，员工就需要被服务提供者授权同意使用这些数据。

（2）授权顾客。

除了员工通过信息的授权来更好地服务顾客之外，顾客也可以通过服务提供者的授权进入企业或是供应商的系统获取信息。例如，当顾客将包裹交给快递公司进行配送时，顾客只要将快递单号输入系统中，就可以查到包裹现在确切的位置。如果包裹已经运到，顾客可以知道谁取走了包裹。这一过程都需要服务提供者对顾客进行授权才能实现。通过这种授权，顾客可以对快递服务更加放心。

四、后台

在服务工厂（大众标准化作业）这种类型的服务流程中，大部分的后台作业都是有标准作业流程、可程序化例行（Routine）的，这种作业可以通过生产线的方式进行价值的传递。此时，为了保证稳定的质量和高效的运转，例行工作在一种受控的环境中完成（顾客低度参与）。相对的，专业服务（个人订制化作业）则是鼓励顾客积极参与，允许顾客在服务过程中扮演积极的角色。

在这两种基本流程定位的基础之上，服务提供者可以根据顾客的反应来进行高顾客参与和低顾客参与的调整与优化。服务提供者在进行调整与优化后，会转变到另外两种流程定位——服务商店与大量服务。如果是低顾客参与，服务过程的设计可以以技术为核心，减少顾客参与；如果是高顾客参与，则可以增加人员的培训进行订制化服务。例如，大部分铁板烧餐厅的厨师会在前台直接与顾客接触，并依照顾客的需要进行个人化的料理。

（一）生产线方法

若企业采取的是服务工厂（大众标准化作业）的流程设计，则后台作业可以采用流水线的生产方式。这种流水线的生产方式可以通过新科技的应用以提高生产效率，进而获得成本领先的竞争优势。这种生产线方法试图将制造业的观念引入服务业。下列一些特征是这种方法成功的关键所在。

1. 劳动分工

生产流水线方式是先将流程整合为一个整体之后再进行分工。通过专业分工，作业人员能够精熟其中一个作业的环节，这样不但可以因为熟练带来高的效率、低的学习成本，同时也会使产品品质稳定。同时，劳动分工比较容易计算薪酬，作业员可以按劳取酬。有些复杂专业的工作，通过劳动分工后，可以使新手很快地适应新工作。例如，患者去医院就医，如果医生要负责全部的检验、诊断、开药、配药等工作，一个医生一天可能诊断不了几个患者。通过专业分工后，医生可以专注于自己的专业并快速地诊断及开药，所以一天诊断患者的数量可以增加到数十位。

2. 个人有限的自主权

流水线上的作业流程，每一个步骤都有明确的规范，在生产线上的每一个环节，也都有防停顿措施与设计，因此在生产线上的员工是没有什么自主权的。例如，在 Pizza Hut 进行烤比萨的工作，作业人员是在烤箱已经设定好的情况下进行工作的，从比萨饼放进烤箱到出烤箱，刚好就是在 500℃下烤 5 分钟，并不会因为作业员工心情的变化而有所改变，这样可以在较高的效率下确保产品的品质。

3. 用技术代替人力

在服务工厂中，顾客需要的是平价的服务，所以如果能将作业标准化、程序化后再交由信息技术来处理，可以快速而降低成本地大量生产。例如，许多餐饮服务者的库存管理与订货是一项十分耗费人力的工作，通过产销存系统的应用，供应商可以通过信息系统来了解销售状况，当库存不足时，系统上带颜色的卡片便会显示出来以提醒经销商再订货，这样可以减少人力盘点、订货出错的困扰。

4. 标准化服务

服务工厂为了满足大众化平价顾客的需求，提供的服务也是比较标准化的。例如，麦当劳的菜单就十分简单且选项是十分标准化的，想吃鸡汉堡只能选麦香鸡，若想在鸡汉堡中多加一些洋葱，则要去个人订制化服务的汉堡餐厅才能享受这样的产品。

（二）顾客作为共同生产者

如果服务提供者采用的是（个人订制化）专业服务，就会有顾客参与并成为共同生产者。下面介绍几种顾客为共同生产者合作生产的方式。

1. 自助服务

以顾客劳动来代替个性化的服务劳动是降低经营成本的一个方法。例如，在用餐的时间，许多顾客会为了等待就座、点菜、上菜要花费非常多的时间而苦恼，所以，许多五星级餐厅提供自助色拉吧台，让顾客根据个人爱好选择色拉的实物数量和类别，这样可以在短时间内提供个人化的服务。另外，搭乘高铁时，许多顾客都会选择网上或是从手机终端订票，到了车站时，再由出票系统出票。通过这种自助服务，顾客可以根据个人的特性选择买票与出票的时间，这比传统现场购票或是现场排队取票要方便；对服务提供者而言，这样可以提高效率并降低成本。

2. 动态的理顺需求

有些服务在某些时段会出现大量的需求，而在某些时段又会出现很大的空缺。因此，通过客户参与合作生产可以动态地理顺服务需求。要实施理顺服务需求策略，典型的方式是预约或预定以减少顾客的等待时间。也可在服务需求低谷期通过价格刺激以吸引顾客消费（如在晚上9点以后降低电话费）。如理顺需求的努力失败，也可以通过要求顾客等待来达到较高的服务能力利用率。而顾客在等待期间，服务提供者也可以提供相关的个人服务，如海底捞会在顾客等待的时间帮顾客做指甲。

要作为服务过程中积极的参与者来承担新的、更具独立性的角色，顾客需要"培训"。服务提供者应扮演"教育者"的角色，这在服务业还是一个全新的观念。因为服务提供者以往只依赖服务人员，而忽略了顾客。

3. 由顾客产生的内容

现在互联网已经遇到了顾客合作生产的新机遇，顾客生产的内容也可以被其他人使用。例如，在线百科全书维基百科或百度百科，通过网络社群的经营，吸引了许多对其内容感兴趣的使用者来参与撰写，这些使用者撰写出来的内容就成为服务提供者所提供的产品或服务。这种共同生产的方式比传统的仅仅是一家之言的百科全书的内容要丰富得多。

另一个例子是《我想和你唱》。《我想和你唱》是湖南卫视推出的一档大型互动音乐综艺节目，这个节目每一期都会邀请三四位歌坛巨星来跟群众合唱，群众可通过芒果TV APP、唱吧APP来参加合唱，合唱的内容可以互相来评比，获赞数最高的群众将有机会到现场和明星合唱并参与电视节目的录制。除了电视媒体之外，LIVE原声音频也会在酷狗音乐播出。这种以社群为主体的选秀方式，因使听众有机会参与到节目中来，共同生产内容并有机会出版自己的专辑而受到欢迎。

五、服务蓝图

设计一座建筑物时，我们画出的建筑图纸称为蓝图，这是因为这种图纸是用蓝线特别绘制的。这些蓝图展示了产品的详细样图和制造过程中的一些具体规范。而当服务提供者在设计服务系统时，也应该用一个可视的图来描述，这个描绘出来的图就是服务蓝图。

图 5-3 是一家豪华酒店的服务蓝图。首先，这个蓝图是一个流程图，它涵盖了服务传递过程（从顾客进入酒店开始到离开）的全部处理细节。顶端的有形展示是让顾客可以看到（如酒店的外观、统一着装的门童和房间的装备）和体会到（如等候入住、洗澡、看电

视和就餐）的实体设施，这些实体设施都要和该服务的流程定位相一致。

在互动分界线上第一横行上的活动是购买、消费和评价服务的过程。每一条与互动分界线交叉的垂直线都描绘了顾客与组织（也就是服务情境、场景）之间的直接接触。这个部分要留意：顾客进入服务流程后是应该全部由一位服务人员进行互动还是分别由不同服务人员分段进行互动。门童、入住接待员、行李工和送餐员所需要的接触程度也要与该服务的流程定位一致。

与顾客活动相平行的是接触雇员活动的两个方面。在可视分界线以上的活动顾客完全可以看到，这也就是前台（如入住登记和搬运行李）。在可视分界线以下的活动是后台，后台的活动顾客是看不见的。在内部互动分界线下面是支持过程，这是内勤系统的支持能力，内勤支援就像饭店的预订信息系统和厨房。最后，服务蓝图中可视分界线的位置能够即刻表示出服务传递过程中的顾客参与程度，如美食馆的可视分界线比快餐店的相对要高。

有形展示	酒店外的停车场	衣物存放处统一的服装	大厅灯带区服务台	电梯走廊房间	房间内的摆设	洗手间、电视机、床	菜单	等候客厅的陈设	食物	灯带精确的账单
顾客行为	到达酒店	将行李给服务生	登记入住	去房间	接过行李	洗澡睡觉	打电话叫房间服务生	接收食物	就餐	注销并离去

互动分界线 --------

| 前台接待人员 | | 欢迎并接过行李 | 注册流程 | | 传送行李 F | | | 送餐 | | 注销流程 |

可视分界线 --------

| 后台接待人员 | | | | | 将行李送至房间 | | | 叫菜单 F | | |

内部互动分界线 --------

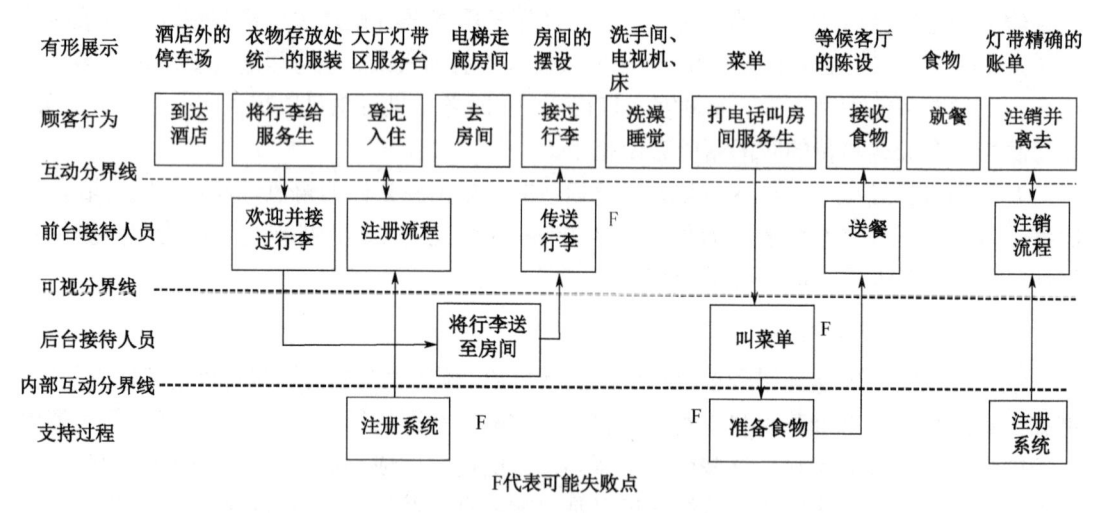

| 支持过程 | | | 注册系统 F | | F | | | 准备食物 | | 注册系统 |

F代表可能失败点

图5-3 一家豪华酒店的服务蓝图

（资料来源：Scheuing EE, Christopher WF. Managing the Evidence of Service. The Service Quarterly Handbook, 1993：363.）

根据区隔市场中目标客户群（需求）价值的不同，在绘制服务蓝图时，要思考不同的问题来进行服务蓝图的调整。例如，在基本的服务蓝图中，服务工厂所提供的服务是否能更简化、无人化、自助化一些；专业服务提供者要思考的是顾客有哪些特别的偏好，在服务过程中要增加哪些惊喜；服务商店的提供者则要思考如何运用科技，在高效率、低成本的情形下提供多样的服务；大量服务的提供者则要思考在服务蓝图中如何通过大量的服务提供高质量的产品。

总的来说，服务蓝图是服务传递系统的定位地图，它使得管理者在进行任何实际的服务提供之前，都能对服务的定位进行检验。除了通过价值主轴与要素传递价值之外，服务蓝图也能够通过辨别出潜在的失败点（Failure）和可能的机遇来产生创造性思维。不管是采用哪种服务流程定位与类型模式（Mode）提供服务，都要谨慎处理潜在的失败点（也就是可能会产生错误的活动）。许多可能的失败点后来都成为新一轮的服务设计。

实战案例

Tinker Watches：个性化、年轻人参与设计的手表品牌

Tinker Watches 是由一群年轻人在 2015 年创立的手表品牌，结合电商模式，他们开发出简化的在线订购方式。

通过客户参与设计的线上流程（见图 5-4），选择一款手表只需要三步，顺着"Build Your Watch"的指示，第一步选择型号，分别有 34、38、42 毫米 3 种直径标准；第二步选择边框的颜色，可选金、银、铜三色；第三步是 5 种皮质表带的颜色，组合之后就是一款售价 150 美元的手表。

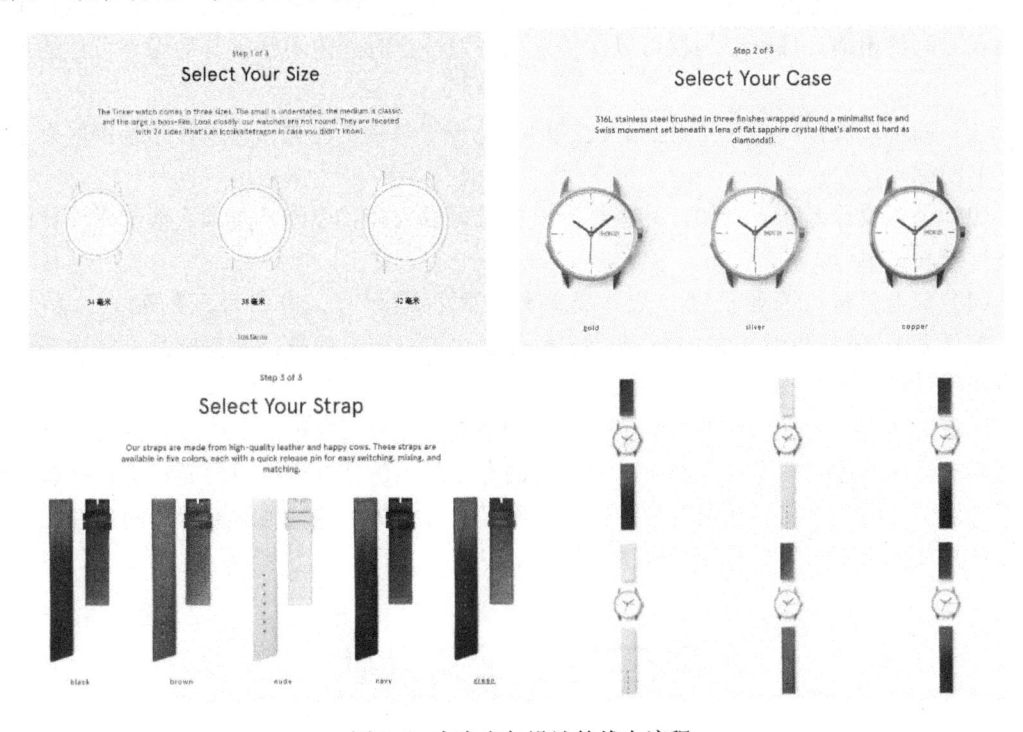

图 5-4 客户参与设计的线上流程

设计上也如购买流程一样极简，白色大表盘很符合年轻人的审美，只在手表边框和表带上换了另一种颜色，产生相互的对比，优雅却不会显得严肃。这也是 4 个创始人的初衷，他们想找一款适合任何场合的手表，因为找不到而自己设计了一款。

看到这款手表也令人想起 Daniel Wellington，这种设计简单而价位在一两千元的手表大受欢迎，它比价格昂贵的手表更好看，也因为外观美观而适合穿搭。不过 Tinker Watches 更注重的是包装，设计团队联合工厂专门开发了一组现代的包装盒，外层的纸套运用手影元素，长长的手臂（或表带）斜向相交，构成穿插的条纹。在黑白色之外使用棕色或者土黄的单色，耐看而有艺术感，使得盒子本身就能直接送礼，"它意味着不会被扔掉，如果做得好，甚至可以成为产品的一部分"。

Tinker Watches 还推出了一组宣传海报，比起常见的突出手表或与潮流元素搭配的海

报，这组海报更有生活情境且色彩强烈。它模拟了拿着行李箱、在丛林里望远等场景，暗示这款手表适用于旅行、学校、生活等多个场合。它的共同点是正面朝向的白色表盘，画面占据的比例很小，但在色彩感强烈的海报背景下很突出。

六、知识产权

当新的服务被开发出来，就要对这些知识产权进行保护，并使开发者在某段期间内能获得利益。通过知识产权的保护，才能使开发者获得合理的收益，并激励开发者继续为消费者解决问题以提供更好的服务体验。

知识产权有以下几种类型。

（1）专利。若原创的服务是通过工业产品（如人工心脏）来完成的，则可以进行工业所有权专利的申请。拥有专利权可以保护发明者在一定时间内不会被其他无许可证的人所使用。

（2）商标。商标（如麦当劳的金色拱门）是一种独具特色的、可以在市场中区别于其他产品的标志。

（3）外观设计专利。例如，某些灯具、文具可以因为其原创、更具人体工学设计的外观进行专利的申请。

（4）商业机密。商业机密（如肯德基炸鸡面糊的配方、可口可乐的配方）是与业务的实践和所有权知识相关的信息，这种信息也可以申请保护，而在产品原料说明部分会有所保留。

没有对知识产权进行保护，除了在经济利益上有被侵权的可能而产生损失外，甚至还会因为对手的仿冒而被控告。例如，麦当劳的竞争对手仿冒金色拱门的商标进行贩售，而消费者到仿冒的餐厅用餐后误以为是麦当劳餐厅服务恶劣，而这种恶劣服务的事件在网络上宣传开来，对麦当劳的声誉造成严重损害。

第三节 服务创新

在服务主导逻辑之下，创新指的是"创造新的价值"，也就是通过服务设计与商业化的过程，创造出更好或是全新的体验，这与制造主导逻辑之下所定义的创新是十分不同的。创新源自新的知识，新的知识则来自研发，研发投入的多寡会直接影响到创新的幅度，部分国家研发支出的 GDP 占比见表 5-5。美国国家科学基金已经将研发定义为 3 种类型。

表 5-5 研发支出 GDP 占比

排名	国家/地区	研发支出占 GDP 的比例 1%	年度
1	韩国	4.23	2015
2	以色列	4.11	2014
3	日本	3.58	2014
4	新加坡	3.17	2014

续表

排名	国家/地区	研发支出占GDP的比例1%	年度
5	瑞典	3.16	2014
6	丹麦	3.05	2014
7	奥地利	3	2015
8	瑞士	2.97	2012
9	德国	2.84	2014
10	美国	2.74	2013
11	比利时	2.47	2014
12	斯洛文尼亚	2.39	2014
13	法国	2.26	2014
14	澳大利亚	2.12	2014
15	中国	2.10	2015
16	欧盟	2.03	2015
17	芬兰	2	2013
18	捷克	2.00	2014
19	荷兰	1.97	2014

1. 基础研究

基础研究是一种大方向性的研究，包括增长对象的基本方面，以及对流程或产品基本假定的研究。这种研究还没有落实到应用的、可观察的层面。这种研究一般是国家层级、大学或非盈利部门所进行的研究。

2. 应用研究

应用研究是为了满足明确需求所进行的理论、模式、科技应用的研究。许多大型的企业都会进行这样的研究。以华为为例，他们研究消费者的价值命题之后发现上网速度是最大的痛点，因此他们便开始寻找现有的通信技术，并改良现有的通信技术来解决消费者的痛点。这种通过新技术的应用来进行商业化的研究便属于应用研究。

3. 开发

开发是一种对产品生产、服务和方法等知识的系统应用，包括原型和流程的设计与开发，而不包括质量控制、日常产品测试和生产。在这个阶段的研发，许多是在企业内部的实验室进行并与客户进行互动与测试的。

服务创新是应用研究和开发项目下的产物，包括以下一个或多个目标：①对新知识有计划性、有系统性的研究，不管该研究是否将被明确地应用；②将现有知识应用于解决在创建新服务或流程时所出现的问题，并评估可行性的工作；③将现有知识应用于改善现有服务或流程的相关问题。

除了自行研发外，外包应用的增加也部分地解释了工业化国家为何可以拥有比较大的市场占有率。例如，药物公司借助专业药物研发服务公司来进行药物的测试；许多大型制造型企业将软件开发外包给信息服务提供商。

如表5-6所示，根据创新的幅度，服务创新有根本性创新与渐进性创新。根本性创新是服务提供者通过服务传递系统带给消费者从未有过的新体验，这种创新包括主要创新、初始业务、现有市场的新服务。第二种是渐进性创新，渐进性创新是在现有产品的基础之上，进行新服务或是新产品的延伸，或是对现有服务进行完善，也可以从风格上进行变化以提升价值。

表 5-6 服务创新的水平

新服务分类		描述	实例
根本性创新	主要创新	市场尚未定义的新服务，这类创新通常由信息和计算机技术驱动	1995 年 5 月建立的 Wells Fargo 网络银行
	初始业务	市场上已经有企业提供的新服务	Mondex USA，万事达信用卡的补充产品，它是为零售业务而设计和发放的智能卡
	现有市场的新服务	对组织现有顾客提供的新服务（尽管这些服务可能已经由其他企业提供）	独立银行分部或者超级市场售货亭，以及其他零售设施（如星巴克咖啡店里的 Wells Fargo）
渐进性创新	服务范围延伸	现有服务项目的增加，例如增加菜单项、新线路和新课程	新加坡航空公司为头等舱旅客提供的特别休息室
	服务进步	目前正在提供的服务的改进	Delta 航空公司用类似于 ATM 的机器分配食品
	风格变化	最普遍的新服务形式，是对顾客感知、情感和态度的可视化的适度变化。风格变化并未彻底改变服务，只改变了它的表现形式	如洛杉矶的 Calvary Mortuary,目前提供简化的仪式,庆祝的是新生命而不是哀悼死亡，采用全面服务鲜花店、彩色工具、明亮的墙壁和更多的窗户和灯

（资料来源：Johnson SP, Mcnor LJ. Roth AV. etal. A Critlcal Evaluation of the Ncw Servi Dcvelopment Prucess.Thousand Oaks: New Service Developmei Sage Publications.2000：4.）

服务提供者在进行服务创新时，面临的主要挑战包括了以下 4 个。

（1）智慧财产权的保护。由于服务系统的透明，模仿变得更为简单，而许多专利可以通过避开"地雷"的方式进行躲避，所以专利权很难获得保护。在专利权不容易受到保护的情况之下，在新服务出现之时，通过快速地把饼做大，取得规模经济，建立进入的屏障，以阻绝竞争者模仿并进入市场是一个重要的方法。

（2）创新接受。由于顾客参与到服务系统当中，服务创新的速度变得比以往更为快速，服务创新的接受更趋向于渐进的进化，而不是激烈的同意接受。

（3）相容度。服务创新的人机整合，要有更高的系统整合与兼容度。

（4）互动性试验。价值共创的服务不能在一个独立的实验室内进行测试，在商品化的过程中要与消费者进行互动与实验，并进行动态的调整，否则会面临失败或表现不佳的风险。

导入案例

回力鞋：老品牌新定位

回力作为 20 世纪七八十年代的运动鞋代表品牌，一度风靡全国，然而在 90 年代的市场经济冲击下却日渐没落，直至 2000 年，破产重组。幸运的是，上海回力鞋业总厂宣告破产后，"回力"商标转至上海华谊（集团）公司得以保全，随后成立了上海回力鞋业有限公司（以下简称回力鞋业）。2000~2008 年，回力鞋业增长缓慢，销售收入一直在 1.2 亿元人民币徘徊，处于发展的低谷期，其顾客也主要集中在 40 岁以上的群体，回力鞋被戏称为"民工鞋"。终于，2008 年奥运东风吹来之时，转机出现，回力的身影又出现在大街小巷。2010 年是上海世博年，回力重返一线商圈，以品牌的英文名"WARRIOR"为视觉导入，开拓高端品牌线。

面对新形势，回力鞋业立志转型创新，在新时期谋求打赢市场。历史感和时尚感兼而有之，这是很多老国货历久弥新的根本。对于想要复兴的老牌国货来说，创新是其生存和发展的关键。回力鞋业在新时期主要进行了 4 个方面的创新实践，提高了品牌竞争力，延伸了品牌范围。

1. 产品创新

2009 年 9~11 月，回力鞋业与上海工业设计协会、上海设计创意中心，以及专业设计公司合作，在 4 所高校开展了"创新回力，畅想世博"手绘鞋设计竞赛和校园市集巡展活动。同时，在回力鞋业产品的开发设计工作中，坚持"经典与时尚结合、运动与休闲结合"的理念，改变了回力鞋业产品款式陈旧、色彩单调的旧貌。到 2014 年，回力鞋业还推出了"幻面鞋""亲肤鞋"等大受欢迎的新产品。

2. 定位创新

回力鞋业的"三相定位"打破了常规的思路。回力鞋业实施"全产品"市场定位模式，这既是回力品牌独特优势的体现，也是带有风险探索的尝试，经市场的初步检验，取得了较好的效果。另外，回力鞋业构想今后的低端产品主要走批发渠道，而其他产品进入专卖店。对于授权产品，回力鞋业今后也会进一步采取全收购包销的模式，在销售渠道方面进一步整合，并以体育品牌为核心，结合定位，考虑开发子品牌。

3. 模式创新

回力鞋业对营销模式也做出了转变，其中包含低层次的"大批发"、中层次的"体育专卖"和高层次的"时尚精品"。回力鞋业期望这 3 个层次可以随着企业的发展而逐步提升，最后实现以终端专卖为主的回力营销新模式。

4. 推广创新

回力鞋业进行了品牌推广方式的创新。回力品牌利用活动推广、媒体营销和事件营销等形式进行推广，加上政府和新闻媒体及行业协会等有关社会团体机构各方面的支持，回力鞋业在这几年间获得了不错的反响。

（资料来源：http://news.ppzw.com/Article_print_140569.ktml）

问题：

回力鞋业采用了哪种创新的模式？具体的做法有哪些？

本章重点汇整

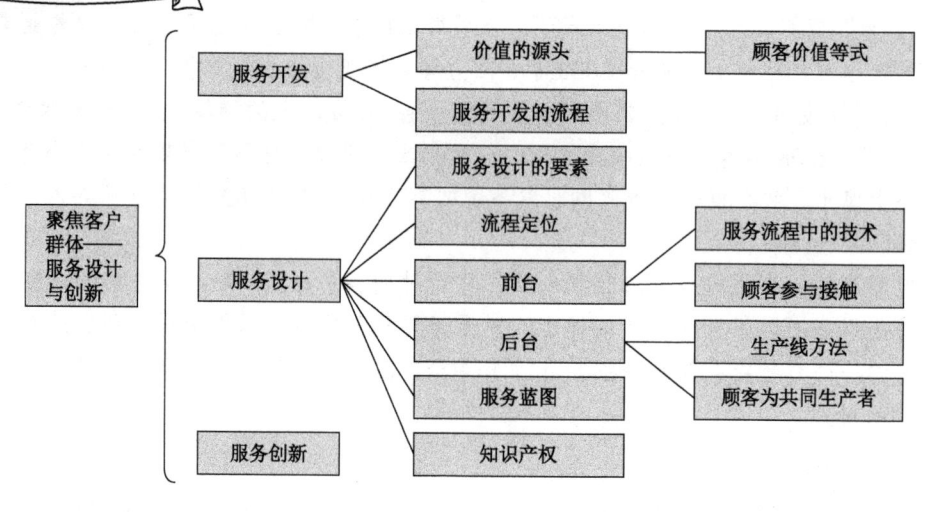

```
                          ┌─ 价值的源头 ── 顾客价值等式
              ┌─ 服务开发 ─┤
              │           └─ 服务开发的流程
              │
              │           ┌─ 服务设计的要素
聚焦客户群体── │           ├─ 流程定位
服务设计  ────┼─ 服务设计 ─┼─ 前台 ──┬─ 服务流程中的技术
与创新        │           │        └─ 顾客参与接触
              │           ├─ 后台 ──┬─ 生产线方法
              │           │        └─ 顾客为共同生产者
              │           ├─ 服务蓝图
              │           └─ 知识产权
              │
              └─ 服务创新
```

案例分析

放弃百万年薪转行送外卖，2 年打造英国版"饿了么"，估值超 10 亿美元，为什么？

外卖公司也玩起了百度的竞价排名，无证餐馆只要交 200 多元，排名就可以上升到前五。今天来讲一家美团外卖的"对标"公司——英国外卖公司 Deliveroo。

这家初创公司最近完成了 E 轮 2.75 亿美元融资，估值超过 10 亿美元。这家外卖公司秉承了英国传统绅士的态度：即使你不想出门吃饭，想叫外卖，也不能叫比萨、汉堡之类的高热量食品，而是要优雅地点高级餐厅的餐点外卖，并且以最快的速度送到家。

Deliveroo 目前已进入中国香港、新加坡、墨尔本和悉尼等 12 个国家或地区。随着巨额融资到位，Deliveroo 还将继续扩张的步伐。

一、投行分析师转行做外卖小哥

在转行做外卖之前，也就是在 2013 年 2 月之前，Deliveroo 的创始人威尔·舒（Will Shu，见图 5-5）是国际投行摩根士丹利分析师。当分析师的时候他经常一周要工作 100 个小时以上，加班更是家常便饭，每天生活的亮点就是晚上可以吃上一顿 25 美元的外卖，因为他根本没有时间出去吃饭。舒创业的最初动因就是解决一个自己的痛点：作为一个国际投行的分析师，他感觉在英国的外卖不够可口也不够安全。

图 5-5 Deliveroo 创始人威尔·舒

辞职后，为了熟悉伦敦的物流网络和路线，舒每天花好几个小时骑着自己的小摩托车穿梭于切尔西区附近，后来他做起了比萨送餐员。2013 年，他和好友格雷格·奥洛夫斯基（Greg Orlowski）共同创办了 Deliveroo。Deliveroo 向餐馆提供一站式服务，包括食品包装、外卖司机和其他服务。Deliveroo 向客户收取 4 美元的运费，并针对餐馆的附带销售抽取一定比例的费用。过去几年，Deliveroo 每个月以 25%

的速度增长。

有一次舒送餐的客户刚好是他在金融行业任职时的经理，经理看到给自己送外卖的小哥竟是昔日的下属，吓了一跳。"舒是你吗？你现在做什么工作？你还好吗？"经理带着些许惊讶和同情问他。"送比萨。"舒说，"我挺好的。我还急着送比萨给别其他顾客，先走了。"

然而不到3年的时间，他的这位下属已经打造出一个独角兽级别的外卖公司。Deliveroo在伦敦已经拥有300多名员工，在全球范围内有超过5000个外卖小哥穿着制服骑着自行车或摩托车送外卖。

二、2年估值超10亿美元，凭什么？

1. 只做高端外卖

与针对外卖餐馆的外卖服务不同，Deliveroo旨在与不提供外卖服务的高档餐厅合作。Deliveroo在它的官网上承诺，绝不和"低质"的外卖餐厅合作。然而，舒认为说服更多的高级餐厅和Deliveroo签约也是一种挑战。他们可以得到的结果是吸引更多的顾客去到类似Dishoom这样隐蔽的餐厅，而且餐厅都只承担最小的风险，因为配送服务全部外包给了Deliveroo，而Deliveroo只向食客们收取订单价格的百分之几的费用。餐厅通常提供外卖可以增加30%以上的收入。

在全球范围，Deliveroo已经与5000多家餐厅合作，其中包括Dishoom、Ping Pong、Dirty Burger和伦敦米其林星级餐厅Trishna。目前，Deliveroo已经覆盖30座英国城市和20座其他国际都市，其中多数是欧洲城市。优质的餐厅虽然很难说服，但是优质餐厅的餐饮质量很少出现问题，这些餐厅一旦签约成功，它们和Deliveroo就完全是良性的互动，这些餐厅几乎不会出现骇人的食品安全问题，这样一来，Deliveroo作为外卖平台，品质也就得到了人们的认可。

2. 极致的用户体验

每签约一家高档餐厅，都会有团队成员专门去多次试吃，以确保食物的安全。与很多直接打电话推销的外卖公司不同，Deliveroo的销售团队是现场销售团队。Deliveroo在确定一家餐厅的时候，首先要在点评网站上详细分析目标餐厅，如果符合要求，销售团队会直接到餐馆和主人面谈，在双方对各自完全认可的条件下才会签约，这一点非常重要。

Deliveroo将伦敦的众多街区分配开来，每个销售人员都有一个特定区域，并随着时间的推移Deliveroo的很多销售人员直接住在自己负责的片区，他们对社区餐厅的活跃程度了如指掌，因此他们知道如何选择餐厅。骑手很多是学生或者空闲的家庭妇女，甚至很多骑行爱好者也加入到Deliveroo的队伍中来，在获得收入的同时还能享受骑行的乐趣。

当订单价格超过15英镑时，人们使用Deliveroo，只要在订单价格之外多付2.5英镑即可。若订单价格低于15英镑，则配送费会上升为4.5英镑。这也许与银行家的午餐预算更契合。舒指出，你可以和同事们一起订餐，这样一来，如果5个人用一份订单，那么每个人就只需要出50便士的配送费即可。当然，更加敬业的外卖餐厅会提供免费配送服务。

3. 奇葩营销、众包的配送模式

竞争非常激烈，外卖三国杀的现象在英国也同样存在。外卖公司的营销手段可谓花样百出。因为Deliveroo采用的是众包的配送模式，配送员可以自由接活，通常配送范围在2.2千米以内，甚至有人骑着图5-6中的自行车送餐。

图 5-6　奇葩营销与众包的配送

舒住在伦敦的菲兹洛维亚区，周末偶尔去周边地区诸如梅费尔区送外卖，因为每个周末也会出门送餐，舒被以前同事认为他坠入了人生的低谷。创始人说："事实上，我自己就是公司的第一个外卖快递员，我每周送餐 4 小时，如果你能做一些事情让别人的生活更加便捷，那是一种非常好的感觉，这样的经历非常有趣。"

（资料来源：http://www.sohu.com/a/112132299_465192.）

问题：

1. Deliveroo 是如何发现并推导出价值主轴（命题）的？
2. 在这样的价值主轴（命题）下，他是如何设计服务与进行服务创新的？

重点回顾与练习

关键术语

痛点（Pain Spot）　　　　　　　　嗨点（Hi Point）
幸福（Wellbeing）　　　　　　　　可持续（Sustainability）
服务设计（Service Design）　　　　顾客价值等式（Customer Value Equation）
服务蓝图（Service Blueprint）　　　有形展示（Physical Evidence）
互动分界线（Line of Customer Interaction）　可视分界线（Line of Visibility）
内部互动分界线（Line of Internal Interaction）　标准服务（Standardized Service）
订制服务（Customized Service）　　生产线方法（Production-line Approach）
顾客作为合作生产者（Customer As Co-producer）
顾客接触方法（Customer Contact Approach）
信息授权（Information Empowerment）　知识产权（Intellectual Property）
基础研究（Basic Research）　　　　应用研究（Applied Research）
开发（Development）

选择题

1. 下列选项属于顾客价值等式的是（　　）。
   A. 价值=（服务对客户产生的结果+过程质量+顾客获得服务的成本）/顾客支付价格
   B. 价值=（服务对客户产生的结果+过程质量）/（顾客支付价格+顾客获得服务的成本）

C. 价值=（服务对客户产生的结果）
　　/（顾客支付价格+顾客获得服务的成本+过程质量）
D. 价值=（服务对客户产生的结果+顾客获得服务的成本）
　　/（顾客支付价格+过程质量）

2. 以下选项中符合新服务开发流程周期表中各阶段发展顺序的是（　　）。
　A. 开发→设计→分析→全面投入　　B. 分析→开发→设计→全面投入
　C. 开发→分析→设计→全面投入　　D. 分析→开发→全面投入→设计

3. 服务蓝图中，顾客行为与前台接待人员之间的分界线是（　　）。
　A. 混合分界线　　　　　　　　B. 内部互动分界线
　C. 可视分界线　　　　　　　　D. 互动分界线

4. 服务活动指向的客体可以是（　　）。
　A. 货物、系统、人　　　　　　B. 货物、信息、人
　C. 系统、信息、人　　　　　　D. 货物、信息、系统

5. 麦当劳之所以能使其服务标准化，是因为成功地运用了（　　）。
　A. 生产线方法　　　　　　　　B. 顾客作为合作生产者
　C. 顾客接触方法　　　　　　　D. 信息授权

6. 下列选项中不属于生产线方法成功关键因素的是（　　）。
　A. 个人有限的自主权　　　　　B. 劳动分工
　C. 理顺服务需求　　　　　　　D. 用技术代替人力

7. 以获得需要的知识为目的从而满足明确需求的研究属于（　　）。
　A. 基础研究　　B. 应用研究　　C. 开发研究　　D. 生产研究

8. 店面重新设计装修，属于服务创新的（　　）。
　A. 主要创新　　B. 开始业务　　C. 服务延伸　　D. 风格变化

判断题

1. 可视分界线以上的活动顾客完全可以看到，所以称为后台。（　　）
2. 理发或做手术，需要顾客的直接参与。（　　）
3. 面对面的客户订制服务需要高度培训的员工，但是开发忠诚客户关系的机会是巨大的。（　　）
4. 对于标准化服务，服务人员需要较多的灵活性和判断力，以实现稳定的服务质量。（　　）
5. 饭店增加新菜谱、大学开设新课程属于根本性的创新。（　　）
6. 技术的进步是服务创新的唯一驱动力。（　　）

简答题

1. 简述服务开发的流程。
2. 简述服务设计的要素。
3. 简述服务系统设计的一般方法。
4. 简述生产线方法成功的关键所在。
5. 简述服务创新的分类。

第六章

服务需求预测

◎ **本章知识点**

1. 需求预测法的类型。
2. 主观预测模型的类型。
3. 因果预测模型的类型。
4. 时间序列预测模型的类型。

导入案例

马云惊人预测：30年后的孩子没工作

马云是在贵州大资料峰会上发表此番言论的。马云建议家长让孩子学习琴棋书画。马云说："如果我们继续以前的教学方法，让我们的孩子学习，记、背、算这些东西，不让孩子去体验，不让他们去尝试琴棋书画，我可以保证，30年后孩子们将找不到工作。"

马云认为，过去的一两百年是知识的时代，是科技的时代，未来100年是智慧的时代，是体验的时代，是服务的时代，机器将会取代我们过去两百年来很多的技术和科技。教育随着时代的发展进行改良是必要的，但同时在中国也是资源分配的一种手段，并不完全是为了学习和掌握能力。

随着产业升级，对于从业者的要求也确实在变化，自身没有好的文化修养与体验感受，就很难将服务传达出去，理解新的市场需求，简单的技术能力则将被机器取代。在未来，5秒以下的工作将全面被人工智能替代；同时，未来10年，翻译、简单的新闻报道、保安、销售、客服等领域，将约有90%的工作会被人工智能全部或部分取代。未来，很多行业会被改造，更重要的是，这会是一个非常彻底的、非常血腥的改造。那些不能接受互联网+、AI+概念的公司，最终会被颠覆。

日本经济产业省曾于2016年4月27日发布估算称，由于AI（人工智能）和机器人等的技术革新，如不采取任何措施，到2030年度日本国内的就业人数将减少735万人。同时敲响警钟称，如果被海外企业掌握 AI 等业务的核心，日本企业将沦为给海外企业"打工"，工资高的工作将从日本国内流失。AI 和机器人在产品制造领域的应用，在欧美被称为"第四次产业革命"。日本经济产业省认为，日本为了主导第四次产业革命，如果能推进监管、教育改革及跨越行业壁垒的企业合作等，就业人数的减少将能够控制在 161 万人以内。这是日本政府首次发布有关 AI 和机器人对就业结构的详细影响评估。日本经济产业省将职业分为 9 类，关于 2015 年后的就业人数的变化，提出了不采取应对措施和推进变革这两种情况。

例如，伴随深度咨询的营业和销售职业，在推进变革的情况下，在 2030 年度之前将增加 114 万人。相反，在不采取应对措施的情况下，将无法创造新的客户服务，就业人数也将减少 62 万人。同时分析称，为了把握更深层次的客户需求和创造新的服务，具有数据分析等技术的人才需求将日趋增加。关于营业和销售行业，还分析了超市收银员等很有可能被机器人取代的职位。这些职位不管是在推进变革的情况下，还是在不采取应对措施的情况下，60 万人以上的减少都难以避免。

（资料来源：http://www.soha.com/a/151336131_559599）

思考与训练：
1. 未来产业的人力需求会如何变化？这种变化又是如何预测出来的？
2. 为何要做这样的预测？

第一节　导论

第五章介绍了如何通过发现市场区隔中主要的价值来做服务系统的设计，这样的设计及创新，要最后被验证为成功，需要先判断市场的需求量有多大，创新要花多久的时间才能收回成本。所以，这时就要对市场进行预估。不管是哪种服务类型（服务工厂、专业服务、服务商店或是大量服务），都要对服务需求进行预估。在精确预估的基础之上，才能对服务能力进行规划。本章的重点就在于服务需求的预测。

一、预测的类型

常用的预测技术包括了定性法与定量法。定性法主要由主观判断组成，通常缺乏精确的数字描述，在预测的时候会加入个人的因素、个人的意见或者直觉来进行判断。主观的判断通常运用在一个全新的情况中，也就是事情的关系（影响因素）还不清楚的时候。通过主观判断，可以厘清事情的影响因素。这种预测方式，通常用在大趋势的分析上。常用的分析方法有德尔菲法、交互影响分析法与历史类推法。

定量分析方法又称客观的分析方法。这种方法涵盖了客观的历史数据，或以因果变量做预测的关联性模型，由客观分析或硬性数据组成，通常可以避免会影响定性法结果的个人偏见。如果一件事情的因果关系已经很清楚，使用定量法可以做准确的预测。

在定量客观分析中，因果关联性模型（Associative Model）利用包含一个以上可解释的变量方程式来预测需求。若影响因素非常明确，运用因果模型预测来分析会较为精准。因果模型使用回归分析来确定影响变化的自变量和因变量的线性关系。时间序列预测法

（Time-series Forecasts）则是假定需求会随着时间而进行规律的变化，所以可以根据过去的经验来了解未来，利用历史资料，并假定未来和过去的所有情况都相同。

预测技术的使用，可以让我们将数据库中的大量信息转化为可以形成服务竞争优势的策略。一般而言，预测技术可以划分为定性与定量两大类，需要指出的是，根据实际情况，一些特定服务只使用其中的一个模型，在某些情况会使用两个或更多模型。例如，服务提供者会使用主观模型来预测由人口变化所带来的冲击，如人口老龄化问题。另外，餐厅一般会使用时间序列模型来预测每日用餐需求。而医院的服务需求预测要同时使用时间序列模型和因果模型来进行时间和空间上的预测。总体来说，服务提供者可以依据不同的特定情境来进行预测模式的选择。这些模型的特点见表6-1。

表6-1 预测模型的特点

模型		所需数据	相关成本	预测时间跨度	应用
主观模型（定性）	德尔菲法	调研结果	高	长期	科技预测
	交互影响分析法	事件间的相互关系	高	长期	科技预测
	历史类推法	类似状况下的几年数据	高	中期到长期	生命周期需求预测
因果模型（定量）	回归法	所有变量过去全部的数据	中等	中期	需求预测
	计量法	所有变量过去全部的数据	中到高	中期到长期	经济状况预测
时间序列模型（定量）	移动平均法	N个最近时期的实测值	很低	短期	需求预测
	指数平滑法	过去的指数平滑值和最近的实测值	很低	短期	需求预测

二、预测先导知识

在进行需求预测前，要先具备一定先导的知识。预测有两个层面是重要的：需求期望水平与预测精确度。需求期望水平是一个有结构变异的函数，如趋势性或季节性变异。预测精确度是根据预测者的需求、随机变异和突发状况来正确地建构模型的能力。

（一）精确度

1. 预测的精确度

预测误差（Error）是针对给定的期数，其实际值与预测值的差。预测误差会以两种稍微不同的方式影响决策：一种是在许多预测替代方案中选择其一；另一种是评估预测技术的成功或失败。其计算公式为

$$误差 = 实际值 - 预测值$$
$$e = A - F \tag{6-1}$$

2. 汇整预测精确度

精确度主要建立在预测的历史误差绩效的基础上，时间序列模型中的指数平滑法会将误差列入方程式中。常用的衡量方法主要有3种。

（1）平均绝对偏差（Mean Absolute Deviation，MAD），其计算公式为

$$MAD = \frac{\Sigma |实际值_t - 预测值_t|}{n} \tag{6-2}$$

（2）均方误差（Mean Squared Error，MSE），其计算公式为

$$\mathrm{MSE}=\frac{\Sigma(\text{实际值}_t-\text{预测值}_t)^2}{n-1} \quad (6\text{-}3)$$

（3）平均绝对百分比误差（Mean Absolute Percent Error，MAPE），其计算公式为

$$\mathrm{MAPE}=\frac{\Sigma\frac{|\text{实际值}_t-\text{预测值}_t|^2}{\text{实际值}_t}}{n}\times 100 \quad (6\text{-}4)$$

（二）长短期

从预测的长短期来看，短期预测适合连续性的作业，长期预测是一个重要的策略规划工具。服务系统规划包含一些长期规划，如提供何种形态的产品与服务、筹备设备与机具、地点设置等。使用服务系统的规划是指一些中短期规划，如存货规划、劳动力水平、采购与生产规划、预算与排程规划等。

各种预测技术具有共同的特征：①预测技术通常假设过去存在的因果系统未来将持续；②预测很少完美无缺；③整体预测会比单一预测更为精确；④随着预测的时间周期变长（即增加时间幅度），预测精确度会减小；⑤弹性的企业组织（即能迅速反应需求改变）进行预测所需的幅度较小。

优良预测的因素应该满足下列必要条件：①预测有时间性；②预测必须精确，并应该说明其精确度；③预测必须具备可靠性；④预测必须具备有意义的计量单位；⑤预测必须书面化；⑥预测技术必须容易了解、容易使用；⑦预测必须符合成本效益。

预测流程的六大基本步骤如下：①决定预测的目的与时机；②建立预测所需的时间幅度；③选择预测技术；④搜集与分析适当的资料；⑤准备预测；⑥检视预测。注意，当需求与预测不相符时，除了上述6个步骤外，还需制定一些额外的策略或措施。

第二节 预测技术

一、定性：主观模型

在有些新的情况下，我们只有很少甚至没有资料可以用来参考以进行预测，或者那些数据只在短期内存在关联，它们对于长期预测毫无用处。当缺少足够的或合适的数据时，我们只好借助于主观的定性的预测方法，这包括德尔菲法、交互影响分析法和历史类推法。

1. 德尔菲法

德尔菲法（Delphi Method）是一种结构化的决策支持技术，它的目的是在信息收集过程中，通过多位专家独立的反复主观判断，以获得相对客观的信息、意见和见解。

调查组通过匿名方式对选定专家组进行多轮意见征询。调查组对每一轮的专家意见进行汇总整理，并将整理过的材料再寄给每位专家，供专家们分析判断，专家在汇整材料后提出新的论证意见。如此多次反复，意见逐步趋于一致，从而得到一个比较一致并且可靠性较大的结论或方案。这是劳动密集型的方法，需要投入大量的具有专业知识的人。显而

易见，德尔菲法是一种代价高昂且非常耗时的方法。在实践中，一般仅用于长期预测。

2. 交互影响分析法

交互影响分析法（Cross-impact Analysis）假定某些未来事件与以前的偶发事件有关。例如，2003 年预测认为到 2010 年汽油价如果为每升 0.8 美元（事件 A）；相似的，到 2020 年货运量会翻一番（事件 B）。经过初步讨论，认为如果事件 A 是确定的，那么事件 B 的条件概率是 0.7；若事件 B 确定，则事件 A 的条件概率是 0.6。这两个事件会相互影响，影响的概率矩阵见表 6-2。

表 6-2　事件概率矩阵

给定事件	A	B
A	—	0.7
B	0.6	—

假定预测到 2020 年货运量翻一番的概率是 1.0，那么，到 2010 年每升石油为 0.8 美元的无条件概率是 0.8。这些新值与矩阵中的值在统计上是不一致的。将这种不一致回馈给组内的专家，然后通过一系列重复的过程不断修改他们的估计。与德尔菲法相似，必须要有一位有经验的主持者，这样才可能得到促使他们满意的条件概率矩阵，并用其生成预测结果。

3. 历史类推法

产品需求的变化会随着生周期阶段的不同而有所不同，任何产品都包括引入期、成长期、成熟期和衰退期。所以，只要知道类似产品的生周期，便可以推测新产品需求的变化，这种是历史类推法。

应用历史类推法的一个成功案例是，根据几年前黑白电视机的市场经验来预测彩色电视机的市场渗透力。也有一些应用是比较不恰当的，如家政服务需求的增长可由儿童照护服务的成长曲线类推获得，这种类推就不一定准确，因为儿童照护需求只是家政服务中的一小部分，还有可能因为其他因素使得家政服务的需求减少。

二、定量

如果某些事情的关联性很强并且是很明确的，则可以用定量的分析。因果模型的假定条件与时间序列模型相似，只是因果模型的变化会因为某些固定因素而改变，而时间序列因素的变化会随着时间而改变。

（一）因果模型

如果使用并不复杂的数据，进行短期预测并不难。但是，有时竞争性的服务机构必须处理大量的统计信息来进行预测。在此情况下，经常要对明年或后 10 年进行预测，而不是仅仅为了明天或下周、下个月来预测。因此，我们可以用因果模型的统计数据来进行预测。

1. 回归模型

回归模型体现了被预测因素和决定它的诸因素之间的关系。被预测因素称为因变量（用 Y 表示），决定 Y 的诸因素称为自变量（用 X_i 表示）。若存在 n 个自变量，那么因变量 Y 和

自变量 X_i 之间的关系可以写为

$$Y = a_0 + a_1 X_1 + a_2 X_2 + \cdots + a_n X_n \tag{6-5}$$

式中，a_0，a_1，a_2，…，a_n 是系数，其值取决于所用的计算机程序。如果用手工计算，其值取决于在基础统计中所使用的回归方程。

最简单与最广泛使用的回归形式为两个变量之间的线性关系（见图 6-1）。线性回归的目的是求出一条直线方程式（见图 6-2），使每个数据点与此线的垂直距离平方和最小。直线方程式为

$$y_c = a + bx \tag{6-6}$$

式中，y_c ——预测（相依）变量；
　　　x ——预测（独立）变量；
　　　b ——直线的斜率。
　　　a ——$x = 0$ 时，y_c 的值（即在 y 轴上的截距）。

以下方程式可以计算出系数 a 与 b：

$$b = \frac{n(\Sigma xy) - (\Sigma x)(\Sigma y)}{n(\Sigma x)^2 - (\Sigma x)^2} \tag{6-7}$$

$$a = \frac{\Sigma y - b \Sigma x}{n} \tag{6-8}$$

或

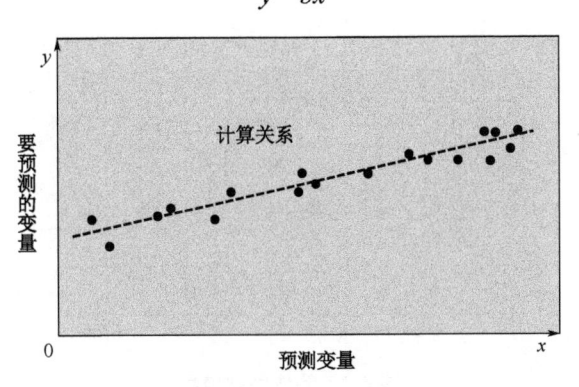

$$\bar{y} - b\bar{x}$$

图 6-1　简单线性回归

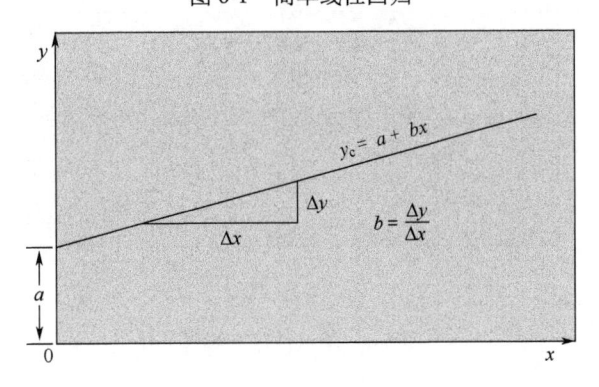

图 6-2　变量关系

式中，n ——成对观察点的数目。

如图 6-1 所示，通常以 y 轴表示要预测的（相依）变量值，以 x 轴表示预测（独立）变量值。

2．计量经济模型

计量经济学（Econometrics）又称经济计量学，是以数理经济学和数理统计学为方法论基础，对于经济问题试图对理论上的数量接近和经验（实证研究）上的数量接近这两者进行综合而产生的经济学分支。该分支的产生使得经济学对于经济现象从以往只能定性研究，扩展到同时可以进行定量研究的新阶段。

计量经济模型由一组方程组成，它是回归模型的变形。这些方程之间互相关联，系数采用简单的回归模型。一个计量经济模型由一组联立方程组成，这些方程根据几个不同的自变量来确定因变量的值。计量经济模型需要大量的数据并要运用复杂的分析方法，一般可以用于长期预测。

（二）时间序列模型

时间序列模型是指以时间序列数据为基础的预测。时间序列（Time Series）是指间隔固定时间并依时间顺序排列的观测值，其前提假定是未来的序列值能经由过去的序列值进行推测（估计）。

时间序列的基本行为受到几种因素影响。第一，趋势（Trend），是指数据长期随时间向上或向下移动（见图 6-3）。第二，季节性（Seasonality），是指短期、规则的变异，通常与日期或一天中的时间因素有关（见图 6-4）。第三，循环（Cycle），是指持续一年以上的波状变异（见图 6-5）。

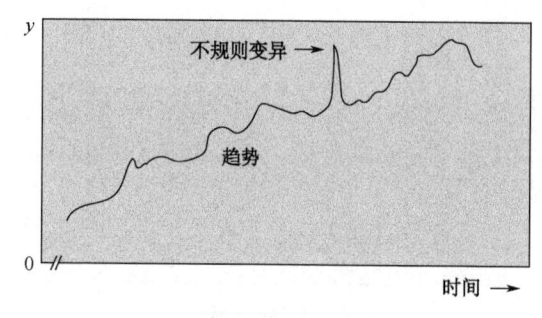

图 6-3　趋势序列模型

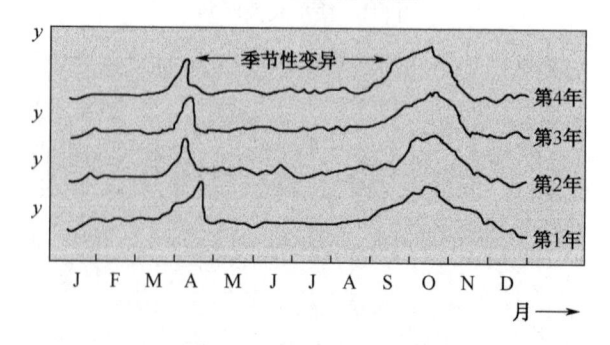

图 6-4　季节性序列模型

另外，不规则变异（Irregular Variation）是指由不寻常的情况所产生的变异，其无法反映典型行为，应尽可能确认出这些数据并移除。随机变异（Random Variations）是指考虑所有其他活动状况之后，所留下的残余变异。

常见的时间序列分析方法有两种：天真预测法与平均法分析技术。

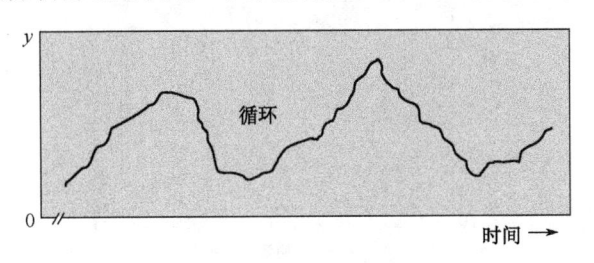

图 6-5　循环模型

1．天真预测法

天真预测法（Naive Forecast）使用时间序列的前一期数值作为预测基础，可用于稳定序列、季节性变异或趋势。优点是不需任何成本、方法简单迅速；缺点是不能提供高精确度的预测。

2．平均法分析技术

历史资料通常包含部分的随机变异或白噪声（White Noise），平均法分析技术可使资料的变异变小。平均法分析技术有 3 种：移动平均法、加权平均法、指数平滑法。适合此法的 3 种形态（见图 6-6）为理想形态、阶梯型变动形态、渐进型变动形态。

图 6-6　平均法分析技术

（1）移动平均法（Moving Average）。

在时间序列上最近 n 个资料的平均值为下一个期间的预测值。预测值计算公式如下：

$$F_t = \mathrm{MA}_n = \frac{\sum_{i=1}^{n} A_{t-i}}{n} = \frac{A_{t-n} + \cdots + A_{t-2} + A_{t-1}}{n} \quad (6\text{-}9)$$

$$\text{移动平均} = \frac{\Sigma（最近的 n 个资料）}{n}$$

式中，F_t——第 t 期的预测值；

MA_n——n 期的移动平均；

A_{t-1}——第 $t-1$ 期的实际值；

n——移动平均的期数（数据点）。

如图 6-7 所示，移动平均法的数据倾向于平滑，而且变动较实际数据落后。

（2）加权平均法（Weighted Average）

计算最近 n 期的平均值，越近的观察值的权数越大，越远的观察值的权数越小，权数和为 1。预测值计算公式如下：

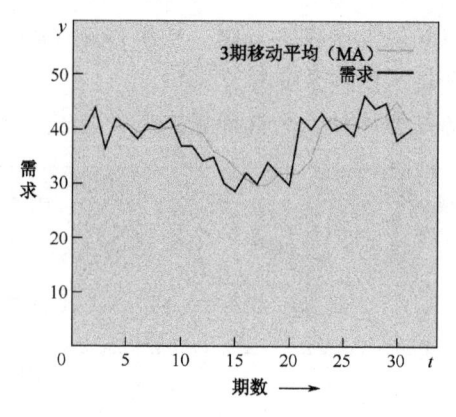

图 6-7　移动平均法

$$F_t = w_t(A_t) + w_{t-1}(A_{t-1}) + \cdots + w_{t-n}(A_{t-n}) \tag{6-10}$$

式中，W_t ——第 t 期的权重；

W_{t-1} ——第 $t-1$ 期的权重；

A_t ——第 t 期的实际值；

A_{t-1} ——第 $t-1$ 期的之实际值。

加权平均法的优点是，与移动平均法相比，其能反映较近期的事情；缺点是权重的选择有些武断，通常需使用试误法才能找出适当的权重。

（3）指数平滑法（Exponential Smoothing）。

以前一个预测值为基础，再加上预测误差的百分比。预测值计算公式如下：

$$F_t = F_{t-1} + \alpha(A_{t-1} - F_{t-1}) \tag{6-11}$$

式中，F_t ——第 t 期的预测值；

F_{t-1} ——前一期的预测值（即第 $t-1$ 期）；

α ——平滑常数（代表预测误差的百分比）；

A_{t-1} ——前一期的实际需求或销售量。

上述公式亦可写为

$$F_t = (1-\alpha)F_{t-1} + \alpha A_{t-1} \tag{6-12}$$

平滑常数 α 越接近 0，则预测误差调整的速度越平稳。此方法的优点是计算容易，仅需改变 α 即可变更权重；缺点是这是一个复杂的加权平均法。

三、其他混合预测方法

1. 焦点预测

焦点预测是由史密斯（Smith）所发展的，包含多种预测方法的运用（如平均移动法、加权平均法和指数平滑法）。这种预测法的精确度高，可被用来作为预测下个月的值的方法。

2. 散布模型

推行新产品或服务时，无法使用历史数据进行预测，此时可利用数学散布模型，采用预测生产率和延续使用其他已确定产品来替代。散布模型广泛用于营销和估算投资新科技的价值。

3. 趋势分析技术

趋势成分是长期中时间序列呈一种逐渐向上或向下改变的趋势，如人口的改变、所得的改变、偏好的改变及技术的改变对价格或产量的影响。趋势分析技术是建立一个方程式来适当地描述趋势（假定数据呈现趋势）。当趋势产生时，有两种重要的技术可以建立预测：一是使用趋势方程式；二是趋势调整指数平滑法。

线性趋势方程式（Linear Trend Equation）

$$F_t = a + bt \tag{6-13}$$

式中，F_t——第 t 期的预测值；
a——$t=0$ 时的 F_t 值；
b——斜率；
t——从 $t=0$ 之后欲推测的期数。

利用下列两个方程式，可从历史数据计算直线的系数 a 与 b：

$$b = \frac{n\Sigma ty - \Sigma t \Sigma y}{n\Sigma t^2 - (\Sigma t)^2} \tag{6-14}$$

$$a = \frac{\Sigma y - b\Sigma t}{n} \tag{6-15}$$

或

$$\bar{y} - b\bar{t}$$

式中，n——期数；
y——时间序列值。

趋势调整指数平滑法（Trend-adjusted Exponential Smoothing）在时间序列显示出线性趋势时使用，又称双重平滑法（Double Smoothing）。趋势调整预测值（Trend-adjusted Forecast，TAF）的计算公式为

$$\text{TAF}_{t+1} = S_t + T_t \tag{6-16}$$

式中，S_t——前一个预测值加上平滑误差；
T_t——目前趋势估计。

$$S_t = \text{TAF}_t + \alpha(A_t - \text{TAF}_t)$$
$$T_t = T_{t-1} + \beta(\text{TAF}_t - \text{TAF}_{t-1} - T_{t-1})$$

其中，α 与 β 为平滑常数

如图 6-8 所示为常见的非线性趋势图形。

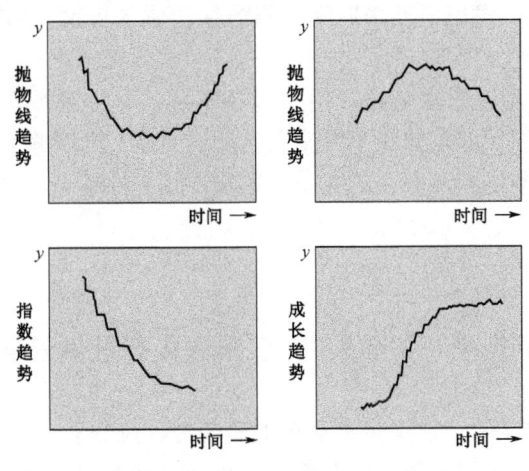

图 6-8 常见的非线性趋势图形

4. 季节性分析技术

时间序列数据中的季节性变异（Seasonal Variations）指某种事件发生的时间序列数据呈现规则的上下反复变动。季节性指的是规则的年度变异，或每日、每周、每月及其他规则模式的数据。在时间序列中的季节性，是以实际值偏离序列平均值的量来表示的。若序列倾向在平均值上下变动，则季节性可用平均值（或移动平均值）来表示。若呈现趋势，则季节性应以趋势值来表示。

季节性分析技术的模型有加法与乘法模型。

（1）加法模型：季节性以数量表示，即时间序列的平均值加上或减去某一数量（见图6-9）。

（2）乘法模型：季节性以百分比表示，即时间序列值乘以平均趋势值的某一百分比（见图 6-9）。乘法模型中的季节百分比称为季节相对性（Seasonal Relative）或季节指数（Seasonal Indexes）。

预测的季节相对性有两种不同的使用方式：消除时间序列的季节性，将季节性因素从数据中移除，以得到更清楚的非季节性（如趋势）因素图；将每个数据点除以相对应的季节相对性。

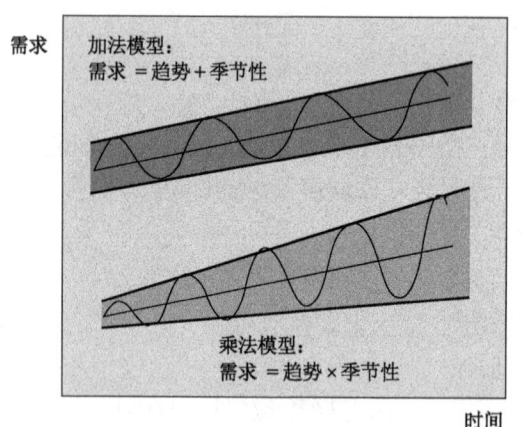

图6-9 季节性分析技术的模型图形

在预测中加入季节性，当需求同时具有趋势（或平均值）与季节性因素时，将有助于预测。使用趋势方程式，求出所要求期间的趋势估计值。将这些趋势估计值乘以对应的季节相对性，再加上季节性。

循环分析技术最常用的方法是解释性的：寻找另一个与感兴趣的变量相关的前置变量（Leading Variable）。若组织能与前置变量建立高度相关性，则能够发展出描述其关系的方程式来进行预测。两个变量间持续存在的关系很重要，相关性越高，预测精确的机会就越高。

案例分析

让销售预测告别"拍脑袋"：京东雀巢智慧供应链合作剖析

"我们在瑞士的总部评价，京东和雀巢在中国区的供应链合作项目在雀巢全球电商合作领域都是第一次，是一个灯塔项目，对雀巢全球电商业务的运营具有引领性意义。"谈到刚刚荣获2016中国ECR优秀案例最高奖白金奖的"京东雀巢联合预测补货"项目，雀巢（中国）有限公司大中华区电子商务总监王雷女士如是说。

京东雀巢项目是在2017年6月7日在杭州盛大举行的"2017年第十五届中国ECR大会"上获此殊荣的。中国ECR大会由中国ECR（高效消费者响应）委员会主办，而ECR优秀案例白金奖被誉为供应链领域的"奥斯卡"，代表着零售、快速消费品供应链领域应用解决方案的最高水平。这也是继"京东美的协同型计划、预测及补货"项目荣膺2015中国ECR优秀案例白金奖之后，京东智慧供应链取得的又一突破。

1. 智慧供应链"奥斯卡奖"的含金量

早在2012年，雀巢与京东就开始合作，是最早向京东直接供货的知名品牌商之一。几年来，雀巢在京东平台的销售保持了高速增长。截至目前，雀巢在京东销售的商品已达数百个SKU（库存量单位），包含了冲调谷物、糖果、进口食品、母婴、瓶装水、宠物食品、全球购跨境业务等诸多品类。不同品类、不同目标人群、不同地域、不同促销节奏、不同商品生命周期……如何管理如此复杂的商品品类，对销售进行精准预测，保证最高的供货效率与最低的库存成本，是摆在京东与雀巢面前的艰巨挑战。

"瓶装水与母婴商品，用户就有很大的差别。母婴的消费人群会更集中，但会集中在几年之内购买。瓶装水的用户则比较广泛，购买习惯会持续多年。"谈到与雀巢的合作，京东消费品事业部干货食品部总经理李昌明深有感触地说，"不同品类商品的生命周期带来不同的销售预测曲线，如奶粉的一段、二段、三段，商品上升期与衰退期的规律很不一样。"

消费者购买习惯的不同影响着销售预测的模型设定。"母婴奶粉类商品的需求都是刚性的，家里的孩子快要吃完了就要买，而不可等到6·18大促销再下单；糖果和巧克力则属于冲动性购买，消费者看到有吃货节的促销活动，可能就下单了。"李昌明介绍说，"我平时喜欢喝咖啡，咖啡这样日常频繁消费，又易于保存的食品，消费者就会更愿意在大促销时囤货。做销售预测时，就要综合考虑基线销售及各种促销、外部环境、季节性因素，甚至是突发事件的影响。"

"京东做销量预测的团队已经有6年以上的经验积累，对于京东自营商品的基线销售预测已有比较成熟的算法。"负责智慧供应链研发体系的京东Y事业部供应链产品总监翟松涛表示。通过与品牌商共同研究商品生命周期等影响因素，京东的销量预测可以做得日益精确。同时，通过深入研究消费者决策树的模型，京东智能供应链可以对消费者的消费决策行为进行深入洞察，从而为业务发展提供策略支持。"在库存管理等方面，京东与斯坦福合作进行运筹学方面的研究，积累了深厚的算法经验。"翟松涛说。

京东智慧供应链（Y-SMART SC）的核心是围绕数据挖掘、AI、流程再造和技术驱动4个原动力，整合形成的包含商品、价格、计划、库存、协同五大领域的智慧供应链解决方案，用技术帮助京东与合作伙伴解决"卖什么、怎么卖、卖多少、放哪里"的问题。这些能力正在逐步开放给品牌商、供应商和零售商，最终将实现完全开放，京东将协同合作伙伴向库存最低、现货最高的管理目标迈进，有效提升零售行业的核心竞争力。

2. 优化一个指标，提升3000万元的销售额

2016年3月，雀巢供应链和京东Y事业部及采销团队制订了滚动13周的销售预测和补货计划，用于支持雀巢做备货策略、生产计划、材料采购。在"6·18大促"和"双十一"期间，通过双方联合预测，避免了过去逢大促销就会出现供货过多、过少或各仓匹配

不均衡的情况。项目开展后，订单满足率从60%提高到87%，平台的产品有货率从73%提高到95%。也就是说，在这套AI系统的辅助下，消费者很少会遇到热销商品无货的状态，厂商也不再因为积压的库存而发愁了。"仅仅现货率一项指标的提升，就为雀巢每年提升了超过3000万元的线上销售额。"王雷对智能预测系统给予高度评价。

"京东与雀巢联合打造的智能预测系统首先是基于双方的信息共享，从而提高销量预测的准确度。"翟松涛说。通过Web、EDI数据平台，双方确认未来1~3个月的促销计划、促销信息及商品曝光位置等流量计划，确认后的信息将返回输入到京东智能预测系统，通过机器学习建模，最终输出预测结果。除满足日常销售需求外，面对大促销挑战，系统也可帮助双方精准备货，同时降低周转天数、提高现货率，保证大促销期间的成本控制与客户体验。

"基于销量预测，智能补货系统可以通过建模计算，输出未来1~3个月内的周期性连续补货计划，以此指导生产、备货及后续入库等环节，从而保证了雀巢商品在京东保持稳定的现货率。"翟松涛介绍。保证订单的高满足率和较为协调的备货节奏，双方库存水平的科学优化，使双方可以采取协同步调，确保线上有货率，即时响应消费者的需求。连续补货计划也将输出到京东供应链下流的仓储物流部门，便于提前合理配置仓储资源。

在运用京东智慧供应链体系的同时，京东与雀巢的物流体系也在持续优化。2016年9月，雀巢食品饮料产品实现了由全国大仓直送京东全国八大仓群，去除了经销商仓储送货环节，大大缩短了供应时间，加快了供应响应速度，供应速度从过去的5~8天缩短到现在的2~3天。

2017年4月，雀巢和京东开始测试应用带板运输，就是把传统按照"箱"运输搬运单元变成针对每个放满货箱的"托盘"。数据显示，使用带板运输后，卸货效率从两小时缩短到20分钟，大大减少了人力、物力成本，提高了收送货效率。6月5日，雀巢公司加入京东物流"青流计划"—京东物流供应链包装环保项目，京东与雀巢将在运输包装箱的印刷简化、直发包装及周转箱应用、托盘统一等方面进行合作，减少包装物的使用，降低成本，实现低碳环保目标。

供应链业界专家认为，京东雀巢联合预测补货项目在更加精准反馈市场需求、降低运营成本的智慧供应链道路上迈出了坚实的一步，是全球零售业供应链领域的突破创新型合作，对全球零售业供应链管理具有引领性的意义。京东集团副总裁、商城研发体系负责人马松表示，未来京东将携手合作伙伴继续通过大数据、AI等技术将企业之间的优势结合，使得供应链条上的制造商、供应商、分销商和零售商等更顺畅地协作，不断提升运营效率，并为消费者提供更高品质的购物体验，实现多方共赢。

（资料来源：http://www.techweb.com.cn/news/2017-06-12/2533942.shtml。）

问题：

你认为京东雀巢联合预测是用何种模型进行预测的？

本章重点汇整

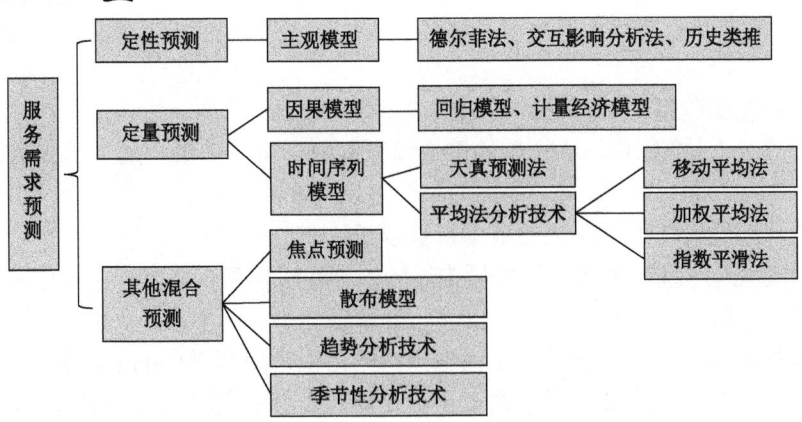

```
                    ┌─ 定性预测 ─── 主观模型 ─── 德尔菲法、交互影响分析法、历史类推
                    │
                    │              ┌─ 因果模型 ─── 回归模型、计量经济模型
服务需求预测 ────┼─ 定量预测 ──┤
                    │              │                  ┌─ 天真预测法
                    │              └─ 时间序列模型 ──┤                   ┌─ 移动平均法
                    │                                 └─ 平均法分析技术 ──┼─ 加权平均法
                    │                                                      └─ 指数平滑法
                    │              ┌─ 焦点预测
                    └─ 其他混合 ──┼─ 散布模型
                       预测       ├─ 趋势分析技术
                                  └─ 季节性分析技术
```

重点回顾与练习

关键术语

主观模型（Subjective Models） 因果模型（Causal Models）
时间序列模型（Time Series Models） 德尔菲法（Delphi Method）
交互影响分析法（Cross-impact Analysis） 历史类推法（Historical Analogy）
回归法（Regression Models） 计量经济模型（Econometric Models）
移动平均法（Period Moving Average）
简单指数平滑法（Simple Exponential Smoothing）
预测误差（Forecast Error）
趋势调整的指数平滑法（Exponential Smoothing with Trend Adjustment）
季节性调整的指数平滑法（Exponential Smoothing with Seasonal Adjustment）

选择题

1．在项目或营销活动的初始计划阶段，在影响需求的因素尚不清楚、缺乏足够数据的情况下，（　　）是非常有用的。

　　A．主观模型　　　B．因果模型　　　C．时间序列模型　　D．计量经济模型

2．根据电视机普及的速度，预测家用计算机的普及速度，运用的预测方法是（　　）。

　　A．德尔菲法　　　　　　　　　　　B．交互影响分析法
　　C．历史类推法　　　　　　　　　　D．因果模型

3．下列关于德尔菲法的说法，不正确的是（　　）。

　　A．需要对某个特定领域内的专家征询意见
　　B．专家之间需充分交流意见
　　C．需要多次反复征询专家的意见，使其意见趋于一致
　　D．代价高昂，非常耗时

4．如果随着时间的变化，实测值之间存在某种稳定的关系，我们就可以用（　　）进行短期预测。

A．主观模型　　　B．回归模型　　　C．时间序列模型　　　D．计量经济模型

判断题

1．定性预测法包括德尔菲法、回归法与指数平滑法。　　　　　　　　　　（　　）
2．根据国外人均 GDP 与小轿车的销量预测国内小轿车销量，属于历史类推法。
　　　　　　　　　　　　　　　　　　　　　　　　　　　　　　　　　（　　）
3．N 期移动平均法中，越旧的数据权重越低。　　　　　　　　　　　　（　　）
4．回归模型是对统计关系进行定量描述的一种数学模型，体现了被预测因素和决定它的因素之间的关系。　　　　　　　　　　　　　　　　　　　　　　　（　　）
5．简单指数平滑法的基础是：反馈出预测的错误，纠正以前的平滑值。　（　　）
6．时间序列的趋势成分是指数据在一年内随着季节的变化而引起的周期性变动。
　　　　　　　　　　　　　　　　　　　　　　　　　　　　　　　　　（　　）

简答题

1．服务需求预测的方法有哪些？
2．简述德尔菲法。
3．简述 N 期移动平均法。
4．简述简单指数平滑法。
5．简述考虑趋势调整的指数平滑法。
6．简述考虑季节性调整的指数平滑法。

第七章
生产能力与需求管理

◎ **本章知识点**

1. 服务能力的一般战略。
2. 标准化产能——需求管理的战略。
3. 追逐需求——管理产能的战略。
4. 如何进行收益管理。

导入案例

许多爱旅游的乘客想要购买便宜的机票，因此出现许多廉价航空公司。那么这些廉价航空公司要如何在节省成本的前提下用低廉的票价吸引这群乘客呢？

1. 降低营业成本

首先，机队单一化，廉价航空公司一般都选用空客 A320 等相对成熟的机型。机队单一化的好处很多：购机享受折扣、飞行员的培训时间缩短、后勤保养维修相对简单。其次，廉价航空公司提供的飞行行程路线以中短程为主，多为邻近地区。同时，避免使用大型机场，改用城市周边的小型机场，以节省机场使用费。在乘客上下飞机时，改为使用摆渡车辆，或直接让乘客登梯上飞机，减少租用通道费用。最后，机组人员的薪酬相对较低，将一些人员以约聘（契约）方式雇用，以降低人力资源成本。一些公司在机场附近租有专门房屋，以节省机组成员的住宿和交通成本。

2. 简化机内服务

廉价航空公司省钱的另一个办法就是简化机内服务，这一点可能与乘客的出行体验更息息相关。简化机内服务的做法通常有简化机内饮食，许多航空公司甚至将机内用餐改成付费制。澳洲廉价航空公司捷星（Jetstar）就规定只能进食飞机上销售的食物，不允许自带饮料和食品。不提供机上杂志，以降低成本；积极贩售机内商品，以增加运费以外的收入；提供目的地信息服务，如酒店、租车等，从中得到提成。同时，尽量减少飞机停留时间，以多开班次运输更多旅客；尽量简化机舱内的清扫，如选用较易清洁的物料等。

3. 降低票务成本

首先,积极推广网络订票及网上办理登记手续,不提供订位服务,改以自由入座,降低票务及柜台的人力成本;不使用传统硬纸板式带磁条的登机牌,改用包含条码的普通纸质登机牌,甚至要求乘客自行打印,进一步降低成本。另外,廉价航空公司强调并推行"点对点"方式的服务以减少转机的可能,此举能有效避免飞机延误带来的花费,如安排等待转机的乘客的食宿等。在原有低票价的基础上,依飞行时段不同票价也有所不同,冷门时段的票价更便宜,以降低每一趟航班的空席率。

4. 征收服务费

除了省钱以外,廉价航空公司的另一大运营策略就是如何赚钱。由于简化了购票机制、地面和空中服务,如果乘客还想要享有地面或空中服务,就需要付费了。廉价航空公司的服务收费项目包括预订座位、行李托运、机上服务等。当然,随着廉价航空公司数量的增多,单纯的价格战已经不足以支撑他们的生存,廉价航空公司开始走向差异化的品牌竞争。美国捷蓝航空(JetBlue)就在它的飞机座椅上提供了机上娱乐设备,如 LiveTV;美国边疆航空公司(Frontier)安装了广告卫星电视。

(资料来源:http://www.xinhuanet.com/world/2015-03/26/c_127624427.)

问题:

如果客户最在乎的是机票的价格,那么航空公司要如何对需求进行管理以产生最大的产能?

第一节 服务能力的一般战略

服务业与制造业的最大区别是制造业生产出来的产品如果没有销售出去,可以变成库存,待以后再销售;相对的,服务业的库存是很容易消逝的。以航空公司为例,如果一家航空公司在某一条航线上,一天有3班飞机来回飞行,每班飞机上的座位是固定的,如果一班飞机飞出去后上面还有空位,那对航空公司而言,这些空位就是一种损失。另外,这种需求也经常会随着时间或者其他因素而产生变化,所以如何调整供给与需求,使供给与需求达到一种动态的均衡,是本章的重点。

服务提供者一般有两种基本战略:成本领导(大众化平价)战略和差异化(个人订制)。这两种基本战略可以延伸为4种基本模式:服务工厂、专业服务、服务商店、大量服务。成本领导的大众化平价战略是先固定产能,然后调整需求;相对的,差异化战略是先确定需求,然后调整产能。这也形成了管理需求与管理产能两种战略,如表 7-1 与图 7-1 所示。

表 7-1 平准化产能和追逐需求的平衡

战略维度	平准化产能	追求需求
顾客等待	低	中等
员工利用率	中等	高

续表

战略维度	平准化产能	追求需求
劳动技术水平	高	低
劳动力的转移	低	高
员工所需要的培训	高	低
工作环境	愉悦	忙
管理需求	低	高
预测	长期	短期

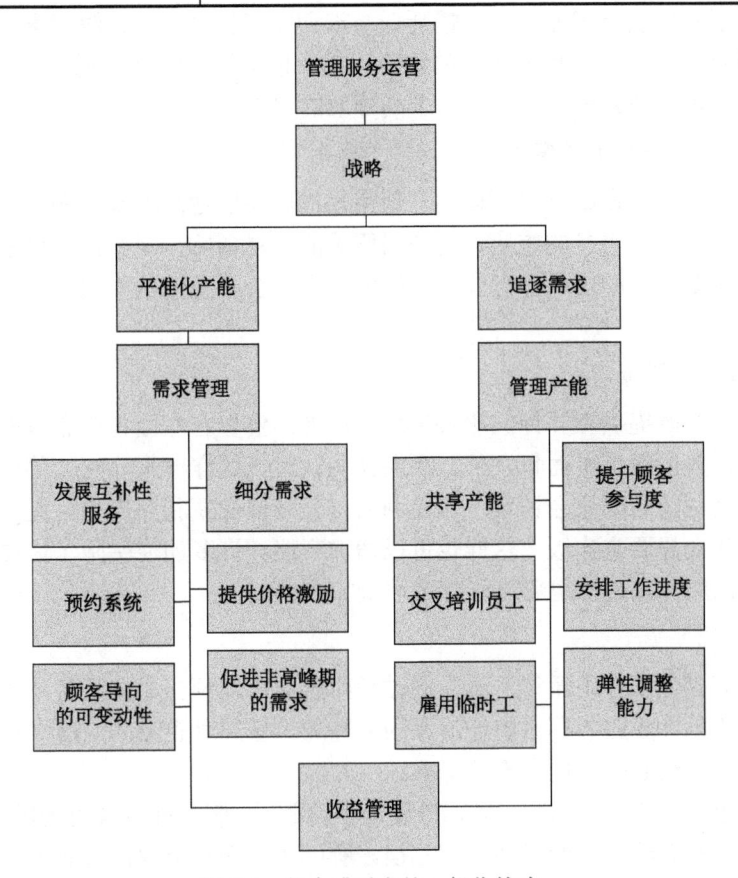

图 7-1　能力或需求的一般化战略

第二节　标准化产能——需求管理的战略

1. 确认产能，找出诱因

如果企业采用的是大众化平价的战略，企业的产能基本上是固定的（就像航空公司班次及座位是固定的），在产能固定的情况之下，就要对需求进行调整，才能使得供给与需求达成动态的一致。企业选择大众化平价的生产方式，最主要的原因是顾客最在乎的是用便宜的价格、能接受的质量买到产品，因此可以用这些可控因素来进行调节。主要方法包括细分需求、提供价格诱因、提升离峰需求、发展互补性服务及预约系统。

2. 细分需求

有许多不同的群体会对单一的某种服务产生需求。例如，一项对健康诊所需求的分析显示，在非预约患者中，周一来看诊的患者最多，其他时间相对较少。诊所的非预约需求是无法控制的，而预约的需求则是可以控制的。因此，可以将预约看病时间安排到一周的后几天，以使需求水平稳定。

3. 提供价格诱因

客户对于大众化平价商品很在意价格，因此可以提供价格诱因进行调节。其中一个做法就是进行差别定价法。例如，①大幅降低周末和夜间长途电话的收费率；②大幅降低电影院的下午场或在下午6点以前进场的价格；③大幅降低位于旅游观光点的旅馆在非旅游季节的房价；④提高公共事业公司在需求高峰期的定价。

4. 增加用途以提升离峰需求

同样的生产能力，在离峰时可以生产新用途的产品以增加产能。例如，在旅游淡季，可将平时用于招待商务人员的旅店作为公司职员的休息场所。又如，在夏季把一个山顶滑雪场变为飞行跳伞表演的场所。有些在市区的大学，会将空闲的教室，出租给企业开会、培训之用。

5. 发展互补性服务

许多企业也开始提供互补性的服务来增加产能。例如有些面包店会兼卖饮料，顺便还提供一个座位，人们除了买面包之外，还会再买饮料，这样一来，它们的产能便能被有效地运用。以往便利商店都只会销售一些便利品，但是现在便利商店也会提供餐饮服务，当消费者逛累了就会想要来吃饭，这样也可以增加产能。许多加油站除了加油之外，也有汽车保养与维修的服务，这样也可以更有效地增加产能。

6. 预约系统

许多服务都提供了预约系统，事先通过预约企业可以预先做好准备，也可以减少空置产能的风险，所以许多服务都希望通过预约来完成。预约对企业的产能规划有利，所以许多服务提供者对预约的客户也会给予优惠。

但是预约也同样会产生风险，当客户进行预约之后，服务提供者也提供了相应的准备，但是如果客户没有履约，企业就会出现亏损。所以现在许多企业都采取了一种预约保险的设计，也就是在预订（如饭店）的同时也会要求购买保险。如果在预订的时间客户没有入住饭店，保险公司就会给予企业这种损失的补偿。

第三节 追逐需求——管理产能的战略

1. 确认需求的变化

如果企业采取的是差异化策略，也就是采用的是个人订制化专业的服务模式，这时就要先确认需求的变化，再来调整产能。首先，要分析客户需求变化的情形。图7-2显示的是一家大城市的电话公司在具有代表性的一天24小时内每半小时的电话呼叫率，以及对电话接线员的需求。从这些数据可以看出，高峰呼叫期发生在早上10：30，最低呼叫期发生在凌晨 5∶30。高峰期和低谷期的电话呼叫比率为 125∶1。没有什么办法能够根本上改变这种需求模式，因此，只能考虑通过调节服务供给使其与需求匹配。我们可以应用几种策略实现这一目标。

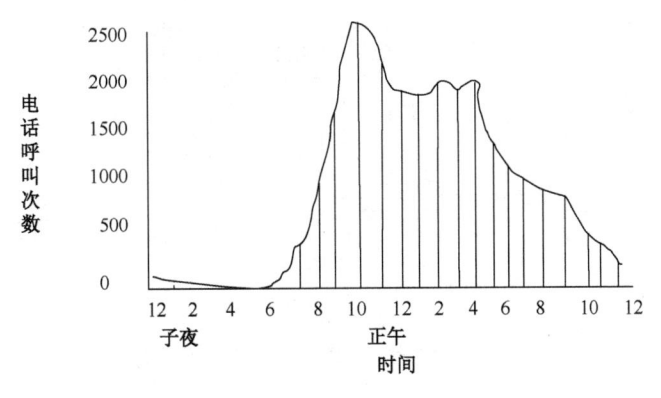

图 7-2 对接电话线员的每日需求

（资料来源：Buffa ES, Cosgrove MJ, Luce BJ. An Integrated Work Shift Scheduling System. Decision Sciences，1976，7（4）：622.）

2．每日工作排班

对许多周期性需求的服务组织来说，工作班次计划是一个重要的人员排班问题，如电话公司、医院、银行和警察局。这些工作要通过排班，以使服务供给水平接近于需求。该方法首先要对每小时的需求进行预测，然后将这种预测转化为每小时对服务人员的需求。时间间隔可以少于 1 小时，如快餐业可以将时间间隔定为 15 分钟，以便在整个就餐时间内对工作进行排班计划。再次是制定班次的计划或工作时间。最后，要将特定服务人员分配到不同的工作时间或班次中。下面以电话接线员的人员安排为例来说明该方法所需的分析。

（1）需求预测。

如图 7-2 所示，以半小时为间隔对需求进行预测，这种预测必须能够解释工作日和周末的需求变化及季节性调整。我们发现，星期六和星期日的电话负荷量接近典型工作日的 55%，夏季的需求一般较低。像"双十一"这样的特殊高需求日也应该加以考虑。

（2）排班。

根据每日需求预测的分布状况，可以将每半小时设定为一班。以国家规定的服务标准来看，在 89% 的时间内，接线员必须在 10 秒钟内对打入的电话做出应答，所以服务人员的人数要达到这个标准。其结果是，我们得到了如图 7-3 所示的对接线员每半小时的需求状况。

（3）计划班次。

计划班次代表着不同的工作开始和结束时间的工作班次需要分配，这样它们才能满足如图 7-3 所示的人员需求的最高点。每一个班次包括由一段休息时间和就餐时间分隔的两个工作期。如式 7-1 所示，在当 n 个半小时期间进行加总后，要使需要的接线员人数和分配的接线员人数之间差额的绝对值最小。如果设 R_i 为在期间 i 内需要的接线员人数，W_i 为在期间 i 内分配的接线员人数，此目标可用下列公式表示：

$$\text{最小化} \sum_{i=1}^{n} |R_i - W_i| \tag{7-1}$$

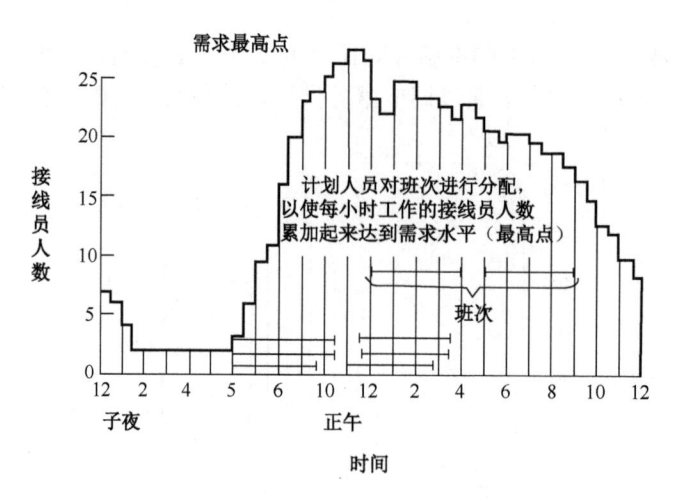

图 7-3 对接线员的要求和工作时间分配

（资料来源：Buffa ES, Cosgrove MJ, Luce BJ. An Integrated Work Shift Scheduling System. Decision Sciences，1976，7（4）：626.）

图 7-4 是工作计划运作的过程。在每一时段中选出的班次都能够最好地满足式（7-1）中所述标准的班次。由于该方法对时间较短的班次较有利，因此在计算时会对不同工作时间长度的班次加权以避免偏颇。通过这种方法的使用，我们得到了一张列有满足需求的不同班次的清单和对这些班次所做的午饭和休息时间的安排。

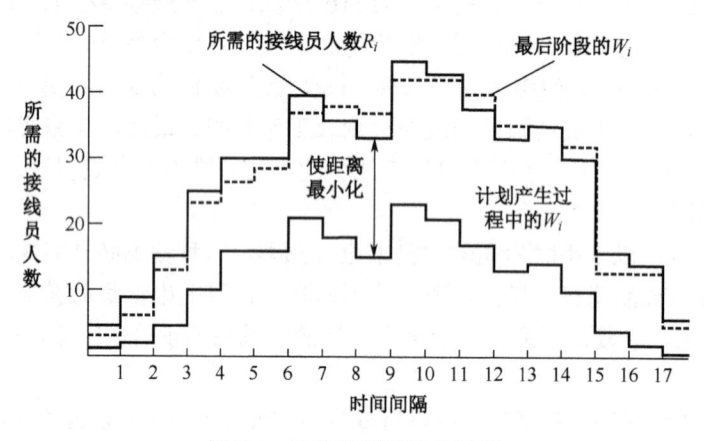

图 7-4 工作计划运作的过程

（资料来源：Buffa ES, Cosgrove MJ, Luce BJ.An Integrated Work Shift Scheduling System. Decision Sciences，1976，7（4）：626.）

（4）安排接线员的班次。

考虑到所要求的班次和每天 24 小时、每周 7 天的运营模式，要考虑到在休息时间的安排和涉及加班费的加班指派问题上是否公平的问题。在实际的工作分配中，也会考虑到员工对班次的偏好。

3．休息时间有限制的每周班次计划

有些服务性组只要一周 7 天、每天 24 小时有人待命，如警察局、消防局和医院的急诊室。对于这些组织来说，典型的员工每周工作 5 天、连续休息 2 天，但是不一定是星期六和星期日休息。这种排班问题可以用一个整数线性规划模型来准确表述。首先，要决定一周内每天需要的员工人数。

变量定义：

x_i——分配到班次 i 中的员工数量，这里第 i 天是两个连续休息日的开始（如分配到第 1 组的员工在星期日和星期一休息）；

b_j——第 j 天所需的员工人数。

目标函数：

$$x_1 + x_2 + x_3 + x_4 + x_5 + x_6 + x_7$$

最小化限制条件：

星期日	$x_2 + x_3 + x_4 + x_5 + x_6 \cdots \geq b_1$
星期一	$x_3 + x_4 + x_5 + x_6 + x_7 \cdots \geq b_2$
星期二	$x_1 + x_4 + x_5 + x_6 + x_7 \cdots \geq b_3$
星期三	$x_1 + x_2 + x_5 + x_6 + x_7 \cdots \geq b_4$
星期四	$x_1 + x_2 + x_3 + x_6 + x_7 \cdots \geq b_5$
星期五	$x_1 + x_2 + x_3 + x_4 + x_7 \cdots \geq b_6$
星期六	$x_1 + x_2 + x_3 + x_4 + x_5 \cdots \geq b_7$

其中，$x_i \geq 0$ 且为整数。

4．提升顾客参与度

许多服务提供者通过提升顾客参与度来进行个人订制化的服务，并协调了供给与需求的关系。例如，宜家只负责整合设计师的产品，并找出设计师之间的共同主题，然后用不同的场景来展示产品；而宜家家具的工厂是根据设计师设计的图纸进行加工的，这些工厂只进行原材料的零件加工，产品的组装及运送则由顾客自行完成。这种顾客参与提升客制化，不但减少了服务提供者的成本，也增加了客户自行组装产品的乐趣。

另外，许多快餐业已经取消了由服务人员端送食物和清洁餐桌的服务，顾客（现在是合作生产者）不仅要自行点菜，而且要在饭后清洁餐桌。这种顾客参与（顾客变成合作生产者）可以使得顾客更快和更便宜地取得服务，对服务提供者而言，只需要设定好场景中的设施与流程并加以监督即可。

提升顾客参与度的主要问题是服务质量。由于服务经理不能完全控制劳动力的质量，因此确实存在一些自助服务的弊端。例如，自助加油的顾客可能没有能力全面定期检查轮胎和油位，最终会导致安全问题；市场上散装食品（如大麦、谷物、蜂蜜、花生酱）的自助服务可能导致散装容器污染或安装时溢出而造成浪费。

5．弹性调整能力

通过产能弹性化的设计，在某些场景可以使用某种产能，在另外一种场景则可以弹性地转变为另外一种产能。例如，许多饭店的用餐区采用的都是一种弹性的设计，当用餐人数很多时，它可以把隔间拉开，原本隔开的小场地就可以变成很大的用餐场地；当用餐人数较少时，就可以把隔间关上，而变成小型的用餐区。许多饭店的会议室的桌椅也采取了弹性的设计，这些桌椅是活动、有轮子的，可以根据各种需求进行组合，变成圆形、方形或者各种形状的会议室。

除了空间之外，许多酒店也会弹性运用时间。例如，在用餐高峰期，全员进行用餐的准备，而在无人用餐期间，可以对员工进行一些交叉培训，以便他们能够在非高峰期完成一些不接触顾客的工作。

6. 共享产能

许多服务提供者要在服务设施上投入大量的资金，但是他们真正使用的时间可能非常短暂，所以在不使用的时候可以把这些设施产能与其他服务提供者进行共享。例如，许多航空公司在机场的柜台就采用了共用的一种形态，因为每班班机一天可能只有几次需要使用到柜台，所以可以不用自行租用柜台，只需要付费使用，而在其他未使用的期间可以把柜台与其他航空公司共享，这样就可以降低服务设施的投入成本。

除了柜台之外，在小型机场，航空公司也常共享入口、跑道、行李处理设备及地面服务人员。在淡季，有些航空公司常常将飞机租给其他航空公司，租借协议包括可以漆上适当的标志和重新装饰机舱。

7. 交叉培训员工

服务提供者是随着客户移动的状态来提供服务的。而许多服务系统是由几种不同的作业所构成的，当一种作业繁忙时（正在对客户提供服务），另一种作业可能会闲置，所以可以通过交叉培训，使员工同时具有几种工作的作业能力，这样就可以在某些工作繁忙时相互支持。

例如，有许多饭店会对服务人员进行餐厅与客房服务的交叉培训，在中午用餐时间，饭店会要求打扫客房的人员到餐厅来帮忙，用餐时间过后，他们再回去进行客房服务。相同的，假日时，客房服务较忙碌，则饭店可以要求餐厅的服务人员到客房帮忙。进行交叉训练的员工可以通过工作扩大化或工作专精化两个方向来同时提升其工作能力。因为在清闲的时候可将任务重新分配给少数的几个员工，暂时将他们的工作扩大化，而在忙碌时更加专精化。

8. 雇用临时工

当业务高峰持续且可以预测时（如餐馆的就餐时间），就可以雇用临时工来补充正式员工的不足，如雇用大学生、希望增加收入的人或下岗职工。

第四节 收益管理

一、价值定价——收益最大定价法

现在许多服务提供者通过动态的价格调整来进行差别定价，以使得供需达到动态最佳的协调一致，进而使企业产能达到优化的利用并使企业收益最大化。这样，一方面可以使企业利润最大化，另一方面也让消费者因为差别的价值定价而获得较大的满意度。前面提到的几种方法，如订票系统、提供价格诱因和需求划分等都是收益最大化的一种方式。

以航空公司为例，由于飞机座位的易逝性（即一个航班的飞机起飞后，空位的潜在收入就永远失去了），许多航空公司会根据不同的情况来设定价格，以尽可能地填满所有的座位。首先，如果航空公司将所有座位都打折出售，这样会很快填满座位，但是会大幅降低收益。因此，许多航空公司会按照不同类型客户的需求进行定价。一般，搭乘飞机出行的客户可以分为3种类型：价格敏感者（如学生）、家庭旅游者（如普通家庭顾客，他们对价格不会太敏感，而是希望一次难得的假期能够带来美好的回忆）、商务旅客（他们通常在条件谈妥后就会飞到不同目的地进行签约，所以他们最在乎的是效率，对价格较不在乎）。

我们可以对收益管理进行经济分析。图 7-5（a）显示的是采用一个航班单一价格销售座位，价格在需求曲线向下倾斜时与销售数量的固定关系。假如 Q 小于或等于可供应座位数，航班的总收益是 P（价格）$\times Q$（销售座位数）$=PQ$。价格固定造成的结果是大量的空座位和剩余消费者（很多乘客愿意花钱考虑更多的航班而不是价格固定的航班）。

图 7-5（b）则在同样的需求曲线之下提供了 3 种不同类型客户的价值定价：P_1 是固定价格（客户以商务旅客为主，他们发现商业机会就立刻订票出发；对航空公司而言，这种类型的客户风险最大、成本最高，所以票价也较贵）；P_2 是客户提前购买的价格（有计划出游的家庭旅游者，他们通常可以提早几个月订票；对航空公司而言，提前购买可以降低航空公司未出售机位的风险）；P_3 是网上订票的价格（通常，价格敏感者可以提前几个月在网上预购机票；对航空公司而言，提前预购再加上网络自助购票可以省去人工购票的成本）。采用价值定价法对于收益管理的总收益是价格乘以顾客购票的数量的总和：$P_1Q_1+(Q_2-Q_1)P_2+(Q_3-Q_2)P_3$。3 种类型客户的价值定价法所产生的总收益远远大于单一的定价方法。这个结果解释了为什么在今天的市场上乘客很难找到剩余的空座位，因为消费者剩余已经被航空公司大幅度地降低了。

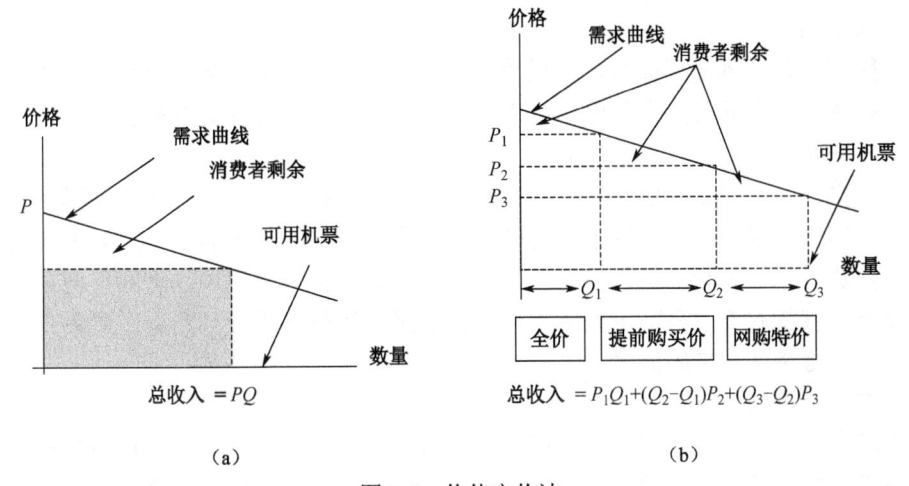

图 7-5　价值定价法

二、适用的服务者

价值定价法的收益管理最适用于具有下述特征的服务企业。

（1）相对固定的作业能力。

许多类型的产业需要投入大量资金在固定资产上（如旅馆和航空公司），所以要尽可能地增加资产使用率，这种产业的作业能力是受限制的。

（2）细分市场的能力。

要进行价值定价的收益管理，就要对客户进行分类（进行市场细分），然后针对不同的客户、不同的需求价值采用不同的定价方式。例如，饭店的客户有许多种类型，有的是商务型，他们是时间敏感的客户，房间要安静，价格反而不是重点；相对的，有许多客户是价格敏感的经济型，他们要的是便宜、干净的住宿，只要便宜、干净他们就能接受。图7-6是一家旅馆根据不同的季节对3种类型客户进行分析的图表。根据这个分析，在不同季节可以对房型进行调整，并进行差别性的价值定价。

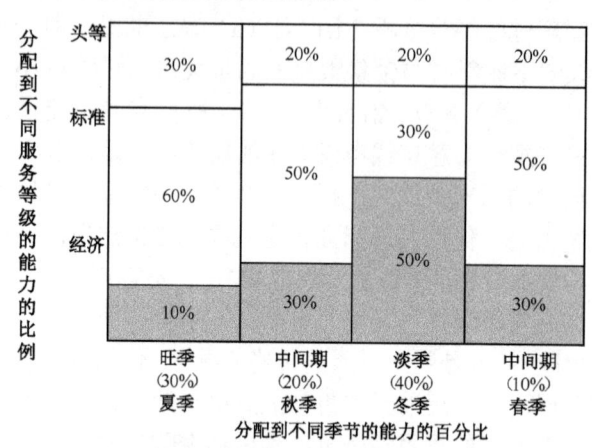

图7-6 旅馆根据服务等级所做的房间季节性分配

（资料来源：Lovelock CH.Strategies for Managing Demand in Capaciy-Constrained Service Organizations. Service Industries Journal，1984，4（3）：23.）

（3）易逝的存货。

对于航空公司这种公司而言，可以将每个座位看成待售的（实际上是待租的）单位存货，这些存货在特定的时间未售出，对服务提供者而言这份收益就失去了。

（4）事先售出产品。

由于许多产品有"易逝的存货"且需求不确定的特征，因此，许多服务提供者对不确定的需求采用预订系统以提早售出自己的服务能力。例如，许多航空公司会提前进行机票的预订，消费者越早进行购买价格就会越低。通过这种预订系统可以降低不确定性及易逝存货的风险。有些农产品在产季来临之前也会采用优惠价格进行预购，以避免产季时因为生产量过大价格暴跌带来的损失。

（5）波动的需求。

许多需求呈现波动的状态，所以可以通过对需求波动的预测来进行收益管理。收益管理可以使管理者在低需求期提高服务能力的使用率，在高需求期增加收入，进而精准协调供给与需求，而使总收入最大化。

（6）低和高边际能力改变成本。

另外，进行价值定价法时也要考虑到边际成本。对额外的服务进行销售时，额外服务的单元库存的边际成本必须要低。例如，为一位飞机乘客提供零食产生满意度的成本较小；若要进行加值服务而需要投入大量设施成本（如一个旅馆必须增加100个房间），则这种边际成本就很大。

本章重点汇整

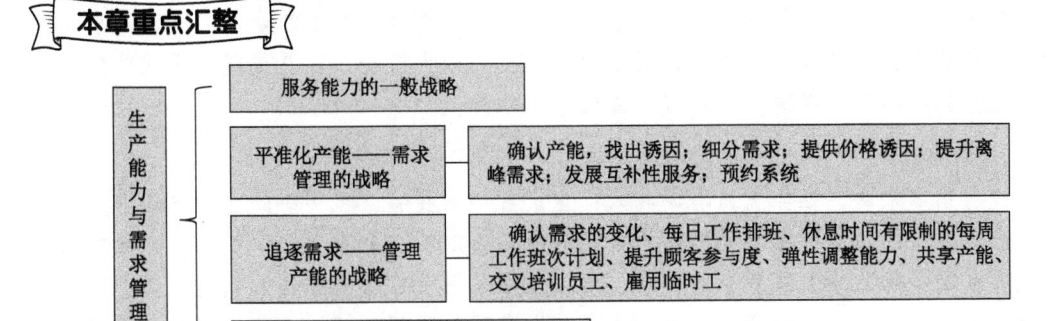

生产能力与需求管理
- 服务能力的一般战略
- 平准化产能——需求管理的战略：确认产能，找出诱因；细分需求；提供价格诱因；提升离峰需求；发展互补性服务；预约系统
- 追逐需求——管理产能的战略：确认需求的变化、每日工作排班、休息时间有限制的每周工作班次计划、提升顾客参与度、弹性调整能力、共享产能、交叉培训员工、雇用临时工
- 收益管理价值定价、适用的服务者

案例分析

实体生意要逆袭

共享工厂的本质就是订制和外包。如今是个性化需求的时代，消费者开始引导供应链。未来的消费关系是：消费者需要什么，生产者就得生产什么。这是一个逆向生产的过程。消费者的主动权变大了，这其中也将诞生无数大机会，但是要想发现这些机会，就必须搞懂其中的变化逻辑。

一、1.5万家服装工厂彻底翻身

传统工厂失败的原因时什么？对于一个传统制衣厂来说，一天满负荷生产量是2000件衣服，如果一天的生产量低于500件就会亏损。但是生产总是分淡季和旺季的，如夏装订单已完工，秋装订单还没开始，这其中的间隙就是工厂最难熬的日子，加上支付给工人的工资，工厂每个月要亏损20多万元，而且这种空档期加起来占全年的近半时间。

新华社（杭州）报道：现在，一种以"分享产能""共享工厂"的新型生产模式在全国各地兴起。例如，一家位于浙江桐乡的羊绒制品工厂是当地第一家接入互联网的工厂，在加入1688的淘工厂平台后，主要为小型网店加工毛衣，虽然刚开始接入商家的订单都是小单，一批只有20～30件，但是开机率从以前的60%达到现在的90%以上，并且一条生产线可以加工多个品牌，在淡季也能做到扭亏为盈。该工厂于是又在平台上和周边9家企业抱团发展，成立了"虚拟联合工厂"，统一接单，集中打样，再按照每家工厂的生产情况分配单量。接到无法消化的订单，就共享给其他订单匮乏的工厂。

"我们实行'谁的机器在空闲、谁有档期谁去做'模式，还可以避免延期交货的问题。"当地很多任务厂也纷纷联动起来。这种做法让那些淡季生产停滞的工厂根据情况调节生产能力。简而言之，互联网让它们的需求多元化了，也就不存在淡季和旺季了。阿里巴巴集团旗下的1688淘工厂平台提供的数据显示，全国已经有1.5万家服装工厂开始转变生产方式，覆盖了全国16个省份。

二、实体生意的逻辑彻底变了

有人认为中国已经进入做什么都不赚钱的时代，而从现在开始，中国所有的生意都值得从头再做一遍。共享工厂的到来，将让中国实体产业拥有翻身的机会。共享经济也让中国所有的商业逻辑都被推倒重建。这其中也将诞生无数大机会，但是要想发现这些机会，你必须搞懂其中的变化逻辑，下面就来进行系统分析。

1. 生产决定消费

从经济角度来讲，社会上只有两种人：生产者和消费者。在传统的生产方式中，产品是由生产者决定的，消费者只需要根据自己的需求决定买或者不买。例如，厂家往往因为无法低成本地了解每一个消费者的需求，所以往往采用一刀切的方法，就是把需求最多的性能组合到一起，成为一款产品。这种生产并没有深入了解、统计、整合消费者的需求。也就是说，消费者的需求是和研发设计等环节分离的。生产者只关心订单的批量和规模；销售环节则只关系销售额，也不会过多关心消费者的需求。

既然是和消费需求脱节的，就不可避免地产生库存和压货，而库存和压货是吞噬厂商利润的黑洞，也是商品价格难以下降的重要原因之一。压货和库存是利润的天敌，中国零售商品的零售价往往是成本的 5 倍，眼镜、珠宝、奢侈品的零售价往往是成本的百倍，如此巨大的价格差异就是层层库存、压货加价和终端零售成本高昂造成的。

以服装行业为例，像七匹狼、柒牌、李宁等这些传统企业，在辉煌年代的营业额可以达到几十亿元。它们的优势就体现在生产能力和渠道方面，生产线一开就是 10 万条；渠道也很强大，产品生产出来之后通过分销商向零售商去铺货，再依靠广告效应，可以迅速占领全国市场，这就是传统优势。

在以前，如果我们看到别人穿了一件漂亮的某品牌衣服，自己也会去买相同的。而现在，如果我们高高兴兴地穿了一件新衣服出门却发现跟别人撞衫了，就会感到郁闷，甚至会把这件衣服扔掉。也就是说，消费者的需求变了，如今是个性化需求的时代。这种变化是从人们开始寻找自我开始的，个性化是下一个时代的开端。

2. 消费决定生产

每个人的个性需求被放大，人们越来越喜欢个性化的东西。但是个性化东西的需求量没有那么大，这就需要工业企业能够实现小批量的快速生产。而以 AI、大数据、物联网、云计算等为代表的技术革新，恰恰顺应了这种变化。它正在实现"制造业"和"信息化"高度融合，诞生出 C2F（顾客对工厂）模式：工厂可以快速、小批量、定制化地生产每一个消费者需要的东西。

所以，这是一场"消费关系"的大解放。未来的消费关系是：消费者需要什么，生产者就得生产什么。这是一个逆向生产的过程。整个社会的供应关系被摧毁重建，经济的任督二脉正被逆向打通。未来的每一件产品，在生产之前都知道它的消费者是谁，并且知道这件产品的标准是怎样的。而生产商之间比拼的不再是价格，而是谁能最先对接消费者的需求，并且完成消费者需求的精准程度。此时，库存极低，也不会有恶性竞争，行业更进一步细分，新的供应关系正在形成。也就是说，今后是消费者决定生产，而不是生产者（包括工厂老板、设计师等）决定生产。对于企业来说，以前思考的问题是"做我能做的"，今后思考的问题是"给他想要的"。在未来，一切社会财富都是消费所带动的，中国正在进入"按需生产"阶段。"顾客就是上帝"这句话虽然在世界上流行了近 200 年，如今才真正实现。

中国经济的供应关系也发生了大逆转。因此，这些生产、营销、渠道和盈利模式都变化了,也就是说,传统的消费理论和经验都统统失效了。这一轮经济转型,其实是一场社会大洗牌,中国必须淘汰那些落后又粗放的生产型企业。对于那些那些粗放型的生产企业来说,如果搞不懂这个逻辑,再精细化的管理,再先机的机器,也是枉然。这些企业遇到的不是冬天,而是绝境。

三、未来如何做大一个品牌

1. 生产环节

很多任务厂都是先拿订单再生产,采取各种预售、众筹等模式,这样做有一个好处:即使是一件单品,传统企业一开工仍然是10万条。但是,在如今这种共享工厂的模式下,可以将一件单品从100件起做。如果这件单品不适合消费者的口味,损失最多是100件,而传统品牌的损失就是10万条。

我认为:"共享工厂的本质就是订制和外包。"消费者开始引导供应链,这条链条的起点是消费者发起需求,由此形成订制,然后经历层层外包,分解性生产,再由物流快递送到相应的地方。再结合文章开头提到的那个工厂分包的例子,我们可以发现:未来公司做大的秘密只有一个,那就是平台化。平台化的本质就是商业从"竞争"时代跨入到"大协作"时代。

2. 市场环节

由于新供应链的形成,产品试销将是很好的手段,你可以选择在电商平台进行试销,如果试销得到的反馈是非常成功的,就可以立刻开始进行大批量生产。通过消费反馈,我们可以精准地推算出市场需求量有多大,再向下游供应链下订单。而这时生产者基本上没做什么投入,这就是所谓的"轻资产"模式。谁都不必先把钱压在某个环节,当产品进入周期性运作之后,再去做运营规划,进入常态化,于是一个新品牌就诞生了。我认为:从大订单模式走向小订单生产,才是传统企业出奇制胜的关键,柔性化、订制化、个性化是未来生产的三大关键词。

传统的零售比较复杂,包括直营、加盟和线上,它属于混合渠道。要彻底解决零售的问题,必须做到三店合一、同款同价,要破除层层批发和不同渠道不同价的问题。

而未来的新零售应该是制造商根据消费者的需求,通过协调供应商把产品生产出来,统一制定好零售价格,价格必须做到全国统一、线上和线下统一,然后通过各种渠道把商品销售给消费者以后,再根据供应链上的各个环节的关系分摊成本、分配利润。

(资料来源:http://www.sohu.com/a/164517/33_481490.)

问题:

在网络经济的冲击之下,新零售的实体服装业者如何优化地运用产能?

重点回顾与练习

关键术语

平准化产能(Level Capacity)　　　　追逐需求(Chase Demand)
差别定价(Differential Pricing)　　　预订系统(Reservation System)

服务能力（Service Capacity）　　　交叉培训员工（Cross-training Employees）
临时工（Part-time Employees）　　收益管理（Yield Management）
消费者剩余（Consumer Surplus）

选择题

1. 一位就餐的顾客可能希望服务人员热情地介绍自己的姓氏，而其他顾客则可能不喜欢，这说明了顾客（　　）的多变性。
　　A．到达比率　　　B．产能　　　C．努力　　　D．主观偏好
2. 某旅游公司将顾客划分为工作日休闲旅游顾客和周末旅游顾客，这体现了该旅游公司在需求管理战略上选择了（　　）方法。
　　A．采用预约系统　　　　　　　B．细分需求
　　C．提供价格诱因　　　　　　　D．发展互补性服务
3. 百货商场鼓励顾客"提前购物以避免圣诞节的商场购物高峰"，从而有效缓解需求过剩而带来的服务供应不足问题，属于需求管理战略的（　　）。
　　A．细分需求　　　　　　　　　B．提供价格刺激
　　C．促进非高峰期的需求　　　　D．发展互补性服务
4. 为了减少人力成本，某些快餐店让顾客自己点餐，自己拿食物，以及自己饭后清洁餐桌，这体现了管理产能战略的（　　）方法。
　　A．提升顾客参与度　　　　　　B．共享产能
　　C．雇用临时工　　　　　　　　D．弹性调整能力
5. 下列有关适合收益管理的服务企业所具备的特征的说法，错误的是（　　）。
　　A．相对固定的能力
　　B．细分市场的能力
　　C．能事先售出产品
　　D．高边际销售成本和低边际能力改变成本

判断题

1. 服务企业可以通过服务的差别定价来解决供给与需求的矛盾。　　　　（　　）
2. 调整服务供给可以通过调整服务时间的长短来实现。　　　　　　　　（　　）
3. 顾客的参与程度对服务企业的供给能力没有影响。　　　　　　　　　（　　）
4. 企业雇佣临时工不仅可以提高服务能力，而且可以减少全职工作的固定人员数量，避免人员过多造成的成本增加。　　　　　　　　　　　　　　　　　　　　（　　）
5. 交叉培训员工从事几种作业中的工作能创造出灵活的能力来满足高峰需求。
　　　　　　　　　　　　　　　　　　　　　　　　　　　　　　　　（　　）

简答题

1. 简述需求管理战略。
2. 简述管理顾客诱因的多边性的方法。
3. 简述能力管理战略。
4. 简述适合收益管理的服务性企业的特征。

第三篇

一站式协同平台

第八章
服务中的科技

◎ **本章知识点**

1. 科技在服务接触中的作用。
2. 自助服务的演进过程。
3. 常见的电子商务与平台生态的区别。
4. 可扩展性的含义,以及它与电子商务的联系。
5. 与新科技采纳相关的管理议题。

导入案例

阿里巴巴的信息科技运用

在组织管理框架上,从 2006 年 1 月开始,阿里巴巴把原来遍布全国的 13 个办事处合并调整为广东、上海和浙江 3 个区域分公司。建立了立足于本地的区域分公司,进而增强对当地市场的适应性和提高决策上的灵活性,软化对其各地办事处、分公司的遥控。

在资金流管理上,目前国内电子商务的普遍发展瓶颈之一是资金支付环节。阿里巴巴不断地在诚信、支付、平台交流转件等领域布局,将已成功应用于淘宝网的安全支付工具"支付宝"全面纳入阿里巴巴网站上,已经较好地缓解了支付的瓶颈,现在支付工具——支付宝已占全国 70%以上的市场。阿里巴巴进一步考虑通过采集支付宝上的交易数据,作为评价企业用户信誉的依据。

在硬件提供上,阿里巴巴可谓占尽优势,已通过与国际软件巨头 IBM 和国内管理软件企业用友、金蝶等合作,推出为阿里巴巴量身定做的包括供应链管理、ERP、CRM、财务软件等在内的全线电子商务流程解决方案。此举措积极推进了互联网整合经济模式的实践。另据悉,阿里巴巴也搭上了英特尔公司的战车,通过与英特尔公司的深度结合,阿里巴巴试图以现有电子商务平台为基础,集成全球的软硬件供求链条。

思考与训练：

1. 阿里巴巴的服务系统为何要运用信息科技？
2. 信息科技的运用是如何演进的？

第一节　服务与信息科技

一、服务中的信息科技

在现代的服务管理当中，信息科技（信息）的角色越来越重要了。以美国为例，在美国整体服务经济中，信息服务就占了 53%的比例（见图 8-1）。在 2017 年年底，中国数字经济占 GDP 的 3 成，其互联网发展水平居全球第二，美国仍然是信息科技的霸主。截至 2017 年 6 月，全球网民总数达 38.9 亿，普及率为 51.7%。其中，中国网民规模达 7.51 亿，居全球第一。发展数字经济已经成为全球主要大国和地区重塑全球竞争力的共同选择，目前全球 22%的 GDP 与涵盖技能和资本的数字经济紧密相关。以互联网为代表的新一轮科技和产业革命形成势头，数字经济发展势不可挡。

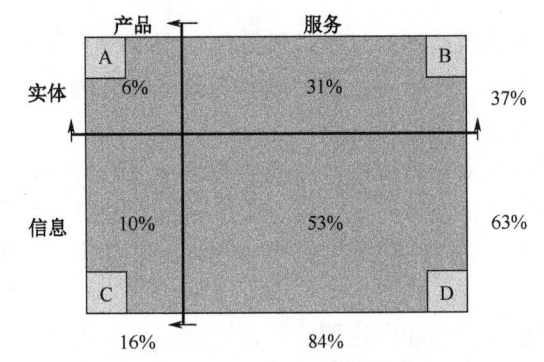

部门	描述	范例
A	实体商品	汽车、钢铁、化学药品
B	实体服务	交通运输、零售
C	数位商品	电脑、DVD、TV、电话
D	资讯服务	金融服务、电信通讯

图 8-1　美国经济体的 GDP 分配

二、信息科技与优势

通过信息科技（信息）来进行创新，是目前中国经济主要的成长动力之一。而信息科技对传统（非数字）产业产生颠覆作用的例子层出不穷。数码相机的出现，使得 Kodak 这个垄断传统摄像科技的巨人因转型失败而倒闭。从服务管理的角度来看，信息科技对企业的竞争有何影响？图 8-2 说明了信息科技在对服务企业竞争战略方面所产生的作用。

	联机（实时）	脱机（分析）
外部 （顾客）	**设置进入障碍** 订票信息系统 会员俱乐部 转换成本	**增加数据库资产** 出售信息 开发服务 微观营销
内部 （运营）	**创造收入** 收益管理 销售点 专家系统	**提高生产力** 库存状况 数据包络线分析 无人服务

图 8-2 服务业信息战略的作用

（资料来源：Fitzsimons JA. Strategic Role of Information in Services.in rakesh V. Sarin（ed），Persoectives in Operations Management:Essays in Honor of Elwood S. Buffa,Norwell,Mass:Kluwer Academic Publisher，1993：103.）

（一）设置进入障碍

通过信息科技的应用可以设置进入障碍，这些障碍基本上包括订票信息系统、会员俱乐部或提高转换成本以增强顾客依赖与使用习惯。

1. 订票信息系统

一个完善的（线上或手机终端）订票信息系统，会使得服务更趋向完美，而使竞争者没有可以再加以完善的空间。竞争者若要通过服务改善创造优势则要增加很大的成本。因此，这样就设置了一个比较大的进入障碍。

例如，在没有信息科技支持的旅行社，在接到一张飞机票的订单之后，它就要向许多航空公司发出信息，咨询订票当日有无航班、票价、有无机位、能否加购行李等问题；规格确定以后，然后还要逐一对各航空公司进行比价，通常订完一张机票需要专业人员花费几天的时间才能完成。

但是现在的订票信息系统已经将这种搜寻、比价、个人特定需求设定的作业完全整合在一个平台上，并且可以运用信息科技进行处理了。以去哪儿网为例（见图 8-3），你只要输入你的出发地及目的地，并且输入你要出发的日期及回程的日期，就可以自行订票。并且，你可以通过比价系统对所有服务进行比价，然后选择你想要价格的机票。与此同时，你还可以根据自己的偏好选择飞机上的服务方式，如可以选择在飞机上用餐，或需要加购行李，也可以选择坐在走道或者坐在靠窗户的位置。通过这样的偏好设定，就可以完成近似于个人化的订制服务。如果没有信息科技而采用人工处理这些设定，会花费非常多的时间，并且容易产生错误。像这样完善的系统就建构了一个较好的进入障碍。

2. 会员俱乐部

好市多（Costco Wholesale Corporation）是美国第二大零售商、全球第七大零售商，以及美国第一大连锁会员制仓储式量贩店，也是美国《财富》杂志评选的 2017 年财富世界 500 强排行榜的第 36 名。它于 1983 年成立于美国华盛顿州西雅图市。好市多采取会员俱乐部的方式提供会员特定的服务，其经营特色在于以低价格提供高质量的商品，以及与同业相比精心挑选更少而较实用的商品项目。其主要盈收来源主要是收取小额的年费，其次才是商品的毛利。因为好市多有广大的会员群可以对供应商进行议价，同时，好市多尽量以低成本销售，所以许多名牌家用商品都可以用非常低的批发价买到，因此迎合了中小型企业主的喜好而十分成功。

图 8-3 一站式订票信息系统

另外，美洲航空公司在其订票系统的基础之上更深一层地对会员进行服务。它们找出经常飞行的旅客，然后针对这些旅客提出奖励计划，如用飞行里程抵减票价，而使得客户的忠诚度更高。

3．转换成本

转换成本（Conversion Cost）最早是由迈克·波特在 1980 年提出的，指的是当消费者从一个产品或服务的提供者转向另一个提供者时所产生的一次适应性成本。这种成本不仅仅是经济上的，也是时间、精力和情感上的，它是构成企业竞争壁垒的重要因素。如果消费者对某项服务已经使用得非常习惯，此时若要从一个企业转向另一个企业，就会因为要适应新的服务而损失大量的时间、精力、金钱和关系，那么当消费者因为对企业的服务不是完全满意而要进行转换时，也会三思而行，这就可以形成一种转换的障碍。

简言之，如果一个服务提供者能通过信息技术而使消费者产生习惯、喜爱进而依赖，则其他厂商要抢夺消费者，转换成本就会很高，这也使得其他企业不会想要进入这个产业。

（二）创造收入

1．收益管理

服务提供者可以通过新的信息技术，先对目标客户的偏好进行分类，进行更小的主题式分群；再根据各种不同主题群的使用习惯、偏好与需求来进行价值定义；最后，通过价值定价法来收费，这样可以增加服务企业的收入，也可以提升客户的满意度。

例如，美洲航空公司对自己即将起飞的航班和在同一航线上的竞争对手的航班两者的销售状况进行监督，再根据销售状况对该公司未售出的座位做出价格的动态定价，当订票的人少时就降价，而当订票的人多时就加价以增加利润。这样，可以保证剩余的空座位都有售出的机会，进而使每一航班的收入最大化。

2．销售点

沃尔玛发明了一种结合了平板电脑的购物推车（见图 8-4）。消费者推着这种车在商场购物时，各类商品的折扣信息就会随时显示在屏幕上。当消费者对屏幕上出现的折扣商品感兴趣时，平板电脑还会为消费者指引出商品具体的位置。供货商的调查显示，在超市的试验中，选用这种购物车的消费者会多消费 1 美元。

图 8-4　销售提示平板购物车

另外，去商场购物，停车也是一个很困扰人的问题。现在也有许多商场提供停车的应用程序服务（见图 8-5），通过这个应用程序你可以知道现在商场停车的最新信息，然后可以很快的找到空位进行停车，这样可以节省停车时找车位的时间。例如，广州的办公大楼也已经出现共享停车位的服务。珠江新城是广州商住价格最高的区域，车位资源相当紧张，这里的商业大厦即便把价格定到每小时 16 元，还是有许多人找不到停车位。有了共享停车服务平台，停车方便了很多。不同的共享平台的预订模式也不一样，有的要求预约成功后的 15 分钟内要驶入停车场，否则订单作废，停车位重新释放。有的平台规定从预订时开始计费，确保车位不被他人占用。共享平台制定的停车费标准不会超出停车场原有的标准，而且会自动扣费，非常方便。

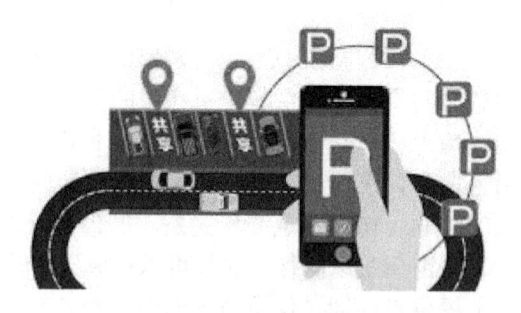

图 8-5　停车指引 App

3．专家系统

专家系统是早期 AI 的一个重要分支，它可以看作一类具有专门知识和经验的计算机智能程序系统。一般采用 AI 中的知识表示和知识推理技术来仿真，通过这种仿真可以解决由领域专家才能解决的复杂问题。一般来说，专家系统=知识库+推理机，因此专家系统也被称为基于知识的系统。一个专家系统必须具备 3 个要素：领域专家级知识、仿真专家思维、达到专家级的水平。

例如，奥的斯电梯公司便将专家系统安装在其维修人员的笔记本电脑里，现场维修人员能查询该系统并发现问题的可能原因，然后进行诊断，通过这套系统，只需要很少的维修人员便能快速进行维修。

（三）增加数据库资产

妥善运用一家服务公司所拥有的数据库能成为具有战略层次的重要隐性资产。许多数据库进行整合，便会形成大数据（Big Data）。总数据量相同的情况下与个别独立的小型数据集（Data Set）相比，将各个小型数据集合并后进行分析可得出许多额外的信息和数据关联性。通过大数据分析，可察觉商业趋势、判定研究质量、避免疾病扩散、打击犯罪或测定实时交通路况等。这样的用途正是大型数据集盛行的原因。

通过数据库的数据分析，可以更快地抢占商机并更好地为客户提供服务，进而形成一种竞争优势。以下是3种例子。

1. 出售信息

许多商业活动是基于信息不对称（Information Asymmetry）而产生的。信息不对称是指参与交易的各方所拥有、可影响交易的信息不同。一般而言，卖家比买家拥有更多关于交易物品的信息，但相反的情况也可能存在。前者常见的例子如二手车的买卖，卖主对该车的了解比买方多。后者的例子如医疗保险，买方通常拥有更多信息。不对称信息可能导致逆向选择（Adverse Selection）或形成经济租，引发寻租行为。

例如，大众点评网便是通过提供第三方评价信息、降低信息不对称而成功的服务提供者。大众点评网于2003年4月成立于上海，它是中国领先的本地生活信息及交易平台，也是全球最早建立的独立第三方消费点评网站。大众点评网不仅为用户提供商户信息、消费点评及消费优惠等信息服务，同时亦提供团购、餐厅预订、外卖及电子会员卡等O2O（Online to Offline，线上到线下）交易服务。2016年1月，美团－大众点评旗下的应用程序"大众点评"荣登"2015腾讯应用宝星应用程序榜"，喜获"年度十大最受欢迎应用程序"。同时，"大众点评"也是唯一一款获评该奖的美食健康类应用程序。

2. 开发服务

许多企业也通过对客户数据库的分析来开发新产品。例如，Club Med是一家遍及世界各地的旅游公司，它通过客户数据库的建立分析了会员的年龄差异。然后，公司了解到随着时间的推移，原来的单身会员已经结婚生子。随着客户年龄的增长，他们度假的方式也会改变。为继续争取以前的度假旅游者，Club Med改变了以往的做法，它们为有小孩的家庭提供住宿。现在，父母可以尽情享受海滩和水上运动，而他们的孩子则由附近儿童乐园的Club Med公司的专业人士来照看。另外，Club Med公司也增加了乘游船度假项目，以吸引对水上运动失去兴趣的年长会员。

通过对第一次消费后客户数据库的动态分析，服务也可以不断地进行升级与转变，从而与客户建立永久的关系，并进一步开发出潜在的新服务。

3. 微观营销

所谓微观营销，是指企业在大的市场区隔中寻找区隔市场中小群体的差异。这种区隔通常是以生活态度为变量进行小微区隔的。首先，企业可以研究消费者的消费偏好与生活习惯，并将相似习惯的群体归为一个小微群体，并根据小微群体的需求生产、销售产品和服务。通过这种区隔方法可以使自己的产品、服务和营销方案与地理、人口、心理和行为因素相协调一致。目前，这种小微群体的营销正在取代"大市场营销战略"，即对同一种产品用同一种方式进行市场营销并销售给所有的消费者。

麦卡锡（McCarthy）所做的小微群体的消费偏好与生活习惯研究（见表8-1）显示，在同一个社群中，可以以主要消费品牌重点用户的3种生活方式将用户划分为3种小微群体：花生酱、冷藏菜与啤酒。这3种小微群体年龄最广的是花生酱群（18~54岁），他们比较"宅"，共同特征是喜欢听收音机、听音乐会，非常喜欢租录像带回家看，较不喜欢看电视，他们偏好静态、室内、个人化的娱乐与生活方式。年龄范围中等的是冷藏菜群（35岁以上），他们比较"阳光"，喜欢娱乐场，常参加社交聚会、公众活动，经常旅游，是读报迷，较多看电视，与花生酱群相比，他们偏好动态、室外、大众化的娱乐与生活方式。年龄最小的是啤酒群（21～34岁），他们能"宅在家也喜欢出游（阳光）"。他们喜欢健身，会购买滚石唱片，喜欢乘飞机旅游，偏好参加社交聚会，喜好野外聚餐，一般会租录像带在家观看，也是体育电视迷。啤酒群的生活方式更均衡一些，同时喜欢户内与户外的活动，对个人与大众的娱乐方式也都比较能够接受。

表 8-1　微观营销分析举例

品牌	重点用户情况	生活方式和媒体情况	前3名的商店
花生酱	户主的年龄在18～54岁的有小孩的郊区和农村家庭	● 租录像带迷 ● 去音乐会 ● 较少看电视 ● 较多听收音机	Foodtown Super Market 3350 Hempstead Turnpike Le 3635 Hempstead Turnpike Le
冷藏菜	户主的年龄在55岁及以上的家庭和年龄在35～54岁的郊区中等家庭	● 去娱乐场 ● 参加社交聚会 ● 参加公众活动 ● 经常旅游 ● 读报迷 ● 较多看电视	Dan's Supreme Super Market 68-62 88th St. Flushing, NY Food Emporium Madison Ave.&74th St New York, NY Waldbaum Super Market 196-35 Horace Harding Flushing, NY
啤酒	户主的年龄在21～34岁的郊区和城市中高收入家庭	● 加入健身俱乐部 ● 购买滚石唱片 ● 乘飞机旅游 ● 参加社交聚会、野外聚餐 ● 租录像带 ● 体育电视迷	Food Emporium 1498 York Ave. New York, NY Food Emporium First Ave.&72nd St. New York, NY Gristede's Supermarket 350 E. 86th St New York, NY

注：现在微观营销能精准地把产品的最佳顾客和他们最愿意买东西的商店作为目标来分析，这里列出的是纽约地区一个公司的3种产品的最佳目标顾客的分析。

（资料来源：McCarthy MJ. Marketers Zero in on Their Customers. The Wall Street Journal, 1991：B1.）

（四）提高生产力

信息科技的搜集和分析，增强了服务企业多地点、多样化服务管理的能力。

1. 库存状况

对许多服务企业而言，库存是一个很大的成本，尤其是高科技产业。许多原料的成本（如 DRAM）是一日数变的，所以现在许多企业都希望能做到零库存。而通过现代的信息科技，可以在计算机上对所有作业流程中的库存一目了然，并通过库存预测模式进行预测，进而达到零库存。

2. 数据包络线分析

服务提供者要如何评估一家快餐分销店、银行支行、健康诊所或初等学校的生产力？衡量生产力有三重困难：第一，什么是系统适当的投入（如劳动力时间、材料金额）及其度量方法？第二，什么是系统适当的产出（如现金支票、存款凭证）及其度量方法？第三，正确衡量这些投入产出之间关系的方法是什么？

现在已经开发出了一种信息技术，通过明确地考虑多种投入（即资源）的运用和多种产出（即服务）的关联性，它能够用来比较提供相似服务的多个服务单位之间的效率，这项技术被称为数据包络线分析（Data Envelopment Analysis，DEA）。它避开了计算每项服务的标准成本，因为它可以把多种投入和多种产出转化为效率比率的分子和分母，而不需要转换成相同的货币单位。因此，用数据包络线分析衡量效率可以清晰地说明投入和产出的组合，因此，它比一套经营比率或利润指标更具有综合性并且更值得信赖。

数据包络线分析是一个线形规划模型，表示为产出对投入的比率。通过对一个特定单位的效率和一组提供相同服务的类似单位的绩效的比较，它试图使服务单位的效率最大化。在这个过程中，获得100%效率的一些单位被称为相对有效率单位，而另外的效率评分低于100%的单位被称为无效率单位。例如，许多餐厅用坪效（每一平方米所产生的绩效）来衡量不同餐厅之间的绩效。

3．无人化服务

亚马逊（Amazon）运用 AI、图像识别、深度学习等技术开了一家无人商店（Amazon GO），这家无人商店取名为"走（GO）"的意思是，消费者进入商店之后，只管需"拿了东西就走"，其他的都交由这些新的信息科技来处理。

这种服务的产生主要是针对消费者去超市或者便利店购物时的痛点所产生的。许多人去购物，总会遇到一个非常折磨人的环节，那就是要排队结账。如今这个痛点即将被亚马逊这家公司颠覆。消费者首先打开 Amazon Go 应用程序，扫描二维码进入商店（类似进入地铁站）；然后你就进入了超市，虽然没人，但是请注意从现在起你已经被锁定了，你的一举一动都被摄像头记录并传入系统。例如，你拿起一件商品，系统自动记录物品、数量，若你又将商品放回，系统会自动扣除。当你走出门后，商品就会自动被识别，并且完成结算，并在手机上显示详细清单。

以往一家店需要许多服务人员；而现在，一个服务人员可以看管许多家店，大幅提高了生产力。但是服务提供者也需要对新的信息科技进行投资。

第二节　服务中科技的采用

一、服务接触中的信息科技

诺基亚（Nokia）的手机因为坚固耐用质量好，曾经拥有80%以上的市场占有率，当时它曾提出了一个很有名的广告语"科技始终来自于人性"，为它的成功做了一个最好的注解。而当智能手机出现的时候，安卓及苹果的 iOS 系统是图形化界面，很明显要比诺基亚的塞班系统更易于使用、更人性化，而诺基亚在面临这个新挑战时，依然坚持使用塞班系统，最后因为销售不佳而退出智能手机市场。

科技是服务于人性的，科技是带来更好的生活而不是增加使用者的负担。所以，在采用科技时，要从消费者体验的角度来看应该要采用何种科技。图8-6介绍了5种科技采用的模式。大体而言，个人化专业服务较倾向于不含科技的服务接触模式，或者科技辅助型服务接触；大量服务及服务商店则倾向于采用科技促成型服务接触与科技媒介型服务接触；而服务工厂则倾向于科技合成型服务接触。

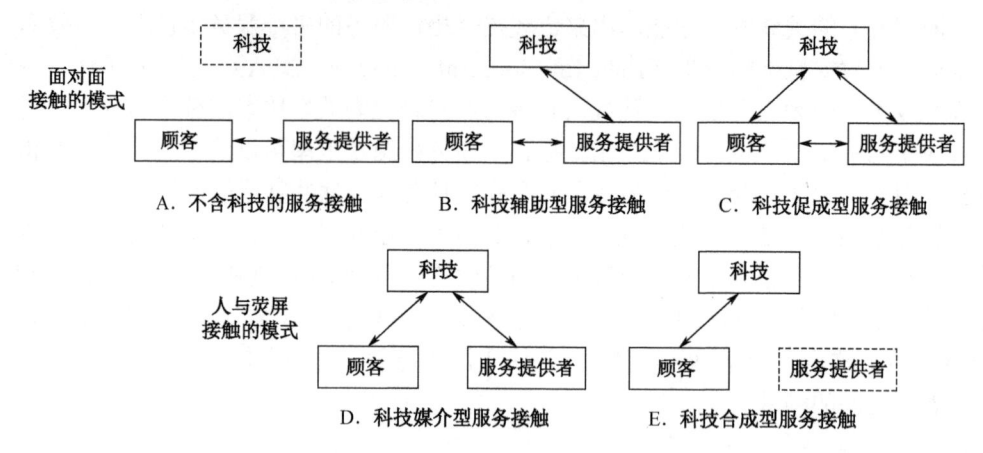

图 8-6 服务接触中的科技模式

（资料来源：Froehle CM, Roth AV.New Measurement Scales for Evaluating Perceptions of the Technology-Mediated Customer Service Experience. Journal of Operations Management，2004.22（1）：3.）

（一）不含科技的服务接触

模式 A 称为不含科技的服务接触，顾客与服务提供者进行面对面接触和互动。这是传统的高接触性服务，科技不发挥直接作用，许多个人护理服务，如法律、咨询、精神治疗等专业化服务也属于这种类型。

（二）科技辅助型服务接触

模式 B 称为科技辅助型服务接触，是服务提供者运用科技改善面对面的服务质量。例如，视力检查或在看牙医时进行的 X 光口腔检查等都属于这种模式。早期客户订购完机票之后，航空公司的服务人员会使用信息系统对乘客进行检查，这种属于模式 B；但是，现在的航空公司鼓励网上订票系统，属于模式 E。

（三）科技促进型服务接触

模式 C 是科技促进型服务接触，在这种模式中，顾客和服务提供者都使用相同的科技。例如，银行的理财专员运用个人计算机及信息系统解释不同风险条件下的收益情况。

（四）科技媒介型服务接触

模式 D 是科技媒介型服务接触，从模式 D 开始，顾客不和服务人员直接接触，而是通过一个信息科技进行接触。例如，通过手机上的应用程序进行订餐，或是使用全球卫星定位系统（GPS）来引导驾驶。其中，电子商务是目前使用最广的形式。

不同的电子服务企业在顾客接触、订制化、交互、劳动密集性、服务投入、科技等方面具有不同的水平，并可通过这些方面来进行企业运营的差异化。这种服务由在线交互式服务和离线非交互式服务所构成。在线服务包括顾客与服务系统间的持续接触，离线服务要素包括较少的顾客接触。

科技媒介主要的获利来源是规模经济。一般而言，有 3 种规模扩展的资源：①仅信息或数据传送服务（如在线百科）；②允许顾客进行自助服务（如在线预订服务）；③让顾客服务其他顾客（如在线拍卖）。

除了规模之外，差异化也是另一个重要的获利来源，现在许多信息科技已经可以通过线上场景化的设计来提供差异化的服务。与 PC（个人计算机）时代的互联网传播相比，移动时代场景的意义大大强化，移动传播的本质是基于场景的服务，即对场景（情境）的感知及信息（服务）适配。场景成为继内容、形式、社交之后社群媒体的另一种核心要素。空间与环境、实时状态、生活惯性、社交氛围是构成场景的 4 个基本要素。当移动媒体在内容媒体、关系媒体、服务媒体 3 个方向上拓展时，它的主要任务就是完成信息流、关系流与服务流的形成与组织。此时，场景本身可能成为移动媒体的新入口。

（五）科技合成型服务接触

模式 E 是科技合成型服务接触，科技完全取代了人工服务，这使得顾客可以自我服务（如将工作外包给顾客），进而用较低的价格取得服务。

现在许多服务已经进入到（无人）自助化的阶段。例如，健康护理，患者可以通过智能手环，将身体健康状况传输到医院办公室的计算机上。自助服务的激增会导致，低工资、无科技含量、无附加价值的服务岗位消失。自助服务的出现意味着服务岗位的增长将局限于需要高技能（如健康医疗）、高智慧（如专业人士）、富于创造性（如娱乐）的服务中。

二、服务中科技采用的挑战

对价值共创的服务而言，顾客直接参与服务的传递，所以"服务的过程其实就是产品"。因此，科技创新的成败，取决于顾客的认可程度。

首先，是使用习惯的挑战。新科技如果对顾客所产生的影响不仅仅是缺乏人性关怀（如使用新能源车缺少快充站），同时顾客也需要学习新技能（如学习如何操作新的作业系统），或者他们不得不放弃某些利益（如使用新的技术增加了成本），这些都会造成科技采用的困难。所以，现在许多新服务推出时，会通过金钱奖励的诱因（或称为烧钱）使消费者尝试使用新科技，通过价格诱因的引导改变旧有的消费习惯。

其次，是员工的培训。新科技代表着新的知识、新的技术（程序），如果连员工自己都不熟悉这些新的科技，就很难教导消费者，消费者接受新科技的困难度就会增加。

再次，后台支持部门的融合程度。许多新科技需要后台部门在不同的规范之下进行融合，才能发挥替代旧科技的效果。例如，华为早期的信息系统是各自独立的。以华为的供应链为例，这个供应链主要包括市场管理、集成产品开发、集成供应链 3 个主系统；另外还有客户关系管理与客户服务两个辅助系统。当这些独立的系统通过信息系统进行整合后，供应链中的现金周转时间缩短了、风险降低了、收益增加了、可预测性也增加了。

最后，由于竞争者通过规避专利进而快速地模仿与复制，使得许多想法不能受到专利保护，这使得在服务业领域的创新动机受到了限制。

第三节 价值传递与信息科技

一、价值传递

（一）实体与虚拟价值链

自从互联网被广泛地应用之后，商业环境从实体经济渐渐地向虚拟网络经济转移，而这些年来，通过实体价值链与虚拟价值链结合传递价值的重要性也与日俱增。例如，新华书店在互联网上创建了一个购物网站，也在微信上注册了公众号，消费者可以从虚拟平台上订书、购书，然后到实体店取书，两者相结合之后，给消费者带来更多的价值。

创造传递的过程是一个从供应端到消费端链接在一起依次加值的过程（见图8-7）。如果是以实体经营为主的服务提供者，虚拟价值链一般用来支持有形价值链的信息，但其自身不构成价值源。例如，经理人使用库存方面的信息进行销售，却很少使用库存信息创造新的价值。相对的，也有许多新型网络服务公司主要通过虚拟价值链来传递价值。例如，消费者可以在"饿了么"的应用程序上点餐、付款，然后，送餐人员就会将消费者的餐点送到指定的地点。这种网络服务公司的价值创造基本上都是在线上的虚拟环境中完成的。

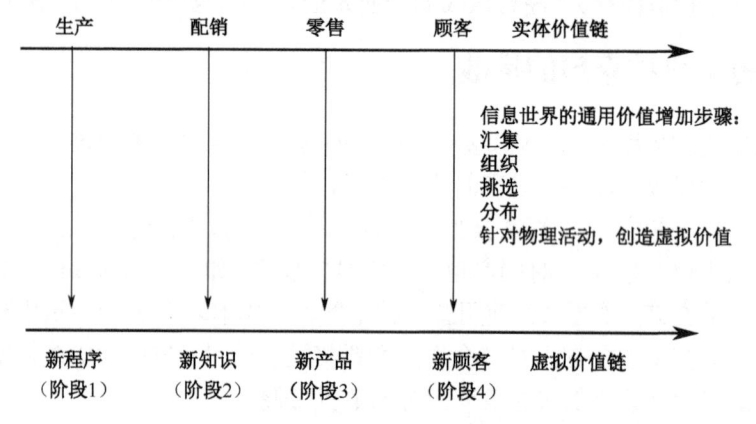

```
生产        配销        零售        顾客        实体价值链

                                            信息世界的通用价值增加步骤：
                                            汇集
                                            组织
                                            挑选
                                            分布
                                            针对物理活动，创造虚拟价值

新程序      新知识      新产品      新顾客      虚拟价值链
（阶段1）   （阶段2）   （阶段3）   （阶段4）
```

图 8-7 创造传递的过程

在移动时代，许多商业活动都可以在手掌上的智能手机中完成，所以移动端的虚拟价值链开发也日益重要。移动端信息的收集是价值共创的开始，而价值创造包括 5 个活动：搜集信息、整理信息、筛选信息、综合信息和传递信息。

（二）平台生态圈

依照经济学与 80/20 法则来看，以往服务提供者会专注在具有高收益的 20% 的服务项目上。服务提供者专注在高收益的客户群并提供高质量的产品。当这种供给与需求关系相对应时，就会达到均衡点而产生交易。进行交易后，需求方的需求在得到满足后生活得到提升；而服务供给者也因为创造出价值而增加了收益。

而长尾理论告诉我们，通过平台的建设，低收益的 80% 也能创造高收益。市场设计论关注的就是这种小众市场要如何达到市场均衡的问题。罗斯（Roth）的市场设计论认为，各行业可以在没有市场的地方创建市场，或者在市场失灵时修缮它们。他认为一个正常运行的市场需具备三大特征：①厚度，要有足够的买家与卖家；②安全保障，交易双方的信息是被安全保护的；③机制，克服市场厚度所带来的阻塞。所以，当许多小众的供应商、买家都在一个平台上进行运作时，就形成了一个样式多样、种类繁多、厚度十足的平台生态圈。这样的生态圈在供给或需求的任意一方的偏好发生变动时，都会带来成长的机会。

平台有三类结构：技术平台、运营平台和客户平台，也就是有后台（技术平台、运营平台）与前台（客户平台）两种主要的平台。平台模式对于客户"边"的定义是要有开放性的特质。平台盈利的前提是平台的生态圈达到一定规模（厚度），一般而言，在平台还没有规模前就应该收集客户的信息并从客户信息中找到主要的价值（需求与偏好）。而当平台达到一定规模后，一种"跨边网络效应"（机制）所引起的两股强大的需求就可以在服务带来满足前设立关键收费关卡。当一个层级的服务获得成功之后，就可以创造多层级的价值。

二、现代信息科技的运用

（一）人工智能商业：精准挖掘潜在需求与营销

智能商业又称商业智能或商务智能，是指用现代数据仓库技术、在线分析技术、数据挖掘和数据展现技术进行数据分析以实现商业价值。智能商业的概念经由德雷斯纳（Dresner）在1989年通俗化而被人们广泛了解。当时将智能商业定义为一类由数据仓库（或数据集市）、查询报表、数据分析、数据挖掘、数据备份和恢复等部分组成的综合运用以帮助企业决策为目的的技术及其应用。目前，商业智能通常被理解为将企业中现有的数据转化为知识，帮助企业做出明智的业务经营决策的工具。这里所谈的数据包括来自企业业务系统的订单、库存、交易账目、客户和供应商数据，来自企业所处行业和竞争对手的数据，以及来自企业所处的其他外部环境中的各种数据。而商业智能能够辅助的业务经营决策既可以是作业层的，也可以是管理层和策略层的。

Google是最早将商业智能应用于精准投放广告方面的，而淘宝则扩大采用商业智能到整个商业模式上。淘宝建立智能商业生态有4个核心步骤：①建立团队；②核心业务在线化，实现网络协同；③形成网络效应；④导入数据智能。这4个步骤再做分解，"智能商业生态体"的建立又可以详细分解为两大步骤：第一步是打造创新组织；第二步是在组织基础上打造商业。通过这4个步骤的建立，淘宝一方面通过联结买家、卖家以及各种各样的服务商，构成了一个新的零售合作网络；另一方面，通过搜索与推荐引擎，它可以让你在登录的第一秒钟就能得到你想看的东西。淘宝这个智能的生态核心驱动力也是网络协同和数据智能。

（二）虚拟场景智能化设计

智能科技目前也运用于虚拟场景化设计，这样可以在适当的场景提供最需要的信息。而智能化的运用可以更精准地使场景与所需的特定信息搭配一致。场景化设计有以下6个基本步骤。

1. 划分场景

什么是场景？场景就好比真实故事（的片段）：什么人，什么时候，在哪里，做什么，结果怎样。划分场景是为了最终把大象塞进冰箱。例如，外出吃饭是一个场景。仔细想想，如果不对这个看似简单实则复杂的大场景进行拆分，我们就无法进行具体的设计。餐饮行业的用户场景包括就餐决策、到店、排位等位、入座、点菜、用餐、结账等。其中高峰期的等位就是一个具体的场景。将大的目标如"提升翻台率"转换成用户活动，并进一步拆分为小而具体的场景，是进行场景化设计的第一步。

2. 评估接触点

场景所要做的事情是"影响用户行为"，而用户行为往往发生在一些关键节点上。例如，在餐厅等位时，消费者的第一个行为节点是看到人头攒动时去前台询问。那么，前台的服务员和相关的宣传资料就是这个节点上与消费者接触的接触点（Touch Point）。识别出重要的接触点，就可以针对这些与用户发生直接接触、可能会影响他们行为的"界面"做设计。通过以下两个维度，可以基本判断出接触点是否有价值。①是否必经。如果一个接触点是用户必经的地点、行为节点，它便具有潜力。例如，进店时，需要推门而入，门把手会是一个必经的"地点"。又如，去超市购物，收银台是每位顾客必经之处，收银员和显示屏是每个人都会接触到的接触点。②是否沉浸。如果用户在一个接触点停留时间长，而且需要投入注意力与之互动持续一段时间，这也会是一个重要的接触点。如果涉及整个活动过程中的决策点，如吃饭这件事，购买决策阶段主要是看菜单点菜，那么菜单就是一个重要的接触点。

3. 吸引注意

"为什么我要关心这个？"没有用户会直接说出这句话，但这是每个人在集中注意、产生行为之前必然会下意识思考的问题。服务做得再好，如果用户完全忽略我们希望传达的信息，根本没有考虑要尝试，一切都是白费。怎样设计能吸引用户的注意？要引发用户的情感，如惊讶、好奇、会心一笑。

4. 影响决策

当用户在接触点受到指引产生兴趣后，我们需要进一步展示出清晰、有说服力的利益点，以影响用户的决策，推动下一步行动。运用动机分析工具将动机外化出来，以激发目标。

5. 引导行动

决策产生之后，需要重点解决的是能力和触发器的问题：提供用户正在寻找的信息（触发器），在合适的地点、合适的时间出现（触发器），简化使用过程（能力）。例如，在智慧客运的运用中，场景化重新设计了扫码购票的物料，将乘客最熟悉、正在寻找的信息元素——目的地名称、车票样式具象化出来，让乘客知道下一步该怎么行动。把自助购票的牌架放到了售票厅入口处及排队高峰时容易看到的地方，作为触发器促使乘客行动。在简化使用过程方面，将原本有多个页面，购票时间长达一分多钟的手机购票页面精简成扫码后一键即可购买——只需要选择人数，不需要选择日期、时间、目的地、班次等信息，购票时间减少了80%，最终逐渐引导乘客从现金购票向购买电子票改变。

6. 强化行为

用户做出行为改变之后，任务还没有全部完成。持续的行为改变及习惯养成才是我们的最终目的。于是在最后一步，需要进一步强化行为——具象化反馈。在线下场景中（尤其当涉及线上、线下界面频繁切换时），反馈系统往往残缺不全。例如，在餐厅吃饭，一些餐厅已经能够做到顾客自己用微信点餐，吃完后自己用微信支付。但是支付成功后，顾客往往不确定是否可以走了，还需要叫服务员过来确认一次。这是因为缺乏必要的反馈。于是可以在现场增加一台大屏幕，购票成功实时显示，并且播放提示音。一方面让购票乘客即时确认，另一方面也作为一种可感知的宣传，触达到售票厅的其他乘客。

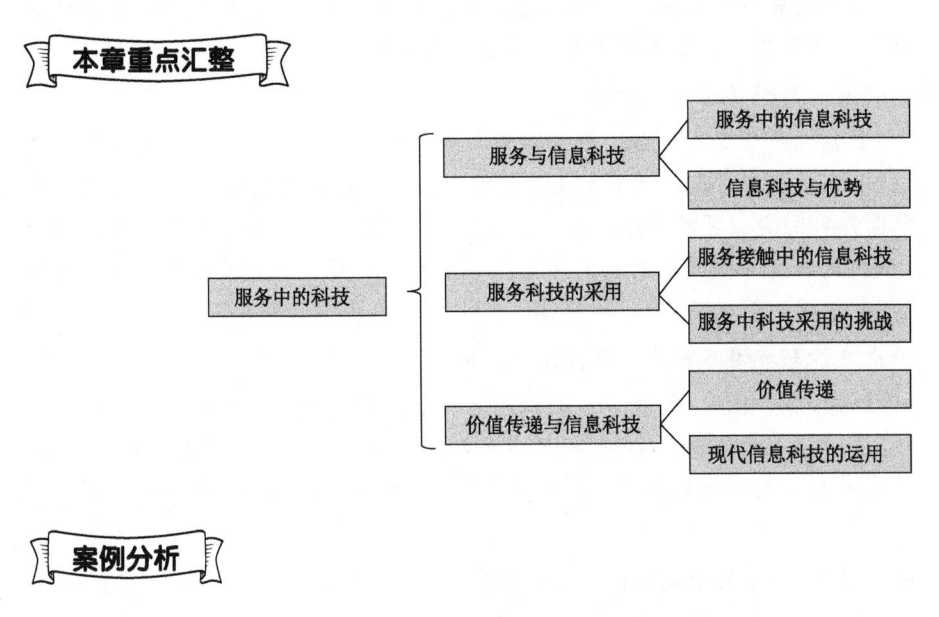

本章重点汇整

```
                          ┌── 服务与信息科技 ──┬── 服务中的信息科技
                          │                    └── 信息科技与优势
                          │
        服务中的科技 ──────┼── 服务科技的采用 ──┬── 服务接触中的信息科技
                          │                    └── 服务中科技采用的挑战
                          │
                          └── 价值传递与信息科技┬── 价值传递
                                                └── 现代信息科技的运用
```

案例分析

5个要点读懂腾讯开放平台战略

尽管包括摩根士丹利在内的很多投行看好腾讯开放平台战略，并予以腾讯股票"增持股份"（Overweight）的评级，但还是有人对其理解不够正确和客观。我认为，读懂腾讯开放平台战略，至少有5个要点。

1. 腾讯开放平台就是要站着把钱挣了

我不止一次地强调，任何一个企业，不挣钱是缺德的。腾讯也不例外，由于它的核心竞争力是社交关系，牵扯太多的人和资源，因此越壮大越应该挣钱，越应该给出高额回报。当企鹅军团发现自己苦苦支撑，难以获利丰厚，增长的动力日益不足时，特别是3Q大战后，更加意识到"众口铄金，积毁销骨""独乐乐不如众乐乐"。因此，腾讯自2011年实行开放平台战略，吸聚越来越多的开发者一起来挣钱，使自己越来越有底气，最近22个月开放平台给开发者的回报是30亿元，保守估计腾讯也应该从中获取了至少30亿元的收入，这等于腾讯起家8年共96个月的收入。你就应该明白，开放平台战略让腾讯更有信心走得更远，以前靠着"一直在复制，从未被超越"的壮大和发展，备受争议地弯着腰把钱挣了；现在，腾讯想带着一群小伙伴，一起站着把钱挣了。

2. 道德和商业并不冲突

我同样认为，当一个人吃饭或者生存都成问题时，是没有资格去谈论道德并且保持高级动物应有的崇高道德感的。一个企业，在商业获得相当成功后，具备应有的能力，才可以对员工、对投资者、对国家和人类社会有道德。而理性、客观地来看，腾讯作为一个企业，在商言商，通过开放平台战略获得利益无可厚非。但同时它通过开放平台，至少也实现了3个道德上的善举：首先，它伸出了橄榄枝，以包容的心态接受了广大开发者特别是中小开发者，给了大家实现自我和获利的机会；其次，它解决了相当体量的社会问题，在一定程度上保证了社会公平，对于增加就业机会、缓解社会贫富、加强阶层流动（有能力的人通过自身努力获得成功和财富从而跻身中上层社会）有促进作用；最后，开放平台所产生的各种应用，对于改善和提高民众生活水准、加速科学文明发展，都有一定的积极效果。目前超过40万种的应用，正在人们生活的各个领域发挥作用。

3．扶植中小开发者与精品路线不矛盾

对于一个平台而言，不管是否开放，都应该走精品路线。在农耕社会，人们就形成了精耕细作的共识；在工业社会，人们对于产品须是精品的认识是有道理的，"差之毫厘，谬以千里"，一个零部件有问题，可能导致机毁人亡；在科技社会，如果没有精品路线，哪怕一个数据不对，都会造成重大损失，而且人类社会生活水平提高了，对于品质的要求也越来越高。

4．游戏类应用先行与非游戏类应用后发是合理的

游戏类应用时间短、见效快、利润大、成本相对较低。游戏类应用做好了，才能证明这个开放平台战略是对的，然后施以援手，把过去集中在游戏类应用上的流量包括2013年投入价值20亿元的资源导入非游戏类应用，换成任何一个明智的决策者，都会这么做，不是吗？

5．腾讯从不放弃做No.1的念头和内部竞争态势

一个企业要保持利润增长和持续发展，必须要有竞争，对外如此，对内也是如此。而开放平台战略，通过邀请并留住一群人，特别是中小开发者，腾讯和当年的阿里巴巴是异曲同工的。阿里巴巴正是在淘宝电商战略上，抓住了一批中小商家，才能成为现在中国可能最大未来也不可估量的互联网企业。而腾讯两年以来的开放平台战略，就是这样发展壮大的，现在，企鹅军团还强力推动财付通和广点通两套完善平台服务和健全自然生态的系统，没有放弃做中国互联网业界No.1的念头。

（资料来源：http://b2b.toocle.com/detail--6110604.html.）

问题：

你认为开放平台战略为何会成功？这种模式与价值链的价值传递有何不同？

重点回顾与练习

关键术语

设置进入障碍（Creation of Barriers To Entry）　　创造收入（Revenue Generation）
数据库资产（Database Asset）　　提高生产力（Productivity Enhancement）
会员俱乐部（Frequent User Club）　　转换成本（Switching Costs）
专家系统（Experts Systems）　　虚拟价值链（Virtual Value Chain）
电子商务（E-commerce）

选择题

1. 下列选项不属于利用信息设置进入障碍事例的是（　　）。
   A．航空公司通过向旅行社等销售中介机构投资提供即时订票系统
   B．航空公司根据常飞旅客的旅行信用累计向旅客提供奖励
   C．药品分销商在各大医院安装其联机终端，医院可方便买到它们所需要的药品
   D．电梯公司将专家系统安装在其维修人员的计算机中，加快现场维修速度
2. 一些企业未经顾客同意，就将顾客的手机号等信息透露给其他一些公司，这体现了信息运用限制中的（　　）。
   A．反竞争　　　　B．侵犯隐私权　　　C．数据安全　　　D．可靠性
3. 美容美发沙龙、脊椎按摩等大多数个人护理服务属于（　　）。
   A．不含科技的服务接触　　　　B．科技辅助型服务接触
   C．科技促进型服务接触　　　　D．科技媒介型服务接触
4. 下列选项不属于电子虚拟服务特征的是（　　）。
   A．面对显示屏　　B．没有时空限制　　C．到服务现场　　D．可以匿名
5. 下列关于在线购物的说法，正确的是（　　）。
   A．购物者的5种感官都会影响购买　　B．购物者可与企业服务人员面对面互动
   C．方便，节省时间　　　　　　　　　D．购物者需亲自将所购物品运回家

判断题

1. 虚拟价值链包括一系列阶段，包括生产、分配、销售等。（　　）
2. 设置进入障碍可能会被指责为潜在的反竞争行为。（　　）
3. 银行的ATM、网上预约等模式属于科技辅助型服务接触。（　　）
4. 重复性和程序化的后台工作是最适合进行自动化的。（　　）
5. 互联网是一种低成本但是高效的联系客户的理想渠道。（　　）

简答题

1. 简述信息在服务业中的竞争作用。
2. 简述虚拟价值链。
3. 简述服务接触中的5种科技模式。
4. 简述电子服务和传统服务的区别。
5. 简述在线购物与传统购物间的区别。

第九章
服务组织与供应关系

◎ 本章知识点

1. 供应链关系的模型。
2. 管理服务关系的方法。
3. 专业服务公司的运营特点。
4. 外包服务管理者需要考虑的因素。

导入案例

一达通：海外电商供应链服务平台的典型模式

2013年，海外电商成为一个新爆点。深圳一达通这家基于互联网和信息技术的平台商，为中小企业完成通关、金融、物流、退税等外贸综合供应链服务平台，2013年服务客户达15000家，平台交易额达40亿美元，海关一般贸易出口统计全国排名第5，发放中小企业贸易融资累计55亿元人民币。

首先，一达通致力于打造海外电商一体化的供应链综合服务平台。其次，一达通运用创新供应链金融服务模式。通常情况下银行直接为企业做无抵押、担保的贸易融资，由于贷款周期短、手续烦琐，单笔超过500万元才可能有收益。而一达通的电子商务与金融的结合模式，使贷款可以批量化、数字化、电子化处理，让无担保、无抵押的贷款成为现实。据悉这种模式已支持4000家小企业实现多次融资，融资金额几乎不设下限，累计发放额超过12亿元。由于免除了实物抵质押，融资成本远低于小额贷款。最后，在商业模式上，一达通不依托传统的物流获取利润，而是从衍生出来的金融及其他增值服务获利。

未来的海外电商物流供应链平台是主流趋势，一达通已经走在了前面。同时，一达通还有阿里巴巴的投资背景，未来很可能成为海外电商供应链平台的标杆。

思考与训练：

跨境电商在供应链上有什么痛点？一达通是如何处理这些痛点的？

第一节　供应链管理

一、供应链管理的不确定性问题

目前，在各个领域的竞争都十分激烈，厂商不断更新产品以最好地满足客户，在这种风潮之下，产品的生命周期也变得越来越短，而供应链的协同运作也更加紧密。供应商在变动快速、缺少历史销售数据的情形下，编制制造能力计划、协调生产日程、设置库存水平都成为具有挑战性的工作。供应商为了提供高质量、低价格的产品，会要求企业从全球的角度来思考何时寻求外部供应商和生产本土化。例如，一台智能手机 iPhone 会在美国加州设计，运用在中国的供应链进行制造装配，并在全球进行销售。

供应链管理的挑战在于，如何将生产的需求与供应商供应的原料精准配合。以丰田的精益生产为例，在整个生产流程中有许多环节，过多的库存会造成浪费，过少的库存又会造成待料停工，所以供应链管理的挑战在于如何将生产者的产量与供应商供应的商品搭配协调到最好。以丰田为例，若要将制造商与供应商协调一致，就要有一个可视化的平台（信息系统）。供应商可以完全看到制造商的供货情况，这样当制造商库存不足时，供应商就可以大量生产；而当制造商库存富余时，供应商就可以暂停生产，转供应其他制造商。

如果制造商与供应商是相互独立的，则会产生"长鞭效应"，即零售订单中一个很小的变化，传递回分销商和最终制造者时会被放大，对下游消费者订单的过度反应和延迟产生了库存的振动，这种振动向上游扩大。

二、一站式供应链平台

旧式的供应链是金字塔结构式的。客户需求是经过零售商、经销商层层环节进行预测数据估计之后，由服务提供者再进行设计，再将设计好的产品订单传到供应商处的。

在信息科技的协助之下，这种一层一层的关系已经变成一个平行的网络平台。如图 9-1 所示，这是一个单一供应链平台的价值传递过程，通过价值传递阶段（供应商、生产、分销、零售和再循环）用箭头相连，描述了在每一阶段之间都伴随着库存的实物流与信息流。

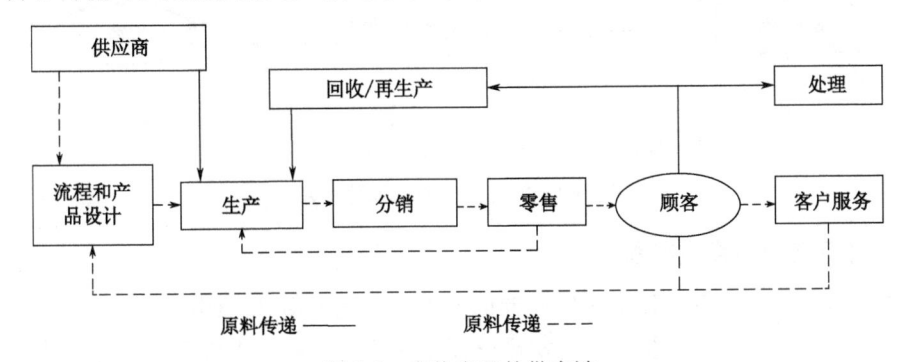

图 9-1　实物产品的供应链

现代的供应链管理已经不单单是产品流与信息流，而是将相关的利益关系人进行整合协同。供应链是围绕核心企业，通过对信息流、物流、资金流的控制，从采购原材料开始，制成中间产品及最终产品，最后由销售网络把产品送到消费者手中的，将制造商、分销商、零售商直到最终用户连成一个整体的功能网链结构。

供应链管理平台则是基于协同供应链管理的思想，配合供应链中各实体的业务需求，使操作流程和信息系统紧密配合，做到各环节无缝链接，形成物流、信息流、单证流、商流和资金流五流合一的协同模式。这种模式实现整体供应链可视化、管理信息化、整体利益最大化、管理成本最小化，从而提高总体水平。

例如，宝洁公司（P&G）的产品是通过沃尔玛来进行销售的。对供应商宝洁公司而言，它会希望沃尔玛最大化地来销售产品并降低库存。所以，宝洁公司推出新产品时，会为新产品进行推广并对旧产品的库存进行促销。另外，宝洁公司也会依照淡旺季的不同来进行促销，以平衡库存。相对的，沃尔玛希望供应商能给它最低的价格，以在卖场中打出最低价吸引顾客。为了取得较低成本的产品，沃尔玛就会在宝洁进行促销折扣时大量订货并囤货，而在折扣结束后再以正常的价格出售（这种做法称为"买期货"），以此提高它的边际利润。沃尔玛这种极不稳定的订货状态对供应商宝洁公司而言是十分困扰的。因为当有促销活动时就要大量雇人来生产，而当活动一结束时工厂就要停工，这样会使得供应关系形成"长鞭效应"。为了协调两者之间的矛盾以产生更平稳的供应关系，宝洁公司承诺给沃尔玛最低价格的商品，而沃尔玛也可以打出"天天最便宜"的口号来吸引顾客。

二、服务供应关系

（一）消费者—供应商的双重角色

在价值共创时代，消费者也会间接扮演供应者的角色。服务能够表现在人的意识（如教育、娱乐、宗教）、身体（如交通、住房、保健）、财产（如汽车修理、干洗、银行）和信息（如税收咨询、保险、法律保护）方面。而消费者会将使用后的情况与信息反馈给供应商，供应商再根据消费者提供的信息进行更新。因此，消费者也变成另一个供应者，这是一种双向关系，如图 9-2 所示。消费者—供应商的双重性和双向关系是理解服务关系本质的核心。

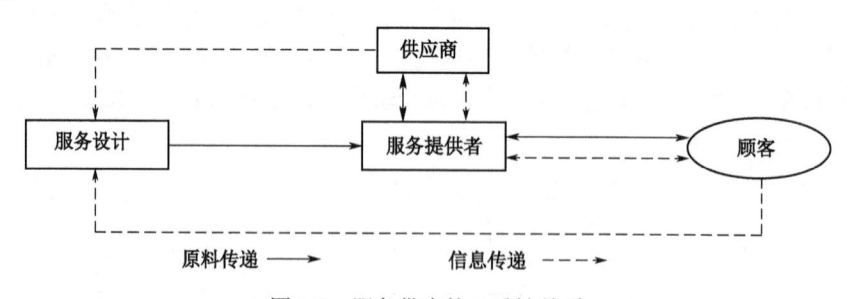

图 9-2 服务供应的二重性关系

（二）创客与供应商生态圈

在某些情况下，消费者除了是生产者也会成为发明创造者。例如，有一些消费者在使用产品之后，会根据个人体验的感受积极反馈意见给供应商，而供应商根据消费者的反馈意见更新产品之后这些消费者仍然觉得产品不好用，而一旦当这些消费者也具有相关的知识与技能时，他们就有可能自行修改产品，这些人也常被称为玩家。

另外，也有一些消费者有独特的想法，酷爱科技，热衷实践。他们以分享技术、交流思想为乐，因此形成自我创新的群体，这些群体被称为创客。创客空间（Maker Space）就是结合不同创客的外部能量，激发每个人的创造力。以创客为主体的小区则成了创客文化的载体。在众多自造者（群）的付出下，许多发明和创作产生了。一些发明和创作更会引来许多人的关注，其中有些甚至会十分具有市场潜力。即便只有少数创客会更进一步地拓展到商业领域，其对社会造成的影响也很大。

很多企业都会资助有潜力的个人或团队使之能够成功地完成商业化，资助的方式包括天使创投等各种方式。不仅创客个人，而且包含诸多因素在内的整个生态系，都会带动创客文化的运转。有许多创客因为获得大企业的投资而能进入大厂商的供应链，进而形成企业生态的一部分，从而能够拥有较高的收益并创立自己的事业。

（三）服务能力类似于库存

在产品供应链中，库存可以用来调节消费者的最终需求量和企业生产能力间的差异。对于消费者来说，较充足的库存可以较快地得到服务；而对服务提供者来说，服务能力（库存）是不能被储存的，因此是很容易消逝的，过多的库存是一种损失，所以要调节这种服务关系。

（四）消费者投入的质量能改变服务

消费者会在购买产品后进行反馈而对服务设计进行投入，这种随机性的投入是不完全的（如消费者还在适应新产品时的反馈意见，这种意见并不能反映真实感受）、无准备的（如当使用产品时瞬间的情绪产生的反馈）或是没有实际希望的（如已经感觉产品完全不符合需要），根据这种反馈进行服务设计是高风险的。

由于消费者投入的不稳定性，服务提供者接收了这些信息之后，就要进行过滤与筛选。而在进行反馈意见过滤时，也要将供应商纳入这样的反馈系统，并以整体思维进行调整。

第二节　管理服务关系

老龄化的时代即将来临，老人生病并去医院就诊的比例及时间都在增加。在护理人员并未大量增加的情形之下，如何让老人得到好的医疗服务便成为一项新的挑战。"居家护理"就是在不增加成本的情况下，以自助加上移动医疗来提供新服务的概念。这种方法可以减少不必要的医疗成本，而医院的医生及护理人员则通过流动的方式进行上门服务。下面就以这个案例为例来说明，当客户需求产生变化（基本假定产生转变）时，要如何进行供应商关系的管理。

1. 双向最优化

所有老人都希望医院设置在家附近，这样看病时能得到最快速而高质量的医疗服务；但是这对医院而言，成本太高。相对的，如果医院都集中在大城市，这样医院有规模经济，最节省成本；但对患者来说，看一次病往返要花费很长时间在路上，如果患者行动不便，就会倍感痛苦。为了解决这种矛盾，要进行双向最优化（医院成本低、患者感受好）的关系管理。

首先，患者可以成为积极参与（自助）者。通过现代信息科技，患者可以在家中自行检测血压、血糖、心跳等数据，然后通过网络传输到医院。医院的医生可以通过这些数据判断患者的现况并加以诊断。医生诊断完后，如果是慢性病患，医生可以根据患者的病况开药方。然后，患者可以拿医生开出的药方到附近的药店买药，这样就不必为了买药而奔波。而有些疾病是需要当面会诊的，这时医生就要排定行程到病患家中会诊。而对流动服务而言，会由以往的固定窗口变为"移动服务窗口"。

2. 生产能力管理

由于价值主要是在诊断、开处方笺与治疗上面，因此非价值的活动（如将时间花费在拜访患者的路途上）就是生产能力的损失，所以要增加创造价值的活动，减少无价值的活动，这种方式可以通过传输、替代和培养来完成。

（1）传输。

传输是一种教育顾客、使顾客获得知识的方法，它使价值能够以低成本进行转换。例如，教会患者如何上网了解药物的特性与副作用，可以减少医疗人员的沟通时间。

（2）替代。

将一些流程标准化之后，患者可以自行操作一些设备。例如，患者一天需要检测3次血压，一个自动的血压测量仪可以代替护士的工作，并且比家庭护理人员登门服务便宜。

（3）培养。

培养顾客进行自我服务。例如，护理人员可以教会一名患者或其家庭成员如何更换外科包扎的方式，这样一个护士就可以将每天检查伤口愈合情况减少为每3天检查一次。也就是说，通过自我服务可以降低66%的护理患者所需的时间。

3. 易逝性管理

由于生产能力是易逝的，因此也要对易逝性进行管理。首先是时间分配系统。医院医生的日程表是结构化的、不易修改的，而"移动服务窗口"则是动态的，移动医疗的医生可以通过动态数据通信服务系统来生成一个实时的日程表，使员工可以在当前工作以后再去了解下一项安排，以使闲置时间最小化。

另外，管理易逝性还包括培训、精练的过程和员工技术及能力的扩展。将员工潜在的闲置时间用于培训活动时，生产能力就可以有效地提升。

第三节 专业服务公司

专业服务公司是由在某些领域具有专业知识而能提供专业服务的人员所组成的专业机构，如建筑师、律师、顾问、财务咨询师及工程承包人员等。这些服务提供者通常要通过一门可以证明自己专业实力并获得证书的考试（如注册会计师考试），在许多国家是由国家主办这种考试的。

而现在除了传统的专业服务组织之外，一些服务协会也会通过制定统一的教材、举办统一的比赛或考试而颁发专业能力等级的证书（如咖啡师）；也有一些评比机构对专业服务组织进行评比，如米奇林餐厅的星级评比。

一、专业服务机构的属性

专业服务是指由知识劳动者（Knowledge Worker）所提供的服务，这种服务有4个明显的特征。第一，它所涉及的工作是一项高水平的专业化和订制化的工作，这种工作与大宗商品市场、标准化途径下的服务是不同的。第二，专业服务工作需要面对面地与顾客（通常也称为客户）就特定关注的问题进行互动，所以，客户管理可能和技术本身一样重要。第三，专业服务是由受过高等教育的专业人员提供的，他们是服务机构最重要的资产。第四，奎因（Quinn）、安德森（Anderson）和芬克尔斯坦（Finkelstein）发现，真正的专业机构要拥有以下日益重要的4个方面的能力：认知知识（知道是什么），也就是具有专业理论知识；先进技能（知道如何），也就是知道如何将书本知识变成实务上的执行力；系统理解（知道为什么），是指除了单一的知识点（因果关系）之外，还知道深层次知识；自我激励创新（关心为什么），专业人士追求的是更好，若没有自我激励创新，学术领袖将由于自满而失去其知识优势。

二、合伙人制的运营特点

专业服务机构的组织形式通常是合伙人制而不是公司制，合伙人拥有股权，并共同对机构进行管理。机构日常行政工作由初级专业人员来完成，初级专业人员通常要经过数年的历练才会成为合伙人。合伙制企业的成功与否可以用每个合伙人的利润率来衡量，它由3个因素组成：利润率、生产力和杠杆作用。它们的关系如下：

每个合伙人的利润=（利润/收费）×（收费/员工人数）×（员工人数/合伙人人数）
=利润率×生产力×杠杆作用）

1. 利润率

利润率通常是专业服务机构用来衡量部门盈利能力的因素。利润率等于每花费1元所产生利润的百分比（即利润率等于费用减去成本后占费用的比例）。若专业服务机构的知识管理做得好，就能够用相同的成本提供更多的服务，利润也会比较高（高利润率）。例如，一家生产力强的专业服务机构每1美元收费的成本比生产力差的专业服务机构低。除了生产力因素外，运营费用成本（如行政人员的人数、办公地点及设备等）也会影响利润率。

2. 生产力

生产力可以分解为利用率和价值两个因素，如下所示：

生产力=（收费/专业服务小时数）×（小时数/专业人员数）
=价值×利用率

在价值方面，价值的增长可以通过增值活动来实现。首先，一家公司应该能够识别客户重视的服务内容进行加值的服务。

其次，利用率是实际向客户收费的小时数与可收费小时总数的比例。假设人员每周至少工作50小时，如果仅向客户收取25小时的费用，那么利用率就是25/50，也就是50%。利用率受到两方面因素的影响。第一，平衡需求与能力，如果能将能力、需求精确调配，则可以提高利用率。第二，非盈利活动，如果能够提升这些活动效率，也可以增加利用率。如开会、培训和行政管理，这些活动并不会产生营业收入，但是所有活动对公司的未来又十分重要。所以，可以通过微信群讨论或在云端协作，都可以提高效率。

3. 杠杆作用

管理一家公司的杠杆作用是要使专业员工的技能水平（能力）与合同或项目需求相符，一家成功的公司在成功完成项目的同时，也将最大化杠杆作用。项目的需求，一般有 3 种水平。

（1）头脑项目，是指解决最前沿的、无前例可循、无标准化做法的客户订制化问题，这种项目需要最专业的人员来进行。例如，在 2008 年的金融风暴中，美国政府就向获得诺贝尔奖的一些经济学家进行咨询，共同商讨如何度过危机。

（2）老年项目，也是需要高水平的技能和客户问题订制化，但是比起头脑项目这些是可以标准化和重复的，特别是对一家公司在某一种项目类型上已达到专业化时，如企业资源规划（ERP）系统的执行。

（3）程序项目，是指一个运作顺畅并且标准化的项目，服务人员可以按照标准作业流程来操作的项目，如接单流程。这些项目可以比较简单地指派给新员工，并期待员工能够快速、廉价地完成工作。

第四节 外包服务

现在，许多公司会专注在核心能力与产品上面，然后将非核心的部分外包。资源专注并合理运用资源才能达到顶尖服务水平，并且具有较高的经济效益。例如，许多医院并没有自己设置实验室来化验患者的血液，而是外包给专业机构。

一、服务外包的优点和风险

采用服务外包（Outsourcing）有很多优点。第一，企业可以将资源集中于核心竞争力上，而成为某一个领域的顶尖。同时，外部专业服务因为有规模经济与较低的学习曲线，所以购买服务会比企业自己提供服务所花费的成本更低。第二，许多专业服务需要投入大量资金在先进的机器设备上，通过服务外包，无须任何投资就可以利用最先进的技术。第三，外包可以从服务供应商的规模效益中谋利。例如，苹果专注于自己最擅长的设计与整合，将其他的价值活动都外包出去，这样苹果就可以专注在提供顶尖的设计与价值活动的整合上面。

当然，服务外包也可能会产生相对的风险。例如，质量不易控制、员工担心丢失工作而对公司不忠诚、商业机密泄漏、需要对供应商进行妥协、协调的花费、自身对提供该服务的能力会萎缩等。

图 9-3 显示了服务外包的过程，这个过程包括需求识别、信息搜集、供应商选择、绩效评价。

二、服务外包的战略

服务外包最主要的两个关键因素是结果的可衡量程度与对核心能力的重要性。服务的定义经常按照产出的可衡量程度来界定。一些服务是具有高度可衡量性的，如饭店对于服务提供者就有五星、四星、三星级饭店明确的定义，因此能够很好地定义及测量产出，并可以根据这个定义与产出进行外包。有些服务，如公共关系对产出的结果较无明确的定义，所以就较难衡量，也较难外包。一般而言，服务确定的程度会随着服务对象由实物、人到流程进行更精确的定义，通过清楚定义的服务内容与流程就可以衡量产出并进行外包。

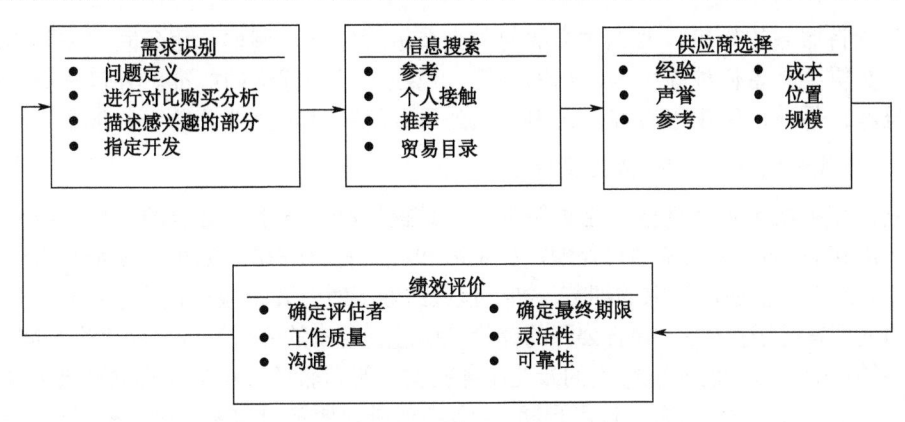

```
┌─────────────────────┐     ┌─────────────────┐     ┌─────────────────────┐
│      需求识别        │     │    信息搜索      │     │     供应商选择       │
│  • 问题定义         │ ──▶ │  • 参考          │ ──▶ │  • 经验    • 成本   │
│  • 进行对比购买分析  │     │  • 个人接触      │     │  • 声誉    • 位置   │
│  • 描述感兴趣的部分  │     │  • 推荐          │     │  • 参考    • 规模   │
│  • 指定开发         │     │  • 贸易目录      │     │                     │
└─────────────────────┘     └─────────────────┘     └─────────────────────┘
              ▲                                                  │
              │         ┌─────────────────────┐                  │
              │         │      绩效评价        │                  │
              └─────────│  • 确定评估者  • 确定最终期限 │◀─────────┘
                        │  • 工作质量    • 灵活性      │
                        │  • 沟通        • 可靠性      │
                        └─────────────────────┘
```

图 9-3　服务外包的过程

第二个关键因素是服务对于购买企业核心能力的重要性。服务重要性高，则在购买决策中就会要求更高水平的管理者参与，以确保风险的降低。例如，产品检验、医药、公共关系和广告。而其他服务，如洗衣业、废品处理、保安对于企业的核心业务的重要性低，所以管理者的参与程度也较低。

图 9-4 是按影响服务外包的两个关键因素对服务外包进行的分类。以这两个因素进行分类，包括了六种类型。每个类型都有对于服务业分类的描述性的标题，这六类包括：设施支持、设备支持、员工支持、便利设备、专业服务。

		服务的重要性（与核心的关联）	
		低	高
高	实物	设施支持服务 • 洗衣店 • 守卫 • 废品处理	设备支持服务 • 修理 • 保养 • 产品检测
服务结果的可衡量程度 （可定义性）	人	员工支持服务 • 食品服务 • 工厂保安 • 临时员工	员工开发服务 • 培训 • 教育 • 医疗
低	流程	设备便利服务 • 簿记 • 旅游预订 • 呼叫中心	专业服务 • 广告 • 公共关系 • 法律

图 9-4　服务外包的分类

1．设施支持服务（实物/低重要性）

设施（Facility）一般是指公用设备。服务如果需要设施来支持，要先对设施的规格进行定义。购买设施支持服务就像购买产品一样，确定规格以后，就可以进行比价，然后选择较低报价的厂商。在服务外包后，外包者也有责任评估服务的绩效，尤其是质量和及时性。许多例行性、较不重要、对核心产品影响小的设施支持服务，如洗衣、保安，就经常被外包。

2．员工支持服务（人/低重要性）

员工支持服务的外包，要先对需要何种人员进行定义。例如，服务旺季需要临时工，而这种人员需要具备何种能力与产出的预期，也应该当作评价的标准。外包选择可以来自客户的推荐，另外，现在也有许多人力外包公司专门针对人力需求进行中介服务。

3．设备便利服务（流程/低重要性）

便利的服务最难定义规格，这类服务一般是提供给服务组织必要的信息。便利服务包括常规（Routine）的数据提供与处理，如记账和旅游行程安排。如果一家企业需要便利服务，外包者应该要描述出需求的细节，如外包旅游业务时，要求旅行社确定所有所需的附加服务（如是否有机场接送），并有公开的评价（如过去用户的评价）或对卖主进行同行比较，以将业务外包给最适合而又能相信的专业服务机构。便利服务对结果的影响较难衡量，若外包者与企业主的关系好，结果会较可预期，因此在做外包服务时也要考虑与外包厂商的关系。

4．设备支持服务（实物/高重要性）

设备（如专用机器）需要支持（维修）时，通常都是设备出现问题的时候，所以外包商要能提供紧急维修服务。这时，选择外包商时，就要考虑外包商的紧急维修能力。外包商的声誉和推荐也是选择标准。同时，外包商的工作质量和绩效评价是以是否易于找到人就近服务及可靠性来判断的。

5．员工开发服务（人/高重要性）

员工开发服务一般是从职能部门开始的，然后由人力资源部门或管理的较高层次进行组织。员工开发是对需要专门技术以指导服务的企业人力资本的重要投资，如在互联网时代，员工对信息的应用要进行培训才能更有效率。一家企业若要外包员工开发服务，则需要对外包商（培训机构）进行需求说明，同时还要搜寻外部的评价，外包商（培训机构）的声誉和对特定行业的经验也是考察的重点。

6．专业服务（流程/高重要性）

一些专业服务对组织的战略具有巨大的影响，因此高层管理者必须从最开始就参与进来。在选择外包商的时，外包商的信誉和经验是最重要的选择指标。当订制化程度增大时，像员工培训这类服务的传递就更有可能要延伸到一段时期，而外包商绩效的评价也就会相应地延续。

本章重点汇整

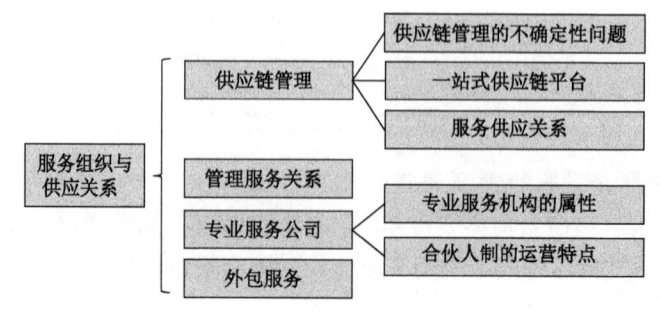

```
                                        ┌─ 供应链管理的不确定性问题
                          ┌─ 供应链管理 ─┼─ 一站式供应链平台
                          │              └─ 服务供应关系
服务组织与供应关系 ───────┼─ 管理服务关系
                          │              ┌─ 专业服务机构的属性
                          ├─ 专业服务公司 ┤
                          │              └─ 合伙人制的运营特点
                          └─ 外包服务
```

案例分析

阿里巴巴供应链解读

在组织管理框架上，2006年1月始，阿里巴巴把原来遍布全国的13个办事处，合并调整为广东、上海和浙江3个区域分公司。建立了立足于本地的区域分公司，进而增强对当地市场的适应性和提高决策上的灵活性，软化对其各地办事处、分公司的遥控。

在资金流管理上，目前的国内电子商务普遍的发展瓶颈之一是在资金支付环节。阿里巴巴不断的在诚信、支付、平台交流转件等领域布局，将已成功应用于淘宝网的安全支付工具"支付宝"，全面地纳入到阿里巴巴网站上，已经较好地缓解了的支付瓶颈，现在支付工具支付宝已占全国70%以上市场。并进一步考虑通过采集"支付宝"上的交易数据，作为评价企业用户信誉的依据。

在硬件提供上，阿里巴巴可谓是占尽优势，已通过与国际软件巨头IBM和国内管理软件企业用友、金蝶等合作，推出为阿里巴巴量身订制的包括供应链管理、ERP、CRM、财务软件等在内的全线电子商务流程解决方案。此举措积极推进了互联网整合经济模式的实践。另据悉，阿里巴巴也搭上了英特尔公司的战车，通过与英特尔公司的深度结合，阿里巴巴试图以现有电子商务平台为基础，携英特尔之威以令诸侯，集成全球的软硬件供求链条。

问题：

阿里巴巴的供应链管理有什么具体的特征？

重点回顾与练习

关键术语

服务供应关系（Service Supply Relationships）
供应链管理（Supply Chain Management）
消费者-供应商二重性（Customer-supplier Duality）
长鞭效应（Bullwhip Effect）
双向最优化（Bidirectional Optimization） 专业服务机构（Professional Service Firms）
头脑项目（Brains Projects） 老年项目（Grey Hair Projects）
程序项目（Procedure Projects） 服务外包（Outsourcing Services）

选择题

1. 当供应链上的各节点企业只根据来自其相邻的下级企业的需求信息进行生产或者做供应决策时，需求信息的不真实性会沿着供应链逆流而上，产生逐级放大的现象。这称为（　　）。
   A. 蝴蝶效应　　B. 长鞭效应　　C. 马太效应　　D. 晕轮效应
2. 下列选项不属于服务供应关系管理的价值来源的是（　　）。
   A. 双向最优化　　B. 生产能力管理　　C. 易逝性管理　　D. 库存管理

3．消费者－供应商的二重性指的是（　　）。
　　A．生产和消费同时进行　　　　　　B．在服务交换过程中消费者也是供应商
　　C．消费者与供应商共享信息　　　　D．消费者与供应商共创价值

4．根据奎因等人提出的，真正的专业机构中的服务提供者要通过众多的培训和获取专业证书，达到专业所需的基础，这说明了其要具备（　　）能力。
　　A．认知知识　　　B．先进技能　　　C．系统理解　　　D．自我激励创新

5．"雇用我们吧，因为我们知道怎么做，并且我们可以高效地交付"，这是专业服务机构针对（　　）所做的营销策略。
　　A．头脑项目　　　B．老年项目　　　C．程序项目　　　D．新建项目

6．下列选项不属于服务外包优点的是（　　）。
　　A．企业可集中资源于核心竞争力　　B．可以降低企业的经营成本
　　C．可对外包的服务质量进行直接控制　D．可以利用外部的先进技术

判断题

1．供应链管理的挑战在于，在维持生产和库存成本的条件下，满足固定的以及即时的顾客配送需求。（　　）
2．服务供应关系是链条而不是网络。（　　）
3．在实物产品供应链中，库存可用于调节消费者的最终需求和企业生产能力间的差额。（　　）
4．专业服务机构的组织形式通常是公司制。（　　）
5．通常来说，随着服务对象由实物到人到流程，服务结果的可衡量程度不断降低。（　　）
6．企业将服务外包后，自身提供该服务的能力会得到提升。（　　）

简答题

1．简述专业服务机构的属性。
2．简述专业服务机构3种类型的项目。
3．简述服务外包的优缺点。
4．简述服务外包的分类。

第十章

服务项目管理

◎ **本章知识点**

1. 项目管理的特点。
2. 项目管理的技术。
3. 如何有效地运用资源。
4. 如何进行活动突击。
5. 进行项目监视的方法。

▶ 导入案例

合而归心，融创携手合肥万达城打造 1+1>2 传奇项目

合而归心，梦想继续生长，2017 年 8 月 21 日下午，合肥万达城媒体交流会在合肥万达文化酒店隆重举行。本次交流会首次公开融创携手万达城之后的"进取之路"，一个商业巨头，一个精品住宅，融创携手万达城将在合肥开启地产的又一新时代。

（1）融创携手万达城，强强联合，打造合肥楼市 1+1>2 传奇项目。

融创，品质住宅的代名词，一直占据城市核心资源，不惜重金打造最好的产品，每一个产品都代表着一座城市最高的居住标准，不可复制。万达，一直是商业地产的首屈一指的"大佬"，在商业地产中拥有绝对的发言权。而合肥万达城，更是现如今合肥城市的一张名片，改变了合肥人的生活方式，让旅游成为合肥人的生活方式，欢乐随处可见。当融创遇见万达城，一个是"在品质中筛选品质"的融创，一个是"足迹之处尽繁华"的万达城，当无畏向前的骑士精神遇上一丝不苟的匠心品质，强强联合，打造合肥楼市 1+1>2 传奇项目。

（2）深耕合肥，用产品发声，合肥万达城保持"4 个不变"。

交流会上，万达和融创双方都表示对未来信心满满。融创合肥城市公司总经理李文军表示，融创合肥壹号院、政务壹号、融创玖樟台等项目以过硬的产品品质树立了融创在合

肥高端、精致的品牌形象，此次合作可谓集两家之所长，万达对综合体项目的运营能力、融创对地产项目的创新能力等十分有利于项目开发，所以万达和融创此次关于合肥万达城的合作算是"意料之外，情理之中"，双雄联手也将成为合肥市场房企合作的典范。同时，融创与合肥万达城合作之后文旅项目维持"4个不变"：①品牌不变；②规划内容不变；③项目建设不变；④运营管理不变。

此外，融创合肥城市公司营销总监王洋也在现场针对融创在合肥的布局情况做了详细的介绍，目前融创的整体布局是围绕政务区来做的，包括早期的融创合肥壹号院、融创政务壹号、融创玖樟台，以及下半年即将和大家见面的融创中心。王洋说，融创进入合肥之后一直用产品说话，随着产品逐步被大家认可，让合肥市民认识融创的产品力，给合肥市民带来不一样的居住体验，用建筑给合肥增加更多美感。"这次万达与融创的强强联合，旨在为滨湖带来全新且更强有力的声音，两家致力于在各自擅长的领域共同推动合肥万达城的建设与发展。合肥万达城项目总投资超过300亿元，建筑面积超过300万平方米，是完全创新的文化旅游商业综合的特大商业体。"合肥万达城常务副总经理倪湘华表示，双方合作后，合肥万达城将会保持"三不变"：合肥万达城提供优质的旅游生活方式不变；合肥万达城持续带给市民的欢乐不变；合肥万达城持续向中国乃至世界输出合肥的优秀文化不变。众所周知，合肥万达城作为合肥的标志性文旅项目，是涵盖了商业、文化、旅游等多个方面的综合性项目，万达乐园、万达水乐园一到周末就爆满。合肥万达城投资有限公司营销总经理张檀表示，为了给合肥万达城的消费者更好的体验，融创携手合肥万达之后做了细致的工作，以保证合肥万达城的服务水平。融创与合肥万达城合作后，不仅会保留万达很多优秀的模式，还会把更好的服务价值理念融入进来。

（3）精诚所至，融创携手合肥万达城，让置业者享受更高价值的产品和服务。

由于房地产行业的整体发展状况，房企也都面临着不同的压力和挑战，联合、互补作为关键词出现在房企未来市场的规划中，因此也出现了不同形式的"联姻"。联合后对房企们缓解拿地的资金压力、降低运营风险、优势互补等有着不言而喻的好处，万达和融创强强联合对房地产市场的整体发展必然是有益的，这应是大势所趋。合作双方做各自擅长的事情，各自发挥各自的优势，以此来提升产品的附加价值，提高利润。而对于置业者来说，房企的合作也能让置业者享受更高价值的产品和服务。

（资料来源：http://ah.ifeng.com/a/20170822/5933087_0.shtml.）

思考与训练：

1. 万达与融创为何要合作？
2. 如何整合两家公司的资源进行项目管理？

第一节 项目管理的特性

一、项目的共同特征

服务项目，是源于区隔客户群需求的变化，而企业为了回应这样的变化所产生（回应）新概念，这样的新概念会通过项目的形式来发起。简单来讲，项目是组织在一定的时间内，为了达成特定目标的临时性投入和努力。

项目管理有 3 个目标，即成本、时间、绩效，而这 3 个目标之间是相互冲突的，因此项目管理是一项具有挑战性的工作。例如，投入更多的时间有助于提高项目的绩效或质量，但是其代价可能是不能在协议完工期内完成项目，而且项目的实际成本可能超出预算。所有的项目都具有如下共同特征。

（1）目的性。项目通常是具有明确目标的一次性活动。但是也有例外，如航空公司对其航班所做的定期维护。

（2）生命周期。每个项目都遵循其任务生命周期。这包括项目概念的形成，选择将执行的项目，项目活动的计划、安排、监视、控制，最后是项目终结。

（3）相互依赖性。项目包括必须以特定顺序来执行的许多活动。活动序列是出于技术或战略考虑而确定的。对于大规模的项目而言，如波音 777 飞机的研制，企业合作者之间需要开展广泛的协调。

（4）独特性。每个项目都有新奇的特征，这要求项目经理对每个项目都给予个性化的管理关注。但是，许多项目要素又是相同的，不同项目间的管理经验可以相互借鉴。

（5）冲突。许多利害相关者（如客户、所在公司、项目团队、合作伙伴、职能部门）有着相互冲突的目标。因此，管理者在项目生命周期中需要投入大量的资源和精力。

二、建立项目团队

成功团队会具有一些共同的特点：第一，团队的目标明确，成员清楚自己的工作对目标的贡献；第二，团队的组织结构清晰，岗位明确；第三，有成文或习惯的工作流程和方法，而且流程简明有效；第四，项目经理对团队成员有明确的考核和评价标准，工作结果公正公开、赏罚分明；第五，组织纪律性；第六，相互信任，善于总结和学习。

优秀团队的建设并非一蹴而就的，要经历几个阶段。塔克曼（Tuckman）将团队的发展过程定义为 4 个阶段：形成、动荡、常态化、奏效。

1. 形成

第一个阶段称为形成期（Forming）。在这个阶段，团队中的个体成员转变为团队成员，开始形成共同目标，团队往往会沉浸在对未来的美好期待中。这一阶段的情感特征包括激动、期望、怀疑、焦虑和犹豫。项目经理需要为这些团队成员提供指导。在动员大会上，应该清晰地向团队成员传达项目目标、工作范围、安排、团队运作规则。讨论团队的构成并指出成员间技能和专业知识的互补性，将有助于消除团队成员对其将要扮演的角色的焦虑心情。为提高团队成员的积极性，非常重要的一点就是使整个团队参与制订项目计划。

2. 动荡

第二个阶段称为动荡期（Storming）。在这个阶段，团队成员开始执行分配的任务，一般会遇到超出预想的困难，希望被现实打破，个体之间开始争执，互相指责，并且开始怀疑项目经理的能力。在这一阶段，冲突时有发生，气氛日益紧张，士气低落。此阶段，成员的情感特征是灰心、易怒、怨恨。项目经理此时必须能够提供一个善解人意的支持性工作环境。不满和冲突的问题必须得到解决，以免团队成员的不良行为延续。

3. 常态化

第三个阶段称为常态化或正规期（Norming）。经过一定时间的磨合，这个阶段的团队成员之间相互熟悉和了解，矛盾基本解决，项目经理能够确立正确的关系。随着相互间信任的发展和成员间共享信息，同志般的情感开始出现，工作之外的友情也在发展。项目经理充当项目团队的支持者，而且认可整个团队所取得的进步。在该阶段，工作绩效和生产力加速提高。

4. 奏效

第四个阶段称为奏效或表现期（Performing）。在这个阶段，随着相互之间的配合默契和对项目经理的信任，成员积极工作，努力实现目标。这时团队成员的集体荣誉感非常强，常将团队换成第一称谓，如"我们组""我们部门"等，并会努力捍卫团队的声誉。

三、有效项目管理应遵循的原则

项目管理的实践已经总结出了项目管理的若干一般准则。在实施项目管理的过程中，应该牢记在心的项目管理原则包括以下几项。

（1）以个体和团队整体的双重身份来指导员工。
（2）强化项目的激励性。
（3）让每个成员都获得信息。
（4）达成共识以激发团队成员（也就是管理健康的冲突）。
（5）向你自己和团队成员授权。
（6）鼓励冒险和创新。

第二节　计划

一个项目通常从一份清晰的工作报告书（Statement of Work，SOW）开始，该报告书包括各方一致认同的工作内容及其目标。报告书是各种目标的书面描述，包括一个说明项目起止期及预算建议的初步进度表。通常还包括绩效衡量指标：预算执行、重要旅程碑及报告书。

工作报告书内要对项目工作进行分解，这种工作分解结构（Work Breakclown Structure，WBS）的功能是把项目范围拆解成比较好进行管理、人员指派和资源预算估计的活动框架。

工作分解结构是项目成本估计、工时估计、质量标准、风险辨识、组织设计、人力需求、物料采购及团队沟通的基础工具，而范围控制的一个简单准则是没有列入工作分解结构的活动不需要做。工作分解结构是达到目标所需完成任务的层次树，它从最终目标开始，逐步把工作分解成可控单元，如任务、子任务和工作要素。任务，通常的完成期限不会超过数个月，且可由一个部门独立完成。次要任务则视状况需要，将任务分得更细。

图 10-1 就是一个医院搬迁工作分解结构的例子。在这个例子中，可定义这个项目为"医院搬迁"，该项目中的一项任务是"转移患者"，该任务的一个子任务是"安排救护车"，该子任务的一个工作要素是"准备要转移的患者"。

```
1.0 医院搬迁（项目）
    1.1 转移病人（任务）
        1.1.1 安排救护车（子任务）
            1.1.1.1 准备要转移的病人（工作要素）
            1.1.1.2 将病人的财物装箱（工作要素）
    1.2 搬迁设备
        1.2.1 与搬迁公司取得联系
                    ·
                    ·
                    ·
```

图 10-1　工作分解结构

第三节　安排

安排起始于估计每个工作要素或活动的时间（工时）和成本、确定各项活动的先后顺序。工时估计是指依照活动的资源需求和组织资源的可用性，估计所有需要执行的活动的工期。工时估计如果能够参考历史资料再配合专家咨询，则可以将工时估计的精度控制在某一个合理的范围。工时估计的最大困难是项目的新颖性和项目成员缺乏经验，全新的项目当然会影响估计的精确度，而成员经验的不足，则是活动工时超估（为了保护自己）和低估（低估了困难度）的主要原因。

一、甘特图

美国的国防部是最早使用项目管理的大型单位，它们发表了许多非常有用的项目管理标准报表，许多已被直接或稍做修改，运用在公司的项目管理上。目前，许多计算机程序皆可容易地产生项目管制图，帮助人们更容易了解项目。

甘特图（Gantt Chart）是亨利·甘特（Henry Gantt）在 1916 年发明的，用于确定项目中各项活动的工期。简单的甘特图是用来表示各工作所需要的时间及先后顺序的。独立的作业可同时进行，其他的作业则必须依次序完成。

应用甘特图的第一步是把工作分解结构要素中的活动分解成单一的活动，这些活动都有明确的开始和结束。其次是厘清这些活动的顺序。通常，项目管理人员要通过考虑其他人在项目中的利害关系，再确定采用哪个顺序。接下来，则要对每项活动做出时间估算。

甘特图适用于已经运作很成熟的项目当中。采用甘特图的优点是通过一张图表可以对整个项目一目了然，较易于掌控项目进度。

二、网络规划图

在甘特图之后，有两个著名的网络规划模式皆在 20 世纪 50 年代被发展出来。第一个是要径法（The Critical Path Method，CPM），CPM 是由杜邦公司为规划化工厂的例行停机维修的时程所发展出来的。CPM 模式假设所有流程中的作业时间都是可以估计的，且时间不会变动。另一个则是计划评核术（The Program Evaluation and Review Technique，PERT），PERT 是由美国海军发展导弹项目时所发展出来时。这是一个由 3000 多个承保商共同承包的大型项目。因为导弹项目中的许多作业都是前所未有的，所以 PERT 是用来处理作业时间不确定的工具。随着时间的发展，CPM 与 PERT 的特性已渐不可分，在此我们仅介绍 CPM。

CPM 的发展应归功于甘特图被广泛应用的结果。但甘特图仅能处理小型项目中各项作业的时间，且很难显示各项作业之间的相关性。另外，甘特图亦没有提供计算要径的步骤。要径作业是项目中的一个连串作业，是作业总时间最长的路径。当要径中的任何一个作业无法在预定时间内完成时，整个项目将会被延滞。规划项目中各项作业的开始或完成时间，以及确认所有的要径作业是 CPM 技术的主要目标。

假设你在学校里有一项投资计划的团体作业，你的指导教师建议你按照下列步骤进行分析。

（1）选择一家公司。
（2）搜集该公司的年度报告及绩效分析。
（3）搜集该公司的股价资料及绘制一张股价图。
（4）每个人都对资料进行分析，并运用团体决策来决定是否购入该公司的股票。

你的 4 人团队决定将此项目分为 4 项作业分头进行。第一项作业是选择公司，必须 4 个人全部参与，这项作业需耗时一周。一周后，全体成员一起开会决定公司的选择。会中并决定将团队分为两组，两人利用两周的时间搜集该公司的年度报告及绩效分析；另两人则利用一周的时间搜集有关股价的资料及绘制股价图。这两项工作可分头进行。最后，利用一周的时间由 4 人共同进行数据分析，进行团队购股决策。

这是一个简单的项目，但已足以示范整个过程。以下是整个过程的所有步骤（团队要素活动关联见表 10-1）。

（1）确认项目中每一个作业并推估完成时间。

在这个案例中，我们将作业定义为 A（1）、B（2）、C（1）、D（1），其中的数字代表作业所需的时间（周）。

表 10-1　团队要素活动关联

作业	代号	前置作业	时间（周）
选择公司	A	无	1
年度报告及成绩分析	B	A	2
股价资料及绘制股价图	C	A	1
资料分析及购股决策	D	B，C	1

（2）定义出各个作业的先后关系，并绘制网络图（见图 10-2）。

一个简单的方法是先找出各个作业的前置作业。前置作业是要开始一项作业时，所有应已完成的作业。例如，作业 A 须在作业 B、C 开始之前完成，而作业 B 及 C 完成之后，才能进行作业 D。

（3）决定要径。

由开始作业到结束作业之间，所有可能形成的连接（路径）。本例中，有两条路径：A－B－D 或 A－C－D（见图 10-2）。要径即所有路径中，所有作业费时最长的路径。

A—B—D 路径费时 4 周，而 A—C—D 路径则需 3 周，故本项目的要径为 A—B—D。要径中的任何一个作业若有延滞，则整个项目便会延滞。

（4）决定最早开始（结束）及最晚开始（结束）的时间。

项目排成即决定每一个作业的开始及结束时间。项目中有些作业的开始及结束时间可能会有些宽裕，这些宽裕时间称为作业的空闲时间（Slack Time）。项目中的每一个作业皆须计算 4 个时间：最早开始、最早完成、最晚开始、最晚完成。最早开始与最早完成是一项作业开始与完成的最早时刻。相同的，最晚开始与最晚完成是一项作业开始与完成的最晚时刻。最晚开始与最早开始之间的差异即空闲时间。网络图上的时间标示方法如图 10-3 所示。

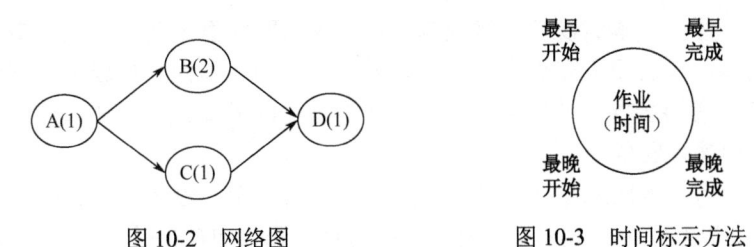

图 10-2 网络图

图 10-3 时间标示方法

作业的最早开始、最早完成时间的计算，是由网络图中第一个作业向后推算的（见图 10-4）。在本例中，由现在时刻（零）开始，作业 A 的最早开始时间为 0，最早完成时间为 1。作业 B 的最早开始时间为作业 A 的最早完成时间（1）；相同的，作业 C 的最早开始时间为 1。作业 B 的最早完成时间为 3，作业 C 的最早完成时间为 2。作业 D 必须在作业 B 及 C 都作完之后，才能开始。因此，作业 D 的最早开始时间为 3，而最早完成时间为 4。

最晚开始与最晚完成的计算是由最后一个作业向前推算的（见图 10-5）。作业 D 的最早可能完成时间是 4；若我们希望项目不会有延误，则作业 D 的最晚完成时间必须设定为 4。因作业 D 需耗时 1，故作业 D 的最晚开始时间为 3。现在考虑作业 C，因作业 C 必须在时间为 3 时完成，以便作业 D 准时开始，所以，作业 C 的最晚完成时间应为 3，最早完成时间为 2。请注意最早开始与最晚开始，以及最晚开始与最晚完成的时间差异。因此，作业 C 有一周的空闲时间。作业 B 必须在时间为 3 时完成，以便作业 D 准时开始，所以，作业 B 的最晚完成时间为 3，最早完成为 1。作业 B 没有空闲时间。最后，作业 A 必须先完成，以便作业 B 与 C 开始。因为作业 B 必须比作业 C 先开始；亦即作业 A 必须实时完成，以便作业 B 开始。所以，作业 A 的最晚完成时间为 1，最晚开始时间为 0。请注意作业 A、B 与 D 皆无空闲时间。最后的网络图如图 10-5 所示。

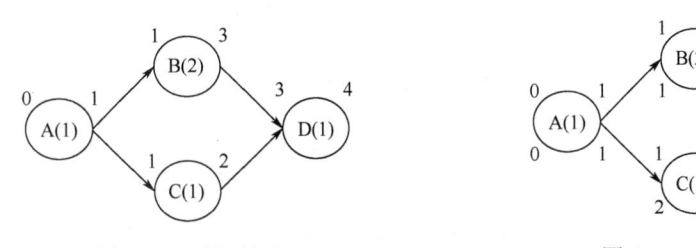

图 10-4 时间估计

图 10-5 最终的网络图

这个投资股票案例分析的例子，只预估了一个时间。而大型的项目网络，经常会面临不可预测的风险，所以通常会预估出 3 个时间：乐观、一般与悲观情境之下的时间。

三、时间与成本模式

保持项目的精准是非常重要的，在项目进行时，要确保项目依照预订的时间执行，尽早发现执行时所遇到的问题，才有足够的时间来解决。项目排程亦可成为成本监控及工程款给付的基础。即使如此，项目排程监控常常还是非常草率，或完全被放弃的。

实务上，项目经理对完成项目的成本与时间一样关心，因此才有时间与成本模式的开发。这个模式是 CPM 的延伸，尝试开发项目的最小成本排程，并控制进行中的项目的费用。

1. 最小成本排程

最小成本排程的基本假设是项目成本与作业完成时间有一定的关系。缩短作业时间需额外成本，另外，延后项目亦需额外成本。缩短工期的成本为直接成本：有些与人工成本有关，如加班、增加雇员、员工转调；而其他则与资源成本有关，如添购或租用更有效率的设备、增加附属性配备。

与延长项目有关的成本称为项目间接成本，如管理费、设备和资源的机会成本、和契约有关的罚款，以及损失某些奖金。由于作业的直接成本和项目的间接成本皆与时间有关，且为互斥，因此最小成本排程即是尝试去寻找一个项目的作业期限，使其成本最小。

依照以下 5 个步骤，可以找到最小成本的点。以学校小组作业的网络图为例。首先假设 8 天的间接成本为固定的，且以每天 5 元的比例增加。

（1）绘制 CPM 网络图。图中每一个作业需包括以下内容。①正常成本（Normal Cost, NT）：作业的最低期望成本（图 10-6 中各节点之下，较小的成本）。②正常时间（Normal Time, NT）：正常成本下的作业时间。③赶工时间（Crush Time, CT）：最短的作业时间。④赶工成本（crush cost, CC）：赶工时的作业成本。

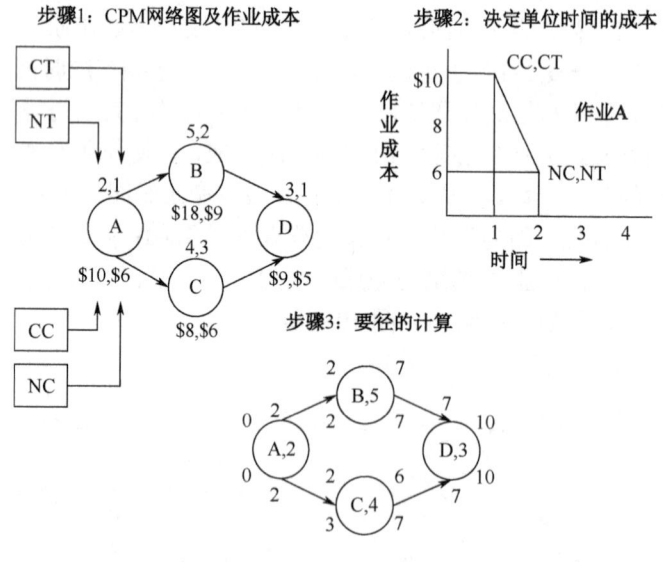

图 10-6 权衡时间与成本的步骤

（2）决定每一作业的单位时间赶工成本，其关系可由连接坐标点（CC，CT）与（NC，NT）的图来表示，连接线可能为凹线、凸线、直线或其他形式，视作业的实际成本结构而定。例如，作业 A 可以假设其时间成本是线性的关系（见图 10-6），此假设常被用来导出加班单位成本。利用斜率公式，即斜率＝（CC－NC）/（NT－CT），表 10-2 列示了所有作业的加班成本。

（3）要径的计算。这个网络的排程需花费 10 天，其要径为 A－B－D。

（4）缩短要径作业成本最小的作业。最简单的方法是从正常时间排程开始，找到要径，减少要径上最小成本的作业一天。然后重新计算新的要径，再减少新要径一天。经过反复计算，直至得到令人满意的完成时间或无法再短的工时。表 10-3 列示了一次缩短一天工时的计算过程。

表 10-2 每一作业的加班成本

作业	CC-NC	NC-CT	$\dfrac{CC-NC}{NT-CT}$	赶工时每天的成本	作业可以减少的天数
A	$10-$6	2-1	$\dfrac{\$10-\$6}{2-1}$	$4	1
B	$18-$9	5-2	$\dfrac{\$18-\$9}{5-2}$	$3	3
C	$8-$6	4-3	$\dfrac{\$8-\$6}{4-3}$	$2	1
D	$9-$5	3-1	$\dfrac{\$9-\$5}{3-1}$	$2	2

（5）绘制项目的直接、间接及总成本曲线，并寻找其最小成本。间接成本在前 8 天均为 10 元，超过 8 天后每天增加 5 元，而直接成本是由表 10-3 的数据所绘出的，总成本为直接与间接成本的总合。将每天的间接及直接成本相加后，可得总项目成本的曲线。仔细观察可以发现在第 8 天时，可得最小成本为 40 元（见图 10-7）。

表 10-3 减少项目执行的时间

现存的要径	每一作业还可赶工的天数	作业的赶工成本	赶工时最少成本的作业	网络中所有作业的成本	方案执行时间
A－B－D	所有作业都是正常的时间及成本			$26	10
A－B－D	A-1, B-3, D-2	A-4, B-3, D-2	D	28	9
A－B－D	A-1, B-3, D-1	A-4, B-3, D-2	D	30	8
A－B－D	A-1, B-3	A-4, B-3	B	33	7
A－B－C－D	A-1, B-1, C-1	A-4, B-3, C-2	A*	37	6
A－B－C－D	B-2, C-1	B-3, C-2	B&C	42	5
A－B－C－D	B-1	B-3	B	45	5

2. 资源配置

除了所有作业的排程外，项目管理仍需做资源的分配。现在的软件均可以很快地显示资源负荷过重问题，即指派的资源量超过可用的量。中阶到高阶项目管理系统可通过平准化的方式来解决资源过度配置的问题。有许多经验法则可用，如低度优先的工作可延后至高度优先工作完成后再执行，或者是让项目提前或延后完成。若以人工处理资源负荷过重的问题，可以增加资源或重新排程，重新排程可以改变拥有空闲时间的作业资源并可有效地调节资源。

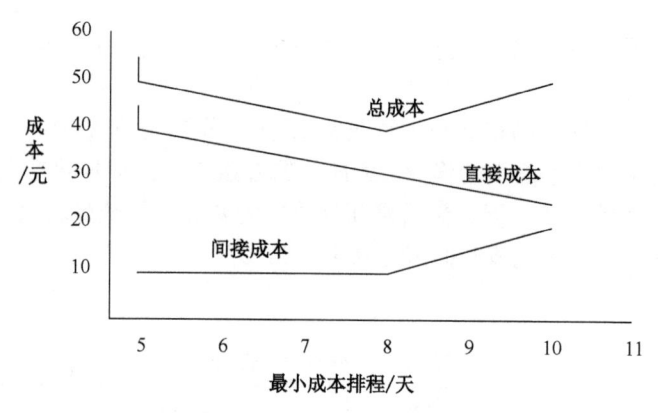

图 10-7 成本图及最小成本排程

第四节 监控项目

一、监控方式

项目管理真正开始于项目开始进行后，项目进度会与最初所规划的进度有所不同。项目管理软件可以同时处理许多不同的进度，也可以比较每个月的进度。

追踪用甘特图将实际进度与规划的甘特图重叠在一起，使任何偏差都很容易被发现。规划的起始/结束时间与实际的开始/结束点做一比较，可以显示差异的存在，也可以只显示完成时间落后于规划时间的活动。

另外，利用项目活动的最终安排还可以将项目的实际费用与预算进行比较。控制活动的重点是确保项目执行的各个方面与原先确定的时间和预算一致。如果没有达到这些目标，就需要对进度安排和计划进行必要的修改，以保证项目最终目标的实现。管理者可以运用例外管理来控制预算成本及实际成本。

对不确定性的例外处理是很重要的，项目经常无惯例可循，因此项目最初的计划和期望很少能够完全相符。项目经理可以通过监控使项目实际进展与项目计划相符合，因为及早发现问题就可以尽快采取行动以避免失败。表 10-4 列示了在成本、时间和绩效方面可能发生的未预料到的问题。

表 10-4 可能未预料到的问题

成本	时间	绩效
遇到难题，需要更多的资源	技术难题耽搁了时间	出现了没有预料到的技术难题
工作范围增大	最初的时间估计过于乐观	可用资源不足
最初的估计过低	任务排序发生错误	发生了不可克服的技术难题
报告质量差或不及时	不能按时获得所需资源	发生了质量和可靠性问题
预算不足	必要的前项任务没有按时完成	客户要求改变原先的规格
没有及时采取校正措施	客户引发的变化	职能领域发生混乱
所需投入材料的价格发生变化	没有预计到的政府法规	技术上有了新的突破

二、项目终止

并非所有的项目都能取得成功，所以项目的终止也有多种形式。项目终止主要有以下几种形式。

（1）彻底终止：项目成功完成或被完全否决。
（2）继续延续：成功的项目成为原组织中的一个机构。
（3）整合集成：成功的项目被深入剖析，并将成功经验在整个组织内部推广。
（4）夭折：削减预算使项目慢慢死亡。

三、结题报告

项目终止之后，要编写结题报告。结题报告记载着项目进行的整个过程，包括在这整个过程中所汲取的失败教训，并从成功经验中发现新的机会。结题报告应包括以下几项内容。

（1）项目绩效：项目原计划与最终评价间的比较。
（2）管理绩效：对有效和无效实践的评语。
（3）组织结构：评价项目组织结构的好坏。
（4）项目团队和管理团队：对项目成员的秘密评价。
（5）项目管理技术：提出改进建议。

本章重点汇整

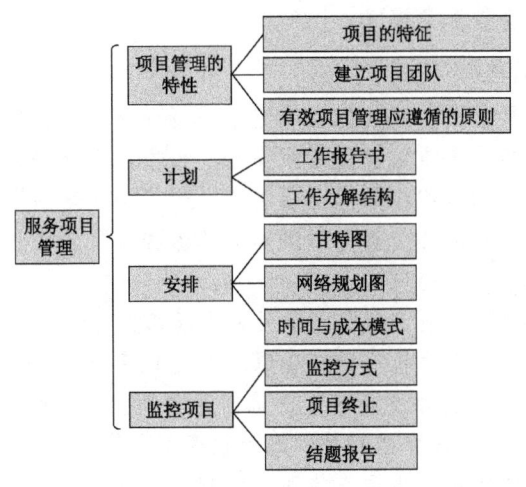

服务项目管理
- 项目管理的特性
  - 项目的特征
  - 建立项目团队
  - 有效项目管理应遵循的原则
- 计划
  - 工作报告书
  - 工作分解结构
- 安排
  - 甘特图
  - 网络规划图
  - 时间与成本模式
- 监控项目
  - 监控方式
  - 项目终止
  - 结题报告

案例分析

华为铁三角——聚焦客户需求的一线共同作战单元

我们系统部的铁三角，其目的就是发现机会、咬住机会，将作战规划前移，呼唤与组织力量，完成目标。系统部里的三角关系，并不是一个三权分立的制约体系，而是紧密结合在一起生死与共的，聚焦客户需求的共同作战单元。它们的目的只有一个：满足客户需求,成就客户的理想。

——华为公司任正非总裁

1. 铁三角的雏形

华为铁三角模式的雏形,最早出现在华为公司北非地区部的苏丹代表处。2006年8月,业务快速增长的苏丹代表处在投标一个移动通信网络项目时没有中标。在分析会上,苏丹代表处总结出导致失利的原因有如下几个:部门各自为政,相互之间沟通不畅,信息不共享,各部门对客户的承诺不一致;客户接口涉及多个部门的人员,关系复杂。在与客户接触时,每个人只关心自己负责领域的"一亩三分地",导致客户需求的遗漏、解决方案不能满足客户要求、交付能力也不能使人满意;对于客户的需求,更多的是被动地响应,难以主动把握客户深层次的需求。

最典型的例子是在一次客户召集的网络分析会上,华为共去了8个人,每个人都向客户解释各自领域的问题。客户的 CTO(首席技术官)当场抱怨:"我们要的不是一张数通网,不是一张核心网,更不是一张交钥匙工程的网,我们要的是一张可运营的电信网!"

为此,苏丹代表处决定打破楚河汉界,以客户为中心,协同客户关系、产品与解决方案、交付与服务,甚至商务合同、融资回款等部门,组建针对特定客户(群)项目的核心管理团队,实现客户接口归一化,更好地帮助客户实现商业成功。具体来说,苏丹代表处以客户经理(AR)、解决方案专家/经理(SR/SSR)、交付专家/经理(FR)为核心组建项目管理团队,形成面向客户的以项目为中心的一线作战单元,从点对点被动响应客户到面对面主动对接客户,以便深入、准确、全面地理解客户需求。"三人同心,其利断金"。苏丹代表处就把这种项目核心管理团队称之为"铁三角"。铁三角模式的效果立刻就显现出来了。2007年苏丹代表处通过铁三角模式获得苏丹电信在塞内加尔的移动通信网络项目。其后,华为在全公司推广并完善铁三角模式。

2. 日臻成熟的铁三角

随着企业的快速发展壮大,华为在全球电信市场获得的大型项目越来越多,客户需求愈发复杂和多样,华为需要全方位满足客户需求、提供全面解决方案;同时,伴随着全球经营及业务的增加,华为内部组织部门不断扩大,部门壁垒逐渐增厚,内部竞争也逐渐加剧,需要以客户为中心来打通相关业务和部门间的流程,聚焦一线,简化管理,提高沟通效率,实现决策前移和风险可控。

面对企业发展遇到的新挑战,华为持续聚焦于以客户为中心,聘请 IBM 等世界知名咨询公司担任管理咨询顾问,全力推行全业务领域的流程变革(IPD、ISC、IFS、ISD、LTC等),实现精细化运作,提升组织效率,成为客户最佳商业合作伙伴,帮助客户成功。华为利用2009年开始的 LTC(从线索至回款)的流程变革之机(图10-8),逐步完善和夯实铁三角运作模式,构建立体的铁三角运作体系,以支持市场的可持续发展,提升客户全生命周期体验,实现企业的高效运营及可盈利的增长。

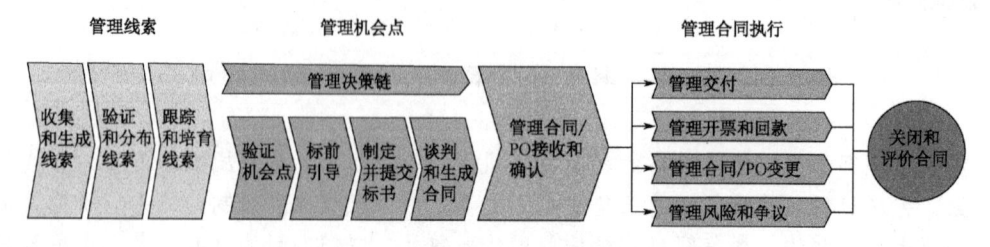

图10-8 LTC 流程

3．铁三角模式的构成体系

华为铁三角模式的构成体系包含两个层次：一个是项目铁三角团队；另一个是系统部铁三角组织。基于项目的铁三角团队是代表华为直接面向客户的最基本组织，以及一线的经营作战单元，是华为铁三角模式的核心组成部分。而系统部铁三角组织是项目铁三角各角色资源的来源，以及项目铁三角业务能力的建设平台（如无特别说明，本文所指铁三角主要指项目铁三角团队）。

4．项目铁三角团队

项目铁三角团队是华为聚焦客户需求的一线共同作战单元。华为项目铁三角是为了切实贯彻以客户为中心的经营理念，基于客户/项目（群）组建的跨功能部门的核心管理团队。它是华为与客户的统一接触界面，通过承担从线索管理到合同履行的端到端职责，提升客户全周期体验和客户满意度，实现LTC运作的高效率和项目的高盈利性。华为项目铁三角作为聚焦客户需求的一线共同作战单元，其成员构成体系包括核心成员、项目扩展角色成员和支撑性功能岗位成员（见图10-9）。

资金经理（信用管理）	应收专员	开票专员	税务经理	网规经理
法务专员	PR专员	研发经理	营销经理	物流专员
采购履行专员（服务）	采购履行专员（产品）	合同/PO专员	综合审评人	

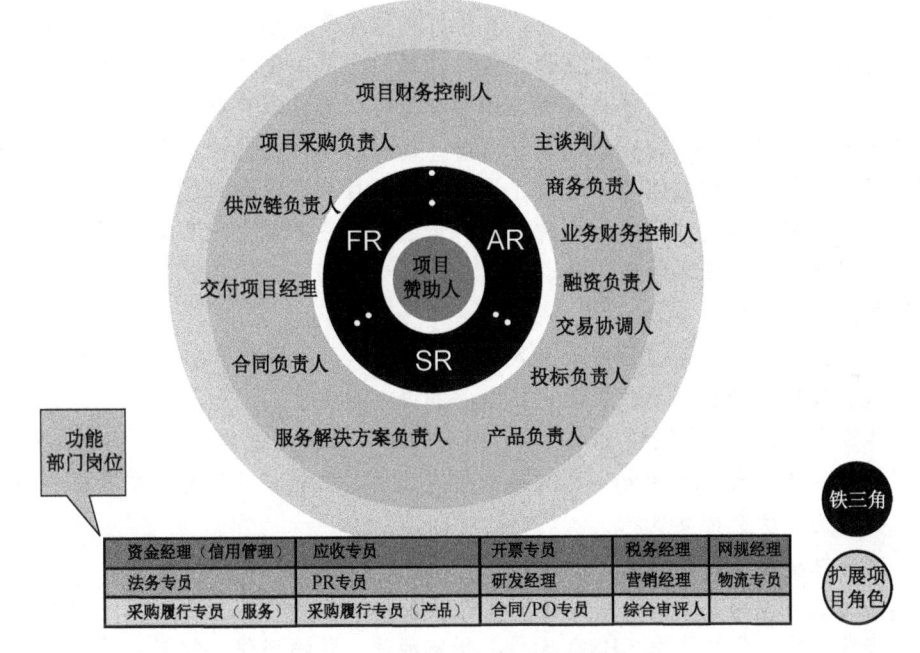

图10-9 基于铁三角项目的管理体系

下面将分别介绍核心成员、项目扩展角色成员和支撑性功能岗位成员的成员组成，以及各自的角色职责。

（1）核心组成成员。

核心组成成员包括AR（Account Responsibility，客户经理/系统部部长）、SR（Solution Responsibility，产品/服务解决方案经理）、FR（Fulfill Responsibility，交付管理和订单履行经理）。

AR是相关客户/项目（群）铁三角运作、整体规划、客户平台建设、整体客户满意度、经营指标的达成、市场竞争的第一责任人。其职责包括：作为系统部经营管理者或者客户经理，是面向客户的铁三角的领导者，也是全项目流程运作的责任主体，对客户/项目的经营结果（格局、增长、盈利、现金流等）负总责；作为客户群规划的制定和执行者，需要做好市场洞察、目标和策略制定、规划执行和调整、品牌建设等工作；作为销售项目的领导者，需要组建团队、制定目标和策略、监控和执行、管理竞争；作为全流程交易质量的责任者，需要做好线索管理、机会点管理、客户群风险识别、合同签订质量把关、合同履行质量监控、项目工程交付、项目收入和回款等工作；作为客户关系平台的建立和管理者，需要做好客户关系规划、客户关系拓展、客户关系管理等工作。

SR 是客户/项目（群）整体产品品牌和解决方案的第一责任人，从解决方案角度来帮助客户实现商业成功，对客户群解决方案的业务目标负责。其职责包括：通过客户沟通，挖掘机会点，促成机会点向项目的转变，实现市场突破；理解和管理客户需求，制定客户化解决方案，引导开发解决方案；组织制定客户化解决方案并推广，保障解决方案的竞争力；在针对 CXO 及关键技术层的对话中，提供解决方案层面的支持，创造客户价值，获得客户的信任。

FR 是客户/项目（群）整体交付与服务的第一责任人。其职责包括：作为交付管理客户满意度的责任人，为客户提供及时、准确、优质、低成本交付，对项目交付满意度承担第一责任；作为交付经营目标的责任人，对项目交付经营目标（收入、交付成本率、ITO、超长期未开票）负责；作为契约化交付责任人，通过合同关键条款控制、合同谈判、合同交接、合同履行和变更、开票等全流程合同管理业务，提升项目契约质量和履约质量，促进对客户的契约化交付；作为交付项目管理者，对交付项目的监控与问题升级、预警，提升交付项目的运作水平和网络运行质量，以及交付项目的客户满意度和交付成功负责；作为交付资源管理者，负责项目交付资源管理，承担项目业务量预测和交付资源需求预测、规划、调配等交付资源日常管理业务。

（2）扩展项目角色成员。

扩展项目角色成员包括项目主谈判人、商务负责人、业务财务控制人、融资负责人、交易协调人、投标责任人、产品负责人、服务解决方案负责人、合同负责人、交付项目经理、供应链负责人、项目采购负责人、项目财务控制人及公司内部的项目赞助人等。其中，公司内部的项目赞助人（Sponsor）指为联系特定项目的公司高级领导，主要从事高层客户交流，对项目的成功交付负责。

（3）支撑性功能岗位成员。

支撑性功能岗位成员包括资金经理（信用经理）、应收专员、开票专员、税务经理、网规经理、法务专员、公共关系（PR）专员、研发经理、营销经理、物流专员、采购履行专员、合同/PO 专员、综合评审人等。铁三角模式有效运作要求客户经理（AR）、解决方案经理（SR）和交付经理（FR）以客户为中心，依据上述各岗位职责来协调和工作。

第一，铁三角团队的第一责任人由客户经理担任，解决方案经理和交付经理全力协同工作，三者的任务目标一致，思想统一。三者之间组成一个三角形，3 个角之间的距离（角色承担的责任），可以依据项目 LTC 流程进度及实际需要进行调整。

第二，铁三角团队需要与客户组织匹配。需要深入理解和梳理客户组织结构图，熟悉客户的部门、岗位、职务、权限、运作流程；洞察关键客户链和整理客户各项业务流程，梳理出流程上的所有关键客户和角色。

第三，做好角色转换工作。客户经理需要从过去的纯粹的销售人员向综合经营管理角色转变；解决方案经理由产品销售向综合解决方案销售转变；交付经理也由单纯的项目交付向对客户服务与满意负责，最终实现与客户共赢。

第四，赋予铁三角组织相应的权力，提升一线决策的灵活性和及时性。华为结合铁三角组织形式的推行，相应引入项目制授权，赋予项目铁三角相应权力，来增强一线决策层级，实现决策前移，让听得见炮声的人来呼唤炮火，保证能快速响应客户需求，对应市场竞争。项目制授权就是在基本授权（体现在4个方面授权：合同盈利性、合同现金流、客户授信额度、合同条款等）之外，在项目的立项决策、投标决策、签约决策、合同变更决策、合同关闭决策时依据项目等级进行相应授权，项目铁三角依据授权进行决策。超越授权情况下需要申请按程序审批。项目制授权提升了一线决策的灵活性，也使得决策者与考核指标承担者关系一致，有利于调动一线团队的积极性和创造性。

第五，作为独立经营单元运作。华为项目铁三角运作团队在公司授予的权限和预算范围以内具有经营管理、奖金分配、资源调度、相关重大问题决策、成员绩效目标承诺和关键绩效指标制定等重要权力，保证铁三角制度的有效落实及发挥效力。

5. 系统部铁三角组织

系统部铁三角组织是项目铁三角的支撑平台。华为项目铁三角基于项目设立，具有任务性和阶段性的特点。而系统部铁三角组织由销售业务部、解决方案部和交付与服务部构成。其作为服务客户的部门而存在，是一个相对稳定的职能组织形式。

系统部铁三角组织的职责包括：负责公司系统部整体经营指标的达成；负责公司系统部客户群的市场规划，客户关系平台的建设和维护；负责公司系统部机会点的挖掘，并组织资源实施项目，对项目成功及盈利负责；负责公司系统部交易质量的改善、客户满意度的提升；负责公司系统部内部竞争目标的达成等。

系统部铁三角组织是职能——项目型矩阵组织。主要作用是为项目（群）铁三角提供支撑，是项目（群）铁三角各角色资源的来源及业务能力的建设平台；同时，系统部铁三角组织的资源和能力建设的责任主体是系统部平台，以及地区部和代表处平台。代表处/地区部平台建设（如地区部销售管理部、地区部解决方案部、地区部服务解决方案部、地区部交付管理部、地区部人力资源部、地区部财经部等）直接支持系统部铁三角组织，间接支持项目（群）铁三角团队运作，从而形成一个立体、互动、高效的铁三角运营体系，如图10-10所示。

6. 铁三角组织的能力要求

华为铁三角所需能力涉及铁三角组织整体运营能力及个人角色能力。

在铁三角组织整体运营能力方面，铁三角作为客户统一接触界面，是项目管理团队的核心。一个高效的铁三角组织需要具有两个方面的能力：一是面向客户的能力，包括客户洞察力、线索发现和机会点挖掘能力、全面解决方案的应对能力、客户期望和客户满意度管理能力、项目交付和服务能力等；二是面向公司内部的能力，包括角色认知能力、经营管理能力、内部资源获得能力和整合能力、资源优化配置能力等。

在铁三角的个人角色能力方面，客户经理（AR）需要强化客户关系、解决方案、融资和回款条件，以及交付服务等营销四要素能力，提升综合管理和经营能力，以及带领高效团队的能力。解决方案经理（SR/SSR）需要具有从解决方案角度来帮助客户成功的能力，要"一专多能"，具有集成和整合公司内部各个专业领域的能力；交付经理（FR）需要具有与客户沟通交付与服务解决方案的能力，项目进度监控和问题预警能力，以及对后方资源的把握能力。

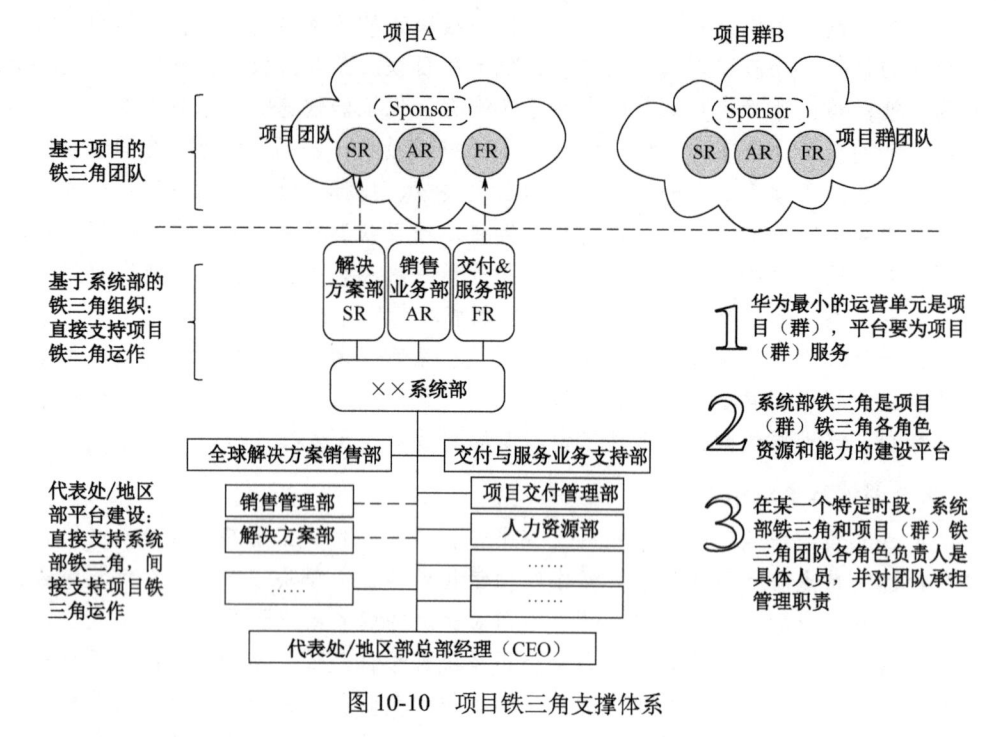

图 10-10　项目铁三角支撑体系

7. 铁三角组织能力提升责任体系

华为铁三角组织能力提升也分为两个层面：提升铁三角组织整体运作能力和成员角色能力。其中，在提升组织整体运作能力方面，以代表处为责任主体，通过铁三角规范化、例行化运作；在提升成员角色能力方面，以岗位任职资格为切入点、人岗匹配为管控手段，以客户经理为龙头，带领解决方案经理及交付经理提升个人能力。铁三角组织能力提升责任体系则由代表处责任体系和地区部责任体系构成。

8. 代表处的职责

代表处代表是铁三角能力提升的第一责任人，特别在铁三角组织运作能力提升方面。铁三角组织整体运作能力和成员角色能力提升的具体责任人见表 10-5。

表 10-5　铁三角能力提升与代表责任人关联表

序号	提升内容	责任人
1	铁三角运作能力提升实施	代表处销售副代表
2	客户经理（AR）能力提升实施	代表处销售副代表
3	解决方案经理（SR）能力提升实施	代表处解决方案副代表
4	服务解决方案经理（SSR）能力提升实施	代表处交付副代表
5	交付经理（FR）能力提升实施	代表处交付副代表

各能力提升内容责任人的主要职责涉及如下 4 个方面。

（1）组织保障。为了保证铁三角的有效运作，相应的绩效考评、商务授权、及时激励和财务权签都需要落实到系统部及相应的项目核心团队。

（2）运作审视。各系统部每月对铁三角的运作情况进行自检，审视铁三角运作中的情况。代表处责任人针对审视中问题和系统部确定改进计划，并检查改进的实施情况。

（3）指定导师。根据任职资格要求审视铁三角各角色的能力匹配度，为铁三角中每个成员指定导师，导师在角色认知、工作开展中提供指导和帮助。

（4）能力提升目标落实。督促各个铁三角针对运作能力和个人提升的内容纳入个人绩效目标中考核。

9．地区部职责

地区部各专业部门是铁三角能力提升支撑的责任主体。专业部门对应责任人见表10-6。各能力支撑内容责任人的主要职责涉及如下4个方面。

表10-6　铁三角能力提升与地区部责任人关联表

序号	提升内容	责任人
1	铁三角运作能力提升支撑	地区部销售管路部
2	客户经理（AR）能力提升支撑	
3	解决方案经理（SR）能力提升支撑	地区部解决方案部
4	服务解决方案经理（SSR）能力提升支撑	地区部服务解决方案部
5	交付经理（FR）能力提升支撑	地区部项目支付管理部
6	奖励落实支撑	地区部人力资源部

（1）铁三角内部研讨支撑。地区部各专业部门负责为各铁三角内部研讨提供引导材料、能力提升计划模板；提供铁三角内部研讨时必要的现场支持、培训授课支持。

（2）集中研讨/培训实施。根据各铁三角的研讨，分析共性能力差距，组织相应的研讨/培训。

（3）铁三角各角色能力提升活动实施。

（4）激励支撑。地区部HR负责运作优秀和能力提升优秀的铁三角的激励措施的落实。

华为铁三角模式以客户为中心，协同客户关系、产品与解决方案、交付与服务等部门，组建以客户经理（AR）、解决方案专家/经理（SR/SSR）、交付专家/经理（FR）为核心的作战团队，发挥团队作战的优势，实现全流程客户最佳体验，帮助客户实现商业成功。华为铁三角模式主要以项目为单位组建，具有灵活、机动的特点，能与客户的组织对接。以客户经理、解决方案经理及交付经理为核心组建项目运作团队，能更加全面地满足客户需求，做厚、做宽客户关系，实现与客户双赢的目的。铁三角组织有利于打破组织内部的部门壁垒，保证团队内部沟通机制的畅通，实现对客户需求的快速响应。华为铁三角作为最小作战单元，具有相应的权限，被赋予相应的资源，是独立核算单位，有利于目标统一、步调一致，也利于调动团队的积极性和创造性。同时，铁三角模式的实施也锤炼了一线队伍，夯实了一线的能力。

（资料来源：胡左浩·华为铁三角—聚焦客户需求的一线共同作战单元. 清华管理评论, 2015, (11).)

问题：

1. 你认为华为的项目管理为何会成功？
2. 铁三角模式的运作方式是什么？

重点回顾与练习

关键术语

项目管理（Project Management）　　工作分解结构法（Work Breakdown Structure）
项目团队（Project Team）　　形成期（Forming Stage）
动荡期（Storming Stage）　　常态化（Norming Stage）
奏效期（Performing Stage）　　甘特图（Gantt Charts）
资源约束（Resource Constraints）　　项目终止（Project Termination）

选择题

1. 项目通常是指具有明确目标的一次性活动，这里的一次性是指（　　）。
   A. 项目的持续时间很短
   B. 项目有确定的开始和结束时间
   C. 项目将在未来一个不确定的时间结束
   D. 项目可以在任何时间取消

2. 在项目管理过程中，贯穿于项目始终的管理职能是（　　）。
   A. 计划、安排、控制　　　　　B. 计划、安排、激励
   C. 沟通、安排、控制　　　　　D. 计划、指导、控制

3. 塔克曼将团队的发展过程定义为4个阶段，下列顺序表示正确的是（　　）。
   A. 形成、常态化、奏效、动荡　　B. 形成、动荡、常态化、奏效
   C. 动荡、形成、常态化、奏效　　D. 动荡、形成、常态化、奏效

4. 下列关于甘特图的描述，错误的是（　　）。
   A. 应用甘特图的第一步是把项目分解成离散的活动
   B. 甘特图不能表示个别活动在按时完成项目中的相对重要性
   C. 甘特图能清楚地表示活动之间的依赖性
   D. 甘特图要求对每项活动做出时间估算

5. 项目需要赶工期时，你的努力应集中在（　　）。
   A. 降低成本来加速执行任务　　B. 加速完成有缓冲时间的活动
   C. 去掉某些非关键路径上的活动　D. 加速关键路径上任务的执行

判断题

1. 控制活动的重点是确保项目执行的各个方面与原先确定的时间和预算一致。
（　　）
2. 项目团队要求团队成员必须独立解决问题。（　　）

3．在项目团队发展的过程中，冲突最大的是在形成阶段。　　　　　　（　　）

简答题

1．简述项目的特点。
2．简述项目管理的过程。
3．塔克曼将团队的发展过程分为哪4个阶段？并说明每个阶段的特点。
4．简述项目终止的方式。

第四篇

实体环境

第十一章
服务设施位置

◎ 本章知识点
1. 选择服务设施的位置时要考虑的因素。
2. 选址的模型。
3. 如何进行选址的优化。
4. 如何运用回归模型进行设施需求的预测。

导入案例

找店面的10个诀窍

潘怡静调研了成功选店的服务业,并归纳出开店的10个诀窍。开店选点时首要先思考:"卖什么东西?适合什么商圈?"中式小吃店,适合邻近夜市;简餐餐厅,适合紧邻上班商圈;时尚饰品,往往都会向逛街人潮地靠拢。选对地点,往往可为生意之门取得首要优势。

1. 诀窍1:看商品——决定商圈位置

迁店3次的爆炸毛头与油炸朱利品牌饰品店老板曹婷婷说:"第1次,开西门町,发现客层消费力不符;第2次,搬到延吉街,消费力对了,但邻居不对。"该店以手创金工饰品为主,但附近店家走流行风。直到最近3迁忠孝东路4段205巷,才找到真正合适的落脚地。"我们观察自己的商品,一定要在都会区才能生存。"曹婷婷与合伙人洪佩琦效法"孟母三迁"精神,屡试不爽,终于找到最佳战略位置。

2. 诀窍2:勤站岗——计算人潮流量

"看到人潮汹涌,就以为会有生意"是选点一大迷思。历经多次辗转选点失败再起的老板洪启书的策略是:"连续1周,站在夜市热闹的中心位置,计算人流量,同时观察人潮手中的提袋,观察他们买什么。"是小吃还是衣服?借此判断商圈是否适合经营小吃摊。同时,观察附近的店家,如有过多店面转让、出租,代表此商圈经营不易,必须三思。

3. 诀窍3：学名店——跟连锁品牌走

专在台北都会地区开小吃店、宾国大肠煎的老板林良宾说："跟着7-11走。"他经营了4家小吃店，旗下生意最好的店的位置就选在7-11正对面三角窗，因便利商店有人流走动，小吃店的能见度就拉高。手工金蛋卷的老板张饶阐辅导旗下加盟者选点时，也以附近是否有7-11、麦当劳、屈臣氏等连锁品牌店作为地点是否合宜的简易指标。"小吃摊选点，首先要考虑的是客人的停留时间。"张饶阐说，附近有麦当劳等知名快餐店，代表有稳定人流，特别是有24小时经营店，还有入夜不冷清的优点。

4. 诀窍4：高毛利——可选A级商圈

但紧邻连锁品牌店面，往往也有高店租的资金压力。高店租背后隐藏高人流诱因，创业者判断是否合适承租，可从业别毛利进行衡量。一般建议业别毛利越高、越适合承租高店租地点。平均毛利在6成以上，适合选在A级商圈，否则应退而求其次，选在B、C级商圈，或是A级商圈主要干道巷弄边第1~2家店，平均每平方米可节省1000~2000元新台币。此外，坊间也有以"1日营业额，可摊平1月店租"作为开店是否合适的判断基准。

5. 诀窍5：看速度——人停驻车速慢

以小吃摊而言，张饶阐建议："选在咸酥鸡、卤味等客人需要等待的摊铺附近摆摊，有利于多加持。"原因是客人在等待时会"东张西望"，有可能促进尝试购买。但是"瞬间爆量"地点，如地铁口、重要路口不一定有利，张饶阐分析："人多会停驻，才是好地点。"公车站牌、地铁附近市场边，对小吃摊而言，都是较佳选择。"可以站在店面前面去观察，车速太快，快到根本不可能停下来的路段，也万万不宜。"Bakku怀旧主题餐厅的老板王胜弘提醒道。

6. 诀窍6：月租金——设定门槛上限

设定租金上限，有助于不被人潮、商机、急于选点等因素冲昏头，以控制成本。

想在台北都会区开小吃摊，手工金蛋卷的老板张饶阐建议，月租金门槛在25000元新台币以内；想在中部开餐厅，Bakku怀旧主题餐厅的老板王胜弘建议，月租金在5万新台币以下，3~4万元新台币尤佳；想尝试时尚手创品牌店，爆炸毛头与油炸朱利的老板曹婷婷建议，店面与工作室分开，找流行指标区小店、月租在3万元新台币以下。

7. 诀窍7：处女地——找新秀省租金

"专找不是店面的店面。"在台中、丰原、台南开餐厅的王胜弘，擅长在中南部巷弄找旧公寓，视商圈调性进行主题风格包装。以目前正在进行台南独栋别墅改装的餐厅为例，"整栋月租只要12000元新台币。"他说，这种选点方式，一来房租压力不大，二来在设计上非常具有挑战性。

王胜弘曾经承租台中月租金25000元新台币的住宅店面当餐厅，房东易主后，因生意经营起来，月租三级跳至10万元新台币，而他则选择转战他处。王胜弘以"逐低房租开店"的心态选点，"高租金的台北市，完全不列入考虑。"往中南部发展，自成一番低成本选点学。

8. 诀窍8：同质店——发挥群聚效应

同一条街道上，有同质店家聚集，是创业者眼中共同认为的集市要件。不要自以为聪明："一条街都开服饰店，突然开一间小吃店，生意会很好。"王胜弘建议，选点时，创业者最好先评估自己的店要求的客层是什么。以专卖200元新台币商业套餐的餐厅为例，最好选在上班族聚集的商圈、附近有餐饮业的聚集地段，才能稳操胜算。

9. 诀窍9：大禁忌——桥头尾有工程

"店面前方有长天期公共工程进行"是选点一大禁忌，如长达半年以上的地铁工程如果正在店门口进行，除噪声扰客外，也可能连带影响消费者的行进路线，不利于人气聚集。此外，店面前面有桥墩拦腰而过，不仅在视觉上使店面不易被发现，桥头和桥尾车速快、不利于停留、停车，皆不适合需要人气聚集的小吃、饮品店等人流店进驻，但相对适合修车业、回收业、物流业等。

10. 诀窍10：未来性——有朝一日翻天

不少创业者建议："跟着地铁走。"坊间欧德名店、格子趣等店家目前的选点策略都遵循此方向。此外，附近有重大交通建设、开发计划、大型卖场开幕，都属于卡位未来的有利选点诀窍。看好未来发展潜力，同时基于巩固客源考虑，创业者可通过与房东签长年期租约、谈妥租金年涨幅度等方式，避免届时房东大幅调涨租金，这样，助于慢慢养出有朝一日生意翻天的金店面。

思考与训练：

你能将这10个诀窍归纳成几个原则吗？

第一节 战术性的选址考虑

选址要选在接近目标客户群的地方，通过实体服务设施的接触解除痛点并传递价值。市场区隔中消费者偏好改变所产生的新的服务概念，除了通过线上传递信息之外，也要通过线下体验进行服务接触，才能传递价值、促进交易。

从数据上看，虽然线上消费如火如荼，但体量和线下相比仍然是小巫见大巫。而且在一些领域，电商始终难以攻入，如服饰，虽然上网买衣服已经成为许多人的习惯，但从消费数据来看，服饰、日用品的线下销售仍然占据着半壁江山。在电器、食品、个人护理等领域，线下消费则大于线上。至于珠宝、奢侈品、家具、生鲜等领域，则是线下消费占据着绝对的统治地位。

而服务的战略定位要与所选的位置相匹配，才能有效地传递价值。例如，便利商店的目标客户的特征是急需用便利商品，而大都不在乎价格，所以便利商店设在办公区、社区就很适合；若设在大卖场内，大卖场的商品多、价格低，去大卖场的又大多是家庭主妇，她们很在意价格，这样就不适合在大卖场内开便利商店。专业个人化的服务与服务工厂所选的位置是不同的。本章就要探讨线下实体店的设施位置，而地点（Location）选得好，往往能达到事半功倍的效果。

一、商圈的选择

评估商圈时,首先应该评估潜在市场量。商圈的市场规模主要受到两个因素影响:人口数与人均收入。如果是高端产品,就应该选择人均收入较高的商圈;如果是大众化商品(服务工厂),则应该选择人均收入较低的商圈。

目前,有一种 ArcView 的软件(图 11-1 为利用该软件绘制的某地区按年龄组分布的人口密度图),它是一种主题式的地理信息系统,在商圈评估方面,可以评估一个列有街道地址和家庭平均收入的表格,这样在做商圈选择时就有一个比较精确的依据。

ArcView 是世界上最大的 GIS 软件厂商美国环境系统研究所(ESRI)的桌面地理信息系统(GIS)软件。ArcView 3.0 中的数据编辑、空间分析和可视化功能得到大大加强,具有了丰富的 GIS 功能,因此,ESRI 将其定位发展到桌面地理信息系统。其操作包括 4 个步骤:①认识点、线、面 3 种图层(Layers);②图层的编辑(美工)与属性查询、空间查询;③搜集网络上可用的统计资料;④绘制主题地图(将人口、收入转变成地图)。

图 11-1 按年龄组分布的人口密度

二、选址考虑的因素

1. 成长性

一个好的位置,能提供更好的服务,同时也是对未来长期资本密集流动的保证,选择一个能反映未来经济趋势、人口流动、文化和竞争变化方向的地点是非常重要的。公共建设就是创造地段的重要条件,对于一个卖场来说,如果附近有大型社区、学校、医院、公共汽车等公共设施,就是好地段的保证。所以许多企业会关注公共建设的走向,然后跟着公共建设进行投资。初期这些地段可能要经过一段时间才能发展起来,但是一旦发展起来,就可以因抢进黄金地段而获利,黄金地段就如同专利一般,是一个获利的保障。

另外,有些企业会跟着市场龙头型的企业走,如麦当劳选的位置都是评估过人流量高的地方,所以许多企业会跟着麦当劳选址。许多成功的选址是预先知道公共建设的发展方向。

2. 竞争集群

消费者在购买商品时,喜欢进行比较,为了便利,他们更喜欢到许多商家聚集的地方购买产品，以降低产品搜寻的成本。许多家具业喜欢聚集在一起变成一条家具街，因为家居业者发现，竞争集群更容易吸引顾客，而当顾客要购买家具时，也第一个会想到家具街。

3. 饱和营销——小区域的独占

这种策略在一些人口密集区或闹市区会发挥出更大作用，采取这种选址方式的商店更能在有限的时间内将顾客"拉"去购物或吃饭。法国风味餐厅 Au Bon Pain 是一家以其独特的三明治、法国面包和月形面包而出名的餐厅，它也采用了广为流行的饱和营销策略。在我国台湾省，许多便利商超会在一个区域内密集展店，以独占这个区域的便利服务，而当其他便利商超要进来展店时，空间就会小得多，从而有先占的优势。几乎在闹市的街头巷尾都有同一家公司的商店，对于路人来说，看到这种商店的第一眼，会因为商店的店面装饰或广告刺激而产生消费的念头，而在下一次再看到这家店时就很可能会进去消费了。

4. 前后台分离

对许多黄金地段而言，实体店面的租金是很昂贵的，所以许多服务提供者将后台移到其他较偏僻的地方，而将前台留在黄金地段。例如，许多餐厅都会在一个区域设立中央厨房，餐厅食材的采购、初步的料理都在中央厨房完成，中央厨房会定时依照店面的需求进行送餐，到了店铺再进行简单的加工。

5. 网络环境评估

当实体服务点的范围扩大成网络之后，就要考虑到整体的环境因素。表 11-1 列出了位置选择要考虑的要素。例如，入口通道、能见度、交通情况等都是吸引顾客到这个网点的重要因素。附近有竞争者不是坏事，许多竞争者形成的竞争集群具有吸客的效应。

表 11-1　位置选择要考虑的因素

因素	说明	因素	说明
1. 进出	到高速公路出口和道路入口的便利性有公共交通	6. 环境	周边没有嫌恶设施
2. 可视性	与街道的距离、标牌置放	7. 竞争性	竞争对手的定位
3. 交通	能够表明潜在购买能力的交通流量、妨碍交通的障碍物	8. 政府	区域限制，税收
4. 停车	充足的路旁停车位	9. 劳动力	拥有适宜技能的劳动力的可得性
5. 扩展性	便于扩展的空间	10. 互补企业	附近可提供互补服务的店

第二节　选址的模型

在选择服务设施时，我们要综合考虑许多因素。图 11-2 列出了在做选址的模型决策时应考虑的因素。这些因素大致上可分为地理位置、设施数量和优化标准三大类。

一、地理位置

设置实体店面时，要考虑到两个实体店之间的距离是多少最为恰当，如果过于靠近，会有客户重叠，变成相互竞争，如果距离过远，客户不易接触到，又会降低客户到店的意愿，因此要选择适当的距离。

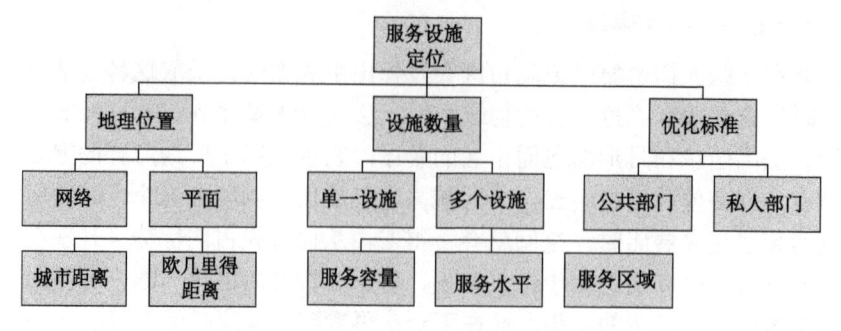

图 11-2 服务设施定位因素的分类

位置的选择和距离可以在平面（两点）或者网络（多点）上进行分析（分析示例见图 11-3）。

（1）平面上的位置可以概括在一个具有无限发展性的空间里，设施可以位于平面上的任一区域，并且可以通过一个 x、y 二维的笛卡儿坐标来鉴别。

（2）网络上的位置特征是，所有位置都用网络节点来表示。例如，一个公路系统可视为一个网络，主要的公路交叉点均可看作节点，网络节点之间的弧线代表行进距离，它是按最短路径法计算出来的。

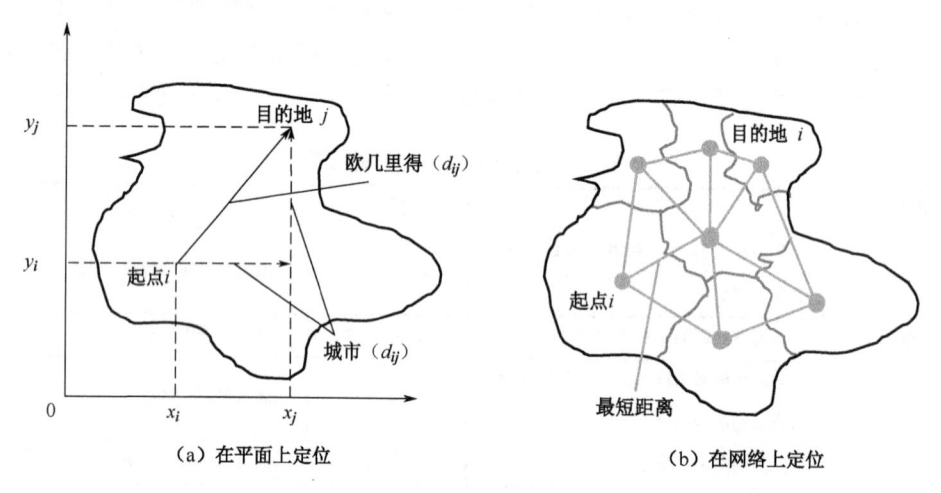

图 11-3 地理结构

在进行地理描述和距离表示时，经常会使用网格来更精准地表示。现在，运用 GPS 定位或是使用百度地图、高德地图这些工具也可以精准测量距离。

二、设施数量

除了适当的距离之外，另一个要考虑的因素是同一个地点要有多少设施（实体点）。如果是单一设施的定位，基本上可以用前面介绍的原理来处理，而当设施数量增多时，就要考虑客户（市场区隔）的重叠性。

例如，广东省中山市的大信集团就在一个地点（区域）开发了 3 个不同的商场，大信溢彩绘在大学旁，以学生族群为主；大信新都会一期以平价商品为主，这个卖场以大众化商品为主，以大润发、麦当劳这些平价商品进驻为主；大信新都会二期以中档商品为主，以 H&M、海底捞、Apple 专卖店进驻为主。随着人均 GDP 及人口的增加，未来大信新都会可能还会开发更高档的商场，产品类别可能包括 Channel、LV 这些奢侈品，以符合在当地消费者购物的需要。

三、优化标准

民营部门和公共部门的选址目标有所不同，优化的标准也不太一样，共同的目标都是希望用较少的成本提供较多的实体接触。在民营部门内部，选址的选择受成本最小化（如租金成本低）或利润最大化（如营收最高）的支配。相比较而言，公共设施的决策则是由整个社会的整体需要所决定的，也就是以整体社会利益最大化为目标的。

1. 民营部门的优化标准

民营部门的设施主要考虑设施的建造、运营成本及运输成本之间的权衡。许多文献都对这几个主题进行了研究。例如，如何让消费者又快又低成本地取得产品（仓库的位置）；当消费者必须亲临设施现场时，如何对服务提供者不会产生直接成本；除了考虑降低成本之外，还要如何让消费者很容易地取得服务并进行接触。

2. 公共部门的优化标准

因为涉及多方的利益，公共部门的设施选址就比较复杂。同时，公共服务设施位置的利益很难确定和直接量化，此时可用一些间接（或者代替）的方法。例如，可以用消费者到达设施所在地的平均距离来衡量，数值越小，系统越接近它的消费者。也就是说，要规划出在设施数量有限的前提条件下，总平均距离的最小位置。另外，消费者的数量被视为不固定的（有需求弹性的），设施的位置、规模和数量等因素会影响需求量，产生的需求越大，系统满足该地区的需求效率就越高。

3. 选址的优化指标

阿伯内西（Abernathy）和赫尔希（Hershey）对一个位于 3 个城区的健康中心的选址进行了研究，健康中心的选址效果和下列标准相关：①最大程度的利用，也就是使来健康中心就医的人数最大化；②每个区距离最小化，也就是使每个人到最近健康中心的平均距离最小化；③每次距离最小化，也就是平均每次到最近的健康中心的距离最小化。

实战案例

7-11 的选址战略

中国台湾有全球密度最高的便利商店，而 7-11 又是便利商店的龙头。它刚引进便利商店这个概念并创业时，曾经有连续 6 年的亏损经验。但它对其商品和服务有着一贯坚持，且不断创新，把各项机能生活化。7-11 以消费者为中心，"引进各式新商品、新事业，提供更多价值及便利"。7-11 根据不同的区位，发展出两种选址战略。在三角区，选址的大原则简单来说就是，好地点和店面明显度，因此三角区是 7-11 最偏爱的地点。另外一种是前门理论、咽喉理论及漏斗理论，前门理论及咽喉理论的主旨是要掌握交通人潮的咽喉，这样使消费者无论往任何方向都会经过其店面。漏斗理论的主旨及要求是在人潮多或公车站牌附近开店，就像漏斗一样吸引客流。人口密度高、人潮和车潮多的地区，则不惜多设几家店，以免利润被瓜分。即使对着同一条大马路，分别开设两家店，也被证实不会造成商圈重叠，而彼此都能获利。

问题：

运用 7-11 选址战略，从图 11-4 的 A、B、C、D、E、F 这几个位置中选一个你认为最好的位置。

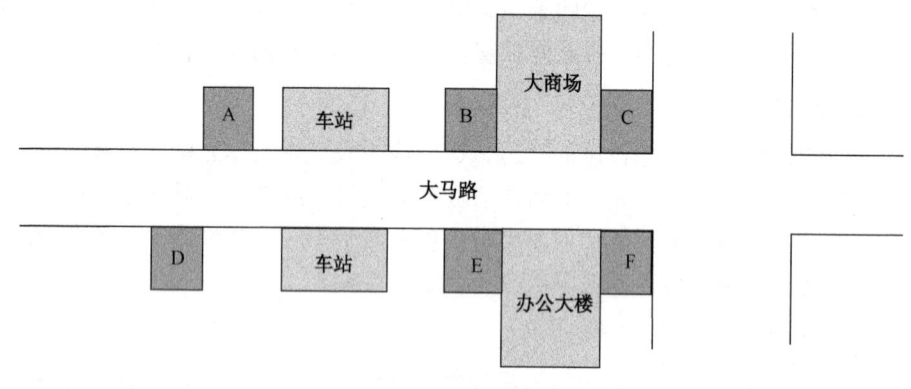

图 11-4　7-11 的选址

第三节　位置需求量分析

当位置选好、设施数量也决定好之后，最后就要对单一设施的需求量进行预测了。在估计需求量时，最常用的分析工具是回归模型（分析）。

回归分析（Regression Analysis）是一种统计学上分析数据的方法，目的在于了解两个或多个变数间是否相关、相关方向与强度，并建立数学模型以便观察特定变数来预测研究者感兴趣的变数。更具体来说，回归分析可以帮助人们了解在只有一个自变量变化时因变量的变化量。一般来说，通过回归分析我们可以由给出的自变量估计因变量。回归分析是建立因变量 Y 与自变量 X 之间关系的模型。简单线性回归使用一个自变量 X，复回归使用超过一个自变量。

以某一家全国连锁的汽车旅馆的管理人员，委托一个研究机构来分析其扩张的选址方向为例。他们想知道哪些因素会影响选址的获利以进行选址需求量的预测。调研人员在圈定的位置上搜集相关数据，如交通流量、附近企业的类型、到中心商业区的距离等，共 35 个因素作为独立的变量进行分析。

他们发现，旅店的利润率等于获得的折旧费用和利息费用加上利润的总和再除以总收入，得到的数值作为最可靠分析依据或者因变量 Y，以此为基础进行预测。表 11-2 中的所有变量的统计评估数据让调研人员识别了 4 个最关键的因素：经营状态、价格、收入和高校数量，并将这 4 个变量用于预测模型中。除了正向影响的因素之外，回归模型也包括一些带有负向影响的自变量。通过这个回归模型的建立，可以对设施的需求量进行预测。

表 11-2 旅馆选址需要考虑的因素

名称		描述
竞争因素	小旅馆费率	小旅馆报价
	报价	小旅馆房价
	费率	平均竞争性房价
	房间数-1	1 英里（1 英里≈1.609 千米）内的旅馆房间数
	房间数—总数	3 英里内旅馆房间数
	房间数—小旅馆	小旅馆的房间数
需求激发因素	民众	基地文职人员
	学院	学院录取人数
	医院数-1	1 英里内的医院床位数
	医院数—总数	4 英里内的旅馆房间数
	重工业	重工业的雇工数
	轻工业	轻工业的占地面积
	商场	购物中心的面积
	军事基地	封锁的军事基地
	军队	基地军事人员
	军队总数	军事人员+文职人员
	办公室-1	1 英里内的办公空间
	办公室—总数	4 英里内的办公空间
	办公室—商务区	中心商务区的办公空间
	旅客	乘飞机的机场旅客
	零售	零售活动的规模排名
	游客	年度游客的数量
	交通	交通量调查
	货运	机场货运
区域人口	雇用率	失业人员比例
	收入	家庭平均收入
	老百姓	当地人口数
市场认知	年头	小旅馆开业的年数
	最近距离	最近的旅馆距离
	州	每家旅馆分摊的州人数
	城区	每家旅馆分摊的城区人数
物理属性	接近	可接近性/可达性
	干线	主要交通渠道
	距离—市中心	与市中心的距离
	视觉效果	标志可视性

本章重点汇整

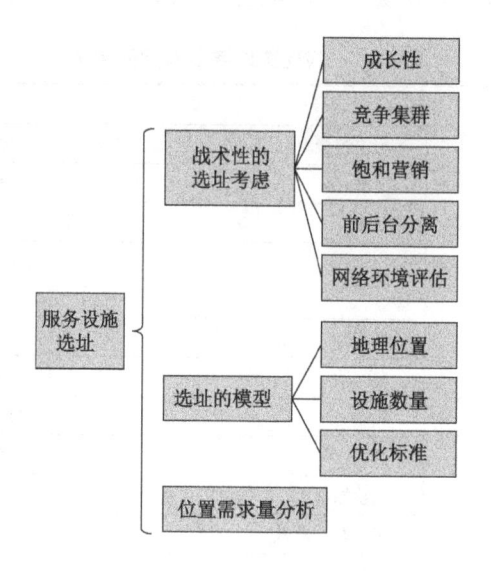

```
                        ┌── 成长性
                        ├── 竞争集群
            ┌─ 战术性的 ─┼── 饱和营销
            │   选址考虑 ├── 前后台分离
            │           └── 网络环境评估
服务设施 ───┤
  选址      │           ┌── 地理位置
            ├─ 选址的模型┼── 设施数量
            │           └── 优化标准
            │
            └─ 位置需求量分析
```

案例分析

缤果盒子与雅生活集团达成战略合作协议 未来 3 年铺设 3000 个网点

2017 年 7 月 17 日,无人便利店领导者缤果盒子与雅生活集团共同宣布签订战略合作协议:雅生活集团旗下物业体系将会对缤果盒子开放,双方计划未来 3 年共同铺设 3000 个盒子(见图 11-5)。据了解,双方达成战略合作协议后,雅生活联盟管辖的 1.8 亿平方米的物业将全面迎接缤果盒子入驻,未来将快速推动无人便利店落户雅生活联盟所有项目。同时拓展绿地物业项目、黑龙江物业项目,很快,相关物业小区居民将会体验到无人便利店带来的便捷服务。

作为国内无人零售行业的领跑者,缤果盒子的 CEO 陈子林表示:雅生活集团是我们重要的战略合作伙伴。缤果盒子目前的阶段任务是针对中高端社区做好服务,雅生活集团在价值理念、运营思路和品牌上都与我们高度契合。对于加速产业创新,构建新生态,向社会提供优秀产品和服务提供有力的支持。未来我们将充分发挥新零售行业的社会价值,一起开创城市智能化美好未来。

图 11-5 无人商店

雅生活服务集团有限公司的副总裁董亚夫介绍道，雅生活集团是雅居乐集团"以地产为主，多元业务并行"战略规划下的首个产业集团，致力于为业主提供全面的居家生活解决方案。目前管理范围覆盖全国逾40座城市与地区，拥有200多个标杆项目，服务业主近110万人。

有行业声音指出，无人零售业态与地产的有效融合，将可能改变两大产业的相关格局。无疑，缤果盒子与雅生活的强强联合将加速这种猜想的迅速验证、落地——伴随一个个盒子来到消费者身边，全新的购物场景正悄然融入消费者的日常生活，从而酝酿出新一轮的商业变革。

（资料来源：http://tech.china.com/article/20170718/2017071841459.html.）

问题：
1. 这种无人商店为何不选在热闹、人潮拥挤的地段开设？
2. 现在也出现了无人面店，你认为选址应该选在哪里较好？

重点回顾与练习

关键术语

战略定位（Strategic Location） 竞争集群（Competitive Clustering）
饱和营销（Saturation Marketing） 地理信息系统（Geographic Information System）
行进距离（Travel Distance） 城市距离（Metropolitan Metric）

选择题

1. （ ）是指一群相互距离比较近的竞争者（如汽车经销商），以方便顾客购物时能够进行比较。
   A．饱和营销　　B．饥饿营销　　C．竞争集群　　D．价格竞争
2. 诸如餐饮和健身等服务设施云集在居民小区、繁华商业街，这些服务设施选址时考虑的核心宗旨是（　　）。
   A．接近目标消费群　　　　　B．现代化通信设施
   C．员工上下班方便性　　　　D．建筑物符合企业形象
3. 对预开店和存在竞争关系的若干商业设施未来的盈利水平进行评估，进而通过比较来选址的方法是（　　）。
   A．哈夫模型　　B．地理需求评估　　C．中值法　　D．回归分析
4. 需求点 i 消费者到商业设施 j 购买的概率直接取决于（　　）。
   A．需求点 i 消费者的数量　　　B．商业设施 j 对需求点 i 消费者的吸引力
   C．需求点 i 消费者的购买力　　D．商业设施 j 的规模
5. 在进行服务设施定位时，我们要综合考虑许多因素。这些因素主要有三类，下列选项不属于这三类的是（　　）。
   A．地理位置　　B．设施数量　　C．优化标准　　D．顾客数量

判断题

1. 饱和营销的主导思想是在城市集中定位许多相同的公司或商店。（   ）
2. 度假村建在美丽的海边主要是通过为顾客提供便利性来吸引顾客。（   ）
3. 在市场还没有发展起来的时候，获取和持有黄金地段并不可取。（   ）
4. 对于餐饮店、服装店等服务企业，店铺不能选址在众多竞争者集中的地方。（   ）
5. 饱和营销比较适用于超市、百货公司等大型零售商。（   ）

简答题

1. 在进行服务设施定位时，我们要综合考虑许多因素，这些因素可分为哪些类型？
2. 分析一家使用饱和营销策略的服务企业。

第十二章
支援设施与服务流程

◎ **本章知识点**

1. 服务场景对员工及消费者行为的影响。
2. 服务场景的3个环境维度。
3. 服务支持设计的关键设计特征。
4. 如何选取、优化流程并进行设施配置。

导入案例

后电商时代,"双十一"大获全胜的优衣库创"新电商零售经"

有人总结,优衣库在2016年"双十一"采取了"线上线下同价"和"在线商品,门店取货"的两个新策略,在线引流,线下提货,代表一种新零售方式,从而取得了好的业绩。

在2016年"双十一"前,阿里巴巴的创始人马云抛出"新零售"的概念,其原话是:"纯电商时代很快会结束,未来的10年、20年,没有电子商务这一说,只有新零售,也就是说线上线下和物流必须结合在一起,才能诞生真正的新零售。"

这可解释为:一方面,阿里巴巴意识到传统电商的天花板,以简单商品交易为主的电商模式趋于饱和,电商需要在日渐放缓的流量增长中挖新机会点;另一方面,在技术和相关条件催化下,零售业已进入一个新阶段。在线电商仅是一个零售渠道,物流、AI和大数据的发展,让包含电商渠道的零售业得以进化到新一阶段。

这样来看,优衣库是一个不错的案例。一方面,在中国市场电商业绩不错;在其本土市场,电商增长也很快。2016财年,优衣库在日本市场电商营收421亿日元(约合27亿元人民币),比2015年增长30.1%,占日本市场总销售额的5.3%。在对2017财年的展望中,其对电商有增加4成的收益预期。另一方面,优衣库近年来一直在尝试有关电商的前沿销售方式。

在2016年"双十一",优衣库促销开始不到3分钟销售额破亿,是天猫第一个进入亿元俱乐部的品牌。但它们在"双十一"当天上午即宣告售罄，被认为是一个营销噱头。一个有精益运营能力的日本企业，不可能错误预估年度大促库存。但再深入想想，这正体现了优衣库对"双十一"的态度，在线"限时低价"适可而止。

设立线上线下同价优惠产品，引导消费者去优衣库门店现场试衣，感觉一下产品和服务，可能还会带动其他商品的销售，让消费者习惯线下门店消费，体验更多。而不是累积到"双十一"当天，在线进行壮士断腕般的一锤子买卖。

从优衣库身上能学到什么？第一，电商只是一个渠道，一个品牌或零售商的成功首选是需要好产品。第二，线下零售有很多空间可以提供和创造体验，优衣库中国区电商主管之前接受采访曾透露，从优衣库的销售数据来看，门店开得越多的地方，在线销售会越多。因为消费者到了门店，可以亲身体验优衣库的产品质量与服务，对品牌的认可度会更高。显然，这正是近年来优衣库在强化电商渠道，却并没减缓线下门店发展势头的原因。在开店数量的同时，优衣库尤其注重开设具有品牌质量和调性的门店，在纽约、新加坡等全球各地都有旗舰店。第三，整合无缝零售能力，我们在之前良品铺子的报道中，提及过全渠道策略，内部打造统一信息技术系统，运用数字技术，消除渠道壁垒，在任一时刻、任一接触点为每一位消费者提供连贯的个性化品牌体验的能力。在优衣库店内，可以立刻连接Wi-Fi，扫描店内数字海报了解商品的详细介绍，搭配指南和实时库存，还可以用微信和支付宝等移动支付方式方便支付，线下线上无缝连接。

具体来说，通过统一的客户销售数据，用大数据技术获得更深入、更全面的客户洞察，了解消费者在任何时候、任何场景对购物体验的需求，甚至可以从事后分析式洞察，转到事前洞察，更精准地进行客户窄众分群，为分销、生产、服务提供更丰富、准确的信息。

跳出价格战的简单思路，将单纯产品购买转化为一整套服务体验，整合产品和服务，提升对消费者的价值，让消费者行为不止于单次在线购买，而是转化成重复享受服务的模式，这才是新零售。

（资料来源：https://baijia.baidu.com/s?old_id=700134.）

思考与训练：

你能定义什么是新零售吗？

第一节 定向与服务场景

与服务概念相一致的服务场景能够引导消费者在场景中的服务接触与旅程，并通过服务接触与旅程传递服务价值。

一、环境定向与旅程

当人们进入一个陌生的地方时，最需要的就是定向（Orientation）。定向包括两个方面：地点定向问题（如我现在在哪里）和功能定向问题（如这个地方是怎样运作的，我下一步该做什么）。当人们进入一个陌生环境然后有一个清楚的定向之后，会降低不确定性带来的焦虑与无助感。

温纳（Winer）认为服务环境中的定向力障碍可以通过3个方面来降低：先前经验、设计的易识别性和定向帮助的影响。例如，假日饭店（Holiday Inn）就将这些概念运用在场景的定向中，它并以此宣传客人在任何一个所属的连锁饭店内都不会感到陌生，并通过亲近、融洽来吸引回头客。银行和饭店也经常在入口处设置大厅，这种布局形式可以使消费者在进入饭店后直接咨询到他们所关心的问题。

另外，许多公园等公共设施，也会在入口处或路途中设置导引地图并标示你目前所在的位置，这样也可以让你很快地找到你所要去的位置。许多地铁也会用不同的颜色标示路线，并在两条路线衔接的地方用不同的图形标示出来，这样也可以提升方向感。

完整定向的设计会更接近"客户旅程"设计。2013年麦肯锡在《哈佛商业评论》中提出了"客户旅程"这个概念。他发现，多年来各大企业都非常强调"触点"这一概念，然而这种视角往往让表面满意度高于真实满意度。更有效的关注点应是客户端到端的"旅程"，而非"单一触点"。他对领先的银行进行调研后发现，打造客户体验，CEO应关心的十件大事：①识别和理解关键客户旅程；②聚焦在旅程而不是触点；③把客户真正关心的东西进行量化；④定义一个客户体验愿景和共同目标；⑤在互动中运用行为心理学；⑥利用数字化技术重塑客户旅程；⑦对一线员工进行授权；⑧建立客户反馈指标衡量体系；⑨设定跨职能部门管理体系；⑩利用速赢彰显价值创造。

二、服务场景

（一）场景设定

好的场景会把服务的概念通过场景中的元素传递出去，并且引导消费者的行为，服务场景构架关系如图12-1所示。

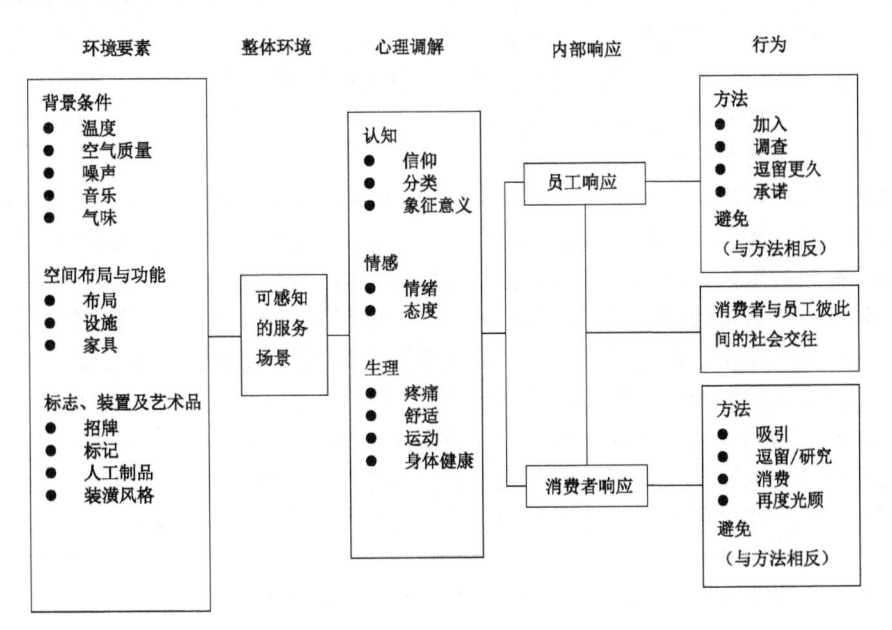

图12-1　服务场景构架

（资料来源：Bitner MJ.Servicescaoe: The impact of Physical Surroundings on Customers and Employrrs. Journal of Marketing, 1992,（56）: 60.）

1. 环境要素设定

有形环境中的场景要素包括服务提供者可控制的、能够增强员工和消费者行为感知（视觉、听觉、触觉、嗅觉、味觉）的所有客观要素。这些要素包括以下几项。

（1）背景条件。

实体环境的背景，如温度、照明、音乐和气味等，都会影响我们的感觉与情绪。有些服务工厂式的餐厅，背景条件中的灯光会比较明亮，这样消费者可以加快用餐节奏，通常这类餐厅也会播放旋律比较快的音乐，旋律快的音乐会间接使得用餐者在不自觉中加快用餐速度，这样可以提高用餐时间的翻桌率。相对的，星巴克就比较希望消费者停留较长时间，因为消费者停留的时间长了，就会想要多喝一杯咖啡，所以星巴克播放的是比较轻柔的爵士乐，灯光也比较柔和，咖啡香味也会令人留恋。

（2）空间布局与功能。

室内装修和设施的布局（摆放位置）也会传达服务的概念与主题。尤其应该注意到，在场景中的桌子、家具、室内装饰、员工穿着，甚至消费者的服饰都会对消费者和员工进行信号的传递。例如，自助餐厅一进门就会看到餐台，然后使用者就会不自觉地拿起眼前的盘子自行夹菜。麦当劳的入口处通常也是点餐台，这样消费者一进门就可以快速地进行点餐、快速取餐，然后自行找位置用餐。相对的，一些高级的、重视个人化服务的餐厅就没有设计餐台，而是由专人根据消费者的特性介绍菜单，这种餐厅通常也看不到结账柜台，而是由服务人员结账，这样一来，消费者在用餐时因为气氛好也会不自觉地多点一些菜。

空间布局也可以鼓励消费者之间的社会互动。例如，在等候室的桌子旁放置椅子，这可以促进消费者在等待中进行互动。除了对消费者产生影响之外，实体环境的空间布局也会增进员工的积极行为。例如，某家医药中心的员工入口设计就特别讲究，它们将入口设计成门廊的风格，而许多五星级饭店的员工要从侧面的小门进出。当员工一进入公司就可以看到舒服的椅子、绿色的盆栽、挂着油画和鼓舞人心的音乐并在这样的环境中享用自助早餐，会使得员工拥有一整天的好心情而忘记个人的问题，并更加投入到工作中。

（3）标志、装置和艺术品。

实体场景内的标志、艺术品、装饰物也会传达服务概念与价值的传递。在实体设施中，楼层平面图、标牌和自助设备（如自助结账系统）等人性化的标志，会影响消费者对服务的亲切感。有些装置的设计可以直接规范不希望发生的行为，如吸烟者看到"禁止吸烟"的标志，就不会在这里吸烟。除了规范不希望发生的行为之外，也可以通过装置的设置来鼓励希望的行为，如在游乐场中多设置"垃圾箱"，则会鼓励游客自行将垃圾丢入垃圾桶。

有些装置则会间接影响场景的气氛。例如，有些卖场会有装置艺术品，这些装置艺术品会间接影响购物的气氛，这种气氛可以使员工在愉快的环境中工作。另外，许多专业服务机构会在明显处摆放专业证书，以强化专业的形象，因为客户最在乎的是其专业性。另外，许多餐馆也会摆放名人来餐厅用餐的照片，当客户看到这类照片时，会认为连挑剔美食的名人都来这里用餐，这家餐厅应该很好。在学校，桌子的摆放、墙壁颜色和海报的选择，以及办公室的整洁程度都会影响学生对办公室员工的看法。

2. 行为的引导

通过环境要素的设定，消费者接触到场景之后，便会通过场景中的元素来传递主要的价值与概念，并进而引导员工与消费者的行为。场景对员工与消费者的影响会产生相对应的行为。好的场景设定，能带给员工好的体验，则会产生接近、加入、调查、停留更久，甚至产生高度承诺的行为；相对的，如果场景设定让人产生不好的体验，则会产生相反的行为。对消费者也是如此，好的场景会吸引消费者接近、停留、产生消费然后再度光顾，反之亦然。

（二）场景的类型

不同的服务类型，对场景的设定也不太相同。服务工厂比较强调自助，而专业个人化的服务更强调面对面的互动。

比特（Bitner）依照场景的复杂性与参与程度进行了场景的分类（见表12-1），服务场景类型的选择必须与服务类型及概念相一致。对于"自我服务"，由于工作人员不在场，因此服务场景的标志导引（如高尔夫球场上的导引地图、从入口处导引到开球区的标志）和直观的界面设计（如网站上的步骤化流程指引）对引导消费者完成所提供的服务起到重要的作用。对于"远程服务"，由于消费者并未实际到达现场，因此员工满意度、激励和运作的效率则是场景设计的主要目标。对于复杂度高（低定向）的"专业服务"，在场景设计中，则要让人有专业、可以信赖的感觉（如律师和医生）。而对于"交互服务"，由于员工和消费者间直接地进行场景中的社会交互作用，因此是最具难度的。例如，迪士尼乐园的服务场景的设计就是为消费者塑造出幻想中的经历，而这种经历在现实中是无法实现的。

表 12-1 服务场景的类型

服务场景的参与者	服务场景的复杂性	
	复杂性低（高定向）	复杂性高（低定向）
自我服务 （只有消费者）	邮局报摊 ATM 机 电子商务网站	高尔夫球场 冲浪公园
交互服务 （消费者与员工）	折扣汽车旅店 热狗摊 路边农场 公共汽车站	豪华旅馆 饭店 迪士尼乐园 航空公司终端
远程服务 （只有员工）	电话营销 在线技术支持	专业服务

（资料来源：BitnerMJ. Servicescapes: The Impact of Physical Surroundings on Customers and Employees. Journal of Marketing，1992，(56)：59.）

第二节 设施设计

设施（或称为公共设施）会受到服务运营的影响。例如，一个没有为不吸烟者准备通风装置的餐厅会失去很多吸烟的消费者。

除了主要的设施之外，室内设计和布局也代表着服务包的支持设施要素，它们共同影响着价值的传递。回顾一下疝气医院（在第三章中讨论过的案例），疝气治疗的高成功率源于精心的设施设计和布局。例如，手术室被集中在一起，以便外科医生能够在手术过程中相互咨询。由于早期的活动利于康复，医院提供了充足的散步场所及台阶。患者只能在公共餐厅而不是在病房里进餐，这样患者就必须多走动，多走动的附带好处是可以使患者聚集在一起交流意见，以减少对手术的恐惧。在功能性和舒适性方面，病房不设电话之类多余的物品，因为这类物品会方便患者躺在床上使用。

室内设计和布局的另外一个考虑因素是发生在场景中的"紧急"状况。考虑一般情况下大多数公共建筑内女用洗手间数量不足的问题，尤其是在举办大型娱乐活动时。在下一场音乐会或下一幕表演开始前的休息时间，观察每个女厕和男厕的使用状况，你就能看出设置便池的比例应该是多少。

显然，良好的室内设计和布局可以从吸引消费者到使他们感到舒适、感到安全（如充足的光线、防火安全出口、危险器材的合理放置）等方面来促进服务。除此之外，设施设计还影响着服务包的隐性服务要素，尤其是隐私、安全、气氛等方面的条件和安宁的感觉。

下列因素影响着设施设计：服务组织的性质和目标、地面资源的有效性和空间的需要、柔性、安全性、美学因素、社会与环境。

1. 服务组织的性质和目标

核心服务的性质应该根据基本的需要来决定其设计的参数。例如，消防站必须有足够的空间安置消防车辆、值班人员和维护设备。银行必须设计能容纳某些型号的保管箱。内科医生的办公室虽然形状和大小各异，但其设计必须能在某种程度上保护患者的隐私。

除了这些基本的需要之外，设施设计还能对价值传递做出进一步的贡献。它可以形成直接的认同，如麦当劳的金拱门传递着清洁、高效的用餐意图。外部设计也可以为服务的内在性质提供暗示，如学校可以在建筑物的表面铺上彩色瓷砖，这也暗示着学校在传递多元化的教学与设施设计。想象一下，如果银行的临时支行开在一个拖车上，你会把钱存进去吗？

2. 地面资源的有效性和空间的需要

用于服务设施的土地资源通常受到很多制约，服务提供者经常要在成本、规划设计及实际面积上做协调，而良好的设计必须考虑所有这些制约。在市区，土地是很昂贵的，建筑物只能纵向发展。为了有效利用相对较小的空间，组织必须在它们的设计中表现出巨大的创造性和灵活性。例如，在一些市区（如哥本哈根），麦当劳已经扩建了第二层楼以增加就餐面积。

郊区和农村通常能提供更多、更廉价的土地，空间制约也比市区少。许多地方，尤其是在城市里，对于土地的使用是有严格的法令规范的，对于建筑的外观和结构也有相应的管理条例。许多建筑物在设计时，就要预留街边停车场的空间。

3. 柔性

成功的服务提供者是可以适应需求数量和性质变化的动态组织。服务对需求的适应能力在很大程度上取决于当初设计时赋予它的柔性。柔性也可以称为"为未来而设计"。当服务设施采用柔性设计时，在设计阶段提出的问题可能有：怎样设计才能满足当前服务的未来扩展？怎样的设施设计才能通用于未来新的不同的服务？例如，许多早期为进店消费的消费者而设计的快餐店，已经不得不改造它们的设施以满足驾车消费者通过窗口取餐的服务需求。

设计设施时要考虑到未来性，这样在遇到需求快速增加时，才能够弹性地增加供给，并从长期来看可以转化成财务上的节约。例如，在预见未来的基础上，一些城市往往投资兴建超大型的水厂和废水处理厂，因为如果一开始不建设大一点的设施，未来因需求上升所花费的改装费用会更大。

4．安全性

服务场景中的安全设施能让消费者产生较好的体验。自从美国遭受恐怖袭击以后，美国及全球的机场都加强了安检，有些改变是显而易见的，如更加复杂的手提式包裹扫描，增加能检测包裹表面残留毒品或爆炸物的"擦布"或"纸巾"，以及增加了手提式磁场探测器等。除了现场的检验之外，信息技术也可以预判可能进行恐怖攻击的对象而预先进行防范。还有一些航空公司通过使用某些"人工智能设施"来进行人脸识别以确认乘客的身份。这种人工智能设施，也可以通过安装在服务场景中的摄像头来进行更大范围的运用。例如，在银行和便利超市，可以通过安装监视摄像来威慑那些蠢蠢欲动的盗贼，或者分辨出那些胆大妄为的盗贼。"老人监护器"可以使家属监视送到监护室的患者是否得到所需的护理，而"保姆监视器"可以帮助父母监视保姆在家中对婴儿的照料。阿里巴巴与百度也都将人工智能人脸辨识的设备安装在游乐场所，以协助找回失踪儿童。

5．美学因素

服务场景中的设施若能让消费者产生美感，会让消费者产生良好的体验。而美感的产生过程始终不能脱离具体形象的感性印象，始终伴随着情绪、情感活动和联想活动，是感受、知觉、情感、想象诸多心理活动的有机统一。每个消费者的偏好不同，对美的感受也不一样。

如果你是对时尚是很在意的人，那么最新颖的设计、最流行型款式会让你觉得美。想象一下，Zara、优衣库这些时尚品牌内部的设施与设计会让你觉得美吗？而如果你只是要一件功能齐全、能保暖的衣服，一些平价商店的设施就可能让你感觉到美。所以，设施的美感与消费者个人的偏好息息相关，只有两者相符时才能让消费者感到美。

6．社会与环境

对服务设施来说，最重要的莫过于其对社会和环境的影响。在设计一栋建筑物时，考虑到来访者的停车位置了吗？而当来访者停好车之后，来访者有足够的空间卸货吗？建筑物当中的工作者，在工作一段时间之后，有放松休闲的场所吗？

这些问题描述了设施设计对一项服务在取得社会接受时的重要性。许多规划法规和许多公益组织也对服务设施的设计提供了许多方向性的指导。

第三节　流程选取

一、流程类型选取

不同的服务类型，对流程的选取定也不太相同。服务工厂比较倾向于采用流水线的流程，大量服务比较倾向于批量生产，服务商店比较倾向于加工车间，个人专业化服务比较倾向于项目的流程设计。另外，不间断生产流程则强调流程的持续性，类似于服务工厂的流程（见表12-2），而服务提供者一旦选定基本的流程类型之后，就可以画出流程图了。

表 12-2　面临挑战的服务流程类型

流程类型	服务案例	特征	管理挑战
项目	咨询	一次一件式	人员安置和进度安排
加工车间	医院	很多专门化的部门	平衡资源使用和安排患者日程
批量生产	航空业	按同样的方式招待一组消费者	易逝资产的定价（座位存货）
流水线	咖啡店	操作的固定顺序	根据需求波动来安排员工
不间断生产	电力公用事业	不间断交付	维护和能力安排

二、流程图绘制

"如果你不能把它画出来，你就无法真正地理解它。"选定流程类型之后，接着要将所有的活动用流程图表示出来。绘制出流程图可以对所有活动进行全盘的掌握，同时要识别瓶颈的活动以进一步优化流程。

图 12-2 是一幅研究生院录用流程图。流程图用图展示出所关注的在不同服务部门间切换的跨职能的组织活动。在画流程图的过程中，最难的任务就是让所有人对"流程看起来像什么"达成共识。然而，最终的图表对于培训、帮助协调部门间的活动及促进完善创新思想是有用的。例如，从申请者的角度来看，大学该怎样改善流程呢？也许，一个线上申请的平台系统就能帮助申请者来完成流程，这样当各种文件不完备时，就可以用这些信息技术与申请者联络并减少人力负担。

流程图中会使用的标准符号如下。

终端：　椭圆形是流程的起止点。
作业：　长方形是流程或行动步骤。
决策：　菱形中是决策点（问题或分支）。
等待：　三角形中表示推迟或货物清单。
流向：　箭头代表消费者、货物或信息流动的方向。

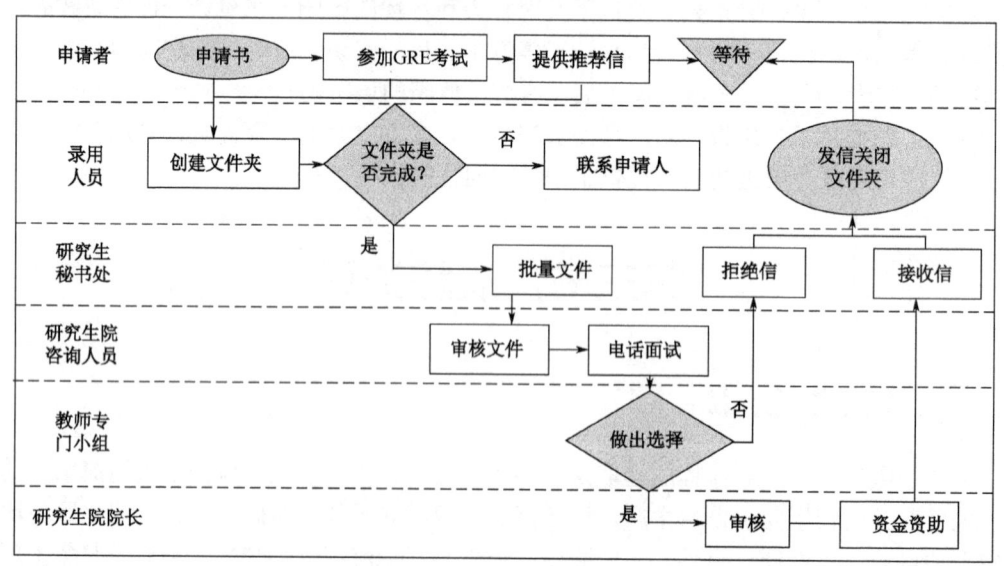

图 12-2　研究生院录用流程图

实战案例

抵押服务

购买房地产常常涉及对某项财产进行抵押，借贷机构要求准确地描述该项财产并且有足够的证据表明该财产已获得留置抵押权；另外，还要确定购买者有偿还能力。现在，许多专业的借贷机构（银行）都提供此项服务。

图12-3为简化的抵押借贷申请流程图。由于我们希望用此例解释流程术语，如瓶颈运作和整个生产时间，因而我们在图中得出每个活动的周期时间（如完成一项活动的平均时间，以分钟计）。

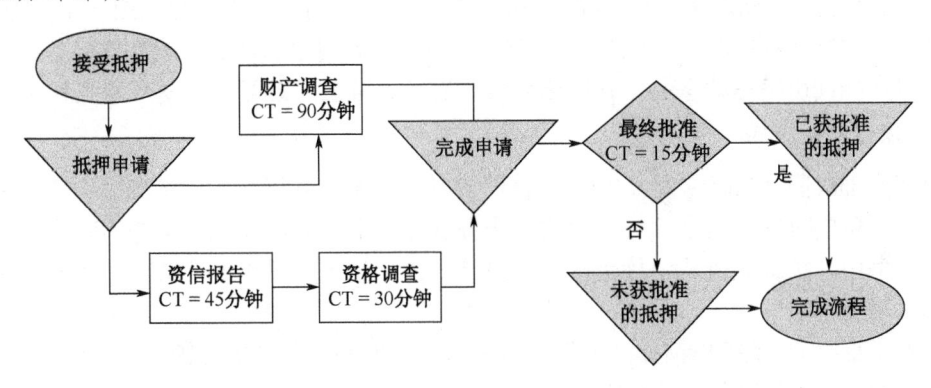

图 12-3 抵押借贷申请流程

三、流程图中的术语

下面的流程分析术语是以抵押服务借贷流程的例子来定义和解释的，这个例子的基本假定是分配一个生产活动给一个工人及抵押申请是没有任何制约的。

1．生产周期

生产周期（Cycle Time，TC）是完成一个连续单元所需的平均时间。对一项作业来说，生产周期是完成一项活动的平均服务时间。在本例中，提供一份征信报告平均需要45分钟。然而，生产周期同时也可以应用到同一工作区域几名工作人员完成相同作业的情形。例如，如果请两名征信人员进行两份征信工作，财产调查的工作时间就是90分钟除以2，也就是45分钟。最后，在确定系统的生产周期之前，首先要识别瓶颈作业。

2．瓶颈

瓶颈（Bottleneck）是系统中制约产量的关键因素。对系统瓶颈的主要研究来自《目标》这部小说，这部小说是项目经理的必读书目。通常，瓶颈是在整个作业系统中所花时间最长、速度最慢的作业环节（点）。例如，在本例中，瓶颈作业是"财产调查"这项工作（CT=90分钟）。正如瓶颈制约瓶中液体的流动一样，过程中的瓶颈也制约了任务完成的时间，瓶颈作业制约了整个系统流程的生产周期。这个瓶颈可能由几种原因造成，如信息与劳动力的可得性及消费者的到达率，这些是对财产调查影响最大的几个因素。瓶颈作业处延误一个小时就等于整个系统延误一个小时，所以，若要提升整个系统的效率，就要将资源集中在瓶颈处，而不要再继续增加接单量。

3．产能

产能（Capability）是在某个单位时间内，满额运转时的单位出量。运作的产能通过 1/CT 计算。例如，"资格调查"这项作业的产能是每小时完成两个申请，也就是说，每个申请要花 30 分钟。若要计算整个流程的产能，就要先了解瓶颈作业的产能。在整个抵押贷款的流程中，"财产调查"是抵押服务流程的瓶颈作业，其生产周期是 90 分钟，这样，整个服务流程的产能就是（60 分钟/小时）×（1/90 分钟）=2/3 个，即每小时可完成 2/3 个申请者，或者说，每个工作日 8 小时可完成 5.33 个申请者。

4．产能利用率

产能利用率（Capability Utilization）是指当满额运作时，流程产能实际完成的输出是多少。假如产能满载状态下，一天可以提供 5.33 个服务，而某一天实际完成 5 个抵押服务，那么这一天的产能利用率是 5/5.33= 93.75%。因为每天到达的消费者及完成服务的时间不同，所以产能利用率是动态的。若优化供给与需求的搭配，则可以提高产能利用率。

5．过程全部时间

过程全部时间（Throughput Time）是消费者进入服务流程开始一直到服务完成离开服务流程所花费的时间。这个部分在"项目服务管理"中会更详细地介绍关键路径。在本抵押服务案例中，关键路径从"接受抵押"申请开始，到"完成流程"结束，包括"财产调查"和"最终批准"。

过程全部时间=抵押申请排队的平均时间+财产调查时间（90 分钟）+完成申请时排队的平均时间+最后批准时间（15 分钟）。

6．过程连接时间

过程连续时间（Rush Order Flow Time）是在无排队情况下从开始到结束完成整个系统流程的时间。在本例中，无排队过程时间是经过关键路径的时间（105 分钟），也就是财产调查（90 分钟）与最后审批（15 分钟）之和。

7．整个直接劳动力含量

整个直接劳动力含量（Total Direct Labor Content）是完成服务所消耗的实际工作时间（如接触时间）。在专业服务中，直接劳动力含量是指"可付款"时间。间接劳动力时间（如维护与管理时间）不包含在计算之内。在抵押服务案例中，整个直接劳动力含量是 90+45+30+15=180（分钟）。

8．直接劳动力利用率

直接劳动力利用率（Direct Labor Utilization）是员工实际对服务贡献价值的时间占总时间的百分比。本例中直接劳动力利用率的计算如下：

$$直接劳动力利用率 = \frac{整个直接劳动力含量}{过程生产周期 \times 工人数} = \frac{180}{90 \times 4} = 50\%$$

第四节 流程优化与设施配置

在设定好了服务设施与流程之后，就要对流程进行优化。

一、服务工厂流水线布局优化

有些标准的服务可以分解为一系列的、所有消费者必须经历的、非柔性的步骤或操作。这种标准化作业流程经常可以在服务工厂中见到。

最明显的例子是自助餐厅，自助餐厅是通过设施与流程设计来引导消费者自助用餐的。消费者一进门就会看到放着盘子的架子，消费者取一个盘子，然后依照步骤选取自己喜欢的菜，最后结账。在这个流程中，服务提供者需要在服务者之间分配任务，以使每个任务所花的时间相近。在这个流程中，为每个消费者花费时间最多的工作就变成了瓶颈，而瓶颈也制约了服务的能力。

为了提升服务能力，服务提供者应该专注于瓶颈的化解，也就是对瓶颈进行优化。要进行优化，有几种选择是可行的：为这个工作节点增加人力，帮助这个节点的工作人员以减少作业时间；或者服务提供者可以重组任务，以形成新的不同作业分配的生产线。一条良好的、平衡的生产线应该使所有工作的持续时间接近相等，以避免在流程运作当中出现不必要的空闲和不公平。

导入案例

汽车驾照申请流程的优化

某汽车驾照办公室为应对每小时 120 名申请人的压力，面临着需要提高工作效率、优化流程的工作。在优化的条件中，政府同意增加一名办事员，其余条件不变，这样要如何进行优化？

当前的驾照申请流程是按照一条服务线设计的，消费者要通过表 12-3 所列的固定步骤才能申请到驾照。作业 1 一定要最先开始，而作业 6 一定是放在最后，而且根据政府的规定，驾驶执照要由一名穿制服的官员来颁发。作业 5 需要一架昂贵的照相机和彩色打印机。

如图 12-4（a）所示，现在的流程图确认了瓶颈作业（即该作业每小时的流动速度最慢）为作业 3，限定了当前的工作能力为每小时 60 人。如果只盯着瓶颈，人们可能会认为，增加一名办事员来从事作业 3 会使通过瓶颈的流量加倍，从而达到每小时接待 120 名申请人的目标。无论如何，这整个系统的流量最多不会超过每小时 90 人，因为当作业 3 优化之后，瓶颈将会转移到作业 4。

如图 12-4（b）所示，计划的程序有 7 名办事员，能够达到每小时 120 人的理想能力。因为作业 1 和作业 4 已经被组合到一起，生成了一项能更好地平衡服务员之间任务的新工作（即检查申请书的正确性和测试眼睛）。我们怎么知道要把这两项工作组合在一起呢？首先，理想状态下每一个步骤都必须达到每小时至少 120 人的流速。因为作业 2 和作业 6 已经在这个速度下运作了，所以不必更多地考虑它们。增加的一名办事员应该执行作业 3（瓶颈），因为只有 2 名办事员平行工作，我们才有可能获得每小时 120 人的合成流速。

接下来，我们要看合成作业所需完成工作的时间是否可能为 60 秒或更少（即达到每小时至少 60 人的流速）。通过合并需要 15 秒的作业 1 和需要 40 秒的作业 4，我们可以得到一项每名申请人需要 55 秒的工作（即每小时人的流速）。注意，这种解决方案需要购置一台眼睛测试仪。另一种解决方法是合并作业 4 和作业 5，以生成一项流速为每小时 60 人的工作。无论如何，都需要额外购置一架昂贵的照相机。这个优化的流程，既能满足能力目标，又能使消费者和雇员感到更人性化的服务。

表 12-3 驾照申请步骤

作业	描述	时间/秒
1	检查申请书的正确性	15
2	处理与记录收费	30
3	检查违章和制约情况	60
4	眼睛测试	40
5	为申请人拍照	20
6	颁发临时执照	30

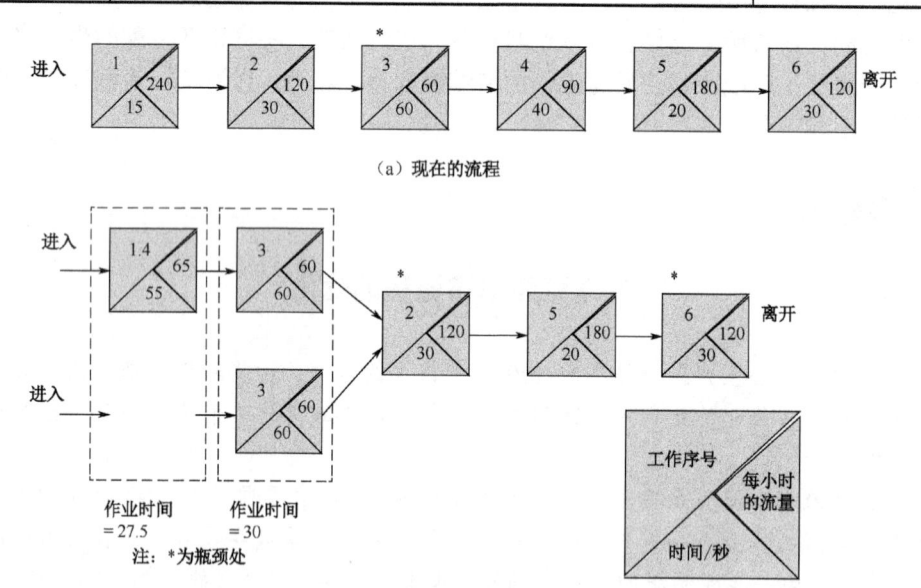

图 12-4 汽车驾照申请流程

汽车驾照办公室的例子使人们想到，如果有足够的钱用来购置信息科技（计算机、眼睛测试仪和照相机），整个过程就可以重置（见图 12-5）。首先，训练每名办事员使用新的信息系统执行合计时间为 165 秒的全部 5 项作业，即每小时大约 22 个消费者的单独流动速度。现在，一个消费者可以对平行工作的 6 名办事员做出选择。

再经过优化的系统对消费者来说是更有吸引力的，因为一名办事员就会处理全部事务，这样一来，消费者就不必从一名办事员转到另一名办事员，也就不需要在二者之间等待了。进一步说，人们可以期望总时间的缩短，因为信息不再需要像以前那样重复。对服务提供者而言，办公室的工作转变得具有柔性，因为只需要几名办事员在岗值班就能满足申请人的需求。这样的柔性设计需要对信息系统进行投资，而这样再优化的流程就更接近于以使用者为中心的设施设计与流程。

二、以用户为中心的流程与布局

有些专业化的服务，在设施设计与流程方面要以用户为中心进行设计。这种消费者化服务要求服务提供者具有更高技能并拥有辨别个人化服务的能力以满足消费者的需求。例如，医生、律师和咨询机构等所形成的专业机构，就是以消费者为中心的设施设计与流程布局。

从服务提供者的角度看，消费者的流动是间歇式的，有时人多，有时人少，所以在正式进入服务流程之前，需有一个等待的区域。而且，消费者会依据个人偏好选择不同的部门，不同部门间的人流量也不太相同。

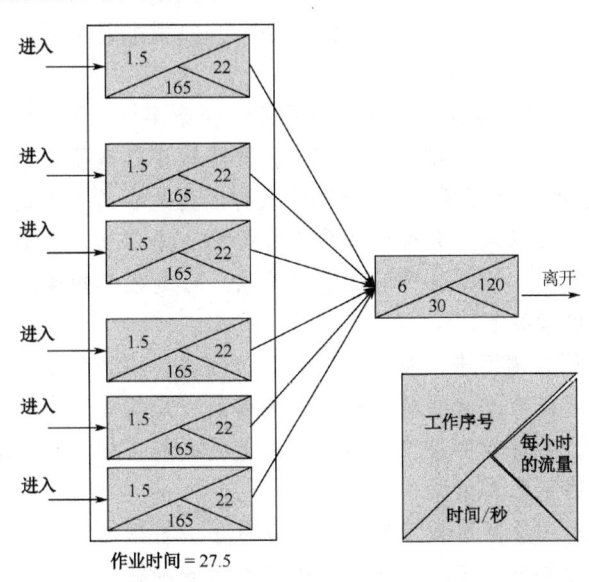

图 12-5　重组后的汽车驾照申请流程

以大学校园中拥有不同功能的建筑为例，这些建筑要如何平衡不同学生上课与生活的灵活性？若要搭配得宜，则要考虑到建筑物之间的相对位置。为了使学生和教师都方便，相同群组的人与建筑物会靠得更近（如工程系和物理系彼此更靠近），这样使他们可以更加便利。而所有人都会去的地方则放在中间，这样大家到图书馆和行政办公室的距离都是一样的，除了公平性的问题外，对所有人而言，这样的距离也是最短的。

本章重点汇整

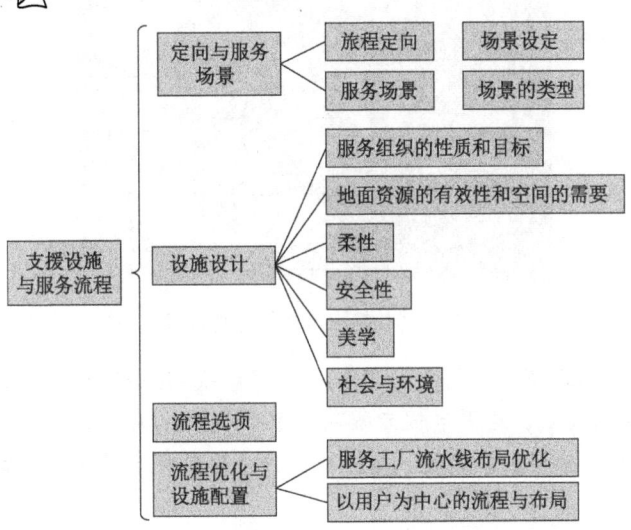

- 支援设施与服务流程
  - 定向与服务场景
    - 旅程定向：场景设定
    - 服务场景：场景的类型
  - 设施设计
    - 服务组织的性质和目标
    - 地面资源的有效性和空间的需要
    - 柔性
    - 安全性
    - 美学
    - 社会与环境
  - 流程选项
  - 流程优化与设施配置
    - 服务工厂流水线布局优化
    - 以用户为中心的流程与布局

案例分析

桃园眷村

油条6元一根,烧饼25元一个,包子13元2个起售,面对如此高昂的价格,人们毫无畏惧,店里依旧人员爆满。若不是漫出的油条味,你根本猜不到这家开在 LV 旁边的店是卖烧饼、油条的。

"桃园眷村"在上海滩风生水起之时,程辉正站在南丰城门店的二楼,眼看着门口的大人和小孩排成 Z 字长龙。两层,400多平方米,豪华程度丝毫不亚于不远处的 LV。"桃园眷村",繁体的4个字就印在黑板上,99.9%的人都以为是台湾人开的。可其实打造这家店的程辉,是一个地道的江苏人。穿着熨烫得不留折痕的黑 T 恤,留着小胡子,戴一副黑框眼镜,典型的江浙斯文男,似乎与早餐摊毫无关系。可是程辉知道,第一次遇到 T 老板的时候,这事就在他心底萦绕了。

有次 T 老板从我国台湾回来,想做一家高品位的烧饼店,而委托人就是程辉。据 T 老板介绍,他在台湾桃园夜市吃烧饼时,差点泪流满面。烧饼的面皮特别脆,咬开来,猪排和鸡蛋各有各的色泽,各有各的滋味。而且吃法也是多种多样。一手拿着啃得起劲儿,一边已经呷了一口浓郁的正宗豆浆。

原来店里豆浆都是用石磨磨出来的,是百分百手工打造的,所以口感特别细腻,没有一点颗粒感。豆浆、油条最早是从中国大陆传到台湾省的技艺,没想到在台湾省,还保留着它最真挚的味道。T 老板莫名地觉得感动。回到上海,T 老板便找到程辉。左思右想店名之后,他们认为没有比"桃园眷村"更好的了。

店铺落地窗窗明几净,店面颜色主打黑、白、黄,桌椅、板凳也是最简洁的木工(见图12-6)。桌子选的是葡萄牙的 Cutipol 的桌子,品质感上乘。凳子多是榫卯结构的,很多餐厅都不会选用,因为要打磨养护。厨房是开放式的,所以师傅做点心的手法,你能看得清清楚楚。放眼望去,角落里的枯树枝、盆栽、古玩闹钟,以及墙上那两句甚是显眼的"仁义礼智信,忠孝廉耻勇"似乎在告诉你,在这儿,绝不只是吃那么简单。

图12-6 复古风格的外观场景

你若闭着眼睛,循着浓郁的香气一路探寻,定能找到躲在厨房里的老师傅。他是在中国台湾做了近30年的匠人,是 T 老板专程从那家夜市摊上请来的。台式点心到了上海,在老师傅手里,自然也有些许上海味道,如保留四大金刚的组合"大饼、油条、豆浆、粢饭"。

油条，油温很关键。很多人觉得吃油条不健康，因为高温反复用的地沟油，会让油条沾满致癌物质。可如果用 220℃以下的温度炸油条，就全然不会有这样的问题。选用新鲜的油炸，再低温炸，所以店里的油条出锅慢，但好吃、健康。

烧饼，各种你想到的馅料都在里面。用双手反复揉捻的面团，烤成了松脆的面皮，依然会呼吸。嫩出汁的牛排，香到爆的深海鱼，如果你说想吃松脆的烧饼，又舍不得油条，还想加个蛋，那么，厨房师傅已经给你完美地组合了。当然，最值得一说的是豆浆，尝过的人没有一个不叫绝。它保留了台湾古法石磨，熬一锅平均需要 3 小时。仅前期准备工序就有 6 道，所有的豆子都要浸泡两天。这些全部都要靠人工完成，因为豆类食物在运输中容易变质，只能直接在店里制作，再售卖，也因此特别新鲜。而用石磨磨出来的豆浆比较厚，有特殊的豆浆香气，稍微冷一点，就能看到豆浆上凝结出一层"豆浆皮"。"豆浆有点烫，我给你吹吹你再喝。"男孩捧着女孩的豆浆，不停地吹着气，豆浆上的波纹荡漾开去，女孩端到嘴边一饮而尽，不觉惊叫："啊，这碗底……"女孩的眼中笑出泪来，这碗底写着"我愿意为你，磨尽我一生"。

"你有多久没有没有好好看看眼前的那个人，多久没有耳语厮磨，因为一碗豆浆的告白，你也许会重新发觉这段关系的温情。"说起来虽然有点矫情，但程辉的设计初衷便是如此。这边的恋人卿卿我我，那边楼上的孩子们已经抡起大锤子，敲起了面粉团。

这是程辉特意做的一块区域——小眷村，做什么的呢？"磨豆浆，做烧饼，小朋友，来，自己动手。"现在已经很少有人见过磨豆子的石头了，更别提那些六七岁的孩子了。孩子们见到这过家家般的地方，拉着爸爸、妈妈的袖子跃跃欲试。穿上小 T 恤、小围裙，戴上大厨帽，小手还没学会抓筷子，现在已经开始转动磨石盘了（见图 12-7）。

图 12-7　互动体验式设施

小朋友开心，爸爸妈妈开心，程辉也跟着乐。在寸土寸金的门店，提供这样一种没有利润的服务，还真是有点奢侈，可对于程辉来说，他想告诉你，吃不止是嘴巴尝到的味道，它还可以是你舌尖触及的、眼睛看到的，甚至指尖摸到的。吃的是味道，也是情谊。炉火备着，黄豆浸着，面粉和着……做的人如此用心，吃的人定能感觉到。过往的味道，忽略的感情，也可以在这里一点点"吃回来"。从上海泰州路开办的第一家店开始，日月光、新天地、南丰城、幸福里……家家爆红，甚至在北京文艺地标三里屯也有一家成功刷爆各国朋友圈的门店。

店铺的营业时间也不断延长，从早上的 7 点到凌晨的 2:30，一份烧饼、油条，从早餐吃成了夜宵，全时段供应。为什么会如此红火？除了店面很特别，适合中国人的口味外，大概还因为程辉精心炮制的大饼油条店有着连带感情的东西。这是程辉的执念，味道可以唤醒麻木的记忆，对食物的眷念，对过往的眷念，对亲人、家人、孩子的眷念。从忙不完的工作里拔出头来，回头望望身边的人和事情。原来，曾经的记忆都还在，而这每一样都值得珍惜。

（资料来源：http://wx.abbao.cn/a/991-90/-311458449a320.html.）

问题：

1. 是怎么做出来的味道让客户感动？
2. 是什么样的服务设施让客户有参与感？

重点回顾与练习

关键术语

服务场景（Servicescape）　　　　自助服务（Self-service）
交互服务（Interpersonal Services）　远程服务（Remote Service）
空间布局（Spatial Layout）　　　　流程图（Flowchart）
周期时间（Cycle Time）　　　　　瓶颈（Bottleneck）
产能利用率（Capacity Utilization）　过程布局（Process Layout）

选择题

1. 当人们进入一个地方时，需要确定他们在哪里、将要去哪里，以及他们需要做什么，这包括（　　）问题。
   A．时间定向和地点定向　　　B．时间定向和人物定向
   C．地点定向和功能定向　　　D．人物定向和功能定向

2. 迪士尼乐园的服务场景属于（　　）。
   A．自我服务场景　　　　　　B．交互服务场景
   C．远程服务场景　　　　　　D．柔性服务场景

3. 在流程图中，椭圆形表示（　　）。
   A．终端　　　B．作业　　　C．决策　　　D．等待

4. 下列关于瓶颈作业的说法，错误的是（　　）。
   A．瓶颈作业是最慢的作业　　B．瓶颈作业制约了整个流程的生产周期
   C．瓶颈作业是最快的作业　　D．瓶颈作业制约了整个系统的产出

5. 规划大学校园时一般将图书馆和办公楼放在大学区的中心位置（目的是使学生的行走距离最小），这是一种典型的（　　）。
   A．固定位置布局　　　　　　B．U形结构布局
   C．产品布局　　　　　　　　D．服务过程布局

6. 下列因素不属于影响支持设施设计的是（　　）
   A．服务组织的性质和目标　　B．美学因素
   C．竞争对手定位　　　　　　D．社会和环境

判断题

1. 服务场景对服务中的顾客和员工的行为、感知都会产生影响。（ ）
2. 员工和顾客对服务场景的内部响应可以通过其接近或逃避来反映。（ ）
3. 在虚拟世界中，网站的布局、色彩和功能可以促进人机互动，以及产生有益的体验。
（ ）
4. 设施设计不会影响到服务包中的隐性服务要素。（ ）
5. 过程全部时间是指在无排队情况下从开始到结束完成整个系统流程的时间。
（ ）
6. 一条良好的、平衡的生产线应该使所有工作的持续时间不一样。（ ）

简答题

1. 简述服务场景的环境维度。
2. 简述有形环境在对服务概念的支持方面承担的战略任务。
3. 简述影响设施设计的因素。
4. 从顾客感知角度，给出支持服务和削弱服务概念的服务场景的实例，解释成功或失败的服务场景的原因。
5. 选择一项服务，讨论如何对设施进行设计和布局，以满足以下5个要素：组织的目标和性质、土地的可利用性和空间要求、柔性、美学、社会和环境。

第十三章
服务库存管理

◎ **本章知识点**

1. 库存系统的功能、特性和成本。
2. 在不同库存条件下的订货量。
3. 在不确定型需求状态下,如何确定库存系统的安全库存。
4. 如何设计连续检查控制系统或定期检查控制系统。
5. 如何对易腐品进行库存管理。

导入案例

充足、品种齐全的商品能够使顾客入殿后立即体验到商品的价值,增加满意度;但对销售商来说,库存的增加意味着成本的增加、滞销风险的增大。因此,将库存数量控制得恰到好处,便是一门很大的学问,优衣库是这其中的佼佼者。

试想一个场景,逛街时,你看上一件喜欢的衣服,正好架上没有你需要的尺寸和颜色,转头想问店员,却发现他们都在忙着服务其他客人。你只好自己再寻找,或是稍后再问店员。过了几分钟,衣服没找到,身边也没有服务人员,最后你什么都没买就离开了。

类似的购物经验,许多人都曾遭遇过,只是从来没有企业提出有效的解决方法。为了填补这一小段服务顾客的时间落差缝隙,优衣库大中华区首席市场官吴品慧在中国推出"码上优衣库"服务,解决消费者"立刻就要得到"商品的需求。

吴品慧进一步解释,码上优衣库是在店里的海报上放上不同类别的产品二维条形码(QR Code),顾客只要扫一扫,就能查询到产品的相关信息。例如,扫描了 A 系列的牛仔裤 QR Code,除了基本信息外,系统还会显示你需要的尺寸、颜色,附近哪间分店有库存,还会建议你怎么搭配等。

"现在大家都靠手机处理生活中的大小事,可以说手机就是我(指消费者)的店铺。"吴品慧坦言,码上优衣库零缝隙服务的灵感来源,就是因为他们观察到很多消费者喜欢自己找信息,不想麻烦店员的消费习惯。站在商家的角度,这个巧思也节省了更换宣传品的精力。

作为快速时尚产业的领头羊，频繁推出新品是优衣库制胜的关键。以牛仔裤来说，优衣库几乎每个月都有新款上市，过去店内的宣传大多是张贴海报，一有新产品就要进行替换；现在只要在后台更新信息，消费者就能看到所有的新品信息，避免了人力和资源的浪费。以前大家都认为消费者和后台库存系统是不相关的两端，随着智能手机的蓬勃发展，已完全没有这种顾虑。

码上优衣库的第二个好处是，消费者浏览产品页面的同时，系统会在一旁推荐其他商品。例如，消费者本来只想看一件西装外套，结果被页面上的其他商品吸引，因此多看了三四件衣服。

吴品慧指出，在来店的消费者当中，超过7成的消费者通过实时导览方式购物，大幅提高了购买欲。优衣库的统计数据显示，顾客浏览信息的时间平均是1分钟，以一支影像广告15~30秒而言，等于用2~4支影像广告的时间和消费者做更深度的沟通，提供更多信息。码上优衣库不仅打破了时间与空间的限制，更将线上线下融合在一起，实现优衣库全通路（Omni-channel）的经营概念。

（资料来源：https://www.managertoday.com.tw/articles/view/52383。）

思考与训练：

优衣库是如何将库存不足转变为另一个营销机会的？

第一节　库存理论

根据服务类型（服务工厂、服务商店、大量服务、专业服务）的不同，对于库存管理有不同的取向。基本上，服务工厂采取的是拉式库存管理，也就是库存水平是根据工厂生产量来决定的。工厂将它生产出来的产品，分配到各个批发商（或零售点）。采取拉式库存管理的目标是在消费者满意的前提下，最小化库存成本；相对的，专业服务采用的是推动式的库存管理。这种库存管理是先预测消费者的需求，然后根据消费者需求的情况来决定库存。

拉式或推式对于库存的挑战是在于如何将库存需求和供给进行协调一致，进而减少浪费。这其中包括以下几个部分：库存系统（库存在服务业中扮演的角色）、库存系统的特征、成本与服务水平等。

一、库存系统

库存在服务型组织中承担了诸多重任，如库存可以减少分销环节的震荡、调节季节性的需求、储备货物以备涨价等。后面会详细分析库存系统的这些功能。首先讨论一下库存分销系统的问题。

图13-1显示了实体商品的分销与库存系统，系统的输入端是顾客订单的信息流，一个信息流始于顾客而止于商品的服务来源；输出端则是工厂生产出库存，然后通过物流运到各个分销点。库存理论就是运用这套系统，使库存最少，而消费者的体验最佳。

我们对顾客的需求进行分析。我们认为，这一需求是具有一定概率分布的随机变量。例如，杂货店中一箱谷物的需求的满足取决于现有的库存（货架上或仓库里）。

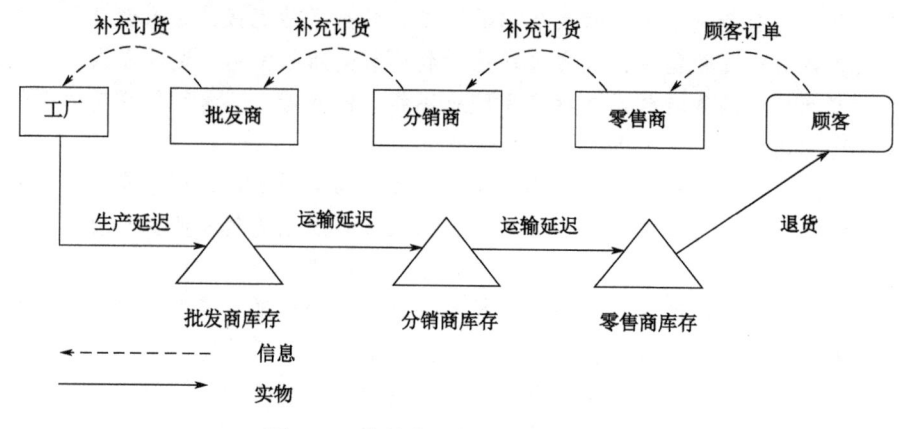

图 13-1　实体商品的分销与库存系统

如果需求量渐增，则库存就应该及时补充，就应该及时向供货商发出订单。从订单发出到收到订货这段时间内，现有库存继续减少，这一间隔称为补充订货的提前期，且这一时期长短不一，从一天到一周甚至更长时间不等。它也可以用不同的订单期来表示。这一信息流程从顾客的需求开始，通过分销渠道，最后回到生产商处。

若追踪商品自身的流动，则可以看到：商品在分销渠道的各个不同库存站点停泊，等待它到达顾客手中的下一段旅程。每一个库存阶段都可作为一个缓冲器，使这个相互依存的系统的每一部分都有其独立性。从这里我们可以看到库存系统的分离功能。零售商、分销商、批发商和工厂是这一系统中的不同阶段，任何一个阶段的库存短缺都对其他阶段产生直接、即时且巨大的影响；而库存将这些阶段加以分离，使系统避免了代价沉重的相互干扰。

下面介绍几种库存的类型：季节性库存、投机性库存、周期性库存、在途库存与安全库存。季节性库存是由强烈季节性服务所产生的库存，如年终时玩具店的库存、夏季假期的露营物品商店的库存和春季耕种时节的园艺用品商店的库存。对于季节性强的服务，商店必须在高需求到来之前准备充足的存货以满足顾客的需求。投机性库存的产生是因为预期到某一种商品有涨价的趋势，则在涨价之前先对其进行囤积，这样就比涨价后再进货要节省得多。维持投机性库存的战略称为"预先购买"。与此战略相反的例子是 1996 年春季，美国的石油公司预计伊拉克的石油会重新进入国际市场，而这会减少石油资源的市场价值。这些石油公司不想因为拥有比伊拉克石油更昂贵的巨大储备而在价格下跌时受损，它们就预先抛售了大量的石油。周期性库存是指正常销货情况下库存水平的一般变化。也就是说，库存水平在订货收到后达到最高点，在收到新的订货之前减至最低点。在途库存是指货物已被订购但还未到达时的库存。安全库存是指为应对从订货至交货时间的不确定性所预备的库存。

库存管理有 3 个基本问题：①订购数量是多少？②应该在何时下订单（称为再订货点）？③应维持多少安全库存？在后面，我们会看到再订货点的决定与安全库存的决定息息相关，两者都受到服务水平的影响。服务水平是指从订货至收到货物期间所有需求被满足的概率（例如，若库存短缺的概率为 5%，则服务水平就是 95%）。

二、库存系统的特征

为了设计、实施和管理库存系统，我们必须考虑存货的特性，并了解可利用的各种库存系统的特征。

第一，顾客的需求类型。要对需求类型进行估计时，首先想到的是趋势、周期性和季节性。在进行观察时，要了解需求变化的规律。例如，要观察需求是否一直保持上升态势，一般而言什么因素会导致需求下降；或者在以一个月为周期的循环中，是否在月初时需求大，而在月末时需求则降至最低点。要进行需求管理，首先要了解需求变化的规则是季节性变动、每一周一个循环还是每一年一个循环。

第二，除了单一物品的独立需求之外，其他替代或是互补依赖品也会影响库存水平。例如，麦当劳店中番茄酱的需求量取决于汉堡和炸薯条的售出量。这种类型的需求称为依赖型需求。

第三，存货的时效。管理层必须确定一种特殊物品的存货是否具有长期性，或是临时性。例如，医院对氧气瓶的需求具有随时性和永久性，但是一件运动衫可能会因为流行因素而只需要有一年的库存。

第四，要明确补货的提前期（Lead Time，LT）。如果从订货至交货这段时间相对较长，则必须多预存一些的货品，特别是关键的重要物品。如果能找出 LT 的概率分布，就可以更精确地预测这一期间的库存量。

第五，库存限制和相关成本。许多限制因素是显而易见的，如存储空间的大小决定了存货量的多少。除了空间之外，时间也是一个限制因素，如许多易腐物品的保质期也限制了其库存量。另外一些限制因素比较复杂，如维持库存的成本、仓库的建设投入成本及库存设施（如冷藏室）的投入成本等。库存物品的成本也代表着一定的资本消耗，也可将它看成一种机会成本的投入。其他的成本还有人员费用、维持管理费用，以及对库存资产的保险费和税费等。

三、成本与服务水平

库存系统的绩效通常用年平均成本与服务水平（客户满意）来衡量。首先，先来看成本的部分，相关成本包括维持成本、订购成本、缺货成本及接货与检货成本。表 13-1 列出了这些成本产生的明细。库存维持成本直接与库存物品的数量相关联，与库存资本相联系的机会成本是维持成本中的主要组成部分。其他部分包括保险费、损耗费、处理费用和直接的维持费用。订购成本与订单数量多少有关，它主要发生在订货准备、运输、接收与收货检查部分。缺货成本与缺货的数量直接相关，其中包括已经丧失的销售利润和将会丧失的销售利润。接货与检货由订货的数量决定，因为在采购过程中供应商都会给予一定数量的折扣。下面将基于库存系统年总成本的最小化来开发确定恰当订货数量的模型。

表 13-1　库存管理成本

订购成本	● 确定要购买物品的规格 ● 寻求和识别可能的供应商及其所供应产品的价格 ● 估价并选择供应商 ● 商讨价格 ● 准备订购订单 ● 发放并传送订单给供应商 ● 追踪并确定供应商接到订单

续表

接货与检货成本	● 运货、提货 ● 准备并处理各种单据和文件 ● 检查货品是否有明显破损 ● 卸货 ● 给货品计数或称重以保证收到的货品足量 ● 提取样品并送检 ● 检测货品以保证质量达标 ● 把货物送往仓库
维持成本	● 投资于库存的资金的利息丧失 ● 与库存物品、仓库及库存系统其他部分相关的机会成本、税款及保费 ● 搬运货物进出仓库及记录这一行为的成本 ● 偷盗 ● 为保护库存所安装的安全系统 ● 破损、腐烂 ● 即将过期及过时产品的处理 ● 贬值 ● 存储空间及设施（其规模设定一般依据最大值而非常值） ● 提供环境温度、湿度、粉尘的控制 ● 管理（库存人员管理、周期性检测库存、核实记录等）
缺货成本	● 销售机会和利润的损失 ● 顾客的不满及顾客的丧失 ● 对晚交货或不交货的罚金 ● 订货以补充所耗尽的存货

服务成本与服务水平是一个两相取舍的概念，当库存准备得充分，服务水平会提升；相对的，当库存降低，服务提供者的成本会减少，但是服务水平会降低。所以，好的库存管理要根据客户的价值进行取舍。有些消费者对民生商品缺货会感到生气与愤怒，但是一款豪华订制款跑车，消费者却愿意等待一年而没有抱怨。下文的订货量模型就是在这些不同情境下所发展出来的模型。

第二节 订货量模型

应该订购多少呢？为了回答这一问题，已有多种不同的模型根据供给与需求的各种情境被开发出来。所有这些模型都将相关库存成本作为衡量系统成功与否的标准。然而，每种模型都有适用的情境（库存态势），这一态势可用库存水平与时间的比值来描述。图13-2显示了一家汽车配件商的一种汽车配件一年的实际库存记录。由图13-2可知，需求率可大致视为定值。因此，在目前库存基本为零时再发出订单应该也不会导致缺货发生。

一、稳定供给与需求：经济订购量模型

经济订购量（Economic Order Quantity）模型是一个简单的模型，在需求率为定值（需

求完全可预测）且没有库存短缺的情况之下可以采用这种模式。它适用于民生必需品，如零售杂货店所售物品（如糖、面粉和其他农产品）时非常精确。针对上述杂货，需求量一般是固定的，且许多顾客都定期地购买少量上述物品，因此这些必需品是不允许缺货的。

图 13-3 以一年中 Q/D 的分隔作为循环周期，对这一简单模型进行了描述（Q/D=订购量/年需求量）。例如，若 Q 为 100，年需求量 D 为 1200，则该循环每月重复一次。我们要求的是 Q^*，即相关成本最低时的订购量。这里没有缺货成本，并且我们排除了年购货成本，因为我们假设单位成本是定值，所以订货数量的多少对购货成本无影响。两个增量成本（与订购数量有关的成本）为订购成本和维持成本。则一年期 EOQ 库存系统的总购货成本（TC_p）为

$$TC_p=订购成本+平均库存成本 \tag{13-1}$$

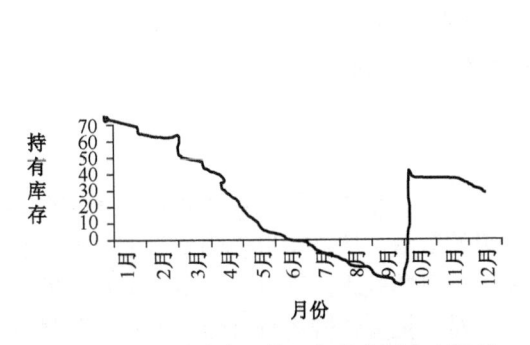

图 13-2　一种汽车配件一年的实际库存记录

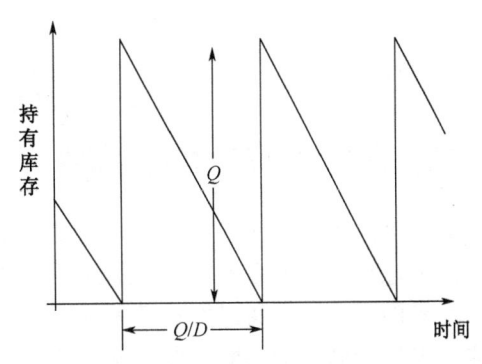

图 13-3　EOQ 模型的库存水平

我们希望式（13-1）能够更实用地加以表达，所以我们先来定义一些概念：

D——年需求量；

H——每单位库存的年维持成本（用美元表示）；

S——每次订货的订购成本（用美元表示）；

Q——订货量。

请注意，D 和 H 必须在相同的时限内（如月或年）。

年订购成本很容易得到。因为所有的需求量 D 必须满足 Q 的订购规模，那么每年需要 D/Q 次订货。若每次订购的成本为 S，则年订购成本为 $S(D/Q)$。年维持库存成本也可以直接求得。假如一单位的货物储存一年的维持成本为 H，从图 13-3 可知，最大的库存平衡为 Q，最小平衡为零，则平均库存水平为 $Q/2$，所以得出年库存维持成本为 $H(Q/2)$。则式（13-1）变为

$$TC_p=S(D/Q)+H(Q/2) \tag{13-2}$$

如图 13-4 所示，维持成本和订购成本随 Q 值的不同而不同，且总成本曲线有最低点。因此，有一个特定的 Q 值对应库存系统的最小总成本，这个值就是 EOQ，但其邻近的各 Q 值所对应的总成本也仅是稍微偏高而已。

有多种方法来确定 EOQ 值。例如，对式（13-2）的变量 Q 进行微分，设微分值为零，就可解 EOQ 值。另外一种更简便的方法是：观察到 TC_p 最小时，维持成本与订购成本相等，因此，EOQ 可由此得出。

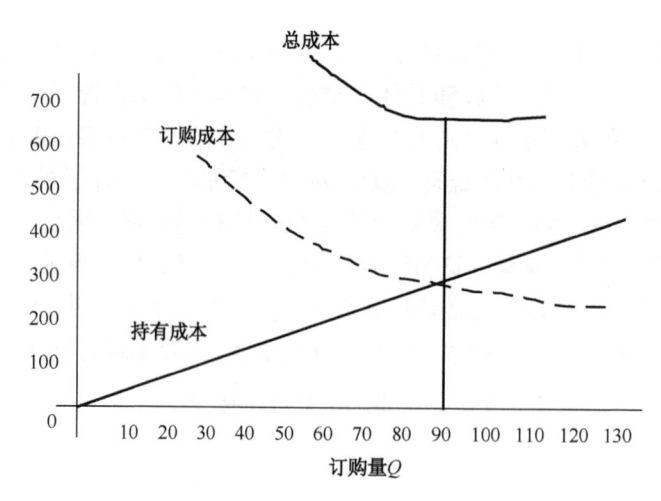

图 13-4　EOQ 模型的相关年成本

二、供给量大时的库存模型

有些供应商为取得规模经济会采取"订得越多，折扣越多"的促销政策。在这个基本前提之下，许多服务提供者会一次订购一定规模的数量，这样可以采购到最便宜的库存。对生产商而言，批发商每次多买一些，可以减少自己的成本；而且，一整卡车货物的运费比半卡车货物的运费均摊起来要少得多。因此，对大批量订货的顾客给予价格或数量上的折扣是互惠互利的。

通常，只有订购比 EOQ 多得多的货物量时，才会有可观的价格折扣。因此，需要在节省的购买成本与维持过量库存的费用之间加以权衡。现在，由于货物的价格成为变量，因此要将它包括在年总成本当中。加入购买成本，则 TC_{pd} 的新公式为

总成本=购买成本+订货成本+维持成本

$$TC_{pd} = CD + S\left(\frac{D}{Q}\right) + I\left(\frac{CQ}{2}\right) \tag{13-3}$$

式中，C——货物的单位成本；

I——以货物成本的百分比表示的年库存维持成本。（注意：$IC=H$）

三、供给量小客户愿意等待时的库存模型

当顾客愿意容忍库存短缺时，可以应用计划短缺库存模型。例如，一家轮胎商店可能没有预备各种尺寸的高性能轮胎，因为该商店了解：当某一特殊型号的轮胎缺货时，顾客愿意等一两天。但是，为使顾客接受这一战略，商店必须信守所许诺的到货时间，而且这一时间的长度必须合理，否则，顾客将会觉得这家商店不可靠而成为其他商店的顾客。

电子数据交换（Electronic Data Interchange，EDI）和供应商交货时间的可预测性保证了最少库存战略的实施。这一系统的收益取决于库存维持成本和可补偿的缺货成本之间的权衡。如果顾客愿意去等待购买一件目前缺货的商品，则销售就没有丧失，但是应当考虑给顾客造成不便的一些主观成本损失。因此，如果这一战略实施过多，就会影响公司在顾客心目中的信用形象。对零售商来说，这一战略对顾客的吸引力在于库存成本的节省使商

品价格降低。

图 13-5 描述了有计划短缺库存系统的理想行为,该图基于如下假定:①需求率为常数;②顾客愿意等待,直到下一批订货量 Q 到达以补充已积累到最大值 K 的缺货量。在以上两点假定下,称为允许缺货时的总成本(TC_b)的新总库存成本公式为:

允许缺货时的总成本=订货成本+维持成本+缺货成本

$$TC_b = S\frac{D}{Q} + \frac{H(Q-K)^2}{2Q} + \frac{BK^2}{2Q} \tag{13-4}$$

式中,K——当订货到达时已短缺的库存数量;
B——以美元表示的每年每单位缺货成本。

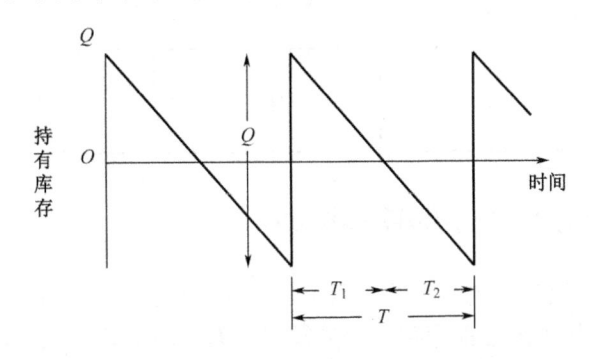

图 13-5 有计划短缺模型中的库存水平

引入几何中相似三角形的比例关系(如直角三角形中边和高互成比例),注意到真实的库存只占整个库存周期的一部分,则平均库存的表达式可由下式导出:

$$库存周期中的平均库存=(\frac{Q-K}{2})(\frac{T_2}{T})$$

由相似三角形知:$T_2/T=(Q-K)/Q$,代入上式,得库存周期中的平均库存=$(Q-K)^2/2Q$。同理,可得平均延迟库存的表达式为:

$$库存周期中的平均库存=(\frac{K}{2})(\frac{T_2}{T})$$

由相似三角形知:$T_2/T=K/Q$,代入上式,得库存周期中的平均库存=$K^2/2Q$。

总库存成本公式中含有两个待定变量 Q 和 K,所以对订货量和延迟订货量进行微分:

$$Q' = \sqrt{\frac{2DS}{H}\left(\frac{H+B}{B}\right)} \tag{13-5}$$

$$K' = Q'\left(\frac{H+B}{B}\right) \tag{13-6}$$

当延迟订货成本 B 允许在 $(0,\infty)$ 内取值时,计划短缺系统及式(13-5)、式(13-6)都会带给我们有关库存系统的大量信息。如表 13-2 所示,用 ∞ 代替式(13-5)中的 B,则得到传统的 EOQ 公式。这样,当传统的 EOQ 公式应用于企业时,则可以想象成延迟订货成本无穷大,因此库存短缺现象不会发生。但延迟订货成本实际上是一个有限值,因此应用 EOQ 公式会导致存货系统成本上升。

若延迟订货成本为零,则 EOQ 值无定义(因为零做了除数),但这种情况下的库存模型的确存在。例如,患者在等待心脏移植过程中,因为捐赠者是不能被储存的,所以等待接受捐赠的患者就处于延迟订货状态。

表 13-2 作为延迟订货成本功能的 Q' 和 K' 值

B	Q'	K'	库存水平
$B \to \infty$	$\sqrt{\dfrac{2DS}{H}}$	0	0
$0 < B < \infty$	$\sqrt{\dfrac{2DS}{H}\left(\dfrac{H+B}{B}\right)}$	$Q'\left(\dfrac{H}{H+B}\right)$	0
$B \to 0$	无定义	Q'	0

四、需求不确定情况下的库存模型

简单 EOQ 模型并没有考虑需求的不确定性或订货至交货期间的不确定因素。这些不确定因素会导致补充订货到来之前库存短缺的发生。为了减少这种风险,可以在订货至交货期间多持有一些存货。投资成本、维持过多库存的成本和库存短缺成本之间应加以权衡。许多情况下,在补充订货到来之前,不是库存过量积压,就是库存短缺或是货架已空。

不确定情况下的库存管理的关键在于"服务水平"这一概念。这是一个以顾客为导向的术语,它的定义是:对于活动订货到交货这一期间的需要,库存所能给予满足的百分比。虽然可以明确理想服务水平的分析方法,但在实际应用中,对服务水平的选择是一个政策选择。例如,对于便利商店来说,考虑到竞争因素和顾客的耐心,凉啤酒的服务水平可能需要 99%,但对于新鲜面包来说,95%就已足够了。

服务水平可用于决定再订货点(Reorder Point,ROP)。再订货点是指在补充订货时现有库存的量。再订货点的确定是为了满足预先预定的服务水平。因此,在补充订货期间,对需求变化的了解一定要充分。当再订货点确定时,也同时确定了安全库存(Safe Stock,SS)的水平。安全库存是指在补充订货期间所维持的过量库存,这是为了达到满意的服务水平所必需的。再订货点等于安全库存加上补充订货期间的平均需求。

第三节 库存控制(盘点)系统

日常实践中存在多种不同的库存控制系统。其不同之处有两个:①决定订货量的方法;②何时对库存进行补充的时间点。我们将讨论限定在两种最普通的库存控制系统上:连续检查系统和定期检查系统。对于所有的库存控制系统,必须回答以下两个问题:①何时订货;②订货量为多少。因为库存控制系统面对需求的不确定性,所以当其中的一个问题可以用定值来回答时,另外一个问题的答案就必须与需求的不确定性相对应。

一、连续检查系统

连续检查系统（盘点）一般又称为定量检查系统。连续检查系统是以数量为基础进行的库存管理模式，当库存降至或低于一定水平时，就发出订单进行补货。由于这个系统要对所管理的物品进行经常或连续盘点和监视，以确定是否应发出订单，因此该方法又被称为连续法。采用这种做法依据需求的不确定程度有确定需求型与随机需求型两种情况（见图 13-6 和图 13-7）。

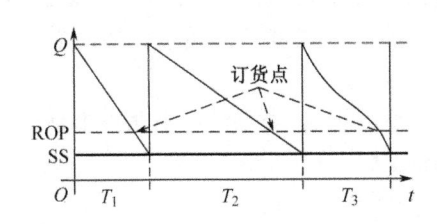

图 13-6　确定需求型连续检查系统

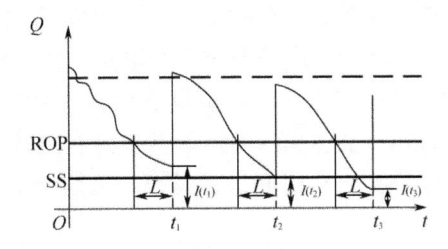

图 13-7　随机需求型连续检查系统

其具体做法是，将所有库存的状况都即时（Real Time）同步地记录与显示，每当物品出库就要记录出库量，并将存货数量同订货点（订货数量）进行比较。若存货数量等于或低于订货点，便要按物品的预定规则进行订货；若存货数量高于订货点，则不采取行动。

采取推式库存管理的专业服务，一般采用连续检查系统。以 7-11 为例，产品从采购开始就记录到库存系统中，当货物到达就会扫码入库；同样，当商品在店面进行销售时，店面就会有库存记录，而当店面销售出商品时，店面也会用 POS 机扫码让商品出库；一旦该商品的库存量低于安全库存量时（到达再订货点），系统就会自动发出订单给供应商。供应商接到订单之后，就会开始备货并出货。当 7-11 收到货后就重复进行扫码入库、销售、再订货的流程。

二、定期检查系统

定期检查系统是按固定的间隔期检查库存量并组织订货，将库存补充到一定的水平。图 13-8 描述了定期检查系统下的库存平衡。经过固定的间隔期就补充订货，每次订货的数量是变化的，并且现有存货加上订货量后的总库存要达到预先确定的目标库存水平。像连续检查系统一样，定期检查系统的延迟订货也时有发生。在定期检查系统中，由于需求量不同，订货数量也随之变化，而且两次订货中间的间隔时间是固定的。需求的变化一般有确定与随机两种。

采取拉式库存管理的服务工厂，一般采用定期检查系统。定期检查系统一般用于以下情况：货物的订购一般固定地从几个分销商处获得，而这些分销商供应货物也是以定期为主的。

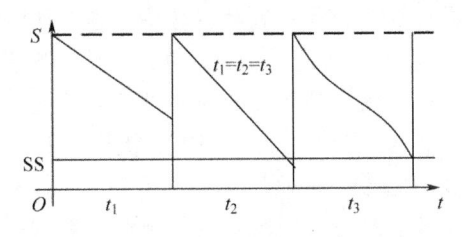

图 13-8　需求型定期订货系统

三、ABC 分类法

如果因为空间、成本等限制只能保存少数的库存时，可以采用 ABC 分类法进行库存的取舍。ABC 分类法又称帕累托分析法、主次因分析法、分类管理法、重点管理法，是一种根据帕累托最优原则设计的分类方法，是确定库存等级的技术，常用于物资管理中。ABC 分类法将所有库存依照其价值分为 A、B、C 三类，其中，A 物品：严格控制、准确记录；B 物品：稍松控制，良好记录；C 物品：简单控制，最少记录。

举例来看，A 物品，占 20% 的物品总量，70% 的年度消费值；B 物品，占 30% 的物品总量，25% 的年度消费值；C 物品，占 50% 的物品总量，5% 的年度消费值。显而易见，服务提供者应该将库存资源集中在 A 类物品上。

连续检查系统（盘点）要对库存经常进行盘点，适用于 A 类物品；定期检查系统（盘点）是固定一个时间进行盘点，适用于 B、C 类物品。

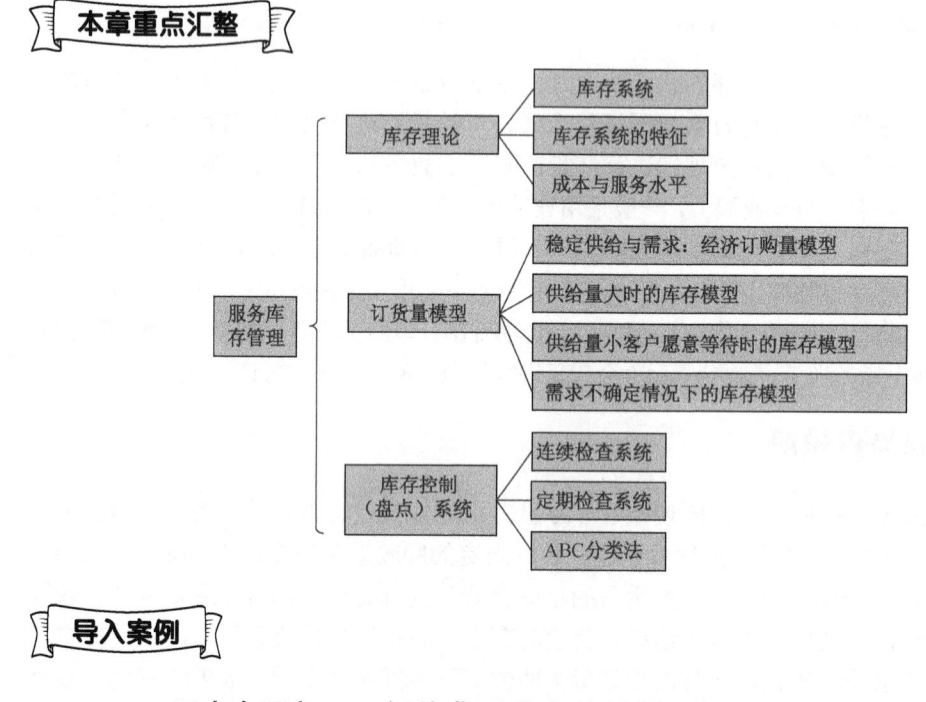

本章重点汇整

- 服务库存管理
  - 库存理论
    - 库存系统
    - 库存系统的特征
    - 成本与服务水平
  - 订货量模型
    - 稳定供给与需求：经济订购量模型
    - 供给量大时的库存模型
    - 供给量小客户愿意等待时的库存模型
    - 需求不确定情况下的库存模型
  - 库存控制（盘点）系统
    - 连续检查系统
    - 定期检查系统
    - ABC 分类法

导入案例

日本寿司郎——低价背后是完整的数据化产业链（科技）

寿司郎是日本最大的回转寿司连锁店，每盘寿司的价格只需要 108 日元，就连金枪鱼腹肉也只要 108 日元。它在回转寿司界一直独占鳌头，在 2012 年 9 月创造了 1113 亿日元的成绩，到 2013 年 9 月其旗下的店铺达到了 360 家，是什么原因让寿司郎敢低价定位？又是什么原因让寿司郎可以迅速扩张？答案就是寿司郎背后是完整的数据化产业链。

川崎店是其旗下业绩最高的分店（见图 13-10），就算在下午 2 点，顾客依然络绎不绝，等候区域的队伍从没间断过。它为何有如此高的人气呢？支撑着这样一家以物美价廉为招牌的企业的是强大的信息技术。最为代表的是在从预测食客的需求到食客的进食动力，从而下达投放指示，最后到寿司的新鲜度的管理，它支撑起整个回转寿司的业务体系。川崎店店长青山裕树说道："店铺的运营建立在完善的系统之上"。

图 13-10 日本寿司郎分店图片

1. 食客需求的预测

制作深受喜爱的食品种类，并第一时间投放适当的数量。为了达成这个目标，信息系统时时刻刻都在做着各种分析。寿司郎在 2002 年向旗下所有店铺导入了回转寿司综合管理系统。首先是在碟子下方安装 IC 芯片，管理细化到每一个碟子上。我们称之为世界上最原始的商品单项管理系统。

其次，收集每碟寿司在回转轨道上的行走距离。如果一碟寿司行走的距离太长，那么就可以判断出其新鲜度的降低，将加入自动废弃处理系统。例如，金枪鱼所规定的最大行走距离为 350 米，超过这个距离此距离时就会自动转入废弃处理流程。它大大降低了人工成本，保证了每碟寿司的美味。

2. 进食动力的预测

与之相比更为关键的是每月各个店推出的特色产品，这需要对顾客的食欲进行解读。单单是堂食的数据，每年就产生 10 亿件，目前已经累计达到了 40 亿件的销售大数据。经过分析，运用寿司郎独有的技术来分析顾客的食欲（进食动力），并提前预测顾客的需求。

寿司郎独有的技术究竟是什么呢？首先是利用排队呼叫系统，店员将客人的人数等属性输入系统内，此后充分掌握食客的入座时间和可能入座的位置。从这里开始收集并计算排队人数、食客等待了多久和人员构成等数据，最后预测出 1 分钟后客人的进食动力。

不间断预测每位食客入座 1 分钟后与 15 分钟后的进食动力。根据不同的数据，预测出需要什么类型的寿司和数量。1 分钟后的预测是基于食客当时入座的时间来计算的。15 分钟后的预测是基于过去统计的，这个统计包括星期几和时间带的倾向估计（Trend Estimation）。然后依靠这个预算出需要的寿司的数量。店长的直觉和经验让信息技术如虎添翼，能够及时把握客户的喜好。通过使用这个系统，可以减少非人气商品的投放，废弃处理的食物量降低到原来的 1/4。如果有经验丰富的店长在场，甚至能通过顾客的体型和种类（家族还是同事）等属性来推测食量与点餐时间等，并判断出应该要准备多少寿司。但是如果店长经验不足或者店长当天不在店里时，这些就很难办到。

厨房中料理师的直觉和经验也让信息系统如虎添翼，整合成一个高效率的体制。最为神奇的是，寿司郎灵活运用信息技术提取出优秀店长的直觉和经验，让其标准化、广泛化。通过可复制化、实例和处理方式共享，丰富数据判定，这样所有的店铺都能有效地提高经营能力。

3. 厨房投放的种类月数量预测

一般来说，食客都有各自的点餐方式，坐下来后一口气点满一桌，又或者是点一份吃一份。最终以甜品收尾结束流程。换而言之，最初的形态为"进食动力大"，这个阶段可以制作许多畅销寿司，然后渐渐地减少出货量，最后送出一盘甜品。

食客的逗留时间越长，点餐的量就会减少。在这里利用过去收集的统计数据，测算寿司从高峰到最后减少的速度和程度。这些数据还将用来预测之后的行动，算出进食动力的合计值。这些数据代表的是 15 分钟后的预测。

在后厨的上方有供给指示系统的荧屏，上面实时传递着 1 分钟后的和 15 分钟后的预测结果。店员看到这些数字，可以对当前投放的种类和数量进行判断。

4. 颜色发挥关键性作用

除了数据之外，还可以用最原始的颜色对寿司碟和客人座位分门别类：寿司碟用 3 种颜色，客人座位用 9 种颜色，标记"橙、白、黄"的碟子用于区分热卖寿司和普通寿司，当顾客的进食动力小时，只投放热卖的橙色碟子，当顾客刚入座的时候，适当投放另外两种碟子。并可以根据餐碟下的托盘来判明顾客的进食动力。利用这些小细节，大大缓解了现场工作人员的作业压力，提高了作业效率。

截至目前，该系统的预测精准度非常高，最大限度地减少了食物被丢弃的量。寿司郎的成本率占到了 50%（一般餐饮业的成本率在 20%～30%），这都归功于丢弃现象的减少。

5. 现场发挥主观能动性

老生常谈的是，现场作业不能完全依赖信息技术。例如，系统指示投放 8 碟金枪鱼，店长判断出只需要投放 6 碟。根据当前的促销活动和广告内容，如店铺附近在开演唱会、举办球赛等，顾客的数量和属性会有大幅变更。这都需要店长依靠经验和观察对系统的指示进行微调。田中部长说道："我们的目标并不是制作最前沿的技术，而是让现场作业和系统能够更好地融合在一起。系统最多只能算是现场的帮助角色，借助系统的指示进行自主的判断才是员工所需要掌握的技术。"

6. 关注食客的饮食习惯

例如，分析食客是如何取走回转轨道上的寿司的。首先分为 5 分钟内和 10 分钟内两种情况。查询了入店后时间的变化和销量变化的数据之后，发现寿司种类的选择根据时间变化有很大的区别。例如，期间限定的大金枪鱼在轨道上转了 10 分钟之后，卖出大概 50%。但是同时间投放的鲑鱼只卖出去了 36%。但又经过了 20 分钟，在这 20 分钟内，大金枪鱼只卖出了 10%，而鲑鱼卖出了 20%。也就是说，鲑鱼与大金枪鱼相比，即使过了一段时间，它依然受食客欢迎。

正是依靠强大的数据分析系统并结合每个店长的个人主观经验的判断，寿司郎在寿司领域牢牢掌握了消费者的需求变化，懂得了在最合适的时候推送最合适的寿司，让寿司郎的废弃率大大降低，在激烈竞争的回转寿司领域稳稳地赢得了宝座。

（资料来源：www.pinlue.com，2017-06-07，周宏明．）

问题：

1. 日本寿司郎是如何进行动态库存管理的？
2. 企业的库存管理对消费者有何影响？

重点回顾与练习

关键术语

服务库存（Service Inventory）　　　　季节性库存（Seasonal Inventories）
投机性库存（Speculative Inventories）　周期性库存（Cyclical Inventories）
在途库存（In-transit Inventories）　　安全库存（Safety Stocks）
订货提前期（Replenishment Lead Time）　再订货点（Reorder Point，ROP）
订购成本（Ordering Cost）　　　　　　维持成本（Holding Cost）
缺货成本（Shortage Cost）　　　　　　经济订购数量（Economic Order Quantity）
数量折扣（Quantity Discounts）　　　　库存控制系统（Inventory Control System）
连续检查系统（Continuous Review System）　定期检查系统（Periodic Review System）
零售折扣模型（Retail Discounting Model）

选择题

1. 下列问题不属于库存管理的3个基本问题的是（　　）。
   A．订购数量是多少　　　　　　B．应该在何时下订单
   C．应维持多少安全库存　　　　D．订购成本是多少
2. 关于库存的作用，下列说法不正确的是（　　）。
   A．节约企业资金　　　　　　　B．减少缺货成本
   C．调节季节性的需求　　　　　D．储存货物以备涨价
3. 为了应付从订货至交货时间的不确定性及需求量的不断变动，许多服务机构有额外的存货以备不时之需，这些额外的库存被称为（　　）。
   A．周转库存　　B．调节库存　　C．安全库存　　D．在途库存
4. 在ABC分类中，存货的品种占总品种种类的20%左右，但价值占存货总价值的80%左右的物品为（　　）。
   A．A类存货　　B．B类存货　　C．C类存货　　D．ABC类存货
5. 某新华书店《新英汉大辞典》的年销售需求为1600册，每册的单价为40元，已知每册的年储存费率为20%，每次订购成本为4元，那么《新英汉大辞典》的经济订货批量为（　　）册。
   A．20　　　　B．30　　　　C．40　　　　D．50
6. 定期检查系统的特点是（　　）。
   A．间隔时间固定、订货量固定　　B．间隔时间固定、订货量不固定
   C．间隔时间不固定、订货量固定　　D．间隔时间不固定、订货量不固定

判断题

1. 服务水平是指从订货至接到货物期间所有需求被满足的概率。（　　）
2. 麦当劳中番茄酱的需求量取决于汉堡和炸薯条的售出量，这类需求称为独立型需求。（　　）
3. 简单的经济订购模型（EOQ）假定需求率为定值且没有库存短缺。（　　）

4．安全库存是指从一个地方到另一个地方处于运输过程中的物品。（　）

5．在连续检查系统中，订货数量是定值，但订货之间的周期是不确定的。（　）

6．若一种商品有涨价的趋势，则在涨价前对其进行囤货就比涨价后再进货要节省得多，这叫做周期性库存。（　）

简答题

1．简述库存管理的 3 个基本问题。
2．简述库存管理的相关成本。
3．简述库存系统的特征。
4．试分析简单 EOQ 模型的前提条件及计算方法。
5．比较连续检查系统与定期检查系统的相同点和不同点。
6．简述库存控制的 ABC 分类法。

第五篇

接触点——前台

第十四章 服务接触

◎ **本章知识点**

1. 在服务接触三元组合中如何做到三要素的协同一致。
2. 组织文化与授权程度如何影响服务接触。
3. 根据顾客期望与态度,对顾客进行分类。
4. 如何将抽象问题描写成情景小品,用于筛选员工。
5. 服务利润链中的元素是如何使收入增加的。

导入案例

海底捞火锅店的员工激励促进服务

凡是去过海底捞火锅店的顾客都会被它深深地吸引住。然而吸引顾客的不是海底捞火锅的口味特色,而是海底捞火锅店无微不至的服务带给顾客的满足感。这种满足感如此真实地从每一位普普通通的服务员那里传递给海底捞火锅店就餐的每一位顾客,每一位海底捞火锅店员工的微笑和服务都让人感动无比真诚和温馨。

从我们所调查的资料来看,海底捞火锅店招聘员工偏爱四类人:初入社会的年轻人、农村出身、简陋出身、亲戚和朋友介绍的人。同时,海底捞火锅店还制定出一套让员工感觉公平、透明的奖励和升迁制度,如给优秀员工配股;允许比同业较低但有一定的员工流动率(10%);实行轮岗店制度;提供人性化的、灵活的、丰富的福利等。员工在有效的激励下,在工作中注入感情、直觉和想象力,为顾客提供近似宠爱的服务。同时,马斯洛(Maslow)的需求层次理论已不足以解释这些激励机制所起到的效果,因为员工的心理和安全需要还远远没有被满足,海底捞就试图部分满足他们的高层需要并取得了不错的效果,如以福利满足员工的社会需要,适度放权满足员工的尊重需要,升迁机制满足员工的自我实现需要等。海底捞的员工激励制度促进员工拿出自己的热情来对待顾客,于是其特色的服务给予了顾客别样的体验。

思考与训练：

员工激励与服务接触有何关系？

第一节　服务接触三角模型

一、服务接触中的三元组合

价值共创服务的独有特征之一是顾客主动参与服务生产的过程，顾客是消费者也是共同生产者。在这个共同生产的过程当中，都会涉及顾客和服务提供者之间的互动，通过服务的设计，双方在服务组织所设计的环境中扮演着不同的角色。图14-1描述了服务接触中的三元组合，反映了这3个要素中的两两关系，并提出了冲突的可能来源。

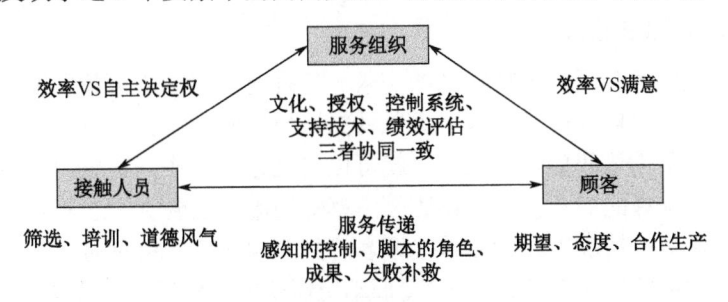

```
                    服务组织
           效率VS自主决定权        效率VS满意
                 文化、授权、控制系统、
                 支持技术、绩效评估
                 三者协同一致
       接触人员 ←――――――→ 顾客
                    服务传递
    筛选、培训、道德风气   感知的控制、脚本的角色、   期望、态度、合作生产
                     成果、失败补救
```

图 14-1　服务接触的三元组合

这3个角色（服务组织、接触人员、顾客）之间对参与到服务流程中的目的不同，所以有可能会产生冲突。对服务组织而言，一个以利润为目标的服务组织，其管理人员为了维持边际利润和保持竞争力，会尽可能地提高服务传递的效率。而非营利性组织可能以其工作效果来代替效率，当然它的工作仍需控制在预算之内。为了达到整体掌控服务传递的过程，管理人员常常会用规定的程序来限制第一线服务员工的权限，而使得第一线服务员工在服务顾客时会缺少自主权和判断力。由于固定的服务程序会限制其为顾客提供服务的弹性，从而导致顾客不满。对在第一线接触客户的员工而言，员工希望通过控制顾客的行为，使其工作容易管理并轻松自如。对顾客而言，顾客希望控制服务接触的过程来获得更多的良好体验。

理想的情况是，服务接触中的3个要素，彼此能够互相理解对方的目的与难处进而协同合作，从而创造出更大的利益。然而真实的情况往往不是那么尽善尽美的，常常是其中一个要素，为了自身的利益而控制了整个服务接触的过程。下面的例子说明了服务组织、接触员工和顾客各自在服务接触过程中起到的支配作用和可能引发的冲突。

1. 服务组织支配的服务接触

最常见到服务组织的做法是，服务组织出于提高效率或者实施成本领先战略的考虑，可能通过建立一系列严格的操作规范，使服务系统标准化，结果却严重地限制了员工与顾客接触时所拥有的自主权。顾客只能从有限的几种标准化的服务中进行选择，而不存在个性化服务。例如，麦当劳等特许服务企业通过一套标准化的服务对特许店的服务接触实施了控制。它们的成功主要是告诉顾客他们只有什么并且不提供什么样的服务。然而，顾客在与服务提供者接触中所感受到的不快，或被人们藐视为官僚作风的东西，主要源于与顾客接触的员工缺乏自主权与服务热情。这些组织中的员工虽然同情顾客的处境，但是必须按照规定执行，而他们的工作满意度与热情也随之降低。

2．与顾客接触的员工支配的服务接触

一般来讲，服务人员大多希望能缩小服务接触的范围，这样可以集中精力在顾客最在意的事情上而不会有太多压力。如果与顾客接触的员工被赋予足够的自主权，他们就比较能处理顾客现场提出的许多要求与特殊的问题。例如，在医疗体系中，由于服务提供者具有一定的专业知识，因而患者可能非常信赖他们的判断力。但是，当患者有重大情况发生需要开刀时，就需要家属的同意与医院其他相关单位的配合才能进行治疗。所以，医生与患者之间的关系很好地说明了与顾客接触的员工可支配的服务不足，就像从来没有患者被称为顾客。

3．顾客支配的服务接触

极端的标准化服务会限定顾客特殊的需求，但是对于标准化服务来说，自助服务可以使顾客完全控制服务提供者提供有限服务以外的选择。例如，在一个装有信用卡读取机的自助加油站，顾客不需要和任何人接触，就可以自己完成加油、结账然后离开。又如，在手机上叫外卖，可选择的服务甚至比在店面中享受的服务还要多。这种高效的自助服务方式，在提供很少服务的情况下，就能够使顾客感到非常满意。相对的，一些个人专业化的服务（如犯罪案件中的法律辩护），不仅要调动组织的所有资源，还要花费很高的成本。

所以，现在许多服务提供者进行了线上与线下相结合的服务方式。他们把接触人员替换成网站。设计一个能够吸引回头客的网站，对于服务组织而言是一个挑战，为了测试网站的效果，人们开发了一个叫做 E-S-QUAL 的测试工具。这个测试工具包括由 4 个维度所构成的 22 个调查项目：效率（如网站易于浏览）、系统可用性（如浏览网站不会卡）、执勤（如订的产品能迅速调查）、保密性（如能保护信用卡）。

满意和有效的服务接触，应该保证三方（服务组织、服务人员、顾客）需求的平衡。也就是说，接触顾客的员工受到了合适的培训，并在服务传递的过程中，顾客的期望及角色得到有效的沟通与满足，组织也达到了经济有效性。

二、服务组织

服务组织为服务接触提供了具体的场景，顾客与接触顾客员工之间的互动发生在组织文化背景及实体环境中。服务组织受到以下几个因素的影响。

1．文化

许多人选择了这家公司而非另一家公司工作或寻找服务，这经常是基于该公司在工作和购物方面的良好声誉，而良好的声誉主要受到文化的影响。组织文化的要素包括以下几种：①文化是组织成员共同遵循的信仰或共同的理想，它无形地约束组织中个体或群体的行为；②文化是一种使组织区别于其他组织的传统和信仰，它赋予组织活力；③组织文化是能够产生凝聚力并赋予组织鲜明个性的共有的价值导向系统。相对于法律与规定，文化是一种无形的力量。所以，许多服务企业的创始人或高级管理者都要创造一种文化或氛围，而这种文化会引导企业员工决策的行为规范或价值体系。

以阿里巴巴集团为例，它们基于共同的使命、愿景及价值体系，建立了强大的企业文化，并以此文化作为阿里巴巴的成长基石。阿里巴巴的业务成功和快速增长有赖于其员工尊崇企业家精神和创新精神，并且始终如一地关注和满足顾客的需求。新员工加入阿里巴巴集团时，需在杭州总部参加全面的入职培训和团队建设课程，该课程着重于公司的使命、愿景和价值观，而阿里巴巴也会在定期的培训、团队建设训练和公司活动中再度强调这些内容。无论公司成长到哪个阶段，这强大的共同价值观都能让阿里巴巴维持一贯的企业文化。

阿里巴巴坚持"客户第一，员工第二，股东第三"。阿里巴巴集团的使命是"让天下没有难做的生意"；阿里巴巴的愿景是成为"分享数据的第一平台"；阿里巴巴有6个核心价值观，是公司DNA的重要部分。该6个核心价值观为：①客户第一，客户是企业的衣食父母；②拥抱变化、迎接变化、勇于创新；③团队合作，共享共担，平凡人做非凡事；④诚实正直，言行坦荡；⑤激情、乐观向上，永不放弃；⑥专业执着，精益求精。阿里巴巴文化融入每个员工的生活中而形成了一种DNA。例如，马云要求所有员工取一个网名，他自己也从武侠小说的人物中取了一个网名，这样顾客可以在网络世界中有无限的想象空间，从而能全身心地投入网络世界当中，并增加黏着度。

另外，迪士尼公司也是一个很好的例子。由于迪士尼公司是一家商业性娱乐公司，在它的主题公园中使用的是"表演"术语，公司组织中不用"人事"而是用"剧组"，为了注入恰当的思维方式，员工被称为"剧组演员"。员工无论从事"前台"还是"后台"工作，都要求当作是在"演出"。员工觉得自己在表演会满足表演欲，并且会将最好的自己呈现出来；对顾客而言，看到员工充满热情，他们也会被这种热情感染而增进情感的交流。

若服务组织内进行任何事情都需要专人进行监督，则是十分耗费成本的。所以，从成本的角度来看，有良好的文化与价值观是十分节省成本的。因为良好的文化会使员工有热情主动地做好工作而不需要传统的监督。

2．授权

授权并不是始于委托，而是通过无条件地信任员工的内在动力去评价选择和胜任具有创意的决定。授权能释放每一个人的潜力，以产生不能给予或带走的差异。

目前出现了一种新型的服务组织，其结构可大致描述成"倒T"形。在这种组织中，管理层大幅缩减，因为与顾客接触的员工可以得到培训、激励和信息系统的及时支持，凭借这些因素，他们可以在服务传递的地点管理服务接触。

授权员工可以采取如下行动：①在人力方面的投资等同于甚至多于在机器上的投资；②使用技术支持与顾客接触的员工而非监督或更换他们；③认为与顾客接触的员工的招聘及培训对公司的成功至关重要；④将所有员工的表现与报酬挂钩。通过授权可以大量削减中层管理者，取而代之的是，中层管理者成为一线或者与顾客接触的员工的辅助人员。更为重要的是，在计算机信息系统方面的投资十分有必要，它具有向一线人员及时提供解决问题的能力，从而确保服务质量。

3．控制系统

表14-1描述了4种组织控制系统，并以此来鼓励那些具有创造性的员工进行授权。信仰系统会因为清晰的组织文化而变得相对容易。限制系统在没有创造消极思想的环境下限制了员工的自主决断权限（如员工决策的范围不超过1000美元），而这种消极思维环境

常常发生于常规操作流程中。判断系统规定了可测量的实现目标（如 90%准时完成的绩效）。互动系统最适用于咨询公司等知识产业，这是因为此类公司的生存完全取决于员工能否向顾客提供创新的解决方案。

表 14-1　员工授权的组织控制系统

控制系统	目标	雇员挑战	管理挑战	关键问题
信仰	贡献	对目标不明确	核心价值和使命的沟通	识别核心价值
限制	顺从	压力或诱惑	明确并执行规则	规避的风险
判断	实现	缺乏聚焦	建立并支持明晰目标	关键绩效变量
互动	创造	缺乏机遇并惧怕冒险	公开的组织对话以鼓励学习	战略模糊

（资料来源：Simons R. Control in an Age of Empowerment. Harvard Business Review，1995：80-88.）

授权的与顾客接触的员工必须受到激励并得到充分的信息，同时具有竞争力和承担责任的能力，这些员工也必须受过良好的教育。一线的工作人员应当展示良好的能力，如承担责任的能力、自我管理的能力，以及应对顾客压力的能力。

三、第一线人员

理想的情况是，与顾客直接接触的员工应该具有灵活性、对顾客含糊其辞的宽容、根据情景监督并改变行为的能力、应设身处地为顾客着想等个人品质。其中，最重要的品质是设身处地为顾客着想，这种换位思考比年龄、教育、知识、培训和才智更加重要。

一些人发现，一线服务非常枯燥且具有重复性。但另一些人看到这种工作提供了一种接触和联系各种各样的人的机会。那些具有必要的人际技能的员工可能被吸引到高接触频率的工作岗位。

（一）挑选能换位思考的申请者

哪一种人才适合服务业？截至目前，还没有一种完全可靠的测评方法。但是，大量的面试技巧已被证实是有用的。抽象提问、情景小品、角色扮演等都可用于评估潜在的一线员工。

1. 抽象提问

抽象提问面试中所提的问题是开放式的，通过这种提问可以评估当申请人遇到某种情境会如何与以往的经验产生何种关联的能力。这种抽象的问题如"以你过去的工作经验来看，哪种顾客最难应付？为什么"，通过申请人的回复可以知道他对客户的态度。想知道申请人是否会主动搜集信息，可以这样提问："顾客最主要的抱怨或消费特征是什么？"想知道申请人是怎么处理客户关系的，可以这样提问："你怎样处理顾客要求？""应对那种类型顾客的理想方式是什么？"

通过这些抽象提问可以了解一个人的人格特质，喜欢观察人（重视细节）、懂得如何与人接触才能让人感受良好（敏感性高），并能快速回应顾客需求（灵活性高）的人格特质是服务业最为偏好的人格特质。

2. 情景小品

情景小品式的面试是为服务提供者设定一些情景，然后要求求职者回答特定有关的一些问题。例如，考虑如下情形。

某饭店主办了一个大型聚会并为这个聚会提供食物。聚会完后的第二天，有一位顾客退回了一些小蛋糕，并声称蛋糕不新鲜要退货。这个顾客虽然要求退款，但他的口气并不坚决且胆怯，以致隔着柜台的你几乎听不到他在说什么。你仔细看了一下蛋糕并发现这些蛋糕并非你公司所制作的，对于这种情景你应该做些什么呢？

通过处理这样的一种情景，可以看出有关求职者的本能、人际关系能力、常识及判断方面的信息。为了更进一步知道求职者在适应能力方面的信息，有些情景问题会进一步问道："如果顾客突然变得很恼火和固执，你应该如何对待他？你应该采取何种措施来补救这种情形？"

情景小品面试方式提供了一个机会来确定求职者是否能够"以他人的立场思考"。即使是具有良好沟通能力的求职者，也不能清楚地显示出服务顾客的真正愿望或理解他人的本性。

3. 角色扮演

角色扮演是一种面试技巧，服务提供者会要求求职者参与一个服务提供者所设定的模拟情景中，并让面试者感到这是一个真实的环境。角色扮演通常在招聘的最终阶段使用，并且需要机构中的其他人扮演"不同角色的演员"。

通过这种角色扮演，可以观察求职者在有压力的情形下会如何反应。服务提供者可以运用此技术并随着角色扮演的进程来探求求职者的应对能力。随着角色的深入，服务提供者也可以改变情景以增加难度。通过求职者对情景的随机应变，可以观察出求职者的灵敏度。

值得注意的是，采用角色扮演需要精心策划及"演员"在面试前的彩排。

(二) 培训

大多数培训手册是用来指导员工应该如何与顾客接触，并应该如何回应的技术或技巧的。例如，手册上会详细地说明应该如何填写客户报告、如何使用现金收款机、如何穿着得体及加强安全措施，而顾客交流技巧均简单地概括为快乐及微笑服务。

如表 14-2 所示，顾客与员工在互动过程中的困难可分为两类：问题顾客和服务失败。问题顾客包括不合理的要求、侮辱或敌对态度、不恰当的行为、不曾预料的要求、与政策相悖的要求。而服务失败包括不可得的服务、行动迟缓、不可接受的服务。

表 14-2　与顾客接触的员工所面临的挑战

问题顾客	服务失败
1. 不合理的要求	1. 不可得的服务
2. 侮辱或敌对态度	2. 行动迟缓
3. 不恰当的行为	3. 不可接受的服务
4. 不曾预料的要求	
5. 与政策相悖的要求	

1. 问题顾客

研究显示，大约 75%的沟通困难是非技术因素造成的。造成这些沟通困难的主要原因是"顾客不现实的期望"，即服务传递系统不能满足的期望，如携带超大行李登机的旅客。顾客不现实的期望可分为以下 5 种类型。

（1）不合理的要求：顾客要求给予特别的关注，而这种关注并非服务提供者所能提供的（如我要携带所有的行李登机；请坐在我旁边，我害怕飞行）。

（2）侮辱或敌对态度：顾客用粗暴的语言及行为对待员工（如"白痴，我们的酒在哪"；用餐者殴打服务人员）。

（3）不恰当的行为：顾客喝醉而产生不适当的行为（如一位喝醉的乘客在飞机飞行过程中打人）。

（4）不曾预料的要求：对于有医疗需求或语言障碍的顾客给予特别的关注（如"我妻子要分娩了"或用法语提问"这个多少钱"）。

（5）与政策相悖的要求：由于安全规定、法律或公司政策等原因而无法满足的要求（如在飞机上要求抽烟；顾客10个人一起吃一桌饭但要求对这顿饭分别记账）。

2．服务失败

服务传递系统中的服务失败会增加员工的沟通负担，但也给员工提供了展现服务补救的创新和灵活性的机会。服务失败分为以下3种情况。

（1）不可得的服务：正常情况下可实现的服务而当前不能提供（如顾客预订了一个靠窗的位子；ATM机出了故障）。

（2）行动迟缓：服务特别迟缓，导致大量顾客等候（如飞机延误一个小时）。

（3）不可接受的服务：未达到可接受标准的服务（如顾客的座位不能倾斜；顾客所喝的汤内有一根头发）。

由于不可避免地存在与顾客沟通的困难，因此公司要求员工接受培训并提高人际技能，以防止将不好的情形变得更糟。公司应开发出必要的项目来培训员工在特定情景下的反应。例如，对于不合理的要求，如上述第一种情况，服务人员可借助"顾客公平原则"告诉顾客，如果满足了他的要求，其他顾客的需要可能受到损害。另外，也可以事先模拟可能发生故障的情景，然后预演应对的方法。角色扮演可以创造一个理想的培训环境，使员工能获得必要的沟通经验。受过良好培训的员工能够以专业的方式控制服务情景，最终提高顾客满意度并减少服务提供者的压力和挫折感。

（三）创造一种良好的道德氛围

早期，许多服务业被视为社会的良心事业。除了法律、医药和会计行业外，银行和保险这样的金融公司也曾把自己视为具有公共责任的私营部门。实际上，律师仍然被视为"法院的官员"。从历史的观点说，他们带着一种责任感，这些服务业不仅想要发展他们的事业，并且会想到这样做对社会是否是有益的。

对于律师，这意味着他们会建议顾客不去做费时的诉讼或盲目的并购。19世纪后期纽约律师们的领袖伊莱·休鲁特（Elihu Root）曾经说："一位好的律师大约花一半的时间在告诉即将成为他的顾客的人，不要做傻事，应该停止。"

有道德的服务提供者是利人利己的。他们提供好的服务和解决顾客的问题并从中获利。而在许多情况下，许多员工经常是要在不同道德标准或是在（企业、员工、顾客）相互矛盾的利益中进行工作的。表14-3举例了通过部分不道德的行为来增加公司（与自己）的收入或是用欺骗的方式满足顾客。

表 14-3 在接触顾客的环境中不道德行为的例子

服务本质的错误描述	操纵顾客	一般的诚实和正直
当到处都不能吸烟时,承诺一个无烟室	放弃担保	不公平或粗鲁地对待顾客
使用引诱顾客购买高价商品的手段	做不必要的服务	对顾客的需求不予回应
创建一个虚假的服务需要	账单中加入隐性费用	未能遵循公司规定的政策
服务提供者提供失实的凭证	掩盖顾客财产的损失	窃取顾客信用卡信息
夸大提供特殊服务的好处	使顾客难以实现服务者提供给顾客的保证	与第三方分享顾客信息

(资料来源:Schwepker CH, Jr. Hartline MD. Managing the Ethical Climate of Customer-Contact Service Employees.Journal of Service Reasearch,2005,7(4):378.)

为了防止不道德的机会主义造成的消极后果,服务提供者应建立诚信的文化,并对员工灌输道德的行为。Schwepker 和 Hartline 认为,这可以从两方面着手:正式控制(道德准则的执行和违反道德的处罚)和非正式控制(伦理的讨论、道德准则的内化和道德氛围)。通过这两种控制可以提升伦理道德的重心,它会影响对服务质量的承诺和工作满意度。正式控制需要明确何种行为是可以被接受的。社会和文化风气则可通过非正式控制以确保员工个人或在工作组内能监督和规范自己的道德行为。

四、顾客

对顾客而言,每次的消费都是重要的。但是,同样的交易对于服务提供者而言则通常是例行公事。在自助加油站加油或是在经济旅馆中逗留一晚通常很少会有特别的感受(个人情感的投入)。但是,去国外度假或因为病痛寻求医疗服务的客户则完全不同,他们会非常期待有个性化的服务。但是,对于许多服务提供者而言,由于他们在一周内接待了数百名顾客,要保持相应的情感投入是非常困难的。

(一)预期及态度

顾客购买服务的动机与购买产品的动机类似,他们的期望左右着他们的购买态度。史东(Stone)提出了一个现在很著名的理论,即将购买产品的顾客分为 4 类,进一步将顾客的类型与服务的类型做适当的比对,可以提供更符合顾客期望的体验。

(1)经济型顾客。对应于服务工厂,这类顾客想投入最少的时间和资金并获得最大的价值。这些人往往苛求且有些挑剔,他们以追求性价比来检验服务企业在市场中的竞争力。这些顾客的忠诚度要看企业服务的性价比,如果性价比低于竞争者,他们就会立即转往购买竞争者的服务。

(2)道德型顾客。对应于大量服务,此类顾客觉得有道德上的义务光顾社会责任感强的企业。那些在社区服务方面具有良好声誉的企业较容易拥有这类忠诚的顾客。例如,麦当劳公司给住院治疗的儿童提供帮助,使该公司树立了良好的企业形象。

(3)个性化的顾客。对应于个人专业化服务,这些顾客希望在服务过程中体验到人际间的满足感,如认可和交谈。在家庭式餐馆中,通常直呼顾客的名字可以迎来大批邻里顾客。在许多其他类型的企业中,如果一线员工巧妙运用信息科技,并通过顾客档案来了解客户的需求与偏好,就可以给顾客留下个性化服务的经历。

(4)方便型顾客。对应于服务商店,这类顾客对选购过程中的服务不感兴趣,而方便是吸引他们的重要因素。方便型顾客常常愿意为个性化的服务或无忧服务额外付费。例如，提供送货上门的服务或是住宅周围的便利商超常常能吸引他们。

这4种不同类型的客户，在进行消费决策时的态度是十分不同的。一项关于不同消费者决策过程的差异的研究发现，以下7个因素会影响其购买决策：①花费的时间；②顾客对状态的控制；③过程的投率；④涉及人际接触的数量；⑤涉及的风险；⑥涉及的努力；⑦顾客对他人的依赖程度。通常经济型（自助服务）顾客对第二项（如顾客对状态的控制）因素最重视。这项研究涵盖了许多服务领域，包括银行、加油站、旅馆和航空公司等。

通过消费类型与顾客类型相互的搭配，可以更好地创造出符合顾客消费期望的体验。

（二）脚本在合作生产中的作用

在服务接触中，服务提供者和顾客都在服务交易中扮演着重要角色，每种角色都有相对应的脚本（或称为任务），详见表14-4。

表14-4 影响不同类型服务接触的成功因素

顾客	服务提供者	
	人	机器
人	● 仔细进行雇员选拔 ● 员工具有良好的人际交往技巧 ● 容易接近 ● 适合的环境 ● 良好的技术支持 ● 员工信任	● 直观的用户界面 ● 顾客确认 ● 交易安全 ● 操作简单 ● 必要时可以使用人
机器	● 容易进入 ● 快速响应 ● 交易确认 ● 远程监控	● 硬件和软件兼容 ● 能力跟踪 ● 自动确认 ● 交易记录 ● 交易安全 ● 自动防故障装置

社会规定了顾客应承担的特定任务，如在银行中兑换现金支票所需的程序。在一些餐厅中，就餐者可能要承担各种生产性角色。例如，在自助餐厅中，顾客自己取食物并放到自己的餐桌上。在每个例子中，顾客都学会了一系列适用于特殊情形的举止。顾客参与到服务传递过程中，承担部分服务人员的角色与任务。这种角色是由社会习俗规定的或由特殊的服务设计所引导的。

顾客从各种服务接触中学到了这种角色。当所有的服务参与者都恰当地扮演某种角色，这样会使顾客和服务提供者皆能预测各自的行为，并可进行某种程度的控制。因此，每一位参与者都应该明确自己的脚本（任务），而如果顾客滥用他们的脚本就会产生问题。例如，顾客在一家快餐店用完餐，顾客应该回收他的盘子，但是如果顾客不遵循脚本，员工就一定要做。

当新的服务推出时，顾客学习新的脚本时可能会需要一些时间。曾经一个"无意识的"日常服务接触，现在需要顾客花费一些精力来学习一个新的角色。例如，在超市和家庭装修店推出自动扫描结账机时，这项新服务需要一名服务员在附近帮助顾客学会使用这种新的方法。当顾客学会他们的新脚本并渐渐认可可以缩短结账队列时，专职的服务员可能就不再需要了，而且自动扫描结账机投资的全部收益将会显现。

如果交易是对过去的行为逻辑进行延伸，那么教顾客适应新的角色就比较容易。例如，公众接受了微软的视窗系统，他要到柜员机进行操作就不需要转换角色，因为这两种接口是十分类似的。

五、创造顾客服务导向

一项关于服务提供者的服务意识与顾客满意度（服务质量）之间是否有关联的研究在23个分支银行进行开展，顾客和服务人员对服务质量的感知高度相关。例如，服务人员被问道："你认为你们单位的顾客会如何看待他们从你们这里得到的总体服务质量？"顾客被问道："请描述你从该分支处得到的总体服务质量。"每个组均以相同的6点制对服务打分，结果如图14-2所示。

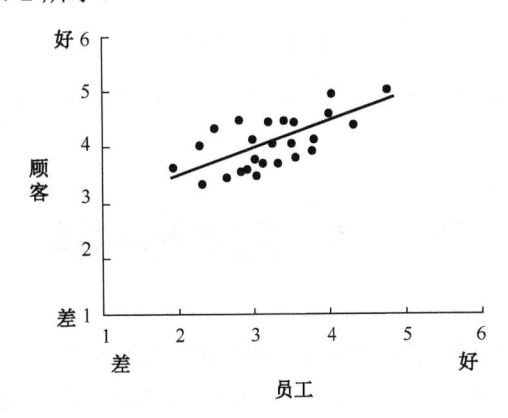

图14-2　顾客与服务人员对服务感知之间的关系

进一步的分析表明，顾客感知服务较好的分支处是那些服务人员具有如下特点的单位：①更重视热情的服务；②分支处经理重视职员履行其职责；③努力保住所有顾客，而不只是大客户；④具有充足的、训练有素的出纳员；⑤设备维护良好，供应充足。

另外，对于那些职员把他们的分支处描述为管理者重视顾客服务的单位，顾客不仅认为其服务是一流的，而且更具体的是：①出纳员有礼貌且很有能力；②服务人员足够多；③分支处管理良好；④出纳员的流动率低；⑤职员具有积极的工作态度。

此项研究表明，对职员有强烈的服务导向时，顾客觉得其服务是一流的。创造顾客服务导向会使顾客察觉到一流的服务实践及程序。因此，尽管员工与顾客以不同的角度看待服务，但他们对组织有效性的感知是极其相关的。

通过服务接触可以更好地进行价值共创。图14-3以"满意镜"的形式说明了顾客和服务人员之间的价值共创关系。例如，银行员工认识某位顾客以后，顾客服务的成本就降低了，这主要是因为节省了身份识别的时间并能对需求进行预测与调整。而顾客也会因为银行服务人员对其偏好的了解所进行服务需求的调整而产生更高的忠诚度。通过关系的建立来共创价值对参与服务的双方都有益。

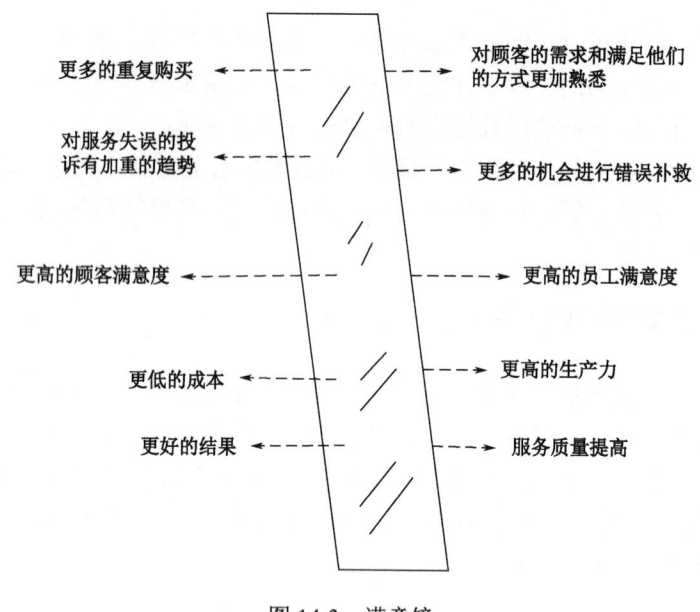

```
更多的重复购买  ←----    ----→  对顾客的需求和满足他们
                                的方式更加熟悉

对服务失误的投
诉有加重的趋势  ←----    ----→  更多的机会进行错误补救

更高的顾客满意度 ←----   ----→  更高的员工满意度

更低的成本      ←----    ----→  更高的生产力

更好的结果      ←----    ----→  服务质量提高
```

图 14-3 满意镜

（资料来源：Heskett JL, Sasser WE, Jr., Schlesinger LA. The Service Profit Chain. NewYork: The Free Press，1997：101.）

第二节　服务利润链

　　服务利润链厘清了一系列相关因素之间的关系，如获利性、顾客忠诚度、员工满意度、能力和生产率。如图 14-4 所示，利润和数据的增长来自忠诚的顾客，顾客忠诚又源于顾客满意，而顾客满意受到感知服务价值的影响。服务价值是由那些满意的、尽职的、有能力的、生产性的员工所创造的。满意的和忠诚的员工来源于精心挑选和培训，但是需要提高信息技术和支持其他工作场所的投资，并允许在服务过程中有决策的自由度。

　　（1）内部质量驱动员工满意。内部服务质量描述了员工的工作环境。它包括员工的挑选、开发、奖酬、认可、对服务信息的获得、技术和工作设计。

　　（2）员工满意度影响员工保留率及生产率。在大多数服务工作中，员工跳槽的真正成本是生产率的损失和顾客满意度的降低。在个性化的服务企业中，低员工流动率是与高顾客满意度密切相关的。例如，证券公司失去一位有价值的经纪人造成的损失可以用顶替他的人与顾客建立关系期间所损失的佣金来衡量。员工的满意度对生产率也有影响，西南航空公司一直是利润最高的航空公司，部分原因是该公司拥有较高的员工保留率（低离职率），它低于 5%的员工流动率在该行业中是最低的。

　　（3）员工保留率和生产率影响服务价值。尽管西南航空公司不指定座位、提供餐饭、与其他航线共享预订系统，但是顾客对该公司的评价仍很高。顾客看中的是频繁的班次、准时服务、友好的员工及低票价（低于市场 60%～70%的票价）。该公司可以实行低票价的部分原因是，训练有素的、灵活性强的员工可以执行几种类型的工作，并能够在 15 分钟以内转向另一架次的班机。

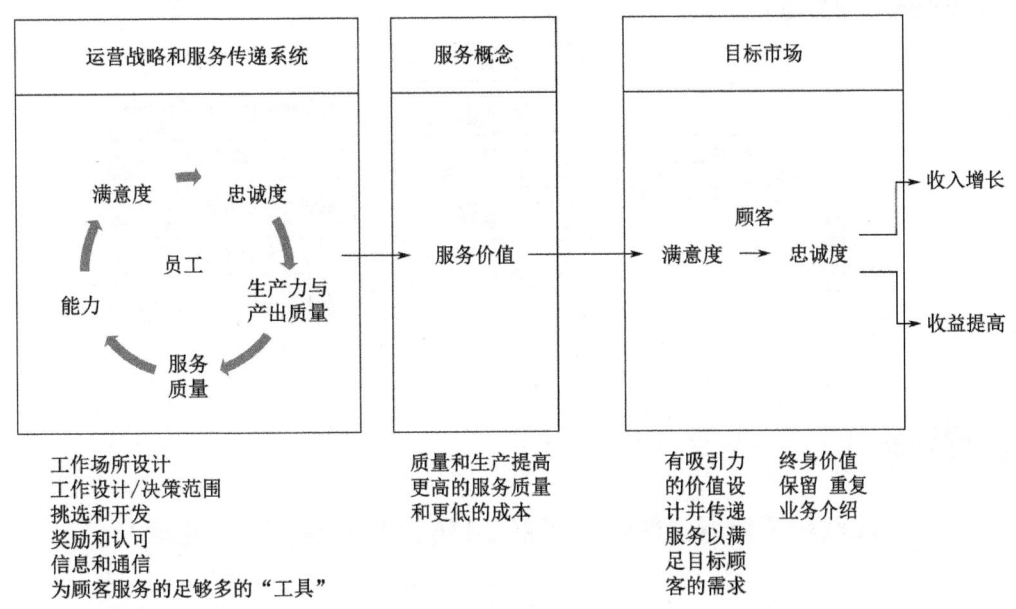

图 14-4　服务利润链

（资料来源：Hwskett JL, Sasser WE, Jr. Schlesinger LA. The Service Profit Chain. The Free Press, 1997：19.）

（4）服务价值影响顾客满意度。对于顾客来说，服务价值可以通过比较获得服务所付出的总成本与得到的总利益来衡量。例如，顾客最担心保险公司在客户出意外需要用钱时不理赔，某一家灾害保险公司针对这个痛点设计了一个快速理赔的程序，让保单持有者毫不费力地快速办理手续和赔付，进而为顾客创造价值。这套流程是一旦出现保险事故，该公司的理赔员迅速飞抵事故现场，马上办理赔偿，提供支持性服务，减少了法律费用，实际上让受损方得到了更多实惠。

（5）顾客满意度影响顾客忠诚度。施乐等公司对其顾客进行了一次调查，问卷采用的是 5 分制，从"非常不满意"到"非常满意"。调查发现，"非常满意"的顾客再次购买施乐产品和服务的可能性是"满意"顾客的 6 倍。该公司称这些非常满意的顾客为"传道者"，因为他们会转变那些不接受公司产品的人的看法。另一极端为"恐怖分子"，这些对产品非常不满意的顾客会传播不良的口碑。

（6）顾客忠诚度影响获利性与成长。许多服务提供者非常在意利润与市场占有率，并将其设定为绩效的指标。其实顾客忠诚度是影响利润与市场占有率的主要因素。研究显示，顾客忠诚度每增加 5%，利润可以增长 25%～85%；相对的，顾客忠诚度提高了，市场占有率有会明显的提升。

本章重点汇整

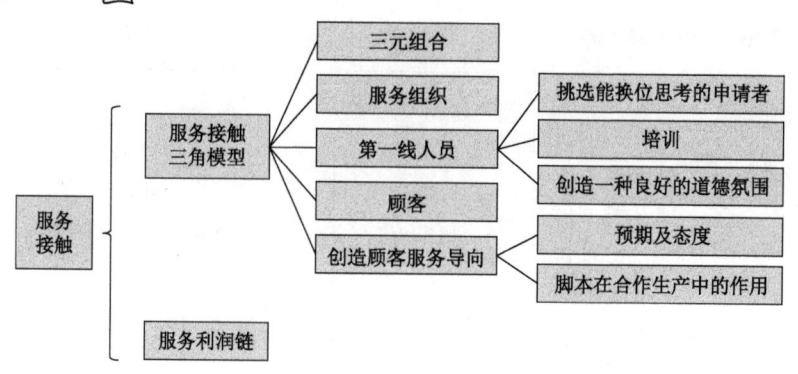

- 服务接触
  - 服务接触三角模型
    - 三元组合
    - 服务组织
    - 第一线人员
      - 挑选能换位思考的申请者
      - 培训
      - 创造一种良好的道德氛围
    - 顾客
    - 创造顾客服务导向
      - 预期及态度
      - 脚本在合作生产中的作用
  - 服务利润链

案例分析

那家包子卖得比普通包子贵 30 倍，却火遍全球，凭啥？

它被 CNN 评选为全球最佳连锁企业第二名，仅次于 7-11，麦当劳、星巴克都排在其后；美国《纽约时报》将其推选为全球十大餐馆；它把一只小笼包做成了世界品牌，对，它就是"全球第一包"鼎泰丰（见图 14-5）。鼎泰丰是如何做到的？为何现在的掌舵人杨纪华说鼎泰丰绝不仅仅是服务业？"服务即是表演"，又给中国的企业带来哪些启发？

小笼包本是中国江南地区的传统美食，但使之登上世界舞台的是来自我国台湾的杨秉彝父子，他们创立的鼎泰丰被称为"全球第一包"。在各种台湾旅行攻略中，鼎泰丰各个分店已经成为一个不可错过的景点。

图 14-5　鼎泰丰门店

一个包子横扫天下的秘诀是什么？

1. 一天 19 次的翻台率

鼎泰丰的菜单上显示，一小屉小笼包有 5 个，其中蟹黄的小笼包售价为 88 元，而一份松露的小笼包售价高达168元。而包子的大小甚至不及北方大包子的1/4，是不是性价比看上去很低？

事实上，鼎泰丰的各个分店在高峰期常常是门庭若市，高峰时段平均等位时间在10~60分钟。而鼎泰丰在台中的一家店曾经一天内接待了超过3000人，翻台率的最高纪录是19次，最多时有100组客人站在门外候位。翻台率通常是餐饮行业衡量运营情况的一个重要指标。翻台率4次，可以理解为餐厅一天平均每张桌子有4拨客人。海底捞生意最好的时候能够翻台7次，"快火锅"呷哺呷哺翻台率能达到8次以上。

为什么？产品过硬。

鼎泰丰从食品原料选购、加工、蒸煮、供应都有着一套严格的标准。例如，包包子的面粉供应商都是鼎泰丰一直以来的固定供应商，其价格比市面上的面粉价格要高很多。又如，常见的蛋炒饭，为了保证每口饭的口感，鼎泰丰的米是经过特别选择的，来自东北，并且设置了专员负责挑米，把所有的残米都要挑出来。鼎泰丰用的猪肉是专门指定商户养殖的指定品种，并且要求采购活猪。这意味着，鼎泰丰还要专门配置一些屠宰、分切岗位。最受欢迎的蟹黄小笼包里面的蟹粉也不是现成的，而是将阳澄湖的大闸蟹采购回来后，由专人去负责拆出蟹黄。有必要这么做吗？接班人杨纪华说："只要是跟客人体验接触到的东西，我们都尽所能提供最好的，止于至善，就是这个意思。"同样一个包子，区别就在这里：进最有品质的货，保证食材的每一个环节都安全无纰漏。

2. 0.2克的误差

再说做法。鼎泰丰的每样餐点都有SOP（Standard Operation Procedure，标准化作业程序），且每个环节都规定了标准"温度"，炒菜或者炒饭的油温、粽子或鸡汤加热的温度。每道菜出场送到客人餐桌前，外场人员也必须拿出笔型温度计确认，如元盅鸡汤和酸辣汤的最佳温度是85℃，在这个温度下才不至于烫口，而肉粽的温度则必须提高到90℃，确保猪肉块熟透。

2000年11月鼎泰丰设立了中央厨房，保证每样产品都有严格的出品标准，从服务业跨入制造业，深化产业链，踏出研发基地的第一步。以主打产品小笼包为例，必须坚持"5克皮，16克馅儿，18个褶，总重量要达21克，入蒸笼4分钟后才可上桌"的标准（图14-6）。前厨工作台上师傅包好的所有小笼包，重量只允许有0.2克的误差，包前的材料和包完的成品都要测量。

图14-6 鼎泰丰小笼包

第十四章 服务接触

每位厨师都必须经过严格的厨艺训练，熟练掌握每一道操作过程后才能上岗。仅需掌握包小笼包这个基本动作，一个新员工大概只有经过需要3个月训练，而如果将店里所有产品的制作都学会，则至少需要两年。

据我国台湾媒体报道，杨纪华曾经请台北6家门市各推选一位炒饭达人到中央厨房比赛炒饭，6个人从下锅、翻炒到起锅，不但时间和动作一致，就连吃起来的口感都相差无几，可见其标准化执行的程度。

除了在人工产品制作上有严苛的要求外，鼎泰丰还充分利用计算机进行系统监控，以最大限度地保证产品的品质一致。为了能把台北模式复制到全世界，早期台湾总部在对加盟商结束了当天的培训后，都会再举行一个30~60分钟的复盘会，把培训内容进行系统化梳理、总结，这就是现在鼎泰丰经营管理、产品制作、教育训练等SOP手册的原型。根据杨纪华的估算，鼎泰丰累计十多年的开店经验已经形成一套模式化方案，现在开设新店，连同装潢工程、开店培训，只需3~5个月就能完成。

3. 刚刚好就好

难道鼎泰丰与其他店只是包子与包子的不同吗？当然不是，还有服务。"读心术"是鼎泰丰要求员工必须掌握的一门技能，要求员工善于观察客人的一举一动，去猜测客人每个动作的意义，务必做到"想在客人之前"。杨纪华曾经一次又一次地告诉员工："大多数的客人是沉默的，客人不说，不代表没事。"例如，客人需要纸巾，拿到纸巾后，员工会想客人为何需要纸巾？是油渍沾到衣服上面了吗？如果是，他们会拿出去污剂。

除了要眼观六路外，员工还得耳听八方。在鼎泰丰的新员工培训里，有一项专门的"听筷子掉落"的训练课程，服务员需要学会听辨筷子的声音方位，并且在第一时间给客人送过去。它们有一套顾客管理系统，熟记客人的习惯、喜好，为客人创造比在家用餐更自在、愉悦的体验。

鼎泰丰的员工有一个秘密武器，那就是每位员工每天都随身携带一个小笔记本。本子上记录着常客的姓氏、特征和喜好，以及今日学到的技巧。但鼎泰丰不鼓励员工过分殷切。"刚刚好的服务"是鼎泰丰追求的。所谓"刚刚好"，是一种既优雅又热情，没有过度打扰，又能及时送上所需，令顾客惊喜的互动体验。但员工不必为了替顾客制造感动而绞尽脑汁，只要将分内的事情做到最好即可。每个人各司其职，和谐共事，一切都精确无误。近年来，一些餐饮企业也开始注重提升服务品质，但是一不小心就容易过度，想要热情服务，却变成了过度打扰，让有些客人叫苦不迭。皆是因为学到了服务的皮毛却没有看到本质。

4. 服务即是表演

"服务业，很难。"已经做了超过40年，杨纪华越来越觉得这一行业就像一场永无止境的心灵修炼，进步成了唯一选择的道路。他非常反对把鼎泰丰仅仅当成一个餐饮企业，他还要把它当成一个文化创意企业，甚至提出了自己的理念"服务即是表演，优质的服务就是一场好看的表演"。杨纪华这个剧场理念来自迪士尼乐园和太阳马戏团的启发。

一本介绍迪士尼服务理念的书《迪士尼的感动魔法：全心待客之道》被杨纪华推荐给所有的公司员工。迪士尼将顾客满意度和员工满意度比喻为自行车的两个轮子，而在鼎泰丰的员工看来，他们与顾客也像一个无限大的双齿轮，当给予更多的友善的互动，正能量会越来越多，双方都会得到更加积极的反馈和互动。

另一个杨纪华学习的对象是太阳马戏团，有一次太阳马戏团在我国台湾演出，杨纪华买了800张票让员工欣赏他们的表演艺术。受此启发，他认为餐厅和马戏团一样，也是一个360°无死角的环形舞台，顾客所在的位子就是观赏区，视线范围内所有的人和物都是"演员"，包括店内装潢、服务人员的姿态和笑容，甚至一个眼神、一个店内盆栽的摆设。

他把制作点心的前厨改造成半开放式厨房（图14-7），顾客隔着玻璃就能欣赏到厨师们如何分工合作，如何制造黄金18褶的小笼包，就如同欣赏一场表演。

图14-7 开放供人观赏的厨房

即便顺便路过的客人，在鼎泰丰也能先看到全透明的开放式厨房，与其说厨师们在做饭，不如说是在进行一项艺术表演，而这也成为海内外客人最爱拍摄的台湾风景之一。当然，鼎泰丰最终的目的是吸引大批顾客主动走进店里。

今天开放式厨房已经越来越普遍，但在十几年前是惊人之举。2014年，杨纪华把台北信义店原来的送餐电梯改变成上方有长方形透明观景窗的不锈钢门板，其角度是经过计算的，送餐电梯内一目了然，旨在让饭菜从制作到上饭桌整个过程都是可观赏的。在店里，服务人员的衣着、走路姿势都有严格标准，要优美且有精神。更夸张的是，擦玻璃也是一种表演。擦玻璃被分解为"由左至右、由上而下、由右到左是逆时针、S形方式擦拭"4个口诀，擦玻璃者从头到尾要保持微笑，动作细腻又优雅，专注而温柔地对待面前的玻璃。

5. 不做一日业绩

鼎泰丰的前身是台北街头的一家卖油小店，即便当时，鼎泰丰也已经有了"品质品牌"的概念。"客人相信我们，才买我们的东西，自己不吃的，绝对不能卖给客人"，这是杨纪华从小听到大的一句话，这或许就是鼎泰丰品牌文化的根。1995年，杨纪华从父亲杨秉义手里接棒鼎泰丰，正式成为鼎泰丰的第二位掌门人。鼎泰丰视品牌如生命，他们像孔雀珍视自己的羽毛一样珍视自己的名声，杨纪华有句口头禅："不做一日业绩。"因为业务很好，很多朋友建议杨纪华开设分店，但是因为没有准备好，反而还会砸了老店招牌，所以开分店的事情一直不在杨纪华的计划之内。直到1996年，日本高岛屋百货总公司想把鼎泰丰引入东京，便派台北事务所所长佐野功太郎来和杨纪华洽谈。感性上，佐野公太郎时不时找杨纪华聊天、打高尔夫球；理性上，佐野公太郎帮杨纪华分析在日本开店的各种好处。最后，杨纪华开出一个条件："让日本员工来台湾总店学习一年，通过考试了就同意"。结果，爱学的日本人真的派了3个员工从头学起，最终，鼎泰丰第一家分店在日本东京成立。这是鼎泰丰跨出中国台湾，走向国际的第一步，奠定了日后成为全球品牌的基础。

但即便如此，杨纪华也坦言说"很怕开店"，每多开一个店就多一份责任，品牌的担子就重了几分。所以从1996年到2016年这20年的时间里，鼎泰丰在全球总共开了127家店，平均一年只开6家。与其他连锁企业相比，实在太慢了。"开店速度不要太快，开店速度不要太快"，这是杨纪华与海外加盟商沟通时强调最多的问题。2013年，这个慢悠悠的企业

第十四章 服务接触

被CNN称为"全球十佳连锁企业。"

6. 员工服务客人，我服务好员工

杨纪华常挂在嘴上的另一句话是："要记得给员工加工资啊，要给员工不停地加工资啊"。员工薪资水平高，是鼎泰丰另一个显著特点。在国内餐饮业，开店通常要守住所谓的一二三原则，店租占营业额的10%、薪资占20%，食材成本则要控制在30%以下，而鼎泰丰的人力成本大概能占到50%。

"年终奖拿20个月"，更是让很多非餐饮企业也望尘莫及。不时地会有会计师提醒杨纪华，人事成本太高了，要控制一下。但是他总是拍拍对方的肩膀说，这是必要投资，省不得。员工不仅待遇高，学习机会也多。在鼎泰丰，员工常有机会出国学习，即使工作不到一年的新人，也一样有机会。

服务做得好，关键在于人。杨纪华早已脱离传统对服务业的界定，不再强调以客为尊的行为，他经营的是服务员工与顾客心灵的事业。给员工准备休息室，请按摩师，买按摩椅，甚至照顾员工的家人。鼎泰丰这种员工即是家人的文化，和餐饮行业其他几家翘楚（海底捞、王品台塑牛排）也是异曲同工。

7. 这个老板不一般

从台北的一家街头小店到今天的跨国连锁企业，杨纪华将成功的原因归结于两点，一个是运气，另一个是员工，唯独没有提自己。但是众所周知，一个企业的成败几乎百分之七八十要取决于领导人本身的胸怀和眼光。杨纪华是一个不太一样的老板。怎么不一样呢？

杨纪华喜欢巡店，但是他每次巡店不像一般的老板，他从来不会问今天的生意好不好，而是问员工今天好不好，花开得如何，空调温度是否合适。而今天来了多少客人，翻台率是多少，他从来不过问。鼎泰丰其实差点关闭，它的老店在台北信义路，那个地段非常繁华，创始人杨秉彝想把门面租出去，这比卖包子更赚钱。但关店的时候，来了一个老兵，老人家一听要关店，立马声泪泣下，说自己以后没地方吃饭了。杨老先生和老夫人才发现包子铺已经不简简单单地是生意了，还关系到很多人的生活。

所以这个店就保留下来了，市民路过渴了，进来喝杯水；累了，也进来休息一下。而且老两口人特别实在，做的包子从来不弄虚作假。鼎泰丰的口碑就是这样建立的，这也成为鼎泰丰文化的根基。杨纪华一开始的志向是多走出去转转，和小笼包毫无关系，可是当父亲把权力全部交到他手上时，他的世界里就无时无刻都是小笼包了。

杨纪华有次在日本餐厅吃饭，发现用的筷子下面是不锈钢，上面是PC树脂。这让杨纪华感到很震惊，因为夹菜处用不锈钢，就不会藏污纳垢；而手握处用PC树脂，就不会像不锈钢那样冰冷。显然这样的筷子要比鼎泰丰店里的筷子好用得多。杨纪华回到台北后立即大量采购这种筷子，但经过他再三触摸后，总感觉触感不够细腻，于是决定自行开发。直到现在鼎泰丰的筷子在客人正式使用之前，都会有专门的人去手工打磨。

舍得在服务的每个细节投入，从杨纪华刚开始接任就有了体现。他接任不久，发现台北信义店送餐都需要爬三层楼，既不安全也没有效率，还会延长送餐时间，丧失食物的最佳享受温度，于是建议专门建立一个送菜电梯。而这个要花费高达50万新台币，在20世纪90年代，这显然是一个很大的投入。杨秉彝坚决反对，可是杨纪华还是坚持自己的观点，甚至负气出走日本，显示自己的决心。最终电梯装上了，在运行的20多年里，这部电梯一直在持续改进，这被认为是鼎泰丰"工业革命"的起点。

刚接任鼎泰丰，杨纪华还做了另外一件大事——产品标准化。杨纪华自己就是一个非常有生活情趣的人，会做蛋炒饭，会做包子，几乎店里的菜品他都会做。突然有一天，原来的老师傅辞职了。全面小能手杨纪华临危上阵，效果还不错。但是他意识到菜品标准化的重要性，不能把菜品的质量全部依赖在具体某个人身上，那样风险太大。

（资料来源：http://www.sohu.com/a/86564612_355014。）

问题：

1. 鼎泰丰是如何在每个与客户接触的地方都如此亲身感受、精雕细琢的？
2. 这种接触点的持续改善，产生了哪些创新？

重点回顾与练习

关键术语

服务接触（Service Encounter）　　　　关键时刻（Moment Of Truth）
服务接触三元组合（Service Encounter Triad）　　授权（Empowerment）
抽象提问（Abstract Questioning）　　　情景小品（Situational Vignette）
角色扮演（Role Playing）　　　　　　　顾客期望（Customer Expectation）
服务失败（Service Failure）　　　　　　合作生产（Coproduction）
满意镜（Satisfaction Duality）　　　　　服务利润链（Service profit chain）
顾客满意（Customer Satisfaction）　　　顾客忠诚（Customer Loyalty）

选择题

1. 下列选项不是服务接触的3个要素的是（　　）。
   A. 服务组织　　　　　　　　　B. 与顾客接触的员工
   C. 服务场景　　　　　　　　　D. 顾客
2. 在自助加油站，顾客不需要和任何人接触，就可以自己完成加油。这是一种（　　）。
   A. 服务组织支配的服务接触　　B. 与顾客接触的员工支配的服务接触
   C. 顾客支配的服务接触　　　　D. 环境的服务接触
3. 医生为患者诊断治疗时，医患之间的关系是（　　）。
   A. 服务组织支配的服务接触　　B. 与顾客接触的员工支配的服务接触
   C. 顾客支配的服务接触　　　　D. 管理者支配的服务接触
4. 下列几种服务模式中，属于服务组织支配的服务接触的是（　　）。
   A. 标准式快餐服务　　　　　　B. 美容美发服务
   C. 自助餐服务　　　　　　　　D. 超市
5. 通过为求职申请者提供特定情况下的问题，要求申请者回答，借此考察申请者的能力及能否站在他人的立场思考问题的思维方式，这种方式是（　　）。
   A. 抽象提问　　B. 是非问题　　C. 情景小品　　D. 角色扮演
6. 要求求职者参与到一个模拟的情景中，面试官可以很好地观察在现实顾客交往中求职者的优点和缺点的最好方法是（　　）。

A．抽象提问　　　B．是非问题　　　C．情景小品　　　D．角色扮演

7．赫斯克特（Heskett）等三人创立了服务利润链理论。在创立之前，他们针对服务业的特点经过调查研究后发现，与服务企业高利润和快速增长更为密切相关的因素是（　　）。

A．员工忠诚度　　B．顾客忠诚度　　C．市场份额　　　D．产品质量

判断题

1．家政服务的服务接触起支配作用的是服务组织。　　　　　　　　　　　（　　）
2．在抽象提问中，面试官所提的问题一般是选择题。　　　　　　　　　　（　　）
3．情景小品方式提供了一个机会来确定求职者是否能够"以他人的立场思考"。
　　　　　　　　　　　　　　　　　　　　　　　　　　　　　　　　　（　　）
4．顾客和服务人员对服务质量的感知往往是背道而驰的。　　　　　　　　（　　）
5．不切实际的顾客期望和未预料到的服务失败出现时，顾客接触人员必须及时处理。
　　　　　　　　　　　　　　　　　　　　　　　　　　　　　　　　　（　　）
6．组织文化能够产生凝聚力，但并不能指导企业员工的决策和行为。　　　（　　）
7．服务价值会影响顾客满意度，顾客满意度会影响顾客忠诚度。　　　　　（　　）

简答题

1．简述服务接触的三元组合。
2．简述5种不合理的顾客期望。
3．简述服务失败的3种情况。
4．简述服务利润链。

第十五章
管理等候线

◎ 本章知识点

1. 排队经济学。
2. 队伍的形成。
3. 梅思特提出的两条服务法则。
4. 排队管理的四个原理。
5. 排队系统的基本特征。

导入案例

让等公交车不再焦虑

大家都有等公交车的经验，公交车迟迟不来，就会让人产生焦虑感。

现在许多地方会采用物联网 M2M（Machine to Machine，机器与机器）的技术来提供智能站牌的服务。智能站牌会标示公交车还有多少时间会进站的信息（见图 15-1）。

图 15-1　智能站牌

M2M 泛指硬件装置间,在不通过或在有限的人机互动下相互进行的数据交换。一个完整的 M2M 系统至少包含四大要素:其一为用以取得感测数据的终端硬件装置,称为 M2M 装置,如车辆上的导航系统、餐厅商家使用的收款机、用于环境感测的传感器等;其二是能接收、过滤、将原始数据转为结构化可处理数据并且储存的 M2M 服务平台,M2M 服务平台通常会再将其作为另一个数据源,提供资料供 M2M 应用服务处理并成为人们实际在使用的服务;其三为连接终端硬件装置与 M2M 平台的通信网络,可为无线或有线,目前由于 4G 网络的发展,以无线网络居多;其四则是由 M2M 平台取得数据并提供实质应用给使用者的 M2M 应用服务。

在交通运输管理上,个人使用者可通过安装 M2M 装置来实现导航、车流监控管理及电子收费等相关应用。若部署在车队管理上,则可以让车队管理者追踪各车辆状况、得知道路车流情况、分析行车速度等,最后将这些信息汇报给司机或总公司以协助管理。

(资料来源:www.gxnews.com.cn)

思考与训练:

这种 M2M 技术有何优缺点?是否还可以再进一步完善?

第一节 等候与排队系统

一、效益

等候在经济上的意义可以用价值活动的成本来考虑,这种价值活动从两方面来衡量。对于公司来说,待料停工是最大的损失,也就是员工(即内部顾客)因为没事可做的等候是非常消耗成本的(薪酬的损失);对于外部顾客来说,等候的成本则是在等候期间放弃了在这段时间里可以做的其他事情。除了经济上的价值损失之外,在心理上,有明确等候的时间却无事可做还会产生无聊感;而没有明确时间的等候会让人产生焦虑。

另外从价值创造的角度来看,过长的等候创造出的是负面的价值。等候也是每个人生活中的一部分,令人难以置信的是,它占用了我们大量的时间。例如,通常在一天中,我们需要花时间等几次红绿灯、等某个人的电话、吃饭时等饭菜上桌、等电梯、在超市排队等候结账等。有多少次,当你开车到食堂吃饭时,看到排着长龙的队伍而决定不在这里用餐,所以,好的等候管理可以减少负面价值所产生的作用。

二、排队系统

排队是等候一个或多个服务台提供服务的一列顾客。但是,排队并不一定是一个服务台前面的一列有形的个体。排队也可能是散布于大学校园内的计算机终端前的学生,或是在手机前等待确认座位的下单者。

在任何一个服务系统中,只要目前的服务需求超过了现有的服务能力,排队就会产生。这是因为服务台都已经被占用,而后到达的顾客不能及时得到服务。因为顾客到达服务台的时间不同,接受服务所需的时间也不同,所以排队是任何服务系统中都不可避免的。

服务台一般被认为是顾客接受服务的独立场所。各种等候状态可以用排队系统来表示。排队系统有各种各样的形式。

（1）批量服务：服务台在同一时间可以服务多个顾客。例如，公共汽车、飞机和电梯这些交通系统都是提供批量服务的。

（2）在线服务：消费者不一定需要到达服务设施的现场，而是享受通过某些信息系统所提供的线上服务，实际上是服务台来到消费者面前。这种排队形式有手机应用程序以及火警、匪警和救护车等城市服务。

（3）阶段性服务：服务可能包括一系列排队或更复杂的排队网络组成的几个阶段。例如，像迪士尼乐园一类的公共游乐场中的幽灵城堡，排队就被分成几个阶段，这样游客可以分批进入城堡游览，并且在等候过程中获得消遣（如首先是在门外的路上排队，然后是在前庭等候，最后才坐上游览车）。

三、排队系统的基本特征

图 15-2 描述了排队系统的基本特征与要素，它们是：①需求群体；②到达过程；③排队结构；④排队规则；⑤服务过程。

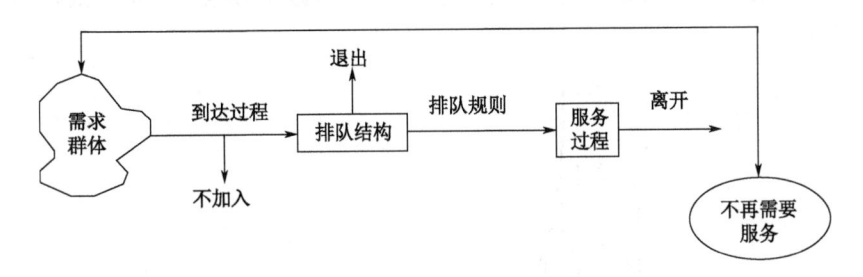

图 15-2 排队系统的基本特征与要素

第一，需求群体是由寻求服务的顾客所构成的。第二，顾客到达率由到达过程来决定。如果服务台正好空闲，顾客就会立即得到服务。第三，如果服务台很繁忙，顾客则需排队等候，而排队有多种不同结构。第四，若等候的队伍很长，或者队伍移动得很慢，一些顾客就可能不加入队伍，转而到其他地方去寻求服务。还有一些已经排在队伍中的顾客，可能感到烦躁不愿继续等候，而从队伍中退出，也就是在接受服务之前离去。而当服务台出现空闲时，就会从等候的队伍中挑选一位顾客进行服务，于是服务又开始了。

这种选取顾客的政策就是排队规则。服务机构可能没有多个服务台，也可能没有服务台（即自我服务），或者包括排成纵列或平行的多个服务台的复杂组合。服务结束之后，顾客离开服务机构。这时，顾客有可能重新加入服务的群体，或者是在今后某一时间再来寻求服务，也可能从此消失，不再回来。

下面将逐一讨论排队系统的这 5 个基本特征。

1. 需求群体

需求群体可以是同质的，也有许多情况是不同质的，它可能包含若干个亚群体。例如，到达一个诊所的患者可以分为未经预约的患者、预约的患者和急诊患者 3 种亚群体。每一类患者提出的服务需求都不同，对于预期的等候时间也有显著差别。急诊患者就会期待到达医院能立刻就诊，所以许多医院都设有急诊室，优先对急诊患者进行诊断。预约患者则会在预约的时间出现，不会等待太长的时间。而没有预约的患者，拥有较充裕的时间，所以可以接受一些等待。这些亚群体之间都是相互独立的，其分类如图 15-3 所示。

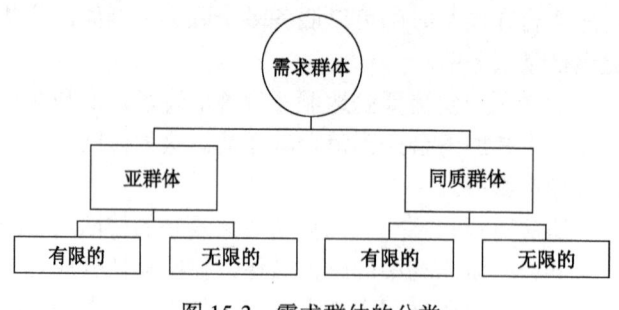

图 15-3　需求群体的分类

2．到达过程

对需求的群体进行分类以后，接着要知道这些群体的到达过程，以将服务需求与服务能力进行搭配。

如图 15-4 所示，要想对服务系统进行分析，首先必须了解服务需求的时间分布和空闲分布，而一般常采用的方法是通过记录实际到达次数来搜集数据的。这些数据将用来计算到达的间隔时间。

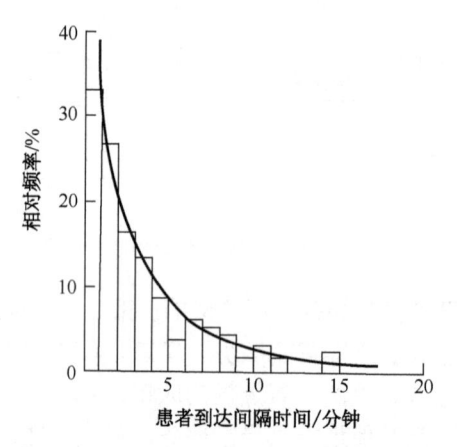

图 15-4　一个大学卫生所的患者到达间隔时间分布

（资料来源：Rising EJ, Baron R, Averil B. A Systems Analysis of a University Health-Service Outpatient Clinic. Operations Rwsearch，1973，21（5）.）

许多实证研究表明，一些快捷服务，诊所到达间隔时间量分布呈现一个典型的指数分布曲线。这种分布曲线，起初的频率很高，到右端则变成一条逐渐变细的长长的尾巴。理论上，指数分布的平均值和标准差是十分接近的，通过这个分布图进行计算可以知道，未来 5 分钟到达下一位患者的概率是 87.6%。另一种分布即泊松分布，它与指数分布有着密切的关系。

除了统计实际到达次数来搜集数据外，还有一种方法是以时间为主轴来统计需求的变化。图 15-5 所示是一天中按小时呼叫救护车的次数，图 15-6 所示是一周中各天到达诊所的患者百分比，图 15-7 所示是一年中各月份搭乘国际航班的乘客数。

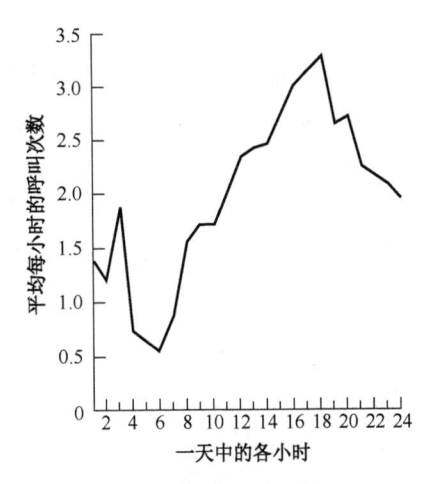

图 15-5　一天中各小时呼叫救护车的次数

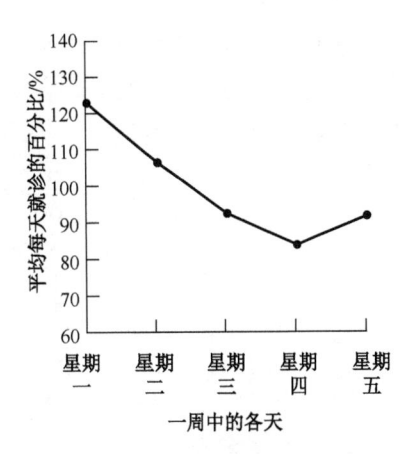

图 15-6　一周中各天到达诊所的患者百分比

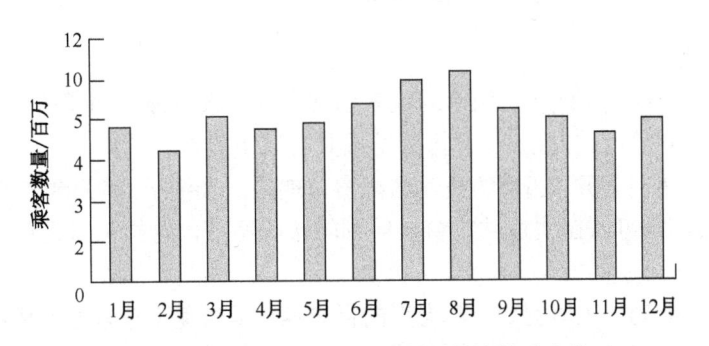

图 15-7　一年中各月份搭乘国际航班的乘客数

如果是服务需求驱动的服务类型（如专业服务），在可能的情况下，应当调整服务能力，使之与服务需求的变化相匹配，有时可以通过提升员工配备来实现。相对的，如果是供给驱动的类型（如服务工厂），则可以要求或奖励顾客预订，从而使服务需求变得比较平缓。例如，许多电话公司使用差别定价的方法，鼓励人们在非高峰时间内打电话，而在非高峰时段打电话可以享有折扣。许多电影院也会在非高峰时段（如晚 6 点之前）的场次实行折扣票价，以缓和瞬间大量需求的冲击。图 15-8 列出了到达过程的分类。

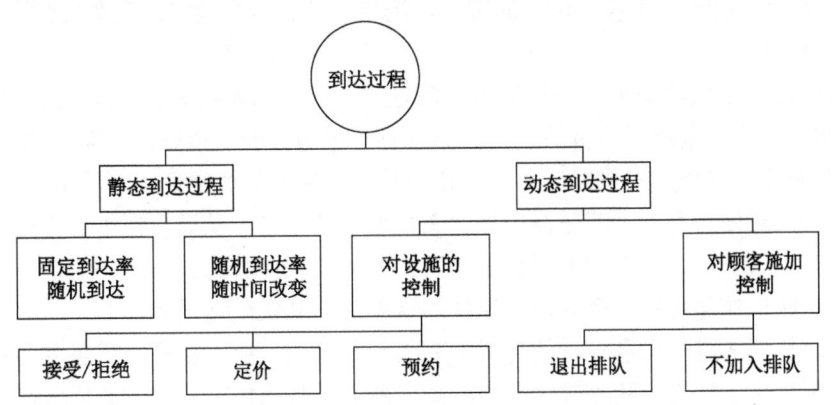

图 15-8　到达过程的分类

3. 排队结构

如果客户进入到排队的队伍当中，这时就要进行排队结构的设计。排队结构是指排队的数量、位置、空间要求及其对顾客行为的影响。图 15-9 列出了在银行、邮局或机场的检票口等设置多个服务台的地方，可供选择的 3 种排队结构。

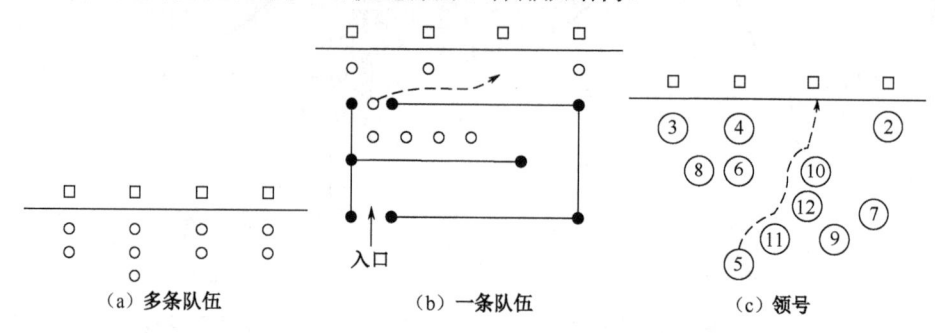

图 15-9　等候区域排队结构的备选方案

（1）多条队伍。

图 15-9（a）中有多条队伍，到达的顾客通常会选择人数最少的那条。有时自己排的队伍移动得较慢，则会进行转换。这种排队结构具有以下优点。

① 移动提供差别服务。超市的快速结账窗口就是一个例子。有些顾客没有购买或是只购买了少量商品，则可以在快速结账窗口得到较快的服务，这样可以避免为了很少的商品而等候很长的时间。

② 可以进行劳动分工。例如，麦当劳的得来速，提供免下车取餐的服务，这时这个窗口就要安排比较有经验的服务人员提供快速的服务。

③ 快速通道。顾客可以选择其偏好的某一特定服务台，如在申请签证的办事机构设有快速服务，给赶急件的顾客服务，但是这个窗口也会因为较快速而有较高的收费。

④ 无限和有限的排队。如果顾客到达时，看到有许多窗口提供服务，便会加入排队。而如果只在一个服务台前排了一条长长的队伍，他们通常会认为要等候很长时间，于是决定不加入队伍而离开。相对的，如果等候场所无法容纳所有需要服务的顾客，一些人就会离去，这种情况称为有限的排队。公共停车场就是一个典型的例子，一旦最后一个车位被占用，停车场就会挂出"车位已满"的牌子，拒绝此后到达的顾客，直到又有空车位为止。

（2）一条队伍。

图 15-9（b）描绘的是另一种常见的排队方式，用红色天鹅绒的缆索连接在铜柱中间，使到达的顾客排成一条蜿蜒曲折的队伍。一旦一个服务台出现空闲，队首的第一位顾客就上前接受服务。这种方式在银行大厅、邮局和游乐场中都很常见。它具有以下优点。

① 这种方式使所有顾客都遵循先到达者先服务的规则，从而保证了公平性。

② 只有一条队伍，所以顾客不会因为看到有人插队而着急。

③ 只在队伍的尾端有一个入口，这使插队和退出队伍变得困难。

④ 与每位顾客进行交易时，他身后没有人紧邻着他，所以提高了服务的私密性。

⑤ 由于缩短了顾客排队等候的平均时间，所以这种安排方式的效率比较高。

（3）领号。

图 15-9（c）显示了另一种不同的单一排队方式，即到达的顾客领取一个号码，标明他在队伍中的位置，这样就无须形成一条正式的队伍。顾客可以自由地四处走动，与人聊天，坐在椅子上休息，或者寻找其他的消遣。但是，这种排队结构有一个缺点就是顾客必须随时看号码以免过号。有些面包店会在面包出炉时巧妙地运用"领号"系统来增加顾客的冲动购物。当顾客领到号码后去浏览那些撩人食欲的糕点时，通常都会多买一些回去，而他们来这里的目的只不过是想要一个新鲜的面包而已。

最后，隐藏等候队伍也有助于减少顾客不加入队伍的现象发生。游乐场通常会将游客等候的时间分成几个阶段。首先是在游乐项目的大门外排队，接下来是进门后在前厅等候，最后才是在发车处等候空的游览车绕园观赏。图 15-10 所示为排队结构的分类。

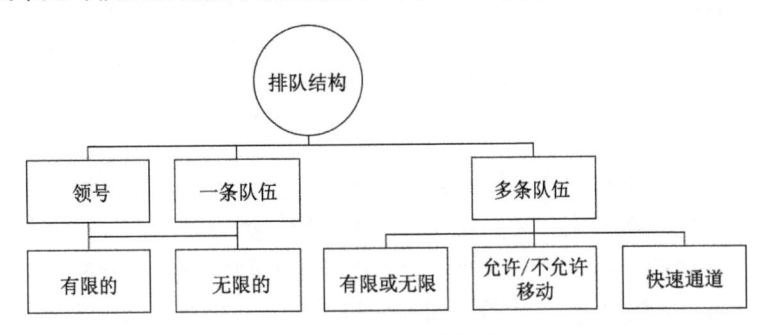

图 15-10 排队结构的分类

4．排队规则

排队规则是由管理者制定的，基本上有静态与动态两种类型。最常用的静态的排队规则就是先到达者先服务（First Come First Served，FCFS）。FCFS 对所有顾客均一视同仁，所以对于排队等候服务的顾客来说是公平的。由于这种方法只根据顾客在队伍中的位置来确定下一位接受服务的顾客，而不受其他信息的影响而改变，因此被视为一种静态的规则。

动态的排队规则则是基于顾客的某些属性（特征）来进行调整的。最短运行时间法则（Shortest Processing Time，SPT）便是一种动态排队规则，它是基于顾客的某些属性（特征）或等待队伍的状况，对运行时间最短的一项给予优先。一般的做法是，先根据某一属性对到达的任务进行优先级别的分类，再在每个优先级别中使用 FCFS 法则。超市的快速结账收银台就是一个很好的例子，只购买 10 件或 10 件以下商品的顾客可以在那里结账。这种方法使大型超市能够对其顾客做进一步细分，从而与那些提供快速服务的便利商店相抗衡。

另一种动态的排队规则是最高优先权法则。它的特征是一项正在进行的服务会被中断，先为刚刚到达的具有最高优先权的客户提供服务。一些银行的大户接待室、理财区就是该法则的具体应用。

排队规则会极大地影响等候中的顾客离开队伍的可能性。所以，服务提供者应该使到达的顾客得到有关预期等候时间的信息，并且使每一位等候的顾客都能获得定期更新的信息。现在，手机或是现场的信息告示系统都可以使用户获知还要等候多长时间的信息。图 15-11 所示为排队规则的分类。

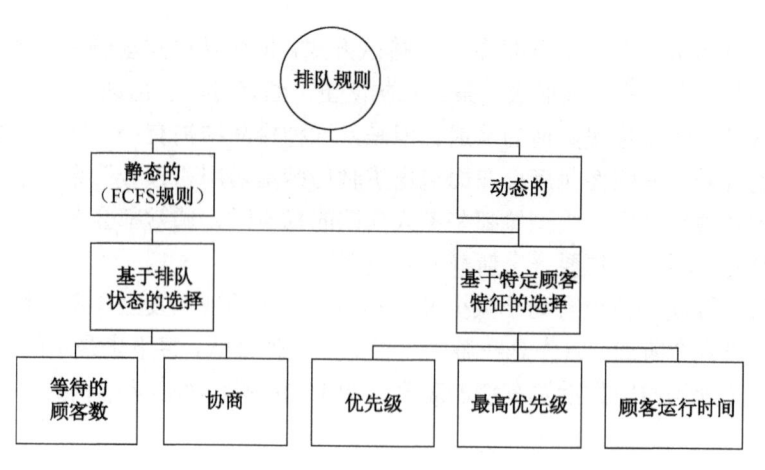

图 15-11　排队规则的分类

5．服务过程

影响服务过程的因素有服务时间的分布、服务台的设置、服务提供者的行为等。

（1）服务时间的分布。服务时间或许是一个常数，如自动清洗一辆汽车的时间，但是服务需求是动态变化的，所以服务时间的分布可能是各种形状的。例如，服务非常简便快捷的行业（如快餐店、超市），其服务时间的分布通常服从指数分布，它时间的分布反映出顾客需求及服务行为的差异。

（2）服务台的设置。可以根据不同的基本假定，来进行服务台的设置。表 15-1 列出了几种不同的服务设施的安排方法。如果是服务工厂，大多采用科技辅助的自我服务台（如停车场）。如果是大量服务，可以采用平行式的服务台（多个服务窗口），管理者可以根据服务需求的差异做出灵活的调整。当服务需求变化时，可以通过打开或关闭服务台来有效地改变服务能力。在银行里，当队伍过长时，就会增开一个出纳员窗口。对员工进行交叉培训也增加了这种灵活性。例如，当超市的结账口排起长队时，一些备货员就会暂时加入到收银员的工作中去。平行式服务台的另一个优点是，它能提供备用服务台以防设备出现故障。如果是服务商店（如超市），则第一阶段为自我服务，第二阶段为平台式服务台。如果是专业服务（如医院），则可以采用纵列式服务台，也可以采用平行式的服务台。

表 15-1　服务设施的安排

服务设施	服务台安排
停车场	自我服务台
自助餐厅	纵列式服务台
收费站	平台式服务台
超市	第一阶段，自我服务，第二阶段，平台式服务台
医院	既有纵列式也有平行式，但并非每位患者都会全部使用

（3）服务提供者的行为。服务提供者对待顾客的行为方式对于组织的成功至关重要。当等候的队伍很长时，它带来的压力会迫使服务提供者加快速度，所以花在每位顾客身上的时间会减少；当服务提供者感受到时间的压力时，服务提供者的态度会从彬彬有礼、从容不迫变得粗俗无礼、有失常态。也就是说，加快服务的压力会提高为顾客服务的速度，然而这是以牺牲质量为代价的。只要一位服务者有这样的压力，他的行为就会为系统中的

其他服务提供者带来不利的影响。在重视质量的情形下，要有充裕的服务设施。

第二节 管理等候的战略

对等候系统有所了解并设计一个无须等候的系统有何重要性？梅思特（Maister）对这个问题提出了两个服务法则。梅思特的第一条法则是关于顾客的期望及其感知的。如果顾客接受的服务比他预期的要好，他就会愉快、满意地离开，并且带来扩散效应（即满意的顾客会向他的朋友说起这次优质的服务）。这种扩散效果是双向的，一次不满意的服务也会因为坏名声而扩散出去。

梅思特的第二条法则是，"很难使球向上滚"。也就是说，第一印象会影响接下来的服务体验，所以，如果一项服务要求它的顾客等候，那么最好使等候的时间成为一段愉快的经历，至少是可以容忍的。下面介绍几种化等候于无形的方式。

1. 消除无聊的感觉

就如同"自然界憎恶真空"一般，没有目标的等待也会让人感觉很难受，而且通常排队的姿势令人感觉很不舒服。无聊的等候让我们感到无能为力，只能任凭服务提供者摆布，而服务提供者似乎并未注意到我们的感受。更糟糕的是，如果等候没有明确的时间，更会让人焦虑或是离开。

所以，服务提供者要以积极的方式来填充等候者等候的时间。要满足这一要求，首先要布置等候场所，光鲜、明亮、舒适的环境能够间接地影响等候者的感受。例如，只需要一些舒适的座位，将墙壁涂上鲜亮的色彩，就能使环境变得令人心情舒畅。又如，将公共汽车站和火车站里那种固定的长椅（这种长椅不利于人们互相交谈）变为欧洲路边可以移动的别致桌椅，再分配咖啡店中的灯光，会更容易使人们凑到一起聊天。如果客户打进电话遇到占线时，可以播放一段音乐录音以填补其等候的时间，同时也可以使人们知道电话还未接通。

除了之前介绍的布置之外，最常见的例子就是在狭小空间中（如电梯旁）安装几面镜子。因为镜子有穿透的效果，所以会减轻等候者封闭压抑的感觉。例如，许多研究发现，当酒店的电梯周围镶嵌着镜子时，对于顾客等候电梯时间过长而产生抱怨的情绪会减少很多。镜子除了有通透的效果之外，等电梯的时候，人们也可以对着镜子检查一下自己的服饰是否得体。

除了等候区的布置之外，也可以将等候区移到其他有趣的地方或是让等候区变得有趣。例如，有一家花园餐厅，将在等候区等候的顾客移到酒吧小坐片刻，这样顾客可以品尝果汁，并会增加餐厅的销售收入。另外，许多餐厅会在等待区放置一台电视机，播放美食节目，除了介绍美食知识之外，顾客看到美食料理的介绍也会产生想要品尝的欲望。

许多诊所会在等候区放置许多娱乐设施，以转移患者等候时的无聊感。例如，可以在等候区放置读物、电视监控器、生活娱乐设施、广告、工艺品、供小孩玩耍的玩具，以及咖啡与小点心。

2. 预先服务

除了通过等候区的布置以转移注意力之外，也可以由服务提供者主动接触顾客，以使顾客感觉已经进入服务的程序。

除了上述与"服务不相关的"转移注意力的方法之外，梅思特也指出服务提供者可以采用"与服务相关的"转移注意力的方法。例如，当餐厅的顾客在排队时就将菜单递给等候的顾客，或者把病历表（和纸杯）递给正在等候的患者，当服务人员与等候中的顾客进行接触之后，顾客就会感受到"服务已经开始了"。一旦顾客开始接受服务，顾客的焦虑程度就会大大降低。事实上，如果顾客感到服务已经开始，那么与服务还没有开始的情况相比，他们通常更能容忍较长的等候时间。

在许多麦当劳餐厅，当排队队伍变长时，后台服务人员就会到队伍中预先进行点餐，当预点餐的人员到达服务柜台时，柜台服务人员就可以为预点餐的客人直接付款取餐。

3．等候信息的回应

在服务开始之前，人们看到前面排着长长的队伍会很焦虑，心中就会产生疑惑，我是不是被遗忘了？你接到我的订单了吗？队伍似乎都没有向前移动，什么时候才会轮到我？如果我去一趟洗手间，会不会在轮到我的时候被错过？这些进入排队后所产生的疑虑，都是影响等候者情绪的最大因素，所以当管理者进入排队状态时，要对排队信息进行回应。

当顾客进入排队状态时，有时只需派一名服务人员前去，使顾客明白你知道他正在等候。在另外一些情况下，如果能够明确告诉顾客他还要等多久，就能够有效地消除他的焦虑，使他相信到某一时刻等候就会结束。

运用指示牌也可以发挥相同的作用。有些游乐场所会依照排队的队伍长度在指示牌上标示还要等待几分钟。如果你前往美国得克萨斯州的阿瑞萨斯港，你会在沿途见到许多指示牌，标明从此处距渡口还需要等几分钟。

4．等候信息的透明

如前所述，不确定的、未做解释的等候会使顾客产生焦虑，有时还会招致顾客的不满。但是，对一位顾客看到后来的人比自己更早接受服务时，不知道会等多久的焦虑就会转为因不公平而引起的愤怒。这时，即使顾客不暴跳如雷，至少也会很生气，而提供服务者则会被当作主谋，成为发泄怒火的对象。

为了避免 FCFS 的排队规则不被破坏，一种简单的办法就是领号。例如，进入服务区的顾客会领到一个号码，然后等候被叫号，而公告栏会随时公布正在接受服务的号码，这样，新到达的顾客就能够得知自己还需要等多久。通过这种等候信息透明的简单方法，管理者可以减轻顾客对于等候长度及可能被不公平对待的担心。另外，当顾客预先知道大约何时会轮到自己时，顾客可以在附近的商店中四处闲逛，这样会激发顾客的"冲动购物"。这种领号的系统虽然保证了公平，但不能完全消除顾客的担心，因为一不小心顾客就有可能错过自己的号码。

借助现代信息科技，领号也可以不用担心错过号码了。例如，鲜芋先会在顾客点完餐后给顾客一支寻呼机，当轮到顾客取餐时，寻呼机就会响起，再来取餐即可。

5．客户分群等候

可以对不同的服务使用者进行分群，有些服务使用者不赶时间，对于等候并不在意；相对的，有些服务使用者赶时间或是遇到紧急状况要优先处理，他们愿意花更多的钱提早进入服务，所以可以用比较高的收费为这些服务使用者提供快速服务。

治安服务就是一个例子，当警员接到有人报案说"邻居家有一条烦人的狗"与突然接到举报说"正发生一起抢劫案"，这时很显然要以处理抢劫案为优先。另外，拉斯维加斯酒店为富豪们提供快速登记柜台，机场设有一等舱乘客的检票口，这些都是为特殊群体所设计的快速服务。

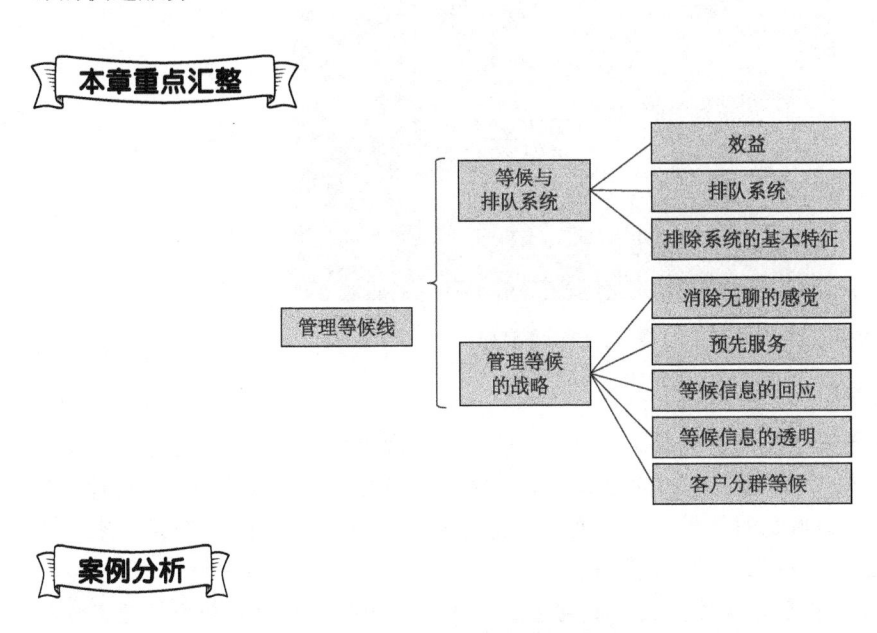

本章重点汇整

```
                    ┌─ 等候与    ┬─ 效益
                    │   排队系统  ├─ 排队系统
                    │             └─ 排除系统的基本特征
管理等候线 ─────────┤
                    │             ┌─ 消除无聊的感觉
                    │             ├─ 预先服务
                    └─ 管理等候  ─┼─ 等候信息的回应
                        的战略    ├─ 等候信息的透明
                                  └─ 客户分群等候
```

案例分析

让等候变为享受

在2013年的暑假，我参加了上海的文化交流营。在自由活动时间中，询问了与我们交流的复旦大学的学生，请他们列举一些当地的热门餐厅，可以让我们有一个好的聚餐场所。当时复旦大学的学生们异口同声地说出"海底捞"我们惊讶地问："很好吃吗？"他们却说，口味还行，但更好的是他们有"让你无法抵挡的服务"。

1. 不同时段的有趣，解决不同时段的痛处

在上海的用餐经验后，回到台湾去了一次海底捞（门店图片见图15-12），这次的经验则让我体验到更多他们所说的"无法抵挡的服务"。在服务过程中，海底捞细心地分成用餐前、中、后3个阶段，不同的时间，顾客的烦恼不一样，自然需求就不同。餐前排队一直都是让顾客烦恼的事情，海底捞为了解决顾客这种烦恼，开发了一系列游戏，让顾客打发无聊的等待时间；顾客还可以玩游戏兑换优惠券，享受福利；在用餐期间顾客还可以打印照片来纪念这次用餐。

能使海底捞的客源源源不断的是他们将餐前的"有趣等候"延长到餐后的时间。海底捞回馈顾客的优惠之一是可以登记"光疗指甲"在个人的海底捞账户里，顾客可以选择在其他时间来享用服务；此外，海底捞还将自媒体的论坛变成一个小区的概念，让"海粉"除了交流用餐经验外，还可以给海底捞用餐提出建议。成功的建议当然也是会有奖励的。

另外，海底捞善用顾客的账户信息，自动帮顾客分等级，帮顾客升级服务；除了服务外，更可以用大数据分析顾客的信息，建立顾客的口袋菜单、热门菜单排行榜，让不会点菜的、或是想继续回味上次菜单的顾客，都有很方便的方法。总结来说，海底捞善用科技

解决了排队傻等的痛点，也解决了顾客不会点菜的烦恼；在此之外，餐饮企业都希望给顾客超出期望的服务，以上无论是哪个阶段的需求，海底捞都达成了"好还要更好"的标准。

图 15-12　海底捞

2. 从一锅的火锅，到一套的服务

海底捞在2015年成立了海海科技，它的前身就是海底捞的信息部，因为有丰富的设计"等候服务"经验，它便开始帮其他同为餐饮业或是商场类型的中小型服务企业，设计"等候游戏"。也因为自家的信息系统做得有声有色，海海科技就转变成一个"顾问"，来帮其他公司设计等候服务，以黏住"滑世代"的顾客。

除了前台服务外，在后台经营上，海底捞也自有一套方法。海底捞起初为了把关食品安全，所以将食材集中起来，成立了蜀海物流，作为其供应链的配置中心，却意外地也帮其他公司代工鲜食便当，如7-11。另外，在2008年时，北京残奥会也指定蜀海物流作为它们的配置中心。

这样的转变，不仅包括前台的服务，也包括后台的服务，它们都从一个成功的实体店面展示，转成一个设计服务的顾问角色。关于海底捞的未来，或许它们也能像诚品一样，将自己一套的服务与经营，重新打包做技术输出。

3. 打动人心的服务

当所有媒体都相继报道海底捞的"肉麻式服务"时，或许有些台湾人在用餐过后会认为这些报导太夸大其词了，不过不能否认的是，海底捞的服务，是在试图揣测顾客用餐过程中的心态。

曾经有位网友说，他觉得海底捞的服务员"有毒"，因为他独自一人到海底捞用餐，没想到海底捞的服务员竟然默默放了一只玩偶在他的对面，服务员笑笑说："有它陪您，这样您就不会孤单。"当他们已经开始对顾客的用餐心情做无微不至的服务时，台湾引以为傲的服务精神就该开始战战兢兢了，因为后方的对手来势汹汹呀！

（资料来源：http://reswithoutnumbers.blogspot.jp/.）

问题：

1. 海底捞是如何用玩解决等候时的无聊的？
2. 顾客在用餐时会有何不同的体验？

重点回顾与练习

关键术语

排队管理（Managing Waiting Lines）　　排队系统（Queuing Systems）
需求群体（Calling Population）　　到达过程（Arrival Process）
排队结构（Queue Configuration）　　排队规则（Queue Discipline）
服务过程（Service Process）　　退出（Reneging）
指数分布（Exponential Distribution）
先到者先服务（First Come First Served，FCFS）
最短运行时间（Shortest Processing Time，SPT）

选择题

1. 梅斯特认为"对于顾客来说，感知到的等候通常比实际的等候时间更重要"。这句话的意思是（　　）。
    A．管理好顾客实际等候时间更重要
    B．管理好顾客心理等候时间更重要
    C．管理好顾客心理等候时间与管理好顾客实际等候时间同等重要
    D．管理好顾客心理等候时间就可以减少顾客实际等候时间

2. 当民警正在处理因狗骚扰而产生的民事纠纷的时候，突然接到了紧急拦截杀人犯的命令，那么民警一定是先去执行拦截杀人犯的任务，回头再来处理民事纠纷。这属于（　　）排队规则。
    A．后来先服务　　　　　　　　B．最短服务时间
    C．最高优先级　　　　　　　　D．最大盈利顾客优先

3. 工商银行为理财金卡提供优先服务，属于（　　）排队规则。
    A．预约优先　　B．最短服务时间　　C．紧急优先　　D．最大优先

4. 下列关于多条队伍排队结构优点的说法，不正确的是（　　）。
    A．遵循了先到者先服务的规则，保证了公平性
    B．可以提供差别服务
    C．顾客可以选择其偏好的某一特定服务台
    D．有助于减少不加入队伍的现象

5. 下列关于排队的说法，错误的是（　　）。
    A．如果顾客达到时，所有的服务能力都已被占用，顾客就需要排队等候
    B．排队一定是一个服务台前面的一列有形的个体
    C．服务可能包括一系列排队
    D．不确定的、未做解释的等候会使顾客产生焦虑，有时还会招致顾客的不满

6. 一旦柜台前排起长队，一位服务生就会到队伍中来，请等候的顾客点餐。这样做的主要目的是（　　）。
    A．隐藏等候队伍　　　　　　　B．避免其他顾客插队
    C．缩短顾客排队时间　　　　　D．避免顾客退出队伍

判断题

1．人们排队时如果无所事事会感觉时间过得飞快。（　）
2．等候能够破坏一次实际上十分完美的服务过程。（　）
3．需求群体（寻求服务的顾客）不一定是同质的，可能包含若干个亚群体。
（　）
4．超市的快速结账收银台是先到达者先服务（FCFS）规则的一个很好的例子。
（　）
5．那些希望向重要顾客提供更快服务的公司，最好不要当着一般顾客的面这样做。
（　）
6．通过领号的方法，管理者可以减轻顾客对于等候过长及可能被不公平对待的担心。
（　）

简答题

1．简述等候经济学的含义。
2．顾客等候时的心理表现有哪些？
3．简述排队系统的基本特征。
4．简述排队结构的主要类型及各自的优点。
5．简述排队规则的分类。

第六篇

生活融入与售后服务

第十六章
服务质量与控制

◎ **本章知识点**

1. 服务质量五小维度。
2. 如何使用服务质量差距模型诊断服务企业的质量问题。
3. 如何运用 Poka-Yoke 方法。
4. 如何构建"质量屋"作为质量机能展开项目中的一部分。
5. 服务补救的概念及框架。

导入案例

客人的体态语言，超值服务的信息

某饭店午餐时间，一位客人招呼服务员："小姐，请给我倒一杯白开水好吗？"服务员微笑回答："好的，请稍等，这就给您送过来。"服务员迅速为客人送到餐桌上，这位客人看到自己要的白开水，从口袋里拿出一包药，摸了摸水杯，皱了皱眉头。服务员发现客人的细微动作后，立即主动询问客人："给您的杯里加些冰块降温好吗？"客人立即高兴地说："好的，太谢谢了。"服务员很快给客人拿来冰块放入杯中，水温立即降下来了，客人及时吃了药。客人临走时，写了表扬信，对这位服务员的服务表示感谢。

思考与训练：

好的服务质量源于哪里？

价值共创的4个要素（DART）包括经常对话互动、获取体验（使用价值）、降低消费风险、透明（共同决定），而价值共创的历程就像化学变化，要互动才容易产生灵感的火花，开创原先未能预料的新价值。因此，这个共创的火花取决于双方互动的质与量，即互动的"频率"与互动的"品质"。因此，本章专注于价值共创的质量，首先介绍（静态的）品质的理论（下一章介绍动态连续的品质理论），再介绍如何衡量并提高服务质量，最后介绍当服务失败之后，要如何启动服务补救。

第一节　质量方法

一、质量成本

美国的公司在 20 世纪 80～90 年代就已经知道，不重诚信的服务和有缺陷的产品都会付出惨重的代价。例如，三鹿奶粉事件是中国的一起食品安全事件。事件起因是很多食用三鹿集团生产的奶粉的婴儿被发现患有肾结石，随后在其奶粉中被发现化工原料三聚氰胺。据公布的数字显示，截至 2008 年 9 月 21 日，因食用婴幼儿奶粉而接受门诊治疗咨询且已康复的婴幼儿累计达 39965 人，正在住院的有 12892 人，此前已治愈出院的有 1579 人，死亡 4 人。中国国家量监督检验总局（以下简称国家质检总局）公布对国内的乳制品厂家生产的婴幼儿奶粉的三聚氰胺检验报告后，事件迅速恶化，多个厂家的奶粉都检测出三聚氰胺。2008 年 9 月，温家宝出席联合国有关会议时语气沉重地说："最近我们发生了一起婴幼儿奶粉的公共卫生事件，给消费者特别是婴幼儿的健康状况带来了极大危害，也造成了严重的社会影响，作为政府负责人，我感到十分痛心。"他同时强调："我认为，更重要的是从这场事件中吸取教训"。其他因为质量不好而导致公司破产关闭的例子不胜其数，质量不佳造成的高额成本该如何计算？

质量专家约瑟夫·M.朱兰（Joseph M. Juran）曾倡导建立质量成本会计系统，使高层经理认识到强调质量的必要性。他发现有 4 类质量成本：内部失败成本（在装运前发现的缺陷）、外部失败成本（装运后发现的缺陷）、检查成本（对购买的原料的检查和在生产过程中的检查）、预防成本（在第一地点阻止缺陷发生）。朱兰发现，在大多数制造企业中，内部及外部失败成本占总质量成本的 50%～80%。因此，为使总质量成本最少，他倡导应更多地关注预防。在预防上投入 1 美元，可以减少 100 美元的检查成本和 10000 美元的失败成本。

在表 16-1 中，我们将朱兰的质量成本系统用于银行服务中。在预防成本一行，招聘和选择服务人员被视为避免质量不良的方法。识别人们的态度和人际技巧，有利于招聘到具有先天直觉的人，这种直觉对更好地为顾客服务是必要的。

表 16-1　服务质量成本

成本项	定义	以银行为例
预防成本	与避免失败发生或检查成本最低化有关的活动和工作的费用	质量计划 招聘和选择 培训项目 质量改进计划
检查成本	检查服务状况，确定是否符合质量标准所发生的费用	定期检查 过程控制 检查、平衡、证实 搜集质量数据

续表

成本项	定义	以银行为例
内部失败成本	在交付前改正不符合标准的工作所发生的费用	废弃的表格和报告 返工 机器停机时间
外部失败成本	在交付后改正不符合标准工作所发生的费用或未满足顾客的特殊需要而发生的费用	利息的惩罚和赔付 调查时间 法律的评判 反面的口碑 未来业务损失

（资料来源：Zimbler CA.The Banking Industry：Quality Costs and Improvement. Quality Progress，1983：116-20.）

检查包括在检查成本一行中。但是，它通常只在后台的服务活动中执行。因为对顾客而言，服务是一种过程的经历，所以任何失败都会成为顾客向他人诉说的故事。服务经理必须认识到，不满意的顾客不仅会转向他处，还会向他人诉说他们不愉快的经历，这会造成未来业务的严重损失。

二、田口方法：好质量源于好设计

田口方法是一种低成本、高效益的质量优化工程方法，它强调产品质量的提高不是通过检验，而是通过设计实现的。田口方法是日本田口玄一博士创立的，其核心内容被日本视为"国宝"。日本和欧美等发达国家和地区，尽管拥有先进的设备和优质原材料，仍然严把质量关，应用田口方法创造出了许多世界知名品牌。

随着市场竞争的日趋激烈，企业只有牢牢把握市场需求，用较短的时间开发出低成本、高质量的产品，才能在竞争中立于不败之地。在众多的产品开发方法中，田口方法不失为提高产品质量，促进技术创新，增强企业竞争力的理想方法。

田口方法的目的在于，使所设计的产品质量稳定、波动性小，使生产过程对各种噪声不敏感。在产品设计过程中，利用质量、成本、效益的函数关系，在低成本的条件下开发出高质量的产品。田口方法认为，产品开发的效益可用企业内部效益和社会损失来衡量。企业内部效益体现在功能相同条件下的低成本，社会效益则以产品进入消费领域后给人们带来的影响作为衡量指标。假如由于一个产品功能波动偏离了理想目标，给社会带来了损失，我们就认为它的稳健性设计不好，而田口式的稳健性设计恰能在降低成本、减少产品波动上发挥作用。

田口方法的基本思想是把产品的稳健性设计到产品和制造过程中，通过控制源头质量来抵御大量的下游生产或顾客使用中的噪声或不可控因素的干扰，这些因素包括环境湿度、材料老化、制造误差、零件间的波动等。田口方法不仅提倡充分利用廉价的组件来设计和制造出高质量的产品，而且使用先进的试验技术来降低设计试验费用，这也正是田口方法对传统思想的革命性改变，为企业增加效益指出了一个新方向。

与传统的质量定义不同，田口玄一博士将产品的质量定义为：产品出厂后避免对社会造成损失的特性，可用"质量损失"来对产品质量进行定量描述。质量损失是指产品出厂后"给社会带来的损失"，包括直接损失（如空气污染、噪声污染等）和间接损失（如顾客对产品的不满意，以及由此导致的市场损失、销售损失等）。质量特性值偏离目标值越大，损失越大，即质量越差，反之，质量就越好。对待偏差问题，传统的方法是通过产品检测剔除超差部分或严格控制材料、工艺以缩小偏差。这些方法一方面很不经济，另一方面在技术上也难以实现。田口方法通过调整设计参数，使产品的功能、性能对偏差的起因不敏感，以提高产品自身的抗干扰能力。为了定量描述产品质量损失，田口提出了"质量损失函数"的概念，并以信噪比来衡量设计参数的稳健程度。

由此可见，田口方法是一种聚焦于最小化过程变异或使产品、过程对环境变异最不敏感的实验设计方法，是一种能设计出环境多变条件下能够稳健和优化操作的高效方法。田口方法的实施步骤可分为下列10项。

（1）选定质量特性。
（2）判定质量特性的理想机能。
（3）列出所有影响此质量特性的因子。
（4）定出信号因子的水平。
（5）定出控制因子的水平。
（6）定出干扰因子的水平，若有必要，进行干扰实验。
（7）选定适当的直交表，并安排完整的实验计划。
（8）执行实验，记录实验数据。
（9）资料分析。
（10）确认实验。

三、Poka-Yoke：过程防呆

除了在设计时将低成本高质量的元素融入产品当中之外，另外一个质量影响因素是在生产过程中产生的。波卡纠偏或防呆（Poka-Yoke）是一种防呆与纠偏方法，通过预先设想的措施，防止不可避免之错误的出现。防呆是一个源自日本围棋与将棋的术语，后来运用在工业管理上，基本概念应用在日本丰田汽车的生产方式，由新乡重夫提出，之后随着工业质量管理的推展传播至全世界。

许多事情一旦作业量增加，事务变得繁忙，超过一般人可以正常注意并应变的情况下就会发生错误，甚至发生危险造成生命财产的损失。为了预防错误与危险，可将防呆机制应用于相关的任何事情，包括职场的机械操作、一般生活的产品使用，甚至文字处理。让具备专业知识及充足经验的人，甚至外行人都能轻松地操作同时不会出错与步入险境。有些情形可以通过警告装置提醒操作者做必要的处理，实时矫正，避免损失。

防呆措施设计的原则与范例如下。①断根：将发生错误的原因排除，如删除重要档案时要输入密码，这样可以防止误删。②保险：共同或依序执行两个以上的动作完成工作，如使用两把钥匙开保险箱。③自动：运用各种物理学（如光学、电学、力学）、化学与机械结构学原理自动化执行或不执行，如水塔的浮球上升至一定高度自动切断给水。实际的应用除了浮力外还有称重装置、光线感应、定时器、单向装置、保险丝、温度计、压力计、计数器等。④相符：利用形状、数学公式、发音、数量检测，如连接线接头及账号检查号码。常见的如计算机是普遍却又复杂的装置，相关零组件大都有形状相符的防呆设计，如内存模块上的凹洞只有唯一正确的方向安装才能插入，如图16-1所示。⑤顺序：将流程编

号依序执行，如模型制作的操作说明书以编号表示零件类别及组合程序。⑥隔离：通过区域分隔保护某些区域，避免危险或错误，常见的如将药品置放于高处以免儿童误食；将一些重要的按钮加上保护盖以避免误触。⑦复制：利用复制来方便核对，如统一发票的复写打印、刷信用卡的拓印及命令复诵核对。⑧标示：运用线条粗细、形状或颜色区别以方便识别，如用粗线框表示填写位置，虚线表示剪下位置，红色表示紧急，绿色表示通行等。⑨警告：将不正常的情形通过颜色、灯光、声音警告，实时修正错误，如油表、各种警告灯及声音。⑩缓和：利用各种方法减免错误发生的伤害，如缓冲包装隔层、座位安全带、防坠安全带、安全帽。

图 16-1　计算机内存模块的防呆凹洞设计

以麦当劳为例，防呆在服务流程中的运用包括以下几项：①食材的烹调每一次只允许最佳数量的处理；②使用可一次精确取量的器具；③清楚设计的贮存空间；④不同产品的包装标识单一、清楚；⑤设施内外均充分安置大型垃圾桶以维持清洁；⑥细心的整体设计及设施规划，每件事物均整合到整个操作系统中。

通过有形的设计来控制员工和顾客的判断力是一种重要的避免错误的工作方式。通过防呆的设计，可以减少人为的干预（如用一套考核标准来强制要求员工重视质量）。通过服务的防呆设计可以在没有丝毫强迫的暗示下规范服务人员与顾客的服务行动。

四、客户参与的质量设计

质量屋（the House of Quality）是由美国学者 J.R.豪泽（J.R.Hauser）与 D.克劳辛（D.C1ausing）于 1988 年提出。质量屋是质量功能配置（Quality Function Deployment，QFD）的核心。

质量屋是一种确定顾客需求和相应产品或服务性能之间联系的图示方法。

质量屋一直是产品开发中连接用户需求与产品属性的经典工具。例如，一家服务提供者要开发相机，从市场研究中得到了用户对产品的若干需求，如质量轻、使用方便、可靠、容易拿稳等。通过市场人员与设计人员共同工作，确定实现不同需求可行的方式，并同时排除了一些目前技术无法实现的需求。一个完整的质量屋，还包括竞争对手表现、技术指标之间的关系、技术指标重要性得分等信息。

以用户为中心的产品开发，建立在运用专业研究技术探求消费者心灵深处需求的基础上。这种需求是高度聚焦的，是一定时期内产品需要的原始驱动力。如果说研究用户的消费需求是对飘散的心灵电波的捕捉，那么建立营销语言和设计语言之间有效的对接，才能破译消费者心灵深处的密码，从而最终使需求信息在产品开发中发挥真正的作用。

质量屋是一种直观的矩阵框架表达形式，是 QFD 方法的工具。建立质量屋的基本框架，输入信息，通过分析评价得到输出信息，从而实现一种需求转换。通常的质量屋如图 16-2 所示，其由以下几个广义矩阵部分组成：WHATS 矩阵，表示需求什么；HOWS 矩阵，表示针对需求怎样去做；相关关系矩阵，表示 WHATS 项的相关关系；HOWS 的相互关系矩阵，表示 HOWS 阵内各项目的关联关系；评价矩阵，表示 HOWS 项的组织度或技术成本评价情况；竞争性或可竞争力或可行性分析比较。质量屋建立完成后，通过定性和定量分析得到输出项——HOWS 项，即完成了"需求什么"到"怎样去做"的转换。

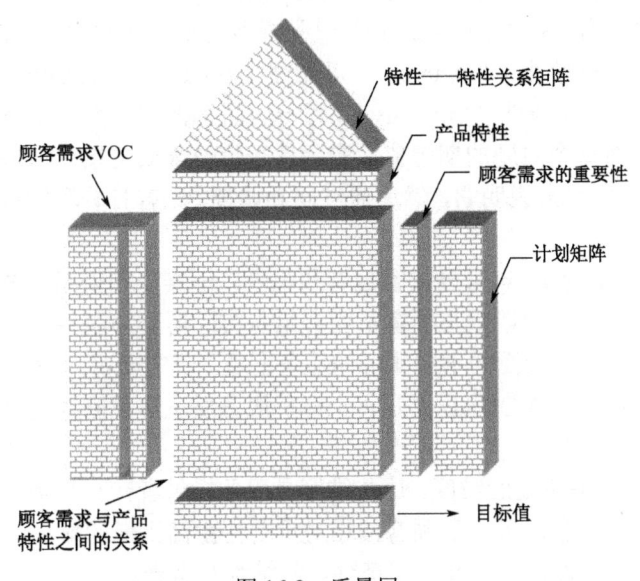

图 16-2 质量屋

第二节 服务传递系统

在价值共创的范式中，好的服务质量是与用户共同设计出来的，除了服务开始前的设计外，售后的再设计也是好质量的来源。通过价值共创传递系统传递出有质量的体验，然后将体验融入用户的生活中而成为一种生活习惯，这种模式就是尼尔·埃亚尔（Nir Eycll）所提出的"上瘾（hook）"概念。尼尔·埃亚尔发现，好的服务能融入用户的生活，并且变成一种习惯。而要将好产品融入生活，可以通过 4 个步骤让用户养成使用产品的习惯：①通过共建吸引用户的注意力；②刺激用户行动；③在用户行动之后，不断给用户奖励，让用户在使用产品之余也能拥有额外的获得感；④使用户在使用产品的过程中不断投入时间和精力，增加用户和产品的黏合度，促使用户对产品"上瘾"。要传递价值，服务价值传递系统的质量就十分重要。

一、服务传递系统的质量

（一）服务质量量表

对服务提供者而言，质量评估是在服务传递过程中进行的。每一次与顾客接触都是一个使顾客满意或者不满意的机会。SERVQUAL 为英文"Service Quality"（服务质量）的缩写，该词最早出现在 1988 年由美国市场营销学家帕拉休拉曼（Parasuraman）、泽丝曼尔（Zeithaml）和白瑞（Berry）三人合著的一篇名目为《SERVQUAL：一种多变量的顾客感知的服务质量度量方法》的文章中。

SERVQUAL 理论是依据全面质量管理（Total Quality Management，TQM）理论在服务行业中提出的一种新的服务质量评价体系，其理论核心是"服务质量差距模型"，即服务质量取决于用户所感知的服务水平与用户所期望的服务水平之间的差别程度（因此又称期望一感知模型），用户的期望是开展优质服务的先决条件，提供优质服务的关键就是要超过用户的期望值。其模型为：SERVQUAL 分数=实际感受分数－期望分数。SERVQUAL 将服务质量分为 5 个层面：有形性（Tangibles）、可靠性（Reliability）、回应性（Responsiveness）、保证性（Assurance）、移情性（Empathy），每一层面又被细分为若干个问题，通过调查问卷的方式，让用户对每个问题的期望值、实际感受值及最低可接受值进行评分，并由其确立相关的 22 个具体因素来说明它，然后通过问卷调查、顾客打分和综合计算得出服务质量的分数。

SERVQUAL 模型近 10 年来已被管理者和学者广泛接受和采用。该模型以差别理论为基础，即顾客对服务质量的期望与顾客从服务组织实际得到的服务之间的差别。该模型分别用 5 个尺度评价顾客所接受的不同服务的服务质量。研究表明，SERVQUAL 适用于测量信息系统的服务质量，SERVQUAL 也是一个评价服务质量和用来决定提高服务质量行动的有效工具。

图 16-3 给出了服务质量的维度。这些维度是服务提供者在对几类不同的服务进行充分研究后所识别出来的。它们确定了顾客按相对重要性由高到低的排序、用来判断服务质量的 5 个基本层面（可靠性、回应性、保证性、移情性和有形性）。

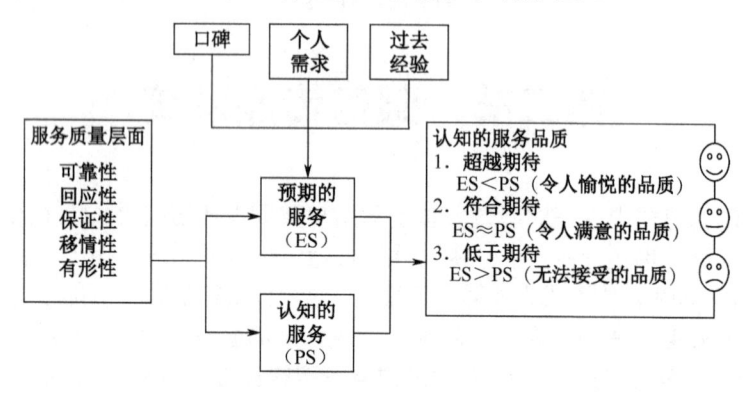

图 16-3 服务质量的维度

（资料来源：Parasuraman A, Zeithaml VA, Berry LL. A Conceptual Model of Service Quality and Its Implocations for Future Research.Journal of Marketing，1985，49：48.）

可靠性是可靠、准确地履行服务承诺的能力。可靠的服务行动是顾客所希望的，它意味着服务以购买时承诺的方式、无差错地按时完成。举例来说，搭乘飞机时，每个人都期望飞机会按预定的时间起飞。

回应性是指对顾客的愿望进行回应。例如，每个顾客都希望不要等待，所以服务提供者应该设计一个不需等待的流程；而如果不回应这个需求让顾客等待，特别是无原因的等待，就会对质量感知造成不良的影响。

保证性是指员工所具有的知识、礼节及表达出自信与可信的能力。保证性会使员工是值得信赖的；在从事交易时，顾客会感到放心；员工是礼貌的；员工可以从公司得到适当的支持，以提供更好的服务。

移情性是设身处地地为顾客着想和对顾客给予特别个人化的关注。移情性有下列特点：接近顾客的能力、敏感性和努力地理解顾客需求。例如，登机口的服务员为误机的顾客着想并努力找出解决问题的方法。

有形性包括实际设施、设备及服务人员等。主要包括有现代化的服务设施、服务设施具有吸引力、员工有整洁的服装和外套、公司的设施与其提供的服务相匹配。

顾客实际进入服务流程之后将会以实际感知的和预期的服务相比较，最终形成自己对服务质量的判断。期望与感知之间的差距是服务质量的量度。顾客对服务质量的满意可以定义为：对接受的服务的感知与对服务的期望相比较，当感知超出期望时，服务被认为具有特别质量；当没有达到期望时，服务是不可接受的；当期望与感知一致时，质量是令人满意的。如图16-3所示，服务期望受到口碑、个人需要和过去经历的影响。

（二）服务质量测量

测量服务期望与服务感知之间的差距要通过顾客反馈来完成，而顾客的反馈经常以问卷的方式进行。问卷的设计则是从进入服务程序开始到离开的整个过程进行落差的评量，而服务质量的5个层面也包含在整个服务流程当中。通过利用李克特量表，记录顾客的满意与不满意的水平。图16-4和图16-5是赫尔辛基艺术设计博物馆对来参访的顾客所进行服务落差的调研。服务提供者（管理阶层、员工）当初对服务设计的评估与顾客体验后的落差可以从图中看出。比较一致的是"没有花太长时间排队买票""参观各个展览时有足够的空间"这些方面。落差比较大的方面如"有导览服务""展览品有足够的信息""可以轻易地通过工作人员获得额外信息"等。

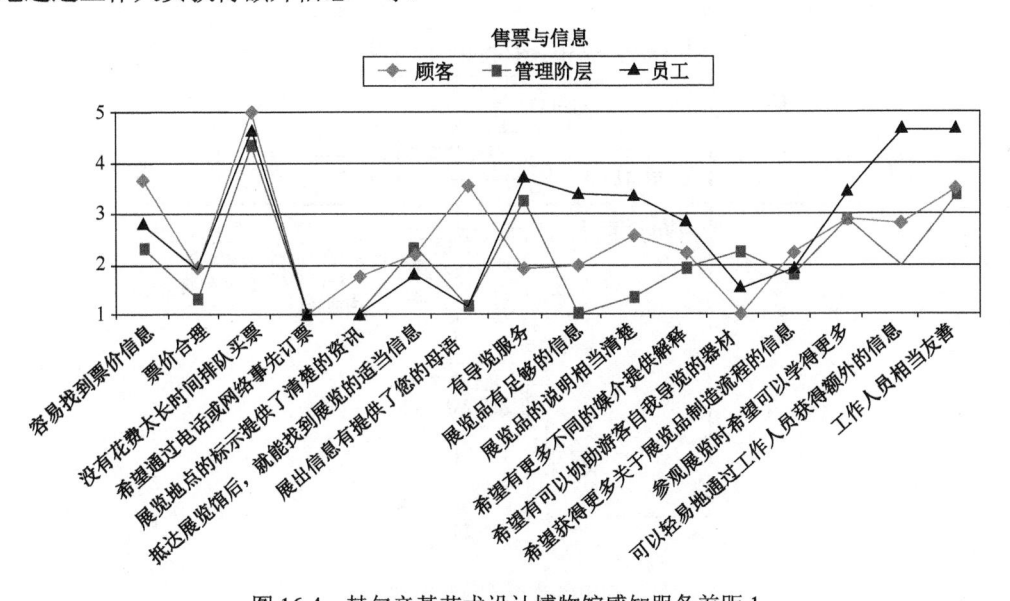

图16-4 赫尔辛基艺术设计博物馆感知服务差距1

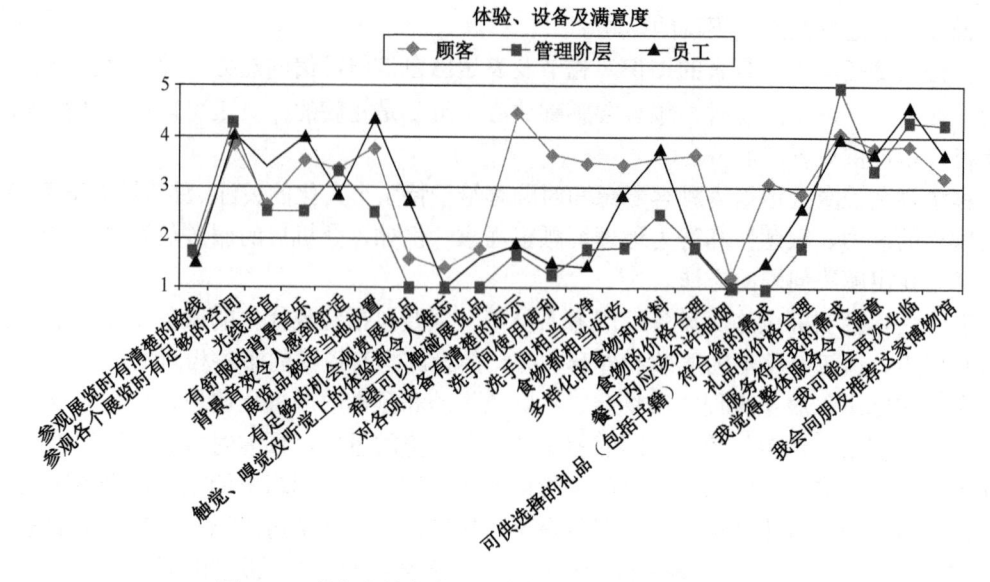

图 16-5　赫尔辛基艺术设计博物馆顾客感知服务差距 2

二、服务质量缺口的完善

（一）服务质量缺口

通过这种感知落差的分析，可以依照落差的优先顺序进行排列，然后找出每个感知服务落差的项目相对应的服务质量缺口。帕拉休拉曼、泽丝曼尔及百瑞（1985）提出的服务质量缺口模型主要分为以下 5 种缺口，如图 16-6 所示。

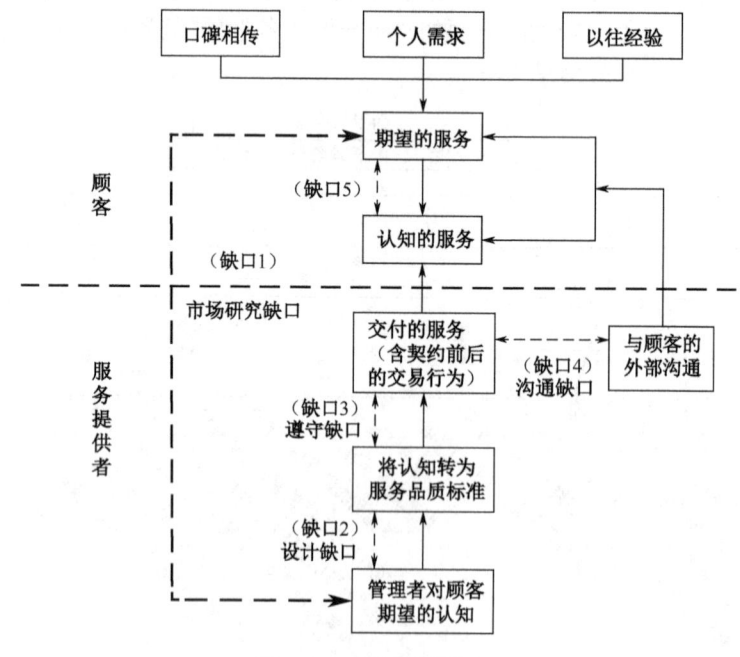

图 16-6　服务质量缺口

（资料来源：Parasurman A, Zeithaml VA, Berry LL. A Conceptual Model of Service Quality and Its Implications for Future Research. Journal of Marketing, 1985, 49: 41-50.）

1. 缺口一：顾客知识的缺口

顾客知识的缺口即服务提供者未能真正了解顾客对服务品质的期望。原因如下。

（1）服务提供者从市场研究中得到错误的信息。

（2）服务提供者对顾客的期望没有正确的认知与解释。

（3）服务提供者在市场区隔定位上的不准确，使得非其市场的顾客大量进入。

（4）服务提供者的组织层级太多，造成顾客需求在传递过程中产生信息扭曲。

（5）服务提供者急于推出新的服务项目，而未能事前做好详尽的需求分析。

2. 缺口二：质量规格的缺口

质量规格的缺口即服务提供者未能将顾客对服务期望的属性与要求，设计在其服务规格中。原因如下。

（1）遗漏或错误，未能将顾客期望设计在其服务规格中。

（2）组织缺乏明确的服务观念与目标设定。

（3）高层未能充分支持需要规划的服务质量。

（4）市场研究人员未能与服务设计人员做好充分的沟通。

3. 缺口三：服务传递的缺口

服务传递的缺口即服务人员在提供服务的过程中，并未完全依照原先设计的服务规格执行。原因如下。

（1）服务人员不同意或不了解服务的规格与要求。

（2）新的服务规格与组织的公司文化存在明显差异。

（3）既有的系统设计、设备与技术已无法满足新的服务规格需求。

（4）既有服务作业设计已经无法满足新的服务规格需求。

（5）服务规格太复杂或不清楚，以致无法执行。

4. 缺口四：外部沟通的缺口

外部沟通的缺口是由通过媒体宣传所给予顾客的印象与实际提供服务的项目不一致所造成的。原因如下。

（1）广告宣传过于夸大，或是给予顾客不正确的承诺。

（2）服务的宣传计划未能与服务提供方式相互整合。

（3）服务人员未能依照应有的服务规格来执行服务。

（4）服务作业部门与媒体宣传部门沟通不良。

（5）顾客误解或是扭曲业者广告媒体所给予的信息。

5. 缺口五：顾客期望与认知间的差异

顾客期望与认知间的差异是由顾客对服务的期望与实际经验的认知不一致所造成的。原因如下。

（1）顾客本身存有过高或是不正确的期望。

（2）服务过程中只发生一个小缺失，但被顾客全盘否定提供的服务质量。

（3）服务过程确实质量低落。

（4）服务系统不稳定，以致无法提供稳定的服务品质。

（二）从不同层次填补质量缺口

当发现质量缺口之后，就应该着手填补质量缺口。质量缺口一是在"聚焦客户群体——服务设计与创新"层次的顾客知识的缺口，填补此缺口可以采取的做法包括：①相关决策人员直接与顾客交谈沟通；②通过营销研究，了解顾客的需求；③鼓励现场服务人员直接向高阶主管反映顾客的需求；④考虑组织扁平化，让主管更能接近倾听市场的声音。

质量缺口二是在"协同平台"层次的质量规格的缺口，填补此缺口可以采取的做法包括：①高阶主管必须有贯彻优良服务质量的决心，并以身作则；②融合顾客、现场服务人员与管理阶层的观点，明确服务质量的目标；③应用科技或改造流程，将服务标准化（如POS点菜系统、服务作业标准流程SOP）；④高阶主管应正面看待制定质量规格的可行性。

质量缺口三是在"实体环境"层次的服务传递的缺口，填补此缺口可以采取的做法包括：①提升团队合作的意愿；②确保员工能力能配合工作需求；③确保设备、仪器与技术能配合工作需求；④让服务人员感到能掌控其工作任务（即有所作为），降低其无力感；⑤实施服务人员评鉴制度；⑥减少服务人员的角色冲突（如夹在公司与顾客需求之间而左右为难）与角色模糊（如任务不明，不知该如何把工作做好）。

质量缺口四是在"接触点"层次的外部沟通的缺口，填补此缺口可以采取的做法包括：①做好水平沟通（如营销企划、广告企划、服务人员之间应良好沟通）；②避免夸张宣传或夸大承诺。

质量缺口五是在"质量持续完善"层次的降低顾客事前期望与事后认知间的差异的缺口，填补此缺口可以建立快速顾客回馈系统来回应与完善顾客的需要，若无法及时回应顾客的需求或是服务失败，则应该进行服务补偿。

第三节　服务补救与控制

一、补救框架

研究显示，对产品和服务不满意的顾客中只有4%的人会直接对公司讲，在96%的不抱怨的顾客中，25%有严重问题。而这4%抱怨的顾客比96%不抱怨的顾客更可能会继续购买。这4%抱怨的顾客的问题如果得到解决，其中将有60%的顾客会继续购买；而如果能尽快解，这一比例将上升到95%。问题如果没有解决，则影响会更大，不满意的顾客会将把他们的经历告诉10~20人，抱怨被解决的顾客会向5个人讲述他/她的经历。

由这些对不满意顾客的研究可以知道："尽快解决服务失败是建立顾客忠诚的重要途径"。由于顾客参与服务传递过程，一位经过训练的、灵活的员工可以采用服务补救措施将一位潜在的不满意顾客变为一位忠诚顾客。

通过授权一线员工"把事情做对，可以将服务失败转化为服务惊喜"。例如，当飞机因为机械故障误点而导致旅客焦虑等待时，可以提供饮料、餐点、报纸以减轻旅客等待时所产生的焦虑。

图16-7是以Club Med为例的服务补救框架。Club Med是一个涵盖整套服务的度假中心，它对外的宣传是顾客到Club Med只须放松和享受，所以，在补救前期，由于以往的经

验和口碑人们对它的期望很高，而人们一旦来到 Club Med，会有许多因素是不可控的，如突如其来的暴风雪可能会毁掉人们在海滩上晒太阳的期望，这时就应该立即进行补救。立即补救阶段需要员工主动行动起来，并创意地解决这个问题。例如，服务人员可以组织群体进行室内游戏或舞台表演。员工的这种应变能力会为顾客带来一种印象深刻的体验，而被称作"Club Med 魔法"。在跟进阶段，顾客将收到度假的照片和小饰品，甚至在下一年再来度假时可享受折扣。

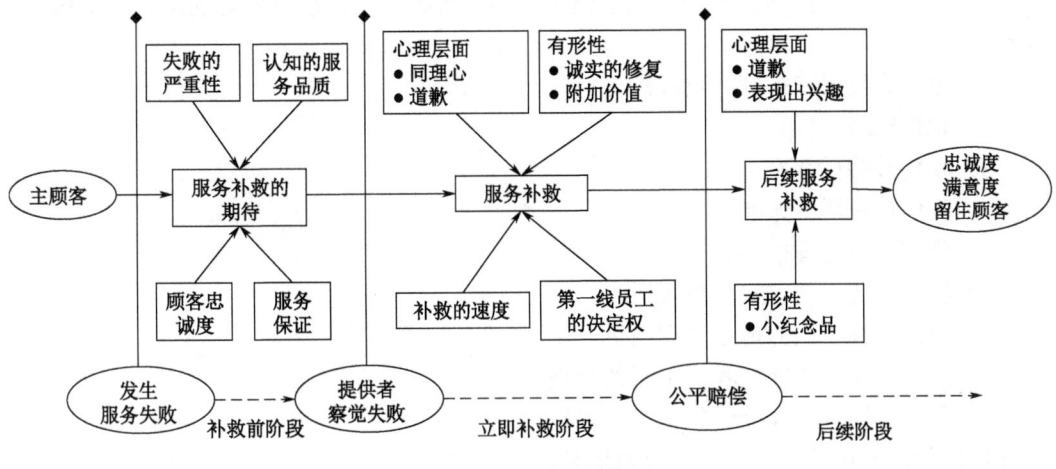

图 16-7 服务补救框架

（资料来源：Miller JL, Craighead CW, Karwan KR. Service Recovery: A Framework and Empirical Investigation. Journal of Operations Management，2000，18：388.）

二、补救方法

服务补救有 4 种基本的方法：逐件处理法、系统回应法、早期干预法和替代品服务补救法。

（1）逐件处理法。若每个人所遭遇的事情不同，且以前较无前例可循，则可以采用逐件处理法。这种方法容易执行且成本较低，但是它没有规范。例如，最固执或者最好斗的投诉者通常会得到比通情达理的投诉者更令人满意的答复，这种缺少规范性的处理方法较容易产生不公平。

（2）系统回应法。使用规定的原则来处理顾客投诉。如果投诉的情形以前已经发生过，并且有一定的规范，则可以采用识别关键失败点和优先选择适当补救标准的系统回应法。这种方法的效率较高，因为它提供了一致和及时的回应。

（3）早期干预法。若某一种问题以前已经发生过，且有征兆可循，则可以采用早期干预法。早期干预法是系统响应法的另一项内容，它试图在预期服务失败将发生前就进行干预，避免服务失败的发生。例如，一名发货人发现由于卡车故障将影响出货，他就可以马上通知顾客，在必要时顾客可以采取其他的替代方案。

（4）替代品服务补救法。通过提供替代品进行服务补救，从而运用竞争者的服务错误去赢得其顾客。例如，某企业产能过满无法提供服务时，其他竞争厂商就可以争取这些客户，并从而建立忠诚度。实行这种补救方法有一个困难，即竞争服务失败通常是保密的。

三、投诉处理的特点

好的质量是从源头开始的，所以好质量的服务较少会产生投诉。而如果顾客有投诉，应该被视为一份礼物，因为妥善处理抱怨会减少顾客的流失，并增加自己的口碑与回头率。通常，顾客愿意花费时间投诉而使一家公司意识到一个服务的缺陷，是因为他在意此公司。所以，公司必须抓住这个机会，并不仅局限于满足该顾客的要求，而是更进一步地与这些顾客建立一种关系。投诉处理的原则应该包含整个服务流程，投诉处理的原则应该包括以下特点。

（1）每一条投诉应得到礼物般的对待。
（2）我们欢迎投诉。
（3）我们鼓励顾客投诉。
（4）我们让投诉更方便。
（5）我们快速处理投诉。
（6）我们以公平的方式对待投诉。
（7）我们授权我们的员工处理投诉。
（8）我们有友好的顾客和员工系统处理投诉。
（9）我们对较好处理投诉的员工予以奖励。
（10）我们记录投诉并且从中得到学习。

本章重点汇整

```
                    ┌── 质量成本
          ┌─ 质量方法 ─┼── 田口方法
          │         ├── Poka-Yoke
          │         └── 质量屋、QFD
服务质量   │                              ┌── 服务质量量表
与控制 ──┼─ 服务传递系统 ─── 服务传递系统的质量 ─┤
          │              服务质量缺口的完善    └── 服务质量测量
          │         ┌── 补救框架
          └─ 服务补救与控制 ─┼── 补救方法
                    └── 投诉处理的原则
```

案例分析

市值从170亿元到17亿元："大众鞋王"达芙妮陨落的迷思

2013年时达芙妮的市值超过了170亿元，3年后，其市值跌至17亿元左右。对投资者来说，这是一条不回头的伤心线。

业绩巅峰时，达芙妮的女鞋市场占有率接近20%，这意味着中国内地卖出的每5双女鞋里就有一双来自达芙妮。2016年，达芙妮发布盈利预警，同店销售增长率下滑15.9%。尤令人唏嘘的是，继2015年关闭805个销售网点后，2016年上半年达芙妮再次关闭了450

个销售网点。这几乎是平均一天关闭两家店的速度。

1. 曾经的大众鞋王

达芙妮是中国知名的女鞋品牌，一度被誉为中国中小企业高成长的典范，甚至还有一本名为《达芙妮模式成功专卖》的书，专门分析其高成长背后的故事。

达芙妮国际控股有限公司的前身是永恩国际集团，以代工厂起家。随着业务的发展，它开始盯上中国内地充满无限潜力的市场，并发展了自己的品牌——达芙妮。虽然是品牌商，达芙妮之前做的却是"批发"的生意，严重依赖加盟商的渠道。

1999年经历渠道危机后，达芙妮从2000起开始变革，更换品牌标志及店面装潢风格，着手建自营专卖店，经营范围由商场专柜转向街边店。不同的专营店定位不同的功能，相互配合，一方面确保新产品的销售，另一方面又清理库存，确保资金回笼。这种全新的模式让达芙妮迅速遍地开花，自2002年起，达芙妮以每年在中国内地开设数百家专营店的速度进行全面扩张，并迅速扩大在二、三线市场的覆盖率。

达芙妮的业务主要分为两块：一块是代工厂（Original Equipment Manufacture, OEM）业务，主要面向的是美国市场，另一块是品牌业务，主要面向中国市场。品牌业务最初只有达芙妮，2002年永恩国际集团公司瞄上北京奥运会的机会，一举拿下阿迪达斯经典系列产品在中国的独家经销权，2004年推出针对大众市场的"鞋柜"品牌，2008年之后又引进了国际鞋类品牌的代理。从2009年起，达芙妮淡出了运动服饰市场，专注女鞋的发展。

由于OEM业务的毛利率比较低，达芙妮开始逐步削减OEM业务在总营业收入中的份额，2003时OEM业务占了半壁江山，2008年OEM业务占比下降到12%，2015年仅占2%。

这一战略发展巩固了达芙妮的品牌地位，并借助中国内地的广阔市场，很好地帮助达芙妮度过了2008年的金融危机。2008年永恩国际集团改名为达芙妮国际，更好地凸显了达芙妮以品牌业务为核心的定位。伴随业务的发展与调整，达芙妮的业绩一路高歌。

达芙妮于1995年上市，发行价格为0.32元港币，到2012年4月，股票价格达到最高11.84元港币，近17年的时间里，股价翻了36倍，市值超过170亿港币。"漂亮不打折，美丽100分"，在中国女鞋领域，没有哪句广告词比达芙妮的这句更精彩了。可惜的是，从2012年起，达芙妮风光不再，颓势日现。

2. 大众鞋王跌落神坛

到2015年时，达芙妮10年来首现亏损。事实上，从2011年起，国内的服饰品牌就开始了去库存的阵痛，所以，达芙妮的业绩下滑也有整个行业的因素。但是，在行业去库存的大环境背景，达芙妮并未停下它的扩张速度，直到2015年最终以关闭805个销售网点终结，2016年上半年又关闭了405个销售网点。

除去行业本身的去库存危机，传统的服饰类品牌还遭遇了电商的冲击。从2011年起，电商进入了发展的爆发期，对于此时线下的品牌来说，庞大的销售网点的渠道优势开始消失，而庞大的租金开支开始成为线下品牌的累赘。

对于达芙妮来说，或许更遗憾的是，它并非没有电商意识。事实上，达芙妮是最早拥有电商意识的品牌之一。早在2006年时达芙妮就开始涉足电商，彼时，淘宝上线仅3年，京东也刚刚开始专注电商。不过在涉足的前3年，达芙妮电商业务是由外包团队完成的，到2009年，随着电商市场的发展，达芙妮入驻了天猫，同时开始搭建自营电商公司"爱携"，将电商策略分为两块：一块是女性平台策略，着重于女性社区的打造；另一块则是鞋类的营销，借助品牌优势进行全网络营销，并针对线上市场开发网络专供款。

然而，这一看似美好的构想却因达芙妮投资"耀点100"而搁浅。2010年，达芙妮以3000万元入股与巨头百度打造网络购物新平台"耀点100"，占股10%。两年后，被寄予厚望的"耀点100"倒闭，达芙妮独立B2C的尝试也宣告失败。

投资"耀点100"是达芙妮转型中的一个决策失误，但更重要的事实是，达芙妮对电商业务并未上心。直到2013年，"电子商务"的字眼才出现在达芙妮的年度报表上，达芙妮对电商的热衷程度可见一斑。

其实这也不难理解。对于"大众鞋王"达芙妮来说，本身具备很庞大的消费群体，电商每年几百万元的销售额只是实体店半天的业绩。开一家专营店对业绩能有"立竿见影"的效果，而电子商务却需要解决一个基本痛点：便宜。在价格上，达芙妮主打的是200~300元的价格，这一价格也是许多淘宝鞋店非大牌产品的争夺重点，达芙妮并无优势可言。

投入之下难见利润，电商在达芙妮体系里更像是鸡肋。2011年9月，达芙妮电子商务总经理王玉凤离职，原"耀点100"高管陈炳文入主达芙妮电子商务。而仅一个多月，陈炳文也闪电离职，此后达芙妮电子商务部门便无最高领导人，业务随之陷入基本停滞状态。

尽管2014年、2015年达芙妮连续稳居"双十一"女鞋第一，但达芙妮从未公开过其线上的业绩。据其他消息来源称，达芙妮线上的份额不及其整个盘子的1/10。可见，比起线下"大众鞋王"的地位，达芙妮在线上的地位有些尴尬。

3. 核心是产品

从表面上看，是电商的冲击令曾经成就达芙妮的直营模式的优势荡然无存，店面庞大的开支反而成为达芙妮的累赘。但是，回到消费者的反馈上，"达芙妮我知道，但我很久没关注了，没有买了"，显然，这简短的话语背后所包含的绝非仅仅是电商冲击可以解释的。

所谓致命的电商冲击，其本质是产品的冲击。在网上，消费者能几乎无成本地并快速地与无数的女鞋品牌接触。因此，电商出现后，消费者的眼界日益扩大，品牌在渠道上的竞争程度下降了，产品本身的竞争程度上升了。可以说，电商的出现彻底改变了渠道为王的经营模式，重新回归了产品本身。

回归产品本身，品牌商需要将对自己产品品质的专注贯彻到其业务的每个细节上。但是，对品牌商而言，它所需要传递的超越了制作本身的层次。品牌商还需要通过对世界、社会文化的细心观察与关注来汲取创造力和时代气息，以此设计出富有创造性和独特性的产品。

对于消费者，尤其是收入处于上升过程中的中国消费者，品质、创造性和独特性是他们最为关注的。达芙妮诞生于1990年，如今是它的第26个年度。然而，如果让人回想达芙妮的产品有什么特点，似乎很难找得出词来形容。在它的业务板块里，它既是品牌商，又是分销商，还是代工厂。与它对专营店快速扩张的专注相反的是，达芙妮对它最核心的产品的专注度似乎并不高，从它的年报里，投资者很少能获取关于达芙妮对其产品的设计、制作和定位上的描述。

随着电商的冲击，几乎所有的产品都获得了与消费者接触的同等机会，达芙妮的渠道优势不在，其产品就淹没在了无数品牌的竞争中。尽管从2013年起，达芙妮就开始了一系列的变革，包括全新的店面设计、重新启用明星、关店裁员，但是在回归产品本质上，很遗憾，从达芙妮2015年的年报中几乎未得到与之相关的信息，唯一看到下面一段话："提升差异化，优化市场推广集团亦将重点提升销售及管理效益，以增强销售及盈利能力，并将采纳新方案于多个管理范畴。例如，集团将努力提升差异化，以增强竞争优势。为更好地实践这一策略性举措，集团通过 2015 年第四季度的一项消费者调研，访问了中国内地 170 个城市中 2600 多名消费者，以增加集团对消费者的理解，并探索市场机会。调研结果亦验证了集团追求差异化以使在竞争中取胜的理念。因此，集团将投入更多资源提升产品差异化，并以优化及多元化市场推广活动作为支持。例如，集团与腾讯合作研发，于 2016 年初推出一款具有全球定位功能的童鞋，有助于彰显品牌引领潮流的形象。"

投资者看到这里怕只有满满的失望，这段话既没有与投资者沟通达芙妮未来的品牌发展，也没有传递达芙妮的管理层对未来品牌发展的信心。

4．结语

达芙妮诞生于1990年，在它的第26个年度里，曾经的大众鞋王身陷各种囹圄：亏损、关店、裁员、加盟商纠纷。在过去的3年里，它的市值由170亿元跌至17亿元。在过去的一年里，它关闭了1000多家销售网点。

从 2013 年起，达芙妮就开始了一系列的变革，包括全新的店面设计、精简团队、扩大电商业务、关闭门店止损、启用明星等，这些举措在一定程度上能提升达芙妮的销售率，控制成本。但是，如果达芙妮在其产品的品质、创造性及独特性上无所突破，这一系列的变革恐怕并不能帮达芙妮走远。

（资料来源：http://finance.sine.sina.com.cn/stock/ggscyd/2016-08-18/doc-ifxvrm 1835807.shtml.）

问题：

1. 从服务品质的角度看，达芙妮出了什么问题，为何业绩会迅速下滑？
2. 达芙妮要如何做才能止跌回升？

重点回顾与练习

关键术语

服务质量（Service Quality）　　　　　口碑（Word Of Mouth）
可靠性（Reliability）　　　　　　　　响应性（Responsiveness）
保证性（Assurance）　　　　　　　　移情性（Empathy）
有形性（Tangibles）　　　　　　　　预期服务质量（Expected Service Quality）
感知服务质量（Perceived Service Quality）　服务质量差距（Service Quality Gap）
田口方法（Taguchi Methods）
质量机能展开（Quality Function Deployment）
服务补救（Service Recovery）

选择题

1.（　　）是指员工表达出的自信与可信的知识、礼节和能力。
　　A．可靠性　　　B．响应性　　　C．保证性　　　D．移情性
2.（　　）是由于实际服务传递达不到管理者制定的要求而产生的。

A. 市场调查差距　　　　　　　　B. 一致性差距
C. 设计差距　　　　　　　　　　D. 实际传递的服务与对外沟通间的差距

3. 令顾客惊喜的服务质量是指（　　）。
　　A. 感知服务超过预期服务　　　B. 感知服务超过标准服务
　　C. 感知服务等于预期服务　　　D. 感知服务等于标准服务

4. "服务包中的质量合成"是服务质量设计中的方法之一。该方法要求（　　）。
　　A. 服务包设计首先要有一个明确的产品定位
　　B. 服务包的质量标准必须符合国家标准
　　C. 服务设施设计必须高于产品定位
　　D. 显性服务设计必须高于产品定位

5. 质量机能展开（QFD）使用了一种重要方法，就是（　　）。
　　A. 服务包　　　B. 质量屋　　　C. 田口方法　　　D. Poka-Yoke

6. 田口方法倡导的是（　　）。
　　A. 外观设计　　　B. 防故障设计　　　C. 超强设计　　　D. 功能设计

7. 服务质量调查法（SERVQUAL）使用的标准问卷包含了22条陈述性问题，这些问题是围绕（　　）制定的。
　　A. 服务包　　　　　　　　　　B. 服务补救
　　C. 服务质量的5个维度　　　　D. 顾客

8. 下列关于服务质量的说法，错误的是（　　）。
　　A. 测量服务质量是一项挑战，因为顾客满意是由许多无形因素决定的
　　B. 服务质量的影响不仅限于直接的接触
　　C. 服务质量包括许多心理因素
　　D. 服务质量的得分是通过计算问卷中顾客期望与顾客感知之和得到的

9. 服务人员对顾客细致的照顾和关心的有形表现，体现了服务质量的（　　）。
　　A. 可靠性　　　B. 响应性　　　C. 有形性　　　D. 移情性

10. 一名发货人发现由于卡车故障影响了出货，他就可以马上通知顾客，在必要时顾客可以采取其他方案。这是属于服务补救中的（　　）。
　　A. 逐件处理　　　　　　　　　B. 系统响应
　　C. 早期干预　　　　　　　　　D. 替代品服务补救法

判断题

1. 服务质量的可靠性是指帮助顾客并迅速提供服务的愿望。　　　　　　　（　　）
2. 在服务质量差距模型中，服务质量总差距是指顾客对服务质量的期望与实际感知之间的差距。　　　　　　　　　　　　　　　　　　　　　　　　　（　　）
3. 市场调查差距是顾客期望与管理者对这些期望的感知之间的差距。　　（　　）
4. SERVQUAL是以服务包为基础的调查顾客满意程度的有效工具。　　（　　）
5. 在交付前改正不符合标准的工作所发生的费用称为预防成本。　　　　（　　）
6. 服务失败仅仅是由于服务提供者的错误造成的。　　　　　　　　　　（　　）
7. 质量机能展开（QFD）的中心思想是产品应该依据顾客的期望和偏好来设计。
　　　　　　　　　　　　　　　　　　　　　　　　　　　　　　　　（　　）

8．在对产品和服务不满意的顾客中，不抱怨的顾客比抱怨的顾客更可能继续购买。
（　　）

简答题

1．简述用来判断服务质量的 5 个维度。

2．简述服务质量的 5 个差距。

3．如何通过设计提高服务质量？

4．曾倡导建立质量成本会计系统的质量专家约瑟夫·M.朱兰认为质量成本有哪些类型？

5．简述服务补救的方法。

第十七章
流程完善

◎ **本章知识点**

1. 使用质量工具进行流程分析和解决问题。
2. 描述和对比公司的质量完善项目。
3. 如何领导一个团队进行流程完善计划。
4. 衡量流程。
5. 精益服务的基本原理。

导入案例

孟加拉国葛拉敏银行（Grameen Bank）

由于孟加拉国当地的银行不愿贷款给穷人，许多家庭迟迟无法脱贫。相对的，葛拉敏银行只借钱给穷人，不需担保品，而是5人互相作保证人，其借贷对象96%是女性，还钱比例高达99%。而不借给男性的原因是男性会移作其他开销，女性则会回馈给家人，且女性启动金额需求很少，初时曾有27元借贷给4名女性的情形。由于借贷的女性多非生意人，她们借的钱多用来养鸡、鸭、牛等或用作小规模农作或小规模家庭式加工，因此她们很快就能还完小额贷款。葛拉敏银行目前已成为世界最具规模的微型贷款银行，服务范围涵盖孟加拉国97%的村庄，创办人尤努斯亦于2006年获得诺贝尔和平奖。

尤努斯所创办的葛拉敏银行，正是在充分了解了穷人的优点与需求价值之后所创办的。穷人有他们的优点。①穷人之所以贫穷，绝非因为天性愚昧或好吃懒做，他们通常整日劳动，承担复杂的劳动性工作。②穷人没有担保品，但他们有自尊。③极度困苦的生活条件使得穷人更勇于奋战，更能自由地跳脱传统束缚。④穷人非常有创意，他们知道如何求生存，甚至知道如何改变生活。他们要的，只是一个机会。

因此，尤努斯从25%的社会底层人口做起，而且一定要选择最贫穷的妇女优先放款。他的微型贷款偿还机制包括以下几项。①把分期还款的金额订得很低，让借款人一定还得起，完全不觉得有压力。②葛拉敏银行与其他银行的不同之处在于它预设每位借款人都是诚实无欺的。也许有人会说葛拉敏银行过于天真，但这样会让葛拉敏银行节省填写数不清的文件的时间和精力，葛拉敏银行给予客户的信任，有99%经证明是正确的，其坏账率不到1%。③葛拉敏银行的运作原则是，银行人员上门服务。④传统银行希望一次把大笔金额借给一家公司，这样事情会简单许多，葛拉敏银行正好相反，客户越多它高兴。⑤微贷不一定解决所有问题，但它提供的是经济、个人、社会与政治变革的驱动力。

过去，以机构为核心的创价逻辑是单向且简化地揣测个人需求价值，以至于局限了创价来源的广度与价值内涵的深度。相对的，葛拉敏银行的做法是通过价值共创直接针对社会需求缺口提供服务，并通过5人小组与银行持续地互动产生质量完善。脱贫的社会价值，是每一位借款人与葛拉敏银行共创价值的集合，社会价值的最大公约数是双方共同的目标。

（资料来源：（孟加拉）穆罕默德·尤努斯，《穷人的银行家》，三联书店，2006-01-01.）

思考与训练：

葛拉敏银行是如何从服务流程中持续与消费者互动以完善服务质量的？

第一节 质量和生产力的持续完善基础

价值共创的4个要素（DART）包括经常对话互动、获取体验（使用价值）、降低消费风险、透明（共同决定），而持续的完善就基于经常的对话互动，尤其是在售后阶段。例如，iPhone、华为等这些高科技商品，在消费者购买并使用之后，都会通过监测个人使用状况，以持续地进行系统的更新，这种就是持续完善的方法。

因此，本章专注于价值共创的持续互动以提升质量，首先介绍动态连续的品质理论，然后通过一套质量改进的方法来提高服务组织的生产率和不断完善质量，所以本章比较偏重于方法论。通过这套持续完善的方法，将提升质量的观念融入企业文化当中。

第二次世界大战战败的日本，其经济却创造了不死的奇迹。背后的功臣就是爱德华兹·戴明（Edwards Deming）。本章以戴明的计划—执行—检查—行动（PDCA）循环为基础，并采用了航空业的例子来描述和说明这套持续完善的方法与工具。

一、持续完善的基础

戴明循环或称PDCA循环的研究起源于20世纪20年代，最早是有"统计质量控制之父"之称的著名统计学家沃特·A.休哈特（Walter A. Shewhart）在当时引入了"计划—执行—检查（Plan-Do-See，PDS）"的雏形，后来由戴明将休哈特的PDS循环进一步完善，发展成"计划—执行—检查—处理（Plan-Do-Check/Study-Act）"这样一个质量持续改进模型。这个模型包括持续改进与不断学习的4个循环反复的步骤，即计划（Plan）、执行（Do）、检查（Check/Study）、处理（Act）。戴明循环有时也被称为戴明轮（Deming Wheel）或持续改进螺旋（Continuous Improvement Spiral）。戴明循环与生产管理中的"完善或改善""实时生产"紧密相关。

戴明提出PDCA循环的理论，在美国没有受到太大的重视。在当时，日本的企业一直为质量低下的日本产品所苦恼，后来日本企业看到戴明的这套方法学之后大为惊喜并广泛采用，这也造就了第二次世界大战后日本产品低价格、高质量营销全球的现象，并享誉全球。早期人们认为，高质量当然只有以更高的成本才能获得，而高质量且低成本是绝不可能的，日本的经验则让人们对这个旧有的观念完全改观了。

戴明学说有 3 个基本前提假定。

（1）顾客满意至上：高质量意味着较高的顾客满意度，较高的顾客满意度源于将顾客放在首位的工作态度和考核。

（2）事实管理：数字会说话，管理者进行决策时必须搜集客观数据，并以这些客观数据为决策依据而进行科学思考。

（3）全员参与：好质量是全体员工共同持续努力的结果，而不只是品管部门的事，所以质量改进计划是要全员参与。

（一）PDCA 循环

通过质量的成本分析可以知道，产品源头的质量提升所产生的成本最低，在管理方面，越高层次所进行的质量提升，成本越低；相对的，有问题的产品若在后端没检测出来而流入市场，对企业造成的损失最大。例如，丰田汽车的暴冲问题便是缺少源头及早提升质量的有名案例。日本丰田汽车在 2009～2010 年因暴冲问题导致数十人丧生，美国司法部在历经 4 年调查后宣布起诉，最后丰田同意支付 12 亿美元罚款和解，打破了汽车业在美国遭罚款的金额纪录，其实如果丰田公司及早重视并加以处理这个问题，就不会造成这么严重的损失。

这件事情最早发生在 2009 年，丰田（TOYOTA）旗下的一辆凌志（LEXUS）车暴冲导致一家 4 人丧生后，丰田当时坚称问题出在脚踏垫会卡住油门，当时仅召修部分车款更换脚踏垫。事实上，丰田 2007 年就知道油门踏板有瑕疵，但不认为严重到要召修，只要在每 3～5 年大改款更改设计即可。为对外隐瞒，丰田取消在美召修油门踏板计划，指示员工及零件供货商，勿将油门踏板设计变更形诸于文字，以免证据外流。内部文件也显示，丰田高层曾为 2007 年成功游说美国交通部监管机构相信瑕疵问题只出在脚踏垫上，为公司省下巨额召修费而得意不已。不良设计的问题不断扩大，最后纸包不住火，丰田社长丰田章男才承认设计有问题，并认为丰田应该回归顾客至上的基本原则。一次召修可能伤害企业声望，但欺骗顾客会让这种伤害更深、更久。

如图 17-1 所示，PDCA 循环开始于计划。

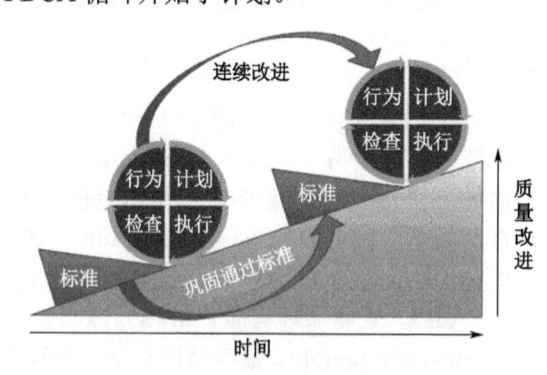

图 17-1 戴明的质量完善循环

（1）计划始于问题选择，问题随着重要顾客指标的变化而出现，如回头率、推荐率。首先，通过重要指标的选择可以缩小项目的焦点并描述完善的机会，并可以使用流程图描绘出当前状况并搜集数据。其次，可以通过集体讨论的头脑风暴法（Brand-storming）寻找可能的原因，然后利用搜集到的数据以确认根本原因出于何处。最后，通过定义问题的根本原因来开发一个行动计划，包括解决方案、成功性指标、公认的执行目标。

（2）执行：寻找一个试验点对新的解决方案进行试验，以确认新方案或新流程的有效性。通过监督计划的执行情况，来搜集绩效指标所产生的数据，并将执行进展情况与原来设定的阶段性目标进行比较。

（3）检查：新方案执行结果评估过后，检查新的方案是否产生预期的效果。如果没有达到预期成果，则分析并指出该方案需要调整的因素有哪些。

（4）行动：如果新方案达到了预期的成果，则将新的流程标准化，并通过新方法对相关的部门人员进行培训。在新方案全面落实的阶段中，还需要外部参与者，如顾客、供应商共同参与。当新方案执行后，其他的地方可能又会出现质量的缺口，再不断循环 PDCA 的流程进行全面的优化。

（二）戴明的 14 点计划

戴明因在日本极成功地开创了质量革命而广受称赞。按戴明的观点，管理者应对全部质量问题的 85% 负责。因此，必须率先改变产生问题的系统和流程。管理者应将焦点重新对准顾客需求的满足和保持竞争领先的持续完善。他的理念被概括为 14 个要点。

（1）建立永续经营的恒久目标。戴明给企业的全新定义，主张企业不应该只想着赚大钱，企业的职责应该是通过创新、研究、持续改善、维修，使自己在业界屹立不摇，以提供就业机会。

（2）质量必须成为新的宗教信仰。顾客不会抱怨，只会流失，但是反过来，有质量的产品，顾客就会为你传播口碑，带来新顾客。

（3）停止依赖大量的检验。高质量的产品源自源头的设计与高层领导人的重视，而非下游的检验。

（4）不再仅以价格为采购的标准。采购部门通常只找价格最低的供货商下单，但省钱往往赔上质量。戴明主张，应该找质量最好的供货商，而且无论什么材料，都尽量和单一供货商建立长久的合作关系。

（5）持续改善生产与服务系统。质量改善，成本就会下降。但质量要改善到什么地步？质量改善创造的效益若不敷成本，是否该停止？戴明认为，改善质量不能一劳永逸，管理者必须不断找寻新方法。

（6）给员工正确的训练。员工多半自同事身上学到如何工作。但员工除了自己正在使用的工作方式外，还能教别人什么？戴明再三强调，所有员工都应该接受统计训练，学习基本的管制图。引进新设备、新流程时，也要再训练。

（7）推动真正的领导。管理者的职责不只是告诉部属怎么做，或惩罚不遵旨行事的部属。真正的领导应协助部属把工作做好，并且找出需要个别协助的部属。

（8）消除员工的恐惧。许多员工即使不了解自己的工作职责、无法判断对错，也不敢发问，而是继续以自己的方式执行，甚至干脆停止。这常造成惊人的经济损失。戴明特别批评，大部分公司爱打考绩，反而造成员工恐惧、彼此敌对，对改善质量毫无帮助。

（9）撤除部门藩篱。不同部门或单位间总是竞争汹涌，甚至目标互相矛盾。戴明鼓励员工团队合作，一起为公司奋斗。

（10）避免对员工喊口号、说教、或设定工作目标。这些无助于把工作做好。戴明调侃："目标就像一些人挂在马鼻子前的干草，马很聪明，不久就会发现，无论它怎么快跑、慢跑、小跑，都追不上干草，它就会干脆不动"。他郑重宣告："除非公司变革既行的系统，否则什么也不会发生"。

（11）消除数字配额。消除配额只考虑数字，而不考虑质量或方法。实施配额制度，极有可能会导致效率降低、成本增加。有些人为了保有职位，不择手段达成配额，受害的反而是公司。

（12）排除员工创造荣耀的阻碍。很多人渴望把事情做好，但常有一些障碍横在他们面前：主管指导方向错误、设备有问题、材料瑕疵等。

（13）实施活泼的教育与再训练。随着生产力提升，有些工作所需要的人力将逐渐减少，企业必须通过教育与训练，让员工承担新工作。什么课程最适合？除了统计技巧、团队合作外，戴明还建议："先上课，再挑选合适的。唯有通过不断思索、学习、改进，才会知道"。

（14）采取行动，完成转型。最高管理阶层必须组成团队，推动这 13 项要点。因为基层员工与中阶主管无法靠自己实现目标。

（三）具体步骤

戴明 PDCA 持续完善（优化）的主要目标是从问题表征、问题的源头到最后找出问题最根本的原因，通过新的价值流程的设计从根本上解决问题，而使问题不再发生。具体的步骤如表 17-1 所示。

表 17-1　PDCA 循环问题解决的步骤

步骤	具体内容
第一步	识别问题（问题表征） 在问题识别阶段，管理层基于多种信息源并以一般的术语描述组织面临的问题，例如绩效衰退
第二步	组建质量完善团队 根据问题表征所涉及的部门组建一个跨学科（跨部门）团队，并由管理层参与制定该团队的焦点人物，以对该团队找到一个解决问题的可执行方案表示支持
第三步	定义问题（重点问题） 问题解决团队首先必须清晰地定义组织所面临的问题及其范围。在这一步，经常由帕累托分析来确定需要重点调查的领域
第四步	设定绩效目标 确定重点问题之后，就要设定改善的目标与期望
第五步	分析问题/流程（问题的源头） 为充分理解相关各方的错综复杂的关系，现阶段的首要步骤是画出流程图，在该阶段收集到的信息将有助于确定潜在的解决方案
第六步	确定引发问题的可能原因（影响因素与根本原因） 采用因果图来识别引发问题的可能原因非常有效，问题解决团队可利用**头脑风暴因果图**集体寻找开发问题的影响因素。领导应鼓励每位团队成员提出影响因素，而其他成员不得对该建议进行评论，以找出引发问题的可能原因。找出影响因素之后，可以用检查图、散点图、直方图、走向图将这些数据进行组织，以发现引发问题的根本原因
第七步	选择方案、执行方案 找出根本原因后，提出可能的解决方案，方案选择的标准包括聚焦于根本原因、预防问题的再次发生、成本效益和及时性
第八步	后续措施：评价方案 方案执行一段时间后，还应对流程进行检查，以确定问题是否得到解决，在对历史绩效数据与当前绩效数据进行比较时，走向图非常有用

步骤	具体内容
第九步	**确保绩效稳定** 若新的方案确实能解决问题并提升绩效，就要扩散到更大的领域，并对相关员工进行培训。培训完的员工根据新的方法落实工作，并对流程进行监控以确保流程稳定，这时可以使用控制图
第十步	**持续完善** 正如图 17-1 中的戴明环所示的那样，只要随着戴明环的向上连续滚动，生产力和质量的标准不断地提升并沿着斜坡向上移动

在日本获得的光彩荣耀与满腹管理经典并未随着戴明回到美国。近 80 岁的戴明仍固执地、安静地到学校讲课、帮企业解决难题、和家人骑脚踏车出游放风筝。直到 1980 年，在他的祖国终于"发现"他。NBC 的纪录片《日本能，我们为什么不能？》让寂寞的戴明一夜间成为全美知名人物。影片播出时，正遇上经营麻烦的福特汽车公司马上请戴明来当顾问。在戴明的严格驱策下，福特汽车公司改变了原本评估绩效的方法。福特汽车公司旧有的评鉴制度分为 10 级，却只造成内部过度竞争、重视短期成效。新制度只有 3 级：在管制范围内和在管制范围外较好的、较坏的。为了质量，福特汽车公司也开始在夏天关厂两周。虽然这意味着 10～20 万辆汽车的损失，但在休假季节找未经训练的临时工充数，质量同样受害。

急思突破的福特汽车公司便邀请主要供货商的主管前来参加戴明研讨会。根据戴明原则，福特汽车公司的检验人员开始和供货商携手，合力改善质量。但影响最大的不是引进戴明的管理方法，而是福特汽车公司从上到下对质量的支持。这也是戴明坚持的必要条件。5 年后，福特汽车公司果然不负期待。售后维修的次数降低了 45%；在美国汽车市场上的占有率也提升为 19.5%，创 5 年来新高。

戴明的理论告诉我们："关心顾客，知道他需要什么而做出超过他期望的东西，才是真正的高质量"。

二、品管工具

在前面提及的具体步骤中，主要有 8 种工具可以应用。下面以航空公司为例来介绍各种质量工具。

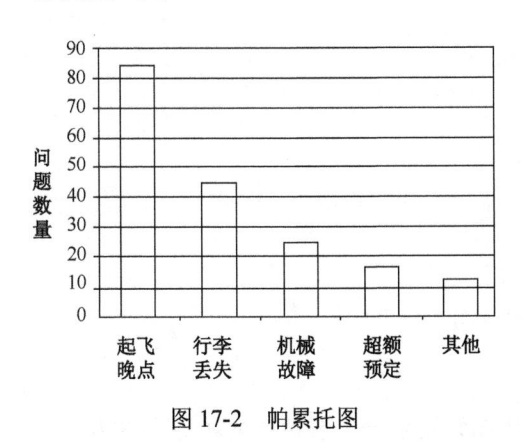

（一）帕累托图

帕累托图按照问题发生频率以降序条形图的形式来进行排序，以找出影响最大的少数关键，并将资源集中在完善少数关键问题上。19 世纪的意大利经济学家维弗雷多·帕累托（Vilfredo Pareto）观察到，相对较少的几个要素常常可以解释总体的绝大部分（如 20% 的市民拥有全市 80% 的财富）。在很多情况下，这一规律重复出现，被称为 80/20 法则。例如，批发商 20% 的顾客创造了 80% 的销售额。表 17-2 与图 17-2 以帕累托图的形式展示了本年度各种问题的发生率，我们可以从图 17-2 中看出飞机"起飞晚

图 17-2 帕累托图

点"是与顾客相关的最为严重的问题，需要重点解决。

表 17-2　飞机起飞晚点原因的帕累托分析

原因	事件发生的百分比/%	累计百分比/%
乘客晚点	53.3	53.3
等待延时起飞的飞机	15.0	68.3
等待加燃油	11.3	79.6
最新的载重平衡表	8.7	88.3

（二）流程图

许多复杂的工作，只要能将流程绘制出来，就可一目了然。通过流程图的直观图形，可以帮助团队成员识别问题发生之所在或是找出解决方案的着手点。

流程图是表示算法、工作流或流程的一种表示图，它以不同类型的框代表不同种类的步骤，每两个步骤之间则以箭头连接。流程图在分析、设计、记录及操控许多领域的流程或程序中都有广泛应用。

按照画流程图的常规，用菱形代表决策点，矩形代表活动，椭圆形代表开始点和结束点，连接各种符号的箭头代表活动的顺序。如图 17-3 所示。

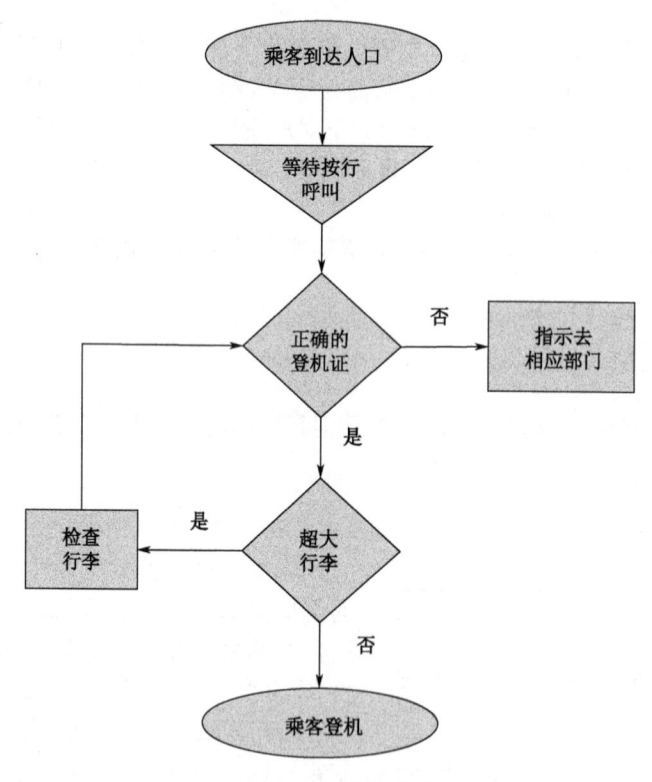

图 17-3　流程图示例

（三）因果图

因果图（石川图、关键要因图、鱼骨图）是用图解展示一定事件的各种原因的方法，是由石川馨创立的因果模型（Causal Model）图。它常用来识别引发问题的可能原因，或是在进行产品设计时,用来显示某个总体效果的可能因子。因果图常用于产品设计、生产质量管理失效预防,以识别造成问题的所有潜在因素。

图17-4是机场登机口的因果图,从该图中可以捕捉到造成飞机起飞晚点的潜在原因,如顾客登机时所带行李超重。

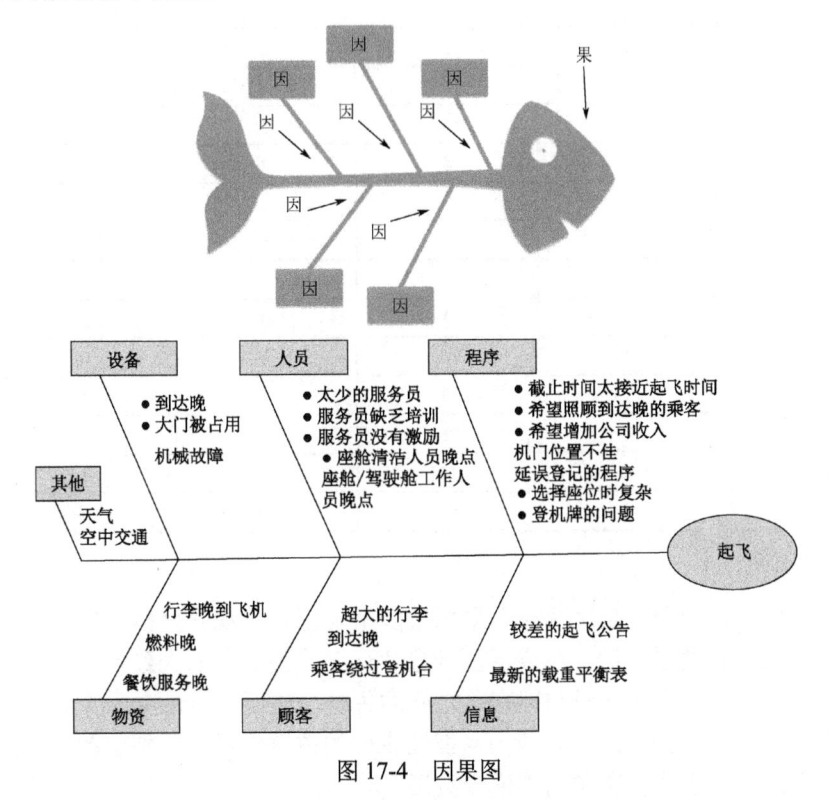

图 17-4 因果图

问题的原因可以用脑力激荡的方式来进行,也可以用5个为什么设法找到其根本原因。找到原因之后再加以分类,放在鱼骨的不同位置。分类可以依 5M1E 或是 8M(制造质量管理)进行分类,以识别其变异的来源。常见的分类为"人机物法环测"(5M1E):人(Man),和此制程有关的所有人员;机(机器设备,Machine),进行此制程需要的设备、计算机等相关工具;物(物料,Material),生产成品需要的原材料、零件、纸、笔等物品;法(方法,Method),制程进行的方式,以及进行时需要的特定需求,如政策、程序、规定、标准及法规等;环(环境/媒介,Environment/Medium),制程运作时的条件,例如地点、时点、温度、湿度或是文化等;测(测量,Measurement),在此制作过程所产生的用来检查质量的数据,也包括测量用的仪器。

也有些是用上述的5个M再加上以下的3个M成为8M,这3个M是任务(Mission)/环境(Mother Nature),又包括内部(任务)环境或外部(任务)环境,以及管理(Management)/财力(Money Power)和维护(Maintenance)。

(四)检查表

检查表记录的是时序性的观察记录,通过这个记录表可以用数据的方式着手进行问题分析和问题识别。最初时,检查表仅仅是一张用来列出潜在问题的表格,服务提供者每天记录某一问题发生的频率。现在,问题发生频率的数据可直接在线输入 Excel 电子表格,以便于数据整理分析。表 17-3 是一张 Excel 电子表格，该表记录了中途航空公司在上一年所面临的问题。

表 17-3　Excel 检查表

月份 \ 问题领域	行李丢失	起飞晚点	机械故障	超额预订	其他
1	1	2	3	3	1
2	3	3	0	1	0
3	2	5	3	2	3
4	5	4	4	0	2
5	4	7	2	3	0
6	3	8	1	1	1
7	6	6	3	0	2
8	7	9	0	3	0
9	4	7	3	0	2
10	3	11	2	3	0
11	2	10	1	0	0
12	4	12	2	0	1
总计	44	84	24	16	12

（五）散点图

散点图（Scatter Plot）是用两组数据构成多个坐标点，观察坐标点的分布，判断两变量之间是否存在某种关联。散点图表示因变量随自变量而变化的大致趋势，通过输入不同的自变量，可以知道不同自变量与因变量之间的关联，进而找出最主要的影响因素。

散点图将序列显示为一组点。值由点在图表中的位置表示。类别由图表中的不同标记表示。散点图通常用于比较跨类别的聚合数据。

散点图可以提供三类关键信息：①变量之间是否存在数量关联趋势；②如果存在关联趋势，是线性还是曲线的；③如果有某一个点或者某几个点偏离大多数点，也就是离群值，通过散点图可以一目了然，从而可以进一步分析这些离群值是否可能在建模分析中对总体产生很大影响。

如图 17-5 所示，从旅客迟到与飞机起飞晚点间的散点图可以确认，顾客迟到是造成飞机起飞晚点的根本原因之一。因此，允许迟到的旅客登机是飞机起飞晚点的一个根本原因。登机口管理员为了避免迟到旅客的抱怨而使飞机起飞晚点，但这又为严守时刻的旅客带来不便。作为一个解决方案，航空公司制定并宣传按时起飞政策。按照这一政策，即使飞机停在登机口，也仍然拒绝迟到的旅客登机。在旅客认识到航空公司在这一政策上的严肃性后，旅客迟到率大大降低，造成起飞晚点的其他原因也得以解决。

（六）直方图

直方图（Histogram）是一种对数据分布情况的图形表示，是一种二维统计图表，它的两个坐标分别是统计样本和该样本对应的某个属性的度量。英文 Histogram（直方图）源自希腊语 Histos（竖立，如船的桅杆）和 Gramma（描绘、记录）。这一术语由英国统计学家卡尔·皮尔逊（Karl Pearson）于 1895 年创立。

在质量管理领域中，质量分布图是根据从生产过程中收集来的质量数据分布情况，画成的以组距为底边，以频数为高度的一系列连接起来的直方图。图 17-6 是航空公司行李丢失的直方图，此分布不对称，而且倾向于发生率越来越低。

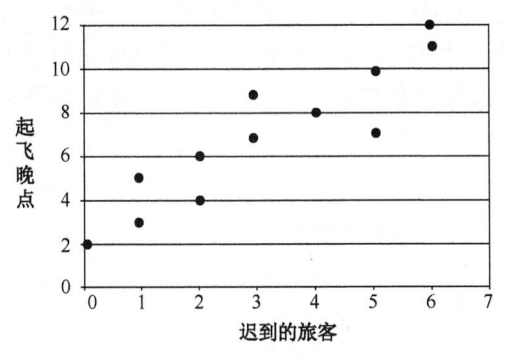

图 17-5　飞机起飞晚点与旅客迟到之间的关联

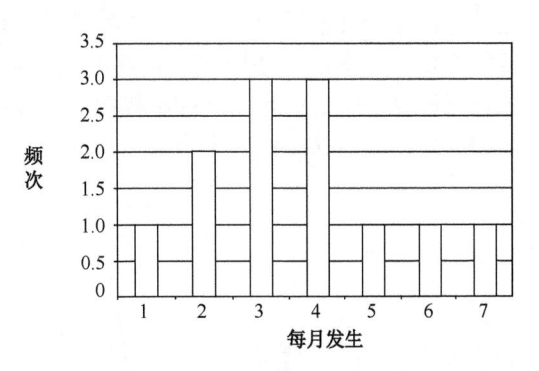

图 17-6　行李丢失的直方图

（七）走向图

走向图用于记录并观察某个重要变量在一段时间内的变化，以了解这个变量的变化趋势、方向和周期。走向图非常直视，而且可用来预测未来趋势。项目团队可运用走向图来比较某一方案执行前后的可能发展走向。如图 17-7 所示，航空公司的飞机起飞晚点的次数一直在稳步增长。

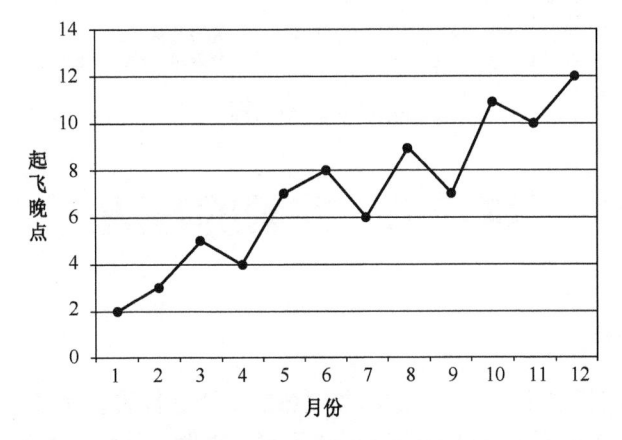

图 17-7　飞机起飞晚点的走向图

（八）控制图

控制图以样本平均值为中心，上下各 3 个标准偏差为控制上下限（六西格玛），须注意连续 7 个点落在平均值上方或下方（Rule of 7）的规则。控制图（Control Chart）也称修哈特图或流程行为图，是统计过程控制（Statistical Process Control）中，确定制造或业务流程是否在统计控制状态下的一种工具（见图 17-8）。

控制图是在不同的时间针对流程中的重要数据进行的取样，用取样的结果来表示流程的特性，一般也会有理想的上限及下限范围。例如，生产线可能会用每小时的生产量或合格率来绘制控制图。若控制图取样到的数据变异不大，表示流程稳定，不需要对流程控制变量进行修改。如果控制图显示数据变异大，表示流程不稳定，而控制图可帮助发现变化源头。另外，流程数据可用来预测未来流程表现，若流程稳定，但数值在理想范围以外，需设法找出变异的来源，再设法改善系统。

统计图包括：①统计点（如平均值、范围、比例），用不同时间的流程采样衡量质量特性数据；②所有采样的平均值（平均值的平均值、范围平均值、比例平均值等）；③在统计值的平均值位置画一条横线，也称中线；④误差（如标准方差/平均方差），也是利用采样的数据计算得来的；⑤上下控制幅度（一般称为过程固有界限），即流程产出在统计学要求内的界限，一般在中线 3 个方差以内画出。

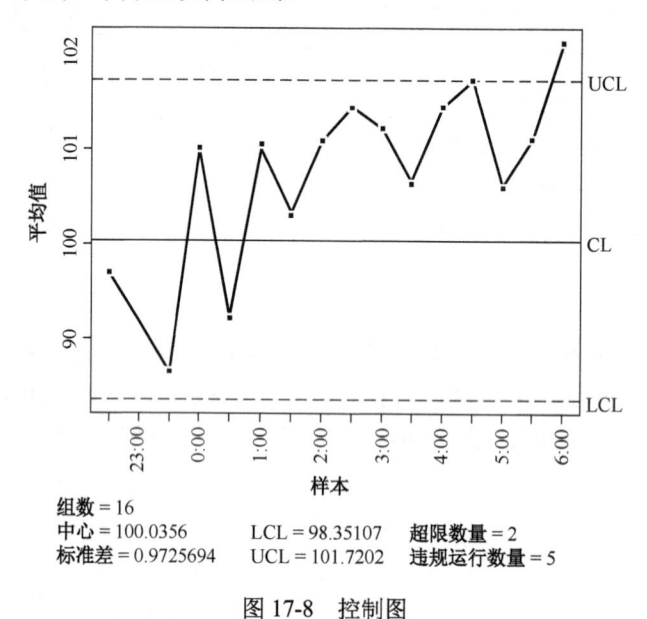

组数 = 16
中心 = 100.0356
标准差 = 0.9725694
LCL = 98.35107
UCL = 101.7202
超限数量 = 2
违规运行数量 = 5

图 17-8　控制图

第二节　完善的方法

一、精益服务

在服务设计与创新层面，可以通过精益服务的设计进行质量完善。"精益服务"是源自丰田生产系统（TPS）的精益原理。精益聚焦于消除浪费、持续不断流动和顾客需求拉动，在制造业被称为准时制生产。精益服务的目标是通过价值增值的流程动态、持续、快速地传递价值来满足顾客的需要。精益体系有 3 个指导原则。

（1）专注于在顾客眼中增加价值的活动来满足顾客需要。

（2）重新定义价值流，以确定价值增值和非增值的活动。

（3）消除浪费，也就是消除在价值流中顾客不愿意支付的活动。

精益服务有 3 个目标：正确的目标（顾客价值）、最好的方法（价值传递流程）和最高的成就感（人）。正确的目标源自顾客价值，它是被顾客价值活动引导的；最佳价值传递流程是具有能提供少量多品种价值传递的能力，能对顾客需求的拉动做出快速回应；通过顾客的满意，进而使员工满意而产生成就感。以下步骤可以引导我们进行精益服务的设计。
①在你的组织里识别关键的流程：哪些是主要的流程？哪些是支持的流程？哪些对于顾客是最重要的？哪些是组织成功最重要的？哪些是最困扰你的员工的？②选择最重要的流

程,按照重要性排序;成立一个团队,包含顾客在内的各流程涉及的人员;创建一张"当前状态"的流程价值流图。③分析流程如何能朝着完美的方向改变,创建一张"未来状态"的完善流程价值流图。④需要什么变化以支撑"未来状态"的流程:设立一个新的流程经理的位置、重新安排现有的部门和职能、结合部门和职能的表现引进一个新的度量标准。⑤落实必要的改变,以创建"未来状态"流程:与"当前状态"比较,衡量表现、引入必要的变化以调整流程、确定调整过的流程是否是稳定的和可持续的。⑥一旦"未来状态"流程被验证:决定你将要如何处置多余的人员和资产。⑦一旦所有的流程都得到完善:再一次开始循环,考虑下游和上游的流程,与其他的组织分享。

二、人员质量

除了服务设计之外,好的质量也源于高质量的人力。许多服务提供者都面临着一个普遍的问题,也就是在不同地点设置的服务机构要如何保持服务质量一致性的问题。例如,一位曾在加拿大四季饭店住过的旅客,希望他到上海分店住宿时也得到相同的服务。服务的一致性取决于服务人员的素质,人员素质质量的提升主要来自于以下8个方面。

(1)标准作业流程(Standard Operation Procedure,SOP)手册制作。将每个岗位该如何做好工作、使顾客满意的工作流程记录下来,并编制成一套小册子来指导员工应该如何与顾客互动。例如,《行李员手册》强调如何使顾客感到备受欢迎和关注;《接线员手册》详细写明了如何与顾客谈话及处理各种特殊情况;《保洁员手册》明确告知保洁员应如何装饰房间,甚至描述了将香皂标签朝上放在洗手池的合适角落这样的细节。许多时候,可以将视频和小册子一起合并使用来示范正确的程序。

(2)标准作业流程的复制与扩散。对于团队或组织所采取的最佳做法,应进行标准化的流程设计,并写成手册,这样一些最佳实务就可以很快速地复制给新进的人员。即使是不同地理区域的人员,采用一致的标准化作业流程,也会使得服务提供者可以在不同区域提供相同的服务质量,使新的管理人员可获得对助理经理所需的技能和知识。对于地理上分散的组织来说,这种手册可保证以一致的方式传授工作职能。

(3)管理者培训,标准作业流程的优化更新。对于实务上面临的新问题,可以通过研讨会培训的方式进行标准作业流程的更新。中层以上的管理人员每年要参加一次由总公司开设的管理开发研讨班。这个研讨班一般是为来自不同分公司的基层管理人员开设的 2~3 天的多种多样管理专题的研讨班,对各地区所发生的各种现象进行研讨,以优化及更新标准作业流程。

(4)职业规划。定期审查(通常是一年审查一次)所有管理人员的工作绩效,并列出一个表现良好的准晋升名单,以激励员工并为公司关键职位做预备。

(5)职业进步计划。在职业规划的路上,应该包含增进技能和责任的职位阶梯的工作发展计划,并赋予员工与公司共同成长的机会。

(6)意见调查。由受过训练的人员每年对每个单位各层级进行意见调查,并在会上讨论结果。这种调查是为了防止不满态度产生的早期预警体系。

(7)公平待遇。人力资源部门应给每位员工提供一本手册,手册中规定了对员工的期望和义务。同时,为了帮助员工解决困难,应该提供正式的咨询程序。

(8)利润分享。公司的成功主要应归功于员工的共同努力,所以应该对努力工作的员工给予超过工资的回报。

三、六西格玛

在方法论方面，戴明的质量完善方法进一步被优化为六西格玛。六西格玛（6σ：Six Sigma）概念于 1986 年由摩托罗拉公司的比尔·史密斯（Bill Smith）提出，此概念属于品质管理范畴。西格玛（Σ，σ）是希腊字母，这是统计学里的一个单位，表示与平均值的标准偏差。这种方法旨在生产过程中降低产品及流程的缺陷次数，防止产品变异，提升品质。

摩托罗拉发展出来的六西格玛是由最高管理层在组织内部创造的一种文化变革。这些努力的结果是，根据摩托罗拉的文件记录，当时节省了 160 亿美元，使成本直接降至底线。之后，六西格玛被通用电气公司（GE）所采用并成为一个高度有效的企业流程设计、改善和优化的技术，继而与 GE 的全球化、服务化、电子商务等战略齐头并进，成为世界上追求管理卓越性的企业最为重要的战略举措。六西格玛逐步发展成以顾客为主体来确定企业战略目标和产品开发设计的标尺，追求持续进步的一种管理哲学。这个方法实践成功之后，就被推广到世界各地而被普遍采用。

随着时间的流逝，六西格玛变得不只是一个质量体系，还是一种经营方式，它被视为一种愿景、一种哲学、一个标志、一个度量标准、一个目标和一种方法论。六西格玛的目的在于在一定程度上减少或缩小绩效上的变化，使得 6 项标准差能够被挤压进顾客规定的限制条件内。这些限制被定义为一个规格上限（USL）和一个规格下限（LSL）。图 17-9 显示出通常的偏离大大超出了顾客对规定起飞或到达时间正负 15 分钟的偏离期望值。当在流程中去除一定的偏离值时，六西格玛的目的就实现了，于是正负 15 分钟的范围就会跨越正负 6 个标准差（σ）的目标分布区。

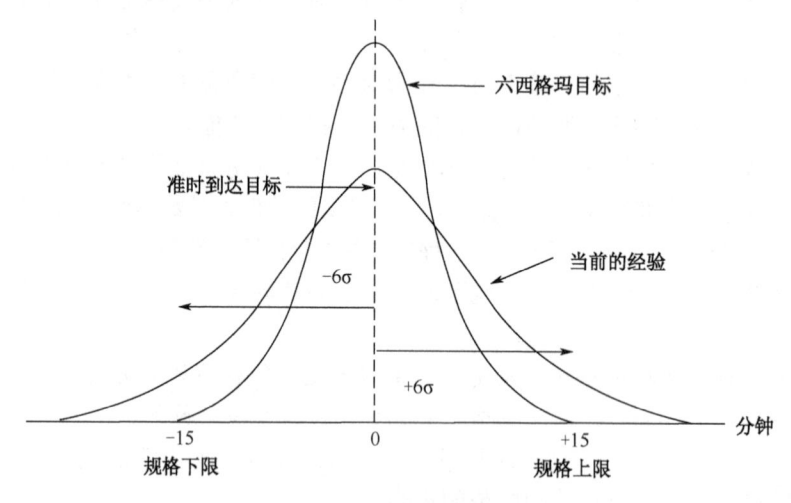

图 17-9　准时到达的分布状况

六西格玛是一个严格的训练方法论，它使用数据和统计分析的方法来测量和完善公司的经营绩效，识别和改正缺陷以加强顾客满意度。六西格玛要求一个组织具有这样的组织文化：组织中各个层次的员工都具有持续完善的愿望，其最终目的是获得每 100 万名顾客中只有 3.4 个错误出现的实质性完美结果。在统计学中，如果假设一个流程变量是常态分布，那么 6 个标准差在分布的尾部定义了一个 0.0000034 的概率。

六西格玛项目的目标是减少缺陷（服务失败）、成本、流程的变异，提高生产力与顾客满意度。六西格玛项目的责任是通过一个有层次的培训和职责分配的项目所构建的。图 17-10 给出了角色，并按照主管人员、监督执行负责人、黑带大师、黑带、绿带和项目成员这个层级顺序分配职责，以提升技能。例如，项目成员可以通过培训提升变成绿带，再到承担组织六西格玛项目这一更高层级的职责。

六西格玛使用 DMAIC（定义、测量、分析、改进、控制）循环结构（见表 17-4），努力完善那些执行得不如期望好的现有流程。六西格玛的重点在于报告错误（测量），有趣的是其中 1/2 的错误是由于顾客的误导造成的，也就是说，除非顾客的投入是正确的，否则六西格玛的目标永远也不能达到。所以，在顾客端的防呆设计也是提升质量的重要因素。

图 17-10 六西格玛组织角色和职责

表 17-4 六西格玛 DMAC 流程步骤

步骤	解释说明
定义	明确项目的目标、内外部顾客
测量	测量当前的绩效水平
分析	确定当前问题的原因
改进	找到改进流程的方法以消除问题
控制	锁定改进的流程控制机制

四、标杆学习

除了内部因素（服务设计、高质量的人力、全员完善的方法）外，外部因素学习也会影响质量。一家公司的绩效可以通过将其绩效与行业内最好的公司进行比较而得到，这种流程被称为标杆学习或标杆管理。

标杆学习六阶段方法论的 6 个阶段包括：①启动，选择一个需要完善的关键流程；②找到一个流程很优秀的组织、议题设定与标杆寻觅；③进行标杆学习，联系标杆公司，进行一次参观，学习其流程；④界定最佳典范；⑤学习内化与自我改进；⑥成效检讨。

启动阶段包括：①筹组标杆学习团队；②由企业领导高层宣示标杆学习与管理的重要性与企图心。

议题设定与标杆企业寻觅阶段包括：①由团队设定标杆学习议题；②订定学习目标；③寻找标杆。其中有关同业的竞争性标杆通常很难寻觅，可以在产业或协会中找出该行业的平均值作为该关键绩效指标的一般性标杆；当标杆学习进行时，在选定的关键绩效指标（KPI）项目中，就有一些诸如差距分析（Gaps Analysis）与评比图像产生。标杆学习方法论最后一个步骤涉及整个学习团队的成果分享、知识内化与知识传播，对整体标杆学习循环的效益做评价，若与原设定目标有不足之处，可回馈修正成为下次标杆学习的另一个议题，力求好还要更好（从 A 到 A+），若能如此，则企业必能因标杆学习与管理迈向卓越。

五、质量认证（ISO）

另外一种完善质量的方法是通过申请质量认证来完善与优化企业的流程，质量认证有国际认证与国家认证。其中，国际标准化组织（International Organization for Standardization，ISO）是最具代表性的国际级认证。ISO 9000（从希腊语"不变"派生出来的）是由 ISO 确定的一系列质量标准。ISO 9000 是全世界工业化国家的国际性协议。它在国际上的广泛采用使它成为一个严格的商业标准，并且用来度量一个合格者的状况，因此，无论企业是否期望获得或相信持续完善，它们都努力争取达到标准。

因为系统是根植于流程当中的，因此 ISO 9000 的要求可以被理解为"如何做就如何说，说到就要做到"。要申请 ISO 9000，企业内部要先从部门建立标准化作业流程，再扩大到整个公司。所以，获得 ISO 9000 认证就表明企业具备整体的标准作业流程与整体的质量管理系统，并且能够保证产出质量的一致性。

ISO 9000 系列标准是国际标准化组织设立的标准，与质量管理系统有关。ISO 9000 系列不仅是新创的一种品保制度，而是将一个组织正常所应该执行的工作方向，综合参考现有的管理工具做有系统的规划。ISO 9000 系列质量管理体系标准正在迅速成为许多行业质量认证的标准。许多企业在进行合作时，可以先看对方是否有 ISO 认证，以确保该公司的质量。而欧洲经济共同体已采用此标准作为其成员国进行商务活动的基本要求。但是，许多公司执行并采用 ISO 9000 质量标准并不是出于这些强制要求。它们发现，实施 ISO 标准的流程和从质量完善中带来的收益十分显著，推行 ISO 对企业有实质性的帮助。

在中国，由中国质量认证中心提供认证服务。中国质量认证中心是经中央机构编制委员会批准，由国家质检总局设立，委托国家认证认可监督管理委员会管理的国家级认证机构。2007 年 3 月，为了加快适应地方中国检验认证市场对外开放新形势，国家质检总局将原中国质量认证中心（CQC）与原中国检验认证集团（CCIC）等机构进行重组改革，以做优做强 CQC 和 CCIC 两个认证品牌。CQC 是中国开展质量认证工作最早、最大和最权威的认证机构。

CQC 质量认证范围包括：①授权承担国家强制性产品认证（CCC）工作；②CQC 标志认证，认证类型涉及产品安全、性能、环保、有机产品等，认证范围包括百余种产品；③管理体系认证，主要从事 ISO 9001 质量管理体系、ISO 14001 环境管理体系、OHSMS 18001 职业健康安全管理体系、QS 9000 质量体系、TL 9000 和 HACCP 认证等业务；④作为国际电工委员会电工产品合格与测试组织（IECEE）的中国国家认证机构（NCB），从事颁发和认可国际多边认可 CB 测试证书工作，其证书被 43 个国家和地区的 59 个国家认证机构所认可；⑤作为国际认证联盟（IQNet）的成员，CQC 颁发的 ISO 9001 证书和 ISO 14001 证书将能获得联盟内其他 33 个国家和地区的 36 个成员机构的认可；⑥认证培训业务，作为经中国认证人员与培训机构国家认可委员会（CNAS）认可的中国最早的认证培训机构，承担国内外各类认证培训业务。

六、国家质量奖

除了通过申请质量认证来提升服务质量外，也可以通过申请国家质量奖来提升质量。

国家质量奖的设立源于美国的马克姆·波里奇奖。这个奖的核心是分两步进行定点超越：第一步，分析本企业与历史同期相比取得了多少进步，它能够激励本企业继续前进；第二步，企业要想获得巨大的进步，就要不断地把本企业的业绩与同行业最好企业的业绩比较，找出差距，然后迎头赶上，这就是定点超越。该项质量奖的设立，有助于获奖企业的成功模式得以总结和推广，有助于美国企业迅速提高产品质量，提高生存、竞争的能力。自从 1987 年美国的马可姆·波里奇国家质量奖被写入美国公司法以来，它为提高美国企业的竞争力做出了重要的贡献。

有 5 类企业有资格参与这个奖项：制造企业、服务企业、医疗卫生企业、教育企业和小企业。

每家参加评选的企业都要递交申请表。申请表包括奖项测验、测验条款实例和列于表 17-5 中的得分点。这个评选重点强调业务结果。奖项测验不仅作为评奖基础，还被用来诊断申请者的整体质量管理情况，所有申请者都将收到美国质量专家组的反馈意见。

表 17-5 马可姆·波里奇国家质量奖评分标准

	2010 类别和条款	分数值
1	领导能力	120
	1.1 高层领导能力	70
	1.2 治理和社会责任	50
2	战略计划	85
	2.1 战略发展	40
	2.2 战略部署	45
3	顾客和市场关注	85
	3.1 顾客和市场知识	40
	3.2 顾客关系和顾客满意	45
4	测量分析和知识管理	90
	4.1 组织绩效的测量分析和完善	45
	4.2 信息管理与信息技术和知识	45
5	员工关注	85
	5.1 员工和劳动契合度	45
	5.2 员工工作环境	40
6	流程管理	85
	6.1 工作系统设计	35
	6.2 工作流程管理和完善	50

续表

2010 类别和条款		分数值
7	成果	450
	7.1 产品和服务成果	100
	7.2 顾客聚焦的成果	70
	7.3 财务和市场成果	70
	7.4 劳动力聚焦的成果	70
	7.5 流程有效性的成果	70
	7.6 领导力的成果	70
总分		1000

本章重点汇整

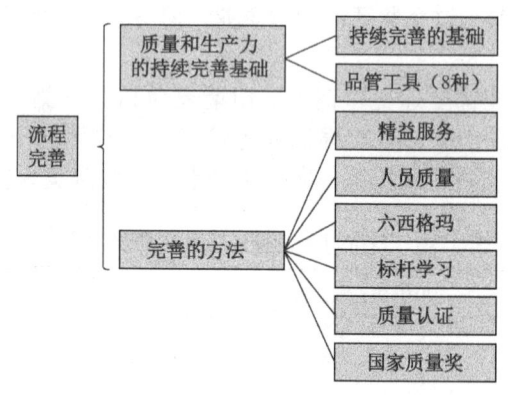

流程完善
- 质量和生产力的持续完善基础
  - 持续完善的基础
  - 品管工具（8种）
- 完善的方法
  - 精益服务
  - 人员质量
  - 六西格玛
  - 标杆学习
  - 质量认证
  - 国家质量奖

案例分析

支付宝的里程碑——担保交易模式的创新

2003年，阿里巴巴率先在淘宝网推出支付宝，通过买家收到货才确认付款的"担保交易模式"解决了买卖双方互不信任的问题，此后近10年，中国网络购物市场飞速增长，2011年中国第三方互联网支付市场全年交易额规模达到21610亿元人民币。中国进入全民电子商务时代。

支付宝目前的信用体系主要围绕两大核心：一是基于支付宝信用的担保交易机制，从流程上保障交易信任的形成；二是基于支付宝会员和海量数据的信用评价体系。2011年，中国第三方互联网支付市场交易份额中，支付宝以46%的市场份额仍然排名第一，支付宝通过庞大的数据基础帮助构建中国的电子商务诚信体系。

支付宝通过对这些数据的积累和分析，能够比较好地鉴别个人乃至商户的诚信度，这不仅对于金融机构有参考价值，对于建设社会信用体系也具有重要的补充作用。事实上，诚信环境对电子商务发展的基础性影响此前已经在支付宝等公司的发展中得到体现。

（资料来源：http://www.woshipm.com/it/4252.heml）

问题：

1. 你使用过支付宝吗？你觉得使用支付宝支付是否安全？为什么？
2. 作为一名支付宝的用户，你觉得支付宝在支付安全方面还可以做哪些完善？
3. 你从中得到了什么启发？

重点回顾与练习

关键术语

过程改善（Process Improvement）　　持续改进（Continuous Improvement）
检查表（Check Sheet）　　　　　　　走向图（Run Chart）
直方图（Histogram）　　　　　　　　帕累托图（Pareto Chart）
因果图（Cause and Effect Diagram）　散点图（Scatter Diagram）
标杆学习（Benchmarking）　　　　　　六西格玛（Six Sigma）
精益服务（Lean Service）

选择题

1. 戴明学说的基础由3条原则构成，其中不包括（　　）。
   A．顾客满意　　　B．事实管理　　　C．对人的尊重　　　D．流程管理
2. 戴明为持续改进质量提出了著名的PDCA环（常被称作戴明环），它是指（　　）。
   A．计划、执行、检查、行动　　　　B．决策、计划、检查、控制
   C．计划、组织、协调、控制　　　　D．计划、执行、协调、控制
3. 80/20原则通常是指，80%的问题由20%的原因造成。该思想常用于分析导致问题的一些主要原因。这种分析方法是（　　）。
   A．走向图　　　B．帕累托分析　　　C．控制图　　　D．鱼骨图
4. 一家公司绩效的考核可以通过将其绩效与行业内最好的公司的绩效进行比较而得到，这种过程被称为（　　）。
   A．持续改进　　B．质量改善环　　　C．标杆管理　　D．精益服务
5. （　　）记录的是历史观察记录，它为着手进行问题分析和问题识别提供了数据源。
   A．走向图　　　B．直方图　　　　　C．检查表　　　D．散点图
6. ISO 9000要求企业有一个3个要素组成的循环，（　　）不是其中的要素。
   A．计划　　　　B．控制　　　　　　C．文件　　　　D．创新

判断题

1. 戴明环是一个不断重复的循环，质量上的改进来自持续不断的、增加的戴明环的运转。（　　）
2. 鱼骨图能够识别两个变量间是否存在强相关关系。（　　）
3. 直方图非常直观，而且可用来预测未来趋势。（　　）
4. 六西格玛项目的目标是减少缺陷、成本、工艺过程的变化，提高生产力，提高顾客满意度。（　　）
5. 国际标准化组织（ISO）不仅设计和更新标准，也做认证。（　　）

6. 精益服务过程的目标是通过价值增值过程的持续快速流动来满足顾客的需要的。
（　　）

简答题

1. 简述戴明认为的持续改进的基础及质量改善环。
2. 简述 PDCA 循环问题解决的步骤。
3. 分析、解决问题的质量工具有哪些？
4. 简述标杆学习的含义及步骤。
5. 简述戴明的 14 点计划。
6. 简述 ISO 9000 的特征及其构成的 3 个要素。
7. 简述六西格玛 DMAIC 的过程步骤。
8. 简述精益服务的 3 个指导原则及 3 个目标。